高职高专汽车类规划教材编审委员会

主　任　张西振

副主任　张红伟　　何乔义　　胡　勇　　李幸福
　　　　　周洪如　　王凤军　　宋保林　　熊永森
　　　　　欧阳中和　王贵槐　　刘晓岩　　黄远雄

委　员（按姓名笔画排序）

于丽颖	上官红喜	王木林	王凤军
王志文	王贤高	王贵槐	王洪章
王晓波	王海宝	韦焕典	卢　华
代　洪	冯　伟	冯培林	伍　静
刘　刚	刘凤波	刘玉清	刘泽国
刘晓岩	刘鸿健	孙晓峰	李　刚
李　彦	李幸福	杨安杰	杨晓波
吴东平	吴东阳	吴英萍	吴喜骊
何乔义	何金戈	沈洪松	宋东方
宋保林	张　军	张　晔	张西振
张红伟	张利民	张忠伟	陈　宣
陈振斌	苗全生	欧阳中和	罗富坤
周　晶	周洪如	郑　劲	赵文龙
赵伟章	胡　勇	胡文娟	胡寒玲
姜　伦	姚　杰	索文义	贾永枢
党宝英	郭秀香	黄　坚	黄远雄
龚文资	崔雯辉	梁振华	董继明
韩建国	惠有利	曾庆吉	谢三山
强卫民	廖忠诚	熊永森	潘天堂
戴晓松			

高职高专汽车类规划教材
国家技能型紧缺人才培养培训系列教材

汽车营销

曾庆吉　胡文娟　主编

李丹　徐东　苏忆　副主编

化学工业出版社

·北京·

本书在阐述现代市场营销理论的基础上，注重内容的现实性、超前性，强调知识的系统性、针对性，立足形式的新颖性、易读性，紧密结合当今中国汽车市场的现状，以加强汽车行业从业人员的理论素养、提高汽车营销人员的实践能力为目标，全面系统地阐述了市场营销、企业的战略、营销战略、产品策略、定价策略、分销策略、促销策略、营销实务、售后服务、4S店营销策略以及相关的汽车营销法律法规等，书中附有大量的营销实例及复习与思考题。另外本书配套电子教案。

本书既可作为高职高专汽车相关专业的教材，也可供汽车营销从业人员阅读使用。

图书在版编目（CIP）数据

汽车营销/曾庆吉，胡文娟主编. —北京：化学工业出版社，2009.9（2023.9重印）
高职高专汽车类规划教材
国家技能型紧缺人才培养培训系列教材
ISBN 978-7-122-05729-7

Ⅰ.汽… Ⅱ.①曾…②胡… Ⅲ.汽车工业-市场营销学-高等学校：技术学院-教材 Ⅳ.F407.471.5

中国版本图书馆CIP数据核字（2009）第131385号

责任编辑：韩庆利　　　　　　　　　　装帧设计：尹琳琳
责任校对：陶燕华

出版发行：化学工业出版社（北京市东城区青年湖南街13号　邮政编码100011）
印　　装：北京科印技术咨询服务有限公司数码印刷分部
787mm×1092mm　1/16　印张 18¼　字数 473 千字　2023 年 9 月北京第 1 版第 4 次印刷

购书咨询：010-64518888　　　　　　　售后服务：010-64518899
网　　址：http://www.cip.com.cn
凡购买本书，如有缺损质量问题，本社销售中心负责调换。

定　　价：48.00元　　　　　　　　　　　　　　　　　　　　版权所有　违者必究

前　言

　　我国汽车工业经过 50 多年来的建设和发展，取得了举世瞩目的成就，随着我国汽车产业发展政策的实施，汽车工业将成为我国国民经济的支柱产业，其经济地位已越来越被全社会所关注，同时由于人民的物质生活水平也在不断提高，汽车进入寻常百姓家庭的数量也在以惊人的速度增加。在未来的一段时期内，既是我国汽车工业快速发展时期，又是汽车市场群雄逐鹿、竞争日益激烈的时期。汽车市场的快速发展与繁荣的同时也凸显了汽车营销人才的紧缺，在这样的背景下，我们经过长时间的准备和积累，编写出了这本《汽车营销》。

　　在编写过程中，我们联系当前汽车市场的实际状况，在市场营销学的理论基础上突出汽车市场营销的特点，按照高职高专职业技术教育的特点，本着"必需、够用"的原则，在理论基础适度的前提下，突出职业教育的特色，注重内容的现实性、超前性，知识体系的系统性、针对性，力争做到知识和应用的完美统一。

　　本书由曾庆吉、胡文娟担任主编，李丹、徐东、苏忆任副主编，参加编写的还有王晓波、朱秀菊、王立新。

　　在编写过程中，汽车行业的众多同仁提出了不少很好的建议，在此一并表示衷心的感谢！

　　本书可作为高职院校营销专业、管理专业的必修课程教材，也可作为汽车制造、汽车维修专业的选修课教材，还可作为有关汽车营销专业人员的培训教材。

　　本书有配套电子教案，可赠送给用本书作为授课教材的院校和老师，如有需要，可发邮件至 hanqingli@cip.com.cn 索取。

　　鉴于编者的水平有限，书中有不妥之处在所难免，敬请广大读者批评指正。

编　者

2009 年 6 月

目　录

第一章　汽车市场营销学概论 … 1
- 第一节　市场和市场营销 … 1
- 第二节　市场营销要素和市场营销组合 … 7
- 第三节　市场营销观念的演变 … 10
- 第四节　汽车营销的现状与发展 … 18
- 复习与思考题 … 22

第二章　汽车企业的战略和营销战略 … 23
- 第一节　汽车企业的战略与分析 … 23
- 第二节　确定汽车企业战略规划的原则和方法 … 28
- 第三节　汽车企业的营销战略 … 31
- 第四节　汽车企业市场营销战略的确定 … 34
- 复习与思考题 … 41

第三章　汽车市场营销 … 42
- 第一节　汽车市场营销环境概述 … 42
- 第二节　汽车市场营销宏观环境和微观环境的分析 … 43
- 第三节　汽车市场调研与预测 … 50
- 第四节　汽车市场与用户购买行为 … 58
- 第五节　汽车市场细分与市场定位 … 70
- 复习与思考题 … 74

第四章　汽车产品策略 … 75
- 第一节　汽车产品的概念及产品组合 … 75
- 第二节　产品的周期理论及营销策略 … 78
- 第三节　汽车新产品开发策略 … 82
- 第四节　汽车品牌策略 … 87
- 复习与思考题 … 88

第五章　汽车定价策略 … 89
- 第一节　价格的基本理论 … 89
- 第二节　影响汽车产品价格的主要因素 … 91
- 第三节　汽车产品的定价方法 … 97
- 第四节　汽车定价策略 … 101
- 复习与思考题 … 106

第六章　汽车分销策略 … 107
- 第一节　汽车分销概述 … 107
- 第二节　汽车销售渠道 … 113
- 第三节　汽车销售模式 … 122
- 复习与思考题 … 127

第七章　汽车促销策略 … 128
- 第一节　促销及促销组合 … 128
- 第二节　人员推销策略 … 135
- 第三节　营业推广策略 … 141
- 第四节　汽车产品广告策略 … 144
- 第五节　公共关系策略 … 150
- 复习与思考题 … 154

第八章　汽车 4S 店营销策略 … 155
- 第一节　汽车 4S 店概述 … 155
- 第二节　汽车 4S 店的销售实务 … 156
- 第三节　4S 店的售后服务 … 164
- 第四节　汽车零部件供应 … 169
- 复习与思考题 … 170

第九章　二手车营销策略 … 171
- 第一节　二手车营销概述 … 171
- 第二节　二手车的评估与鉴定 … 172
- 第三节　二手车的销售与选购 … 189
- 第四节　二手车的保险 … 192
- 复习与思考题 … 193

第十章　汽车电子商务与网络营销 … 194
- 第一节　汽车电子商务 … 194
- 第二节　汽车网络营销 … 198
- 第三节　汽车企业网站建设 … 204
- 复习与思考题 … 206

第十一章　汽车售后服务 … 207
- 第一节　汽车售后服务概述 … 207
- 第二节　汽车售后服务的流程 … 211
- 第三节　汽车售后的投诉处理 … 219
- 复习与思考题 … 221

第十二章　汽车营销实务 … 223
- 第一节　汽车销售的基本原则及技巧 … 223
- 第二节　客户接待与汽车介绍 … 228
- 第三节　商务谈判与售车 … 234
- 第四节　汽车销售的售后业务 … 238
- 复习与思考题 … 242

第十三章　汽车营销人员 … 243
- 第一节　汽车营销人员的职业素质 … 243
- 第二节　职场必须具备的礼仪礼节 … 252

第三节　汽车销售人员团队沟通技巧……… 257
　　复习与思考题……………………………… 259
附录………………………………………… 261
　　附录1　部分汽车营销法律法规细则……… 261
　　附录2　汽车品牌、公司及其中文译名
　　　　　　对照………………………………… 274

　　附录3　汽车常用术语英文缩写…………… 276
　　附录4　与汽车行业相关的部分网址……… 278
　　附录5　部分汽车营销相关法律法规
　　索引……………………………………………… 280
参考文献……………………………………… 282

第一章 汽车市场营销学概论

> **学习目标**
> 1. 理解什么是市场与市场营销。
> 2. 掌握营销要素与市场营销组合。
> 3. 了解市场营销观的演变。
> 4. 了解汽车营销学的现状与发展。

随着经济的发展和企业经营管理的需要而出现的市场营销,是当前发展最快的管理学科之一。市场营销受到国内外业界的极大关注,我国企业营销的展开也越来越广泛和深入,而国内学术界也在不断地传播先进的市场营销理论和成功经验,不断地总结和完善合乎国情的市场营销经验及规律。

通过本章学习应该懂得市场营销是个人和群体通过创造并同他人交换产品和价值以满足需求和欲望的一种社会和管理过程,在一般意义上可理解为与市场有关的人类活动。因此,本章中,应理解什么是市场及市场营销,营销要素与市场营销组合,了解市场营销观的演变,汽车营销学的现状与发展等问题。

第一节 市场和市场营销

一、市场的含义

现代社会经济条件下,几乎所有的经济现象和经济活动都与市场有关,现代的每一个经济方面的学科都无不涉及市场的概念,可以说市场是因人类活动而存在的。市场营销在一般意义上可理解为与市场有关的人类活动,市场营销学作为一门建立在哲学、数学、经济学、行为学、管理学等基础上的应用科学,更是离不开市场。因此,首先要了解市场及其基本含义。

日常生活中,人们大多习惯将市场看作为买卖东西的场所。不同学科在理解市场的内涵时,由于侧重点不同,则给出了不同的解释。

(一)时空市场

市场是商品交换的场所。

在这里市场是一个地理概念。在日常生活中,人们习惯将市场看做是买卖的场所,总是与时间和空间联系在一起,人们总是在一定的时间地点进行商品交换及交易。如集市、商场、4S店、汽车交易市场等。网上购物可以看成是地理的延伸与虚拟。

时空市场是狭义的市场概念。这种市场形成需要很多基本条件:

(1) 需要有消费者（用户）；

(2) 要有经营者提供的产品及服务，包括实体产品（如汽车）、非实体产品（如技术、劳务等）；

(3) 要有交换双方达成的交易价格、时间、空间、信息、服务等。

（二）经济学意义的抽象市场

抽象市场概念是经济学家从揭示经济实质的角度提出的市场概念。经济学里的市场含义是：市场既指买卖交换的场所，更重要的是指经济社会资源的配置方式，是"看不见的手"；市场也可看成是一种经济制度，即市场经济制度，这是与计划经济制度相对而言的。它反映着人与人之间的商品交换关系。

经济学家认为市场是社会分工和商品生产的产物，是商品交换关系的总和，在这里市场是指商品流通领域，体现了人与人之间的经济关系。他们认为市场是一个商品经济范畴；是商品内在矛盾的表现；是供求关系；是商品交换关系的总和；是通过交换反映出来的人与人之间的关系。因此，哪里有社会分工和商品生产，哪里就有"市场"。市场是为完成商品形态变化，在商品所有者之间进行商品交换的总体表现。

（三）管理学的广义市场

管理学家则侧重从具体的交换活动及其运行规律去认识市场。在他们看来，市场是供需双方在共同认可的一定条件下所进行的商品或劳务的交换活动。如美国学者奥德森（W. Alderson）和科克斯（R. Cox）就认为，"广义的市场概念，包括生产者和消费者之间实现商品和劳务的潜在交换的任何一种活动。"

管理学的广义市场着眼于过程的规律，在规律中发掘市场的内涵。交换的过程中买卖双方的市场关系如图 1-1 所示。

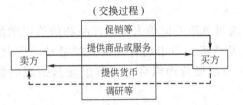

图 1-1　简单买卖双方的市场关系

（四）营销学中的需求市场

市场营销学家菲利浦·科特勒（Philip Kotler）在《营销管理》一书中将"市场"定义如下："一个市场是由那些具有特定的需求或欲望，而且愿意并能够通过交换来满足这种需求或欲望的全部潜在顾客组成。"

换言之，营销学中市场的涵义就是指那些具有特定的需要或欲望，而且愿意并能够通过交换来满足这种需要或欲望的全部潜在顾客所构成的需求群体，它包含三个要素：

人口＋购买能力＋购买欲望

市场的这三个因素是相互制约、缺一不可的，只有三者结合起来才能构成现实的市场，才能决定市场的规模和容量。

以需求的角度理解的市场应该是：

(1) 针对时空市场而言是因特定时间、空间、场所的不同需求就不同。比如对于商品颜色的喜好、商品的包装、商品的形状等等，不同地区、不同国家的人们往往存在着不同的偏好。因此在某地销路好的商品，换个地点、换个场所，就不一定好销售。

(2) 市场是以顾客的需求为中心的市场。应把它理解为是"顾客至上"的市场。什么是顾客？顾客就是惠顾商品、惠顾商店的宾客。任何一种消费者，都统称为顾客，它是一个有着非常复杂的需求特征、消费偏好的群体，认真研究、了解顾客，确定顾客需要，是市场营销活动的起点和终点。

(3) 市场是交易过程的市场。从市场营销活动过程的角度来讲，市场的核心是交易，而这种交换是通过满足市场需求进行的。所以在市场上进行交易当事人的情况、交易商品的情况、交易行为、交易方式、交易手段、交易机会、交易风险、交易环境、交易管理、交易费用、交易效率、交易效果、交易效益等诸多问题，无不与需求有关。为了解决交易过程中的各种问题，就要求在市场中进行交易时必须满足合理的需求，这样就能够建立起规范、合理有序的经营规律。

在现代的经济社会中，市场已经形成复杂的相互连接体，市场已经成为社会经济的主宰者之一，它是社会经济的指挥棒和调节器，市场的作用也被大大加强了，因此人们对市场的理解与运用也丰富了，其含义不可能是上面所指的单一的某一种。而且界限也不是十分明确，如图1-2所示，其中包含了流通管理、需求、经济调控、市场交易等诸多内容。

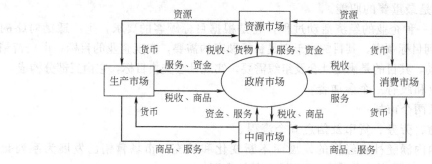

图1-2　现代经济中基本市场流程图

二、市场营销的含义

（一）市场营销学的起源

人类的市场营销活动，从市场出现就开始了，但市场营销尚未形成一门独立的学科。直到20世纪之前，美国学者已经发表和出版了一些论著，分别论述产品、分销、推销、广告、定价、产品设计和实体分配等专题。到20世纪初，一些学者如阿克·肖（Arch W. Shaw）、爱德华·琼斯（Edward D. Jones）、拉尔夫·斯达·巴特勒（Ralph Starr Butler）、詹姆斯·海杰蒂（James E. Hagerty）等，将上述问题综合起来，形成一门市场营销学科。1912年，执教于哈佛大学的詹姆斯·海杰蒂教授的著作"Marketing"被认为是第一本把市场营销学作为独立学科的标志性文献。

这一时期的市场营销学，其内容局限于流通领域，真正的市场营销观念尚未形成。然而，将市场营销从企业生产活动中分离出来作专门研究，这无疑是一个创举。

我国在很长一段时间内把"市场营销"称为"市场学"，市场营销来源于对英文的"Marketing"一词的解释，"Marketing"在英文中有两层含义：

① 指一种实践活动、一种经济行为，即主要作为一种企业组织和经营活动的描述；

② 指一门学科，即以市场营销活动为研究对象的学科。

（二）市场营销的几个定义

（1）著名现代营销学家、美国西北大学教授菲利浦·考特勒（Phlip Kotler）指出："市场营销是与市场有关的人类活动，市场营销意味着和市场打交道，为了满足人类需要和欲望，去实现潜在交换。""市场营销是一种社会过程，个人和团体通过创造以及与别人交换产品和价值来满足其需要和欲望。"考特勒的这个定义把市场营销定义为企业的活动，其目的在于满足目标顾客的需要，以此实现本企业的目标。这是一个微观的定义。

根据这一定义，可以将市场营销概念具体归纳为下列要点：

① 市场营销的最终目标是"满足需求和欲望"；

②"交换"是市场营销的核心，交换过程是一个主动、积极寻找机会，以满足双方需求和欲望的社会过程和管理过程；

③交换过程能否顺利进行，取决于营销者创造的产品和价值满足顾客需求的程度和交换过程管理的水平。

(2) 美国市场营销协会（AMA）定义委员会在1960年给市场营销下的定义是："市场营销是对思想、货物和服务进行构思设计、定价、促销、分销的规划与实施过程，从而产生能满足个人和组织目标的交换"。由此，可以从几个方面理解市场营销的含义：

① 市场营销与推销、销售的含义不同。市场营销包括市场研究、产品开发、定价、促销、服务等一系列经营活动。而推销、销售仅是企业营销活动的一个环节或部分，是市场营销的职能之一，不是最重要的职能。

② 市场营销是一种企业的经济活动过程，它是根据目标顾客的要求，生产适销对路的产品，从生产者流转到目标顾客，其目的在于满足目标顾客的需要，实现企业的目标；市场营销是反映社会的经济活动，其目的是满足社会及组织需要，实现社会交换目标，它由三部分构成：

- 国家、企业和政府三个参加者；
- 资源和产品两个市场；
- 资源、货物、劳务、货币及信息五个流程。

③ 市场营销的内涵随社会经济的发展而不断变化和扩充。市场营销已发展为系列化的经营过程，随着企业营销实践的发展而不断丰富其内涵。

④ 市场营销活动的核心是交换，但其范围不仅限于商品交换的流通过程，而且包括产前和产后的活动。产品的市场营销活动往往比产品的流通过程要长。现代社会的交易范围很广泛，已突破了时间和空间的壁垒，形成了普遍联系的市场体系。

(3) 美国学者E.I麦卡锡说"市场营销活动应从顾客开始，而不是从生产过程开始，应由市场营销部门（而不是生产部门）决定将要生产什么产品。诸如产品开发、设计、包装的策略，定价、赊销、及收账的政策，产品的销售地点以及如何推销等问题，都应由营销部门来决定，但这并不意味着市场营销要把传统的生产、会计、财务等的工作全部承接过来，而只是说市场营销为这些活动提供指导"。

由此可以得出以下结论：
① 市场营销是以满足顾客需求为首要；
② 由需求指导营销过程。

（三）市场营销的核心概念

从上面介绍的市场营销定义中可以看出，它们共同包含着下列一些核心概念：

需要、欲望和需求；产品（商品、服务与创意）；效用、费用和满足；交换和交易、关系；市场；市场营销者。

市场营销是基于上述核心概念之上的一种复杂、连续、综合的组织和管理过程（见图1-3)，只有准确地把握和运用市场营销的核心概念，才能深刻认识市场营销的本质。

图1-3 市场营销核心概念的组织和管理过程

1. 需要、欲望和需求

消费者的需要、欲望和需求是市场营销的出发点。满足消费者的需要、欲望和需求是市场营销活动的目的。需要：既包括物质的、生理的需要，也包括精神的、心理的需要，具有多元化、层次化、个性化、发展化的特性，营销者只能通过营销活动对人的需要施加影响和引导，而不能凭主观臆想加以创造。欲望：人的需要是有限的，而人的欲望是无限的，强烈的欲望能激励人的主动购买行为。需求：是指人们对某个产品有购买欲望且有支付能力。

2. 产品

泛指满足人的特定需要和欲望的商品和劳务。人们在选择购买产品的同时，实际上也在满足着某种愿望和利益。作为营销者如果只研究和介绍产品本身，忽视对消费者利益的服务，就会犯"市场营销近视症"进而失去市场。

3. 效用、费用和满足

在诸多产品的购买选择中，消费者总是根据多项标准去选择提供最大效用的产品作为购买目标。效用最大化是消费者选择产品的首要原则。效用的评价，既取决于厂商所提供的产品使用的实际效用，也取决于消费者进行的效用对比评价。消费者的购买决策是建立在效用与费用双项满足的基础之上的，其购买决策的基本原则是选择用最少的货币支出换取最大效用的产品或服务。

4. 交换、交易和关系

交换是指以提供某种作为回报而从他人换取所需要产品的行为。人们只有通过市场交换产品时才存在市场营销。交换发生的基本条件是：交易双方互为满意的有价值的物品及双方满意的交换条件（价格、地点、时间、运输及结算方式等）。

5. 市场

对市场的界定因人而异。消费者视市场为交易的场所，如百货商店、专卖店、摊群市场等。买者构成市场，卖者构成行业。如图1-4所示。

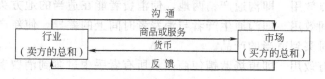

图1-4 简单的市场营销系统模型

6. 市场营销者

市场营销者的营销活动是在多种力量影响下进行的，既是营销活动的主导力量，又受各种外部力量的制约。市场营销系统的主要行为者及其影响如图1-5所示。

（四）市场营销与企业职能

迄今为止，市场营销的主要应用领域是企业。

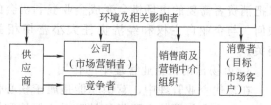

图1-5 市场营销系统的主要行为者及其影响

在市场经济体系中，企业存在的价值在于它能否有效地提供满足他人（顾客）需要的商品。因此，管理大师彼得·德鲁克（Petert F. Drucker）指出："企业的基本职能只有两个，这就是市场营销和创新。"这是因为：

（1）企业作为交换体系中的一个成员，必须以对方（顾客）的存在为前提；

（2）顾客决定企业的本质，只有顾客愿意花钱购买产品和服务，才能使企业资源变成财富；

（3）企业最显著、最独特的职能是市场营销。

因此，市场营销不仅是以其创造产品或服务的市场将企业与其他人类组织区分开来，也是不断促进企业将市场营销概念贯彻于每一个部门，将市场营销作为企业首要的核心。

（五）市场营销的功能与作用

1. 市场营销的功能

（1）交换功能　在交换过程中，产品的所有权发生转移，买主主体需要对购买什么、向谁购买、购买数量、购买时间等进行选择；而卖主主体需要确定目标市场，努力促销并实施售后服务等。

（2）物流功能　包括货物的运输和存储。它是实现商品交换的前提和必要条件。

（3）分等功能　市场对产品按照一定的质量、规格、等级进行整理分类等。这也是市场交换中的标准化过程。

（4）融资功能　这是批发商和某些代理商的主要职能。即零售商从独立供货商进货，通常不必立即付清货款，有一定的信用赊销期限。独立批发通过这种商业信用方式，向广大中小零售商提供财务援助。

（5）风险功能　在市场营销过程中商品可能被损坏，可能不被市场需要或成为非时尚产品而卖不出去，不得不对产品进行削价出售。如果用户对产品质量不满意，还要实行包退包换。这就是产品的制造商和批发商所要承担的市场风险。

（6）信息功能　在市场营销过程中，批发商和零售商比制造商更为接近购买者，因此，他们更了解市场情况，更具有提供信息的职能：一方面向制造商提供用户需要哪些产品的信息和建议；另一方面向零售商提供新产品的说明，提出竞争价格的建议。

2. 市场营销的社会作用

市场营销是涉及千家万户的经济活动。通过市场营销活动要实现以下社会作用。

（1）产品的地点效用　即沟通产销两地，使消费者能在适当的地方买到适合的商品。

（2）产品的时间效用　即沟通生产者与消费者时间上的差异，使新产品能尽快被消费者认知，使消费者及时买到适当的产品。

（3）产品的占有效用　即市场营销使商品从所有者手中过渡到消费者手中。

（4）产品的形式效用　即制造商通过销售商提供的"地点效用"、"时间效用"和"占有效用"的市场信息，了解消费者对产品的功能及外形等需求，按照需求生产适销对路的产品。

市场营销的社会作用说明，市场营销是联结社会需要与企业反应的中间环节，是企业用以把消费者需要的市场机会变成企业赢利机会的基本方法。但是，企业发挥市场营销的作用如何，与企业自主权和经济责任大小密切相关，也同生产与营销的体制的紧密程度密切相关。

3. 市场营销在企业管理中的作用

在现代企业管理中，营销职能是属于核心位置的管理职能。

（1）企业经营的主要任务是吸引、保持和扩大顾客。如果企业不能赢得更多的顾客，企业就失去了存在的价值和意义。市场营销的基本任务就是在动态的管理过程中（市场调查—市场定位—生产—销售—目标顾客），以优质的产品、合理的价格、全方位的服务，实现顾客满意的利益和需求。

（2）企业管理是一个复杂的系统工程。实现顾客需求的高度满意，必须有职能部门的通力合作和协调配合，然而这种配合协作应以营销管理为中心，脱离营销宗旨和任务的生产管理、财务管理和人力资源管理，无论其管理效益多高，也没有实际意义。

（3）企业经营管理的基本任务是认识和研究目标市场的顾客需求，在此基础上将企业各种资源优化组合，提供能充分满足顾客欲望和需求的产品或服务。市场营销正是实现市场需求与企业经营有效连接的基本功能。与其相比，生产管理、人力资源管理均属于辅助职能，必须围绕着提高市场管理能力提供辅助功能。

(4) 市场营销管理实质上是顾客需求管理，是企业由内至外、内外结合的管理。企业能否赢得顾客，是衡量企业绩效和竞争地位的首要标准，失去了顾客便失去了企业的生命力。与营销管理相对而言，生产管理、财务管理、人事管理均属于企业内部各种要素的职能管理，它们必须服务于营销管理这个中心，否则，便失去其管理的实际意义。

第二节 市场营销要素和市场营销组合

一、营销要素

营销要素是企业为了满足顾客的需求，促进市场交易而运用的市场营销手段。这些要素多种多样，而且随着社会营销形势变化的发展而发展。

(一) 以满足市场需求为目标的 4P 要素理论：短缺经济时代的"4P 理论"

美国营销学学者麦卡锡（Jerome McCarthy）教授在 20 世纪的 60 年代将各种营销要素归结为四大类：即产品（Product）、价格（Price）、渠道（Place）和促销（Promotion）。这几个词的英文字头都是 P，故称为"4P"。

市场营销 4P 理论中四个可控制的基本变量如下。

(1) 产品：代表企业提供给目标市场的货物和劳务的组合。包括：产品质量、外观、买卖权、式样、品牌名称、包装、尺码或型号、服务、保证等。

(2) 价格：代表顾客购买商品时的价格。包括：价目表所列的价格、折扣、让价、支付期限、信用条件等。

(3) 渠道：代表企业使其产品可进入和到达目标市场所进行的种种活动。包括：渠道选择、仓储运输等。

(4) 促销：代表企业宣传介绍其产品的优点和说服目标顾客来购买其产品所进行的种种活动。包括：广告、人员推销、营业推广、公共关系。

4P 理论是营销学的基本理论，许多市场营销学都是以这四个要素为基础展开的。

(二) 以追求顾客满意为目标的"4C"理论：饱和经济时代的"4C"理论

"4C"理论是由美国营销专家劳特朋教授在 1990 年提出的，它以消费者需求为导向，设定了市场营销组合的四个基本要素：即消费者（Consumer）、成本（Cost）、便利（Convenience）和沟通（Communication）。它强调企业首先应该把追求顾客满意放在第一位，其次是努力降低顾客的购买成本，然后要充分注意到顾客购买过程中的便利性，它重视顾客导向，以追求顾客满意为目标。

市场营销"4C"理论中的 4 个变量：

(1) 消费者 主要指顾客的需求。企业必须首先了解和研究顾客，根据顾客的需求来提供产品。同时，企业提供的不仅仅是产品和服务，更重要的是由此产生的客户价值。

(2) 成本 不只是企业的生产成本，或者说是"4P"中的价格。它还包括顾客的购买成本，同时也意味着产品定价的理想情况，应该是既低于顾客的心理价格，也能够让企业有所盈利。此外，这中间的顾客购买成本不仅包括其货币支出，还包括其为此耗费的时间，体力和精力消耗，以及购买风险。

(3) 便利　即所谓为顾客提供最大的购物和使用便利。"4C"理论强调企业在制定分销策略时，要更多的考虑顾客的方便，而不是企业自己方便。要通过好的售前、售中和售后服务来让顾客在购物的同时，也享受到了便利。便利是客户价值不可或缺的一部分。

(4) 沟通　则被用以取代"4P"中对应的促销。"4C"认为，企业应通过同顾客进行积极有效的双向沟通，建立基于共同利益的新型企业、顾客关系。这不再是企业单向的促销和劝导顾客，而是在双方的沟通中找到能同时实现各自目标的通途。

（三）以建立顾客忠诚为目标的"4R"理论

21世纪伊始，《4R营销》的作者艾略特·艾登伯格提出"4R"营销理论。"4R"即Relationship（关系）、Reaction（反应）、Relevancy（关联）、Retribution（回报），"4R"理论以关系营销为核心，重在建立顾客忠诚。它阐述了四个全新的营销要素：

1. 与顾客建立关联

在竞争性市场中，顾客具有动态性。顾客忠诚度是变化的，他们会转移到其他企业。要提高顾客的忠诚度，赢得长期而稳定的市场，重要的营销策略是通过某些有效的方式在业务、需求等方面与顾客建立关联，形成一种互助、互求、互需的关系。

2. 提高市场反应速度

在今天相互影响的市场中，对经营者来说最现实的问题不在于如何控制、制定和实施计划，而在于如何站在顾客的角度及时地倾听顾客的希望、渴望和需求，并及时答复和迅速做出反应，满足顾客的需求。

3. 关系营销越来越重要

在企业与客户的关系发生了本质性变化的市场环境中，抢占市场的关键已转变为与顾客建立长期而稳固的关系，从交易变成责任，从顾客变成用户，从管理营销组合变成管理和顾客的互动关系。

沟通是建立关系的重要手段。从经典的AIDA模型："注意—兴趣—渴望—行动"来看，营销沟通基本上可完成前三个步骤，而且平均每次和顾客接触的花费很低。

4. 回报是营销的源泉

对企业来说，市场营销的真正价值在于其为企业带来短期或长期的收入和利润的能力。

二、营销要素"4P"、"4C"、"4R"评述

企业所面临的市场就是一个在不断变化的环境，而且其变得越来越成熟。今天的市场与上个世纪相比有很大的不同，无论是竞争格局，还是消费者的思想和行为，都发生了很大的变化。而随着环境的变化，营销理念也随之发生了几次变化，而且已经形成了三种精典的营销理念，即：以满足市场需求为目标的"4P"理论，以追求顾客满意为目标的"4C"理论，和以建立顾客忠诚为目标的"4R"理论。三种营销理论孰是孰非呢？

1. "4P"理论

"4P"理论主要是从供方出发来研究市场的需求及变化，如何在竞争在取胜。"4P"理论重视产品导向而非消费者导向，以满足市场需求为目标。"4P"理论是现代营销学的基础理论，它可以将复杂的市场营销活动简单化、抽象化、体系化。"4P"理论在营销实践中得到了广泛的应用，至今仍然是人们思考营销问题的基本模式。

市场的核心是交换，从营销的角度来说产品是一切营销行为的开始。没有产品，一切都将无从谈起。"4P"理论以产定销理念至今在现代社会的好多经营活动中适用，比如专利技术产品，垄断技术产品等的经营。"4P"营销活动的适用与否关键在于有没有找到生产出消费者需求旺盛的好产品。

当然就理论探讨而言，随着环境的变化，这一理论逐渐显示出其弊端：一是营销活动着重企业内部，对营销过程中的外部不可控变量考虑较少，难以适应市场变化；二是随着产品、价格和促销等手段在企业间相互模仿，在实际运用中很难起到出奇制胜的作用。

2. "4C"理论

它以消费者需求为导向，这实际上是当今消费者在营销中越来越居主动地位的市场对企业的必然要求。这一营销理念也深刻地反映在企业营销活动中。在"4C"理念的指导下，越来越多的企业更加关注市场和消费者，与顾客建立一种更为密切的和动态的关系。这种理论能尽快适应市场。简单地说，"4C"理论就是以销定产。

比如，家电行业中，"价格为王"、"成本为师"都是业内的共识，以前都是生产厂家掌握定价权，企业的定价权完全是从企业的利润率出发，没有真正从消费者的"成本观"出发，这就是为什么高端彩电普及不快的原因。而现在消费者考虑价格的前提就是自己的"花多少钱买这个产品才值"。于是作为销售终端的苏宁电器专门有人研究消费者的购物"成本"，以此来要求厂家"定价"，这种按照消费者的"成本观"来对厂商制定价格要求的做法就是对追求顾客满意的"4C"理论的实践。

"4C"营销理论注重以消费者需求为导向，和与市场需求为导向的"4P"相比，"4C"有了很大的进步和发展。但从企业的营销实践和市场发展的趋势看，"4C"依然存在以下不足：

（1）"4C"理论不能形成营销个性或营销特色，不能形成营销优势，保证企业顾客份额的稳定性、积累性和发展性。

（2）"4C"以顾客需求为导向，但顾客需求有个合理性问题。顾客总是希望质量好，价格低，特别是在价格上要求是无界限的。只看到满足顾客需求的一面，企业必然付出更大的成本，久而久之，会影响企业的发展。

（3）"4C"被动适应顾客需求的色彩较浓。

3. "4R"理论

营销理论不仅仅停留在满足市场需求和追求顾客满意，而是以建立顾客忠诚为最高目标，对"4P"和"4C"理论进行了进一步的发展与补充。

"4R"营销理论的最大特点是以竞争为导向，在新的层次上概括了营销的新框架。该理论根据市场不断成熟和竞争日趋激烈的形势，着眼于企业与顾客互动与双赢，不仅积极地适应顾客的需求，而且主动地创造需求，通过关联、关系、反应等形式与客户形成独特的关系，把企业与客户联系在一起，形成竞争优势。

如今建立稳定的顾客关系和顾客忠诚的重要性已经为许多企业所认识。美国哈佛商业杂志的一份研究报告指出，重复购买的顾客可以为公司带来25%～85%的利润，固定客户数每增长5%，企业利润则增加25%。

建立顾客关系的方式有多种多样，如香港汇丰银行、花旗银行通过其信用证与航空公司开发了"里程项目"计划，按累计的飞行里程达到一定标准之后，共同奖励那些经常乘坐飞机的顾客。如现在的许多商家，向顾客返还代金券、记购物分等。

总之营销是一个动态过程，"4P"、"4C"、"4R"理论的演变是后者在前者基础上进行的创新和发展，所以不可以把三者割裂开来甚至对立起来。营销人员要根据企业的实际，把三者结合起来，作为企业的营销模式，扬长避短，指导营销实践。

本书的编写以基础为主，因此后面章节的营销要素是叙述"4P"理论。

三、营销要素的组合

在市场营销活动中，企业为了要满足顾客的需求，促成市场交易，在市场上获得成功，达到预期的经营目标，仅仅运用一种营销手段而不用其他营销手段与之相配合，是难以获得成功的。必须综合利用产品、价格、渠道、促销等可控因素、并将这些因素进行整体组合，使其相互配合，整体的发挥最好作用。

市场营销组合的特点如下。

（1）可控性　企业根据目标市场的需要，可以决定自己的产品结构，制定产品价格，选择分销渠道和促销方法等，对这些市场营销手段的运用和搭配，企业有自主权，能够形成企业的市场营销战略。

（2）动态性　市场营销组合不是固定不变的静态组合，而是变化无穷的动态组合。市场是变化的，营销战略也应该随之变化，并且组成特定市场营销组合的手段和因素，市场营销组合应该根据内部条件、外部环境变化的影响，能动地做出相应的反应。

（3）复合性　四个"P"之中又各自包含若干细分的子因素，形成各个"P"的亚组合，因此，市场营销组合是至少包括两个层次的复合结构。

（4）整体性　市场营销组合的各种手段及组成因素，不是简单相加，而应成为一个有机的整体，求得大于局部功能之和的整体效应。

第三节　市场营销观念的演变

一、市场营销观念的基本内容

（一）市场营销观念的概念

市场营销观念的概念：在国外称为市场营销哲学，它是指企业进行经营决策、组织管理市场营销活动的基本指导思想。它是一种观念、一种态度或一种企业经营哲学、思维方式。

（二）市场营销观念的核心

市场营销观念的核心：是正确处理企业、顾客和社会三者之间的利益关系。这些利益既相辅相成，又相互矛盾。企业必须正确处理三者之间的关系，确定自己的原则和基本取向。

二、市场营销观念的演变与发展

近百余年来，市场营销管理的指导思想经历了一个漫长的演变过程。最初以"生产观念"和"产品观念"为指导思想；继而以"推销观念"为指导思想；二战结束后，又逐渐演变为"市场营销观念"；到 20 世纪 70 年代，有些学者又提出了"社会市场营销观念"。

（一）生产观念

生产观念：以产定销的观念，其典型的表现就是企业生产什么就卖什么。

该观念在西方盛行于 19 世纪末 20 世纪初。当时，资本主义国家处于工业化初期，市场需求旺盛，企业只要提高产量、降低成本便可获得丰厚的利润。因此不必过多关注市场需求差异。

1. 生产观念产生和流行的客观经济条件

（1）产品供不应求，购买者没有更多的选择要求；生产者的主要精力集中在增加产品产量，以产定销；产品经营者力争得到较多货源，有啥卖啥，不愁销路；

（2）产品成本高时，通过增加产量，以降低单位产品成本。

2. 生产观念的特点

（1）生产是企业生产经营活动的中心和基本出发点；

(2) 降低成本、扩大产量是主要的手段；
(3) 追求的目标是短期利润；
(4) 忽视产品的质量、品种与推销，不考虑消费者需求；
(5) 坚持"我生产什么，消费者就买什么"的经营思想；
(6) 只适应于"卖方市场"的需要。

阅读材料

20世纪初，美国福特汽车公司制造的汽车供不应求，亨利·福特曾傲慢地宣称："不管顾客需要什么颜色的汽车，我只有一种黑色的"。福特公司1914年开始生产的T型车，在"生产导向"经营哲学的指导下创造出了奇迹，并使T型车生产效率趋于完善，降低成本，使更多人买得起。到1921年，福特T型车在美国汽车市场上的占有率达到56%。

局限性：只注重生产不注重销售，只适合于消费者购买力低、需求缺口大、生产力水平低的卖方市场；单一的营销手段不符合市场经济发展的需要；企业所表现出的急功近利思想和倾向是现代企业所忌讳的。

（二）产品观念

产品观念是与生产观念并存的一种市场营销观念，仍然没有脱离以生产为中心，"以产定销"的范畴，都是重生产轻营销。产品观念认为，消费者喜欢高质量、多功能和具有某些特色的产品。因此，企业管理的中心是致力于生产优质产品，并不断精益求精，日益完善。它比生产观念多了一层竞争的色彩，并且考虑到了消费者或用户对产品质量、性能、特色和价格方面的愿望。持产品观念的企业往往假设购买者欣赏精心制作的产品，相信他们能够鉴别产品的质量和功能，并愿意出较高的价格购买质量上乘的产品，强调"以质取胜"、"以廉取胜"。换言之，只要企业生产出优质产品，顾客必然会找上门来，正所谓的"酒好不怕巷子深"。如企业开发了一项新产品，或保有某些名牌产品时，往往坚信自己的产品将在市场上经久不衰，把注意力全部集中在现有产品上，忽视掌握市场需求动态，以至于不关心市场需求是否正在发生变化，或产品已被其他竞争产品替代。

阅读材料

杜邦公司在1972年发明了一种具有钢的硬度，而重量只是钢的1/5的新型纤维。杜邦公司的经理们设想了大量的用途和一个10亿美元的大市场。然而这一刻的到来比杜邦公司所预料的要长得多。

（三）推销观念

20世纪30～40年代。由于科技进步，科学管理和大规模生产的推广，产品产量迅速增加，逐渐出现了市场商品供过于求，卖方之间竞争激烈的新形势。许多企业感到，即使有物美价廉的产品也未必能卖得出去。企业要在激烈的市场竞争中求得生存和发展，就必须重视推销工作。

推销观念认为企业的经营工作不再是生产问题而是销售问题，企业如果不采取一定的销售措施，消费者一般不会较多地购买企业的产品，必须通过推销的外部刺激和引导，促使消费者购买本企业的产品。换言之，只要企业努力推销什么产品，消费者或用户就会更多的购买什么产品。

推销观念认为，消费者通常有一种购买惰性或抗衡心理，若听其自然，消费者就不会自觉的购买大量本企业的产品，因此企业管理的中心任务是积极推销和大力促销，以诱导消费者购买产品。其具体表现是："我卖什么，就设法让人们买什么"。执行推销观念的企业相信产品是"卖出去的"，而不是"被买去的"。他们致力于产品的推广和广告活动，以求说服、甚至强制消费者购买。

但是，推销观念与生产观念和产品观念没有本质的区别，也是建立在以企业为中心的"以产定销"，只不过是从市场中心观念转变为推销导向，思想上前进了一大步，而不是满足消费者真正需要的基础上。以至于售后顾客是否满意等内容未给予足够的重视。

推销观念常用于推销"非渴求商品"，如保险、墓地、百科全书；也可用于推销渴求商品，如汽车等；还可用于非盈利领域，如政治党派、学校招生机构、基金筹募业；或产品过剩时期等。

实践证明，奉行推销观念，着力推销和广告，对企业的销售工作具有积极的促进作用。但若生产出来的产品市场需求已经饱和或不适销对路，即使大力推销也无济于事。当社会经济进一步发展、产品更加丰富、竞争更加激烈的条件下推销观就显得不合时宜了。

（四）市场营销观念

20世纪50~70年代，随着生产力与科技的迅速发展，缩短了产品更新换代的周期，市场产品日新月异，供应量大大增加；人民生活水平提高，市场需求变化日益加快；产品供大于求；市场由卖方市场变成买方市场，企业的产品由地区到行销全国，甚至国际性销售，国内外企业竞争激烈。很多企业虽然进行推销，但销量下降，失去市场份额，影响企业的发展与生存。因此为了谋求出路，企业不得不改变营销思路，转变接受市场营销观念。

市场营销观念或市场主导观念从本质上说，是一种以顾客需要和欲望为导向的哲学，是消费者主权论在企业市场营销管理中的体现。市场营销观念的产生，是市场营销哲学的一种质的飞跃和革命，它不仅改变了传统观念的逻辑思维方式，而且在经营策略和方法上也有很大突破。它要求企业营销管理贯彻"顾客至上"的原则，将管理重心放在善于发现和了解目标顾客的需要，并千方百计去满足它，从而实现企业目标。企业在决定其生产经营时，必须进行市场调研，根据市场需求及企业本身条件选择目标市场，组织生产经营，最大限度地提高顾客满意程度。因此"顾客至上"、"顾客是上帝"、"顾客永远正确"才成为现代企业的座右铭。

市场营销观是近几十年形成的比较先进的观念，它引发了企业组织、管理方法和程序上的一系列变革，在市场营销观念指导下的企业应该明确以下几个方面：

（1）不是以生产为中心，而是以顾客为中心确定企业的经营方向；

（2）满足目标顾客的需求和欲望是企业的责任；口号是："顾客至上"、"顾客第一"；

（3）营销部门的任务不单是产品做成后的销售，而是应该参与企业的经营管理活动中，是企业经营管理的重要部门，是企业运营的龙头。

市场营销观念有四个主要支柱：目标市场、顾客需求、协调营销、盈利率。该观念认为，实现企业诸目标的关键在于正确确定目标市场的需要和欲望，一切以消费者为中心，并且比竞争对手更有效、更有利地传送目标市场所期望满足的东西。当企业的所有部门都能针对目标市场为顾客需求服务时，其结果就是整合营销。整合营销包含两方面的含义：首先，各种营销职能——推销人员、广告、产品管理、营销调研等等必须彼此协调。其次，营销部门必须与企业其他部门很好协调。只有通过整合营销才能完成营销的盈利性目的。

阅读材料

美国贝尔公司的情报部做的一个广告就体现了市场营销的观念:"现在,今天,我们的中心目标必须针对顾客。我们将倾听他们的声音,了解他们所关心的事,我们重视他们的需要,并永远先于我们自己的需要,我们将赢得他们的尊重。我们与他们的长期合作关系,将建立在互相尊重、信赖和我们努力行动的基础上。顾客是我们的命根子,是我们存在的全部理由。我们必须永远铭记,谁是我们的服务对象,随时了解顾客需要什么、何时需要、何地需要、如何需要,这将是我们每一个人的责任。现在,让我们继续这样干下去吧,我们将遵守自己的诺言"。

(五) 社会营销观念

20 世纪 70 年代以来,随着社会经济的发展和人口的增加,能源短缺、通货膨胀、失业增加、环境污染严重等社会现象日趋严重,严重威胁社会的公众利益和消费者的长远利益,威胁人类的生活水准和福利的进一步提高,也威胁着社会经济可持续发展。现代的市场营销活动有很多副作用,而市场营销观念又不能将其抑制和消除,是因为市场营销观念只是要企业满足顾客需求,产品要适销对路。

为此西方市场营销学界提出了一系列新的理论及观念,如人类观念、理智消费观念、生态准则观念等。其共同点都是认为,企业生产经营不仅要考虑消费者需要,而且要考虑消费者和整个社会的长远利益。这类观念统称为社会营销观念。社会营销观念是营销观念的发展和延伸。

社会营销观念的基本核心是:以实现消费者满意以及消费者和社会公众的长期福利作为企业的根本目的与责任。理想的营销决策应同时考虑到:消费者的需求与愿望的满足,消费者和社会的长远利益,企业的营销效益。企业在处理消费者欲望、企业利润和社会整体利益之间的矛盾时,要统筹兼顾,求得三者之间的平衡与协调。

具体而言社会营销观念它涵盖如下内容:

(1) 企业和环境如同有机体一样,要同它的生存环境相协调;

(2) 企业、消费者与社会,顾客是企业生存的根本,要把满足顾客需要与发挥企业优势结合起来,顾及社会利益;

(3) 对市场营销观念的补充与修正;

(4) 关联营销,这种营销活动与企业业务并无太多直接联系,但这些活动在帮助社会的同时,使企业比其他公司更显风采。

三、现代市场营销观念与传统观念的比较

上述市场营销管理观念(哲学)也可归纳为市场营销的旧观念和新观念,生产观念、产品观念、推销(销售)观念一般称之为旧观念,是以企业为中心的观念;市场营销观念和社会营销观念一般称之为新观念,分别是以消费者为中心的顾客导向观念和以社会长远利益为中心的社会导向观念。

两类、五种市场营销观念的产生与存在,各有其必然性和合理性,都是与一定的生产力发展水平、一定的商品供求状况和企业规模等相联系、相适应的。尽管它们在历史上是依次出现的,但并不能认为就是此生彼亡的关系。同一个时期,不同的企业往往会有不同的经营观念。一方面应当大力倡导具有现代意识的市场营销观念、社会营销观念(需说明的是,这并不意味着可以忽视科技进步和放松生产管理);另一方面也要看到,在商品经济不够发达,

一些产品长期供不应求的情况下,生产观念、产品观念、推销观念还会在某些行业、许多企业普遍存在。问题在于,这类企业不能固守这些传统观念,而应努力体现营销观念的要求,并随着生产力的发展、供求态势的变化,及时调整自己的经营思想。

总之,无论奉行哪一种市场营销哲学,都应当兼顾买者、卖者、公众这三种力量对营销活动的关注和要求,既要考虑到如何去满足买者的需要与欲望,考虑卖者扩大销售、增加利润的目标,也必须追求产品安全可靠,价格公道合理、促销诚实有信,并不滥用资源,不污染环境。这样一种高水平的市场营销,才有助于保证企业的长远利益、实现社会生产的目的、创造良好的社会环境,提高现代文明水平。各种企业营销观念的对比见表1-1。

表1-1 各种企业营销观念的对比

企业营销观念	经营程序	经营重点	手段	经营目标
生产观念和产品观念	产品→市场	产品	提高生产效率	通过扩大产量取得利润
推销观念	产品→市场	产品	促销	通过扩大销售量,取得利润
市场营销观念	市场→产品→市场	顾客需要	整体市场营销	通过满足顾客需要取得利润
社会营销观念	市场→产品→市场	顾客需要和社会利益	整体市场营销	通过满足顾客需要,维护和增进社会利益,取得利润

四、社会营销观的衍生和发展

随着人类社会进入新世纪和新经济时代,世界经济正以势不可挡的趋势朝着全球市场经济一体化、企业生存数字化、商业竞争国际化、竞争对手扩大化等方向发展。国际互联网、知识经济、高新技术特征明显,企业的经营进一步打破了地域的限制,如何在全球贸易体系中占有一席之地,如何赢得更大的市场份额和更广阔的市场前景,如何开发客户资源和保持相对稳定的客户队伍,已经成为影响企业生存和发展的关键问题。这样新的营销理念层出不穷,如:绿色营销、关系营销、管理营销、网络营销、电子商务等,这些营销理念的中心,其基本核心内容都是基于社会营销的顾客满意以及营销道德的注重,是社会营销观的衍生和发展。

(一)顾客满意

面对消费需求和理念的演变,企业竞争的核心转向顾客满意,这样,就导入了一个全新的经营战略——顾客满意战略。有关研究表明,获得一个新顾客支出的费用是留住一个老顾客的五倍,而一个老顾客比一个新顾客可为企业多带来20%~85%的利润。要有效的保持老顾客,必须使其高度满意。

顾客满意的含义:顾客满意,是指顾客的一种主观感觉状态,是顾客对企业产品和服务满足其需要的程度的体验和综合的评估。

顾客满意可以用顾客让渡价值来衡量。

顾客让渡价值:是指顾客总价值与总成本之间的差额。见图1-6。

1. 顾客购买总价值

顾客总价值是指顾客购买某一产品或服务所期望获得的一系列利益。

(1)产品价值 是由产品的功能、特性、品质、品种与式样等产生的价值。它是顾客需要的中心内容,也是顾客选购产品的首要因素。一般情况下,它是决定顾客总价值大小的关键和主要

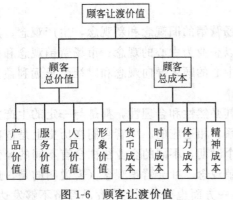

图1-6 顾客让渡价值

因素。因此，企业要不断推出新产品，突出产品特色，增强产品适应性。

（2）服务价值　是指伴随产品实体的出售，企业向顾客提供的各种附加服务，包括产品介绍、送货、安装、调试、维修、技术培训、产品保证等所产生的价值。优质的服务会让消费者得到更多的附加值。因此，向消费者提供更完善的服务已成为现代企业竞争的新焦点。

（3）人员价值　是指企业员工的经营思想、知识水平、业务能力、工作效益与质量、经营作风、应变能力等产生的价值。高素质的员工会为顾客创造更多的价值，从而创造更多的满意顾客。对企业而言，高度重视员工综合素质和能力的培养至关重要。

（4）形象价值　是指企业及其产品在社会公众中形成的总体形象所产生的价值。包括有形形象、行为形象、理念形象所产生的价值。形象价值是产品价值、服务价值、人员价值综合作用的反映和结果。企业应重视自身形象的塑造，为顾客带来更大的价值。

2. 顾客购买总成本

顾客总成本是指顾客为购买某一产品或服务所耗费的时间、精力及所支付的货币资金等预计费用。

（1）货币成本　是构成总成本大小的主要和基本因素。

（2）时间成本　顾客等候购买的时间越长，花费的时间成本越大，越容易引起顾客的不满，中途放弃购买的可能性亦会增大。

（3）精力成本（精神与体力）　是指顾客购买产品时，在精神、体力方面的耗费与支出。

3. 顾客让渡价值的意义

（1）顾客让渡价值的多少受顾客总价值与顾客总成本两方面的影响。同时，顾客总价值与顾客总成本的各个构成因素是相互作用、相互影响的。

（2）不同的顾客群对产品价值的期望与对各项成本的重视程度是不同的。企业应有针对性的设计和增加总价值、降低总成本。

（3）最根本的意义是通过满足顾客期望和减少顾客成本使顾客的需要获得最大限度的满足。

企业为了争取顾客，战胜竞争对手，巩固或提高产品的市场占有率，往往会采用顾客让渡价值最大化策略，但追求顾客让渡价值最大化会增加企业成本，减少利润。因此在市场营销实践中企业应该掌握一个合理的度，企业让渡价值的大小应该以能够实现企业的经营目标为原则。

（二）绿色营销

绿色营销具有广义和狭义两个概念。广义的绿色营销是指企业在营销活动中体现的社会价值观、伦理道德观，充分考虑社会效益，即自觉维护自然生态平衡，并自觉抵制各种有害营销。狭义的绿色营销主要是指企业在市场营销活动中谋求消费者利益、企业利益、人类环境利益的协调。实施绿色营销的企业，对产品的创意、设计、生产以及定价与促销的策划和实施都要以保护生态环境为前提，力求减少环境污染，保护和节约自然资源，维护人类的长远利益，实现经济的可持续发展。

1. 绿色营销的特点

（1）绿色消费是开展绿色营销的前提。

（2）绿色观念是绿色营销的指导思想。

（3）绿色体制是绿色营销的法制保障。

（4）绿色科技是绿色营销的物质保证。

2. 绿色营销中的主要的三个因素

（1）绿色营销的内部因素

① 产品：产品在生产、使用及丢弃时应具有安全性，企业使用的原材料和包装要有利于环境保护。

② 价格：产品价格要反映绿色成本，并确定能使消费者接受的绿色价格。

③ 分销：选择具有绿色信誉的分销渠道来分销产品。

④ 促销：采用绿色媒体宣传绿色信息，并对绿色信息的传播进行监测。

⑤ 提供信息：提供同环保有关、并能激发市场营销者重视可持续发展的全新观念的国内外绿色信息。

⑥ 过程：控制原材料、能源消耗过程以及废弃物的产生和处理过程，以有利于优化环境。

⑦ 政策：制定及实施鼓励、监测、评估和保护环境的政策。

⑧ 人员：即企业的营销人员。企业应该培养了解有关环境的各种议题、认识企业在环保中的表现及在绿色营销中善于宣传的营销人员。

(2) 绿色营销的外部因素

① 付费消费者：企业要了解消费者对绿色议题的关心程度及对绿色产品的需求程度。

② 供应商：企业的供应商对绿色主张关心程度如何及企业对绿色原材料的需求状况，直接关系到企业绿色营销的发展。

③ 政府官员：政府官员可通过行政方式对企业经营活动施加压力，可通过立法形式制约企业的绿色营销。

④ 伙伴：加强企业与对环境具有重大影响的组织的联系，改善同这些组织的关系。

(3) 绿色营销成功的因素　企业绿色营销能否取得成功，其关键在于能否将影响绿色营销的内部因素与影响绿色营销的外部因素有机地结合、协调，从而使企业真正做到：

① 满足消费者对绿色营销的需求；

② 产品生产及使用过程安全、对环境有利；

③ 企业绿色营销策略为社会所接受；

④ 企业从可持续发展战略高度来组织市场营销。

(三) 关系营销

关系营销：是以系统论为基本思想，将企业置身于社会经济大环境中来考察企业的市场营销活动，认为营销乃是一个与消费者、竞争者、供应者、分销商、政府机构和社会组织发生互动作用的过程；是谋求共同发展，它是将建立与发展同所有利益相关者之间的关系作为企业营销的关键变量。

1. 关系营销本质特征

信息沟通的双向性；战略过程的协同性；营销活动的互利性；信息反馈的及时性。

2. 关系营销基本形态

(1) 亲缘关系营销形态。指依靠家庭血缘关系维系的市场营销，如父子，兄弟姐妹等亲缘为基础进行的营销活动。这种关系营销的各关系方盘根错节，根基深厚，关系稳定，时间长久，利益关系容易协调，但应用范围有一定的局限性。

(2) 地缘关系营销形态。指以公司（企业）营销人员所处地域空间为界维系的营销活动，如利用同省同县的老乡关系或同一地区企业关系进行的营销活动。这种关系营销在经济不发达，交通邮电落后，物流、商流、信息流不畅的地区作用较大。在我国社会主义初级阶段的市场经济发展中，这种关系营销形态仍不可忽视。

(3) 业缘关系营销形态。指以同一职业或同一行业之间的关系为基础进行的营销活动，如同事、同行、同学之间的关系，由于接受相同的文化熏陶，彼此具有相同的志趣，在感情上容易紧密结合为一个"整体",可以在较长时间内相互帮助,相互协作。

3. 文化习俗关系营销形态

指公司(企业)及其人员之间具有共同的文化、信仰、风俗、习俗、习惯为基础进行的营销活动。由于公司(企业)之间和人员之间有共同的理念、信仰和习惯,在营销活动的相互接触交往中易于心领神会,对产品或服务的品牌、包装、性能等有相似需求,容易建立长期的伙伴营销关系。

4. 偶发性关系营销形态

指在特定的时间和空间条件下发生突然的机遇形成的一种关系营销,如营销人员在车上与同坐旅客闲谈中可能使某项产品成交。这种营销具有突发性、短暂性、不确定性特点,往往与前几种形态相联系,但这种偶发性机遇又会成为企业扩大市场占有率、开发新产品的契机,如能抓住机遇,可能成为一个公司(企业)兴衰成败的关键。

(四) 网络营销与电子商务

网络营销与电子商务的定义:网络营销是指企业以现代营销理论为基础,利用互联网技术和功能,最大限度地满足客户需求以达到开拓市场、增加盈利目标的经营过程。

随着互联网技术发展的成熟以及互联网运用成本的低廉,互联网好比是一种"万能胶",将企业、团体、组织以及个人跨时空联结在一起,使得他们之间信息的交换变得"唾手可得"。市场营销中最重要也最本质的是组织和个人之间进行信息传播和交换。如果没有信息交换,那么交易也就是无本之源。正因如此,互联网具有营销所要求的某些特性,使得网络营销呈现出以下一些特点。

(1) 跨时空 营销的最终目的是占有市场份额,由于互联网具有超越时间约束和空间限制进行信息交换,因此使得脱离时空限制达成交易成为可能,企业可有更多时间和更大的空间进行营销。

(2) 多媒体 互联网可以承载、传输多种媒体的信息,如文字、声音、图像等信息,使得为达成交易进行的信息交换能以多种形式存在和交换,可以充分发挥、调动营销人员的创造性和能动性。

(3) 交互式 互联网通过展示商品图像,商品信息资料库提供有关的查询,来实现供需互动与双向沟通。还可以进行产品测试与消费者满意调查等活动。互联网为产品联合设计、商品信息发布以及各项技术服务提供最佳工具。

(4) 个性化 互联网上的促销可以是一对一的、理性的、消费者主导的、非强迫性的、循序渐进式的,而且是一种低成本与人性化的促销,避免推销员强势推销的干扰,并通过信息提供与交互式交谈,与消费者建立长期良好的关系。

(5) 成长性 互联网的使用者数量快速成长并遍及全球,使用者多属年轻、中产阶级、高教育水准,由于这部分群体购买力强而且具有很强市场影响力,因此是一项极具开发潜力的市场渠道。

(6) 整合性 互联网上的营销可由商品信息至收款、售后服务一气呵成,因此也是一种全程的营销渠道。另一方面,企业可以借助互联网将不同的传播营销活动进行统一设计规划和协调实施,以统一的传播资讯向消费者传达信息,避免因不同传播中的不一致性产生的消极影响。

(7) 超前性 互联网是一种功能很强大的营销工具,它同时兼具渠道、促销、电子交易、互动顾客服务以及市场信息分析与提供的多种功能。它所具备的一对一营销能力,正是符合定制营销与直复营销的未来趋势。

(8) 高效性 计算机可储存大量的信息,代消费者查询,可传送的信息数量与精确度,远超过其他媒体，并能适应市场需求，及时更新产品或调整价格，因此能及时有效了解并满足顾客的需求。

（9）经济性　通过互联网进行信息交换，代替以前的实物交换，一方面可以减少印刷与邮递成本，可以无店面销售，免交租金，节约水电与人工成本，另一方面可以减少由于迂回多次交换带来的损耗。

第四节　汽车营销的现状与发展

一、汽车市场营销学历史沿革

市场营销学是适应市场经济高度发展和市场竞争的需要，20世纪初发源于美国的一门新学科。而汽车营销学只能算是一般市场营销学的一个分支，它是伴随着营销学的发展而发展。汽车营销学研究的对象和一般营销学相同，只是面对的产品是汽车，因此汽车营销学是面对汽车产品的具体特点并与市场营销相结合的产物，它保留了那些合适的对象及内容，除去了那些不适合的对象和内容。

二、汽车营销学的现状

（一）国外的营销模式现状

1. 汽车产品的百年发展史

1886年卡尔·奔驰设计制造的世界上第一辆汽车在德国诞生；大规模流水线生产的福特T型车快速普及，1921年福特占据全球产量的56.6%；1930年通用超过福特成为第一大汽车企业，而且维持至今；石油危机之后，丰田等日本车得到了快速的发展；目前全球汽车生产厂家形成了欧系、美系、日系的分布格局。中国的汽车业也随着改革开放30年的进程得到迅速发展，虽然没有形成独立体系，但百家争鸣事态已经呈现，相信目前"万国车"的中国市场，在不久的将来会出现中国知名品牌的汽车，世界车系里将会有中系车型。

2. 国外的汽车营销模式现状

（1）美国汽车销售体制基本上是以生产厂家为主导的代理商专营体制。这个体制的特点是销售渠道系统的效率较高，应付市场环境变化的灵活性较大，其网络模式如下：

生产厂—分销公司—零售商—用户

由于美国的《特许代理商法》的限制，几乎所有的汽车销售都要通过代理商来进行，这是因为美国的代理商一般是"四位一体"的，因此，为了维护消费者的利益，美国政府认为只有通过代理商进行的销售才能够保证售后服务，主要是备件供应和维修等。

美国汽车分销体制特点：以生产商为主导，但是对经销商控制力度较弱；经营规模参差不齐，网点数量近年虽然有大幅度降低，但是密度仍然较高；网络管理采用地区销售分公司的做法；按主品牌安排销售渠道。

（2）欧洲汽车销售体制基本上是以生产厂家为主导的渠道分级负责体制，模式如下：

汽车生产商—┬—分销商—用户
　　　　　　└—分销商—代理商—用户

其中分销商、代理商提供：全方位服务、只负责销售，生产厂家一般不自行销售汽车，而是利用独立的分销商，分销商在特定的区域独家分销某汽车厂的产品，并在该地区或市场代表其生产厂家的利益，分销商一般不自己零售汽车，而是将汽车从生产厂批发给下一级代理商。汽车分销商的主要功能为：管理车辆从生产厂家到销售网络的运输过程，管理负责销售的代理商网络，为代理商及最终顾客提供售后支援工作。代理商的作用是：汽车代理商直接面向顾客，承担零售功能。代理商与分销商以合同形式成为分销商的专营代理，并被批准在某个特定地区进行营销。

欧洲汽车分销体制特点：销售体系的建立以生产厂家为中心；销售网络通常由两个环节组成，即一级销售网点和二级销售网点；分销商和零售商体系分工严密；实行市场责任区域分工制；零售商销售多功能一体化；专销店与兼销店并存。

（3）日本汽车分销体制曾经历了几次变革，但其由厂家主导的特色一直未发生大的变化，集整车销售、维修服务、备件供应三位一体的销售模式，尤其是系列化销售一直延续至今，形成了日本独特的分销体制，简称为"排它性系列销售体系"，模式如下：

公司—地区分部—经销总店（代理商）—分店—用户

公司—地区分部—厂家出资直销店—分店—用户

地区分部负责全国合同执行过程的协调；总店和分店负责销售汽车。

日本汽车分销体制特点：在分销体制中生产厂家占主导地位，由生产厂家出资并派遣人员，设立部分直销店。因此厂家对经销店控制力度较大；经营规模大，网点数量多，原则上日本零售商的主要责任区是以地方行政区划的都、道、府、县为单位。总店规模大，总店下设8个左右分店，零售店间竞争不大；从专卖店向兼销店发展进入20世纪80年代，特别是90年代后，在日美汽车贸易争端的影响下，日本汽车分销体制中同时兼营外国车型的零售商不断增加，但是这并没有改变其排它性系列销售的性质；代理商大都是排它性的销售一个系列的产品。

（二）国内汽车营销模式的历史与现状

1. 国内汽车营销模式的历史与现状

20世纪80年代中期以前，我国只有国营主渠道，即以中国汽车贸易总公司为代表的物资机电体系和以中国汽车工业销售总公司为代表的汽车工业销售体系。虽然汽车销售的管理方式有多次改变，包括对地方的分权，但是政府控制汽车流通的局面没有改变，中央和地方政府一直严格控制着汽车生产与分配的过程，企业没有产品自销权。

20世纪80年代后期和90年代中期，我国逐步形成了汽车销售的四大体系：国营主渠道、制造厂体系（以主机厂为主建立的自有联营体系）、部委体系（以军转民部委，如兵器、航空、航天等为代表的部委体系）、汽车交易市场（各地兴起的汽车集中交易场所）等。

20世纪90年代中期以后，我国汽车市场发生历史性的变化。从长期的供不应求变为买方市场，私人购车渐成主流，原有的汽车营销模式已经完全不能适应市场的变化，开始从金字塔式的多层次营销体系向厂家直接控制的单层营销体系转变。

1998年，"别克"、"本田"等汽车开始在国内引进品牌专卖方式，许多原来的汽车销售代理商也由厂家进行整顿，重新命名或授权为：特许经销商、品牌专卖店，原来由国家批准的所谓代理制企业的批发权也逐渐消失。各汽车生产企业相继实施品牌经营战略。与此同时，各地大型汽车交易市场（有形市场）也在快速发展，形成以为流通服务为主的经营模式。

2. 我国现有的主要汽车营销模式

我国现有的主要汽车营销模式：品牌专营、代理经销。

（1）品牌专营　品牌专营是指汽车生产企业通过合同授权汽车经销商在一定的区域从事特定品牌汽车的销售活动，具体表现为汽车生产企业通过经销商投资设立品牌专卖店，建立统一的企业标识，统一的品牌形象和统一的服务标准，以达到汽车生产企业营销体系的统一运营，实现规模效益和品牌效应。

当前国际汽车市场的营销理念已由传统的"4P"因素（产品、价格、地点、促销）转向"4C"因素（顾客的期望、顾客承受能力、方便性、沟通），与此对应的是发达国家都建立了成熟的以"4C"理念为核心的多位一体品牌专卖店网络。作为国际上盛行的营销模式，品牌专营于1997年引进我国，并在短短五年时间里迅速发展成为汽车市场的主流营销模式之一，1998年，北京的汽车专卖店就达200多家，虽然只占2000多家汽车经销单位的10%，但汽车销售总数却占北京市场的40%。

阅读材料

桑塔纳轿车每年在京销售2万多辆，而北京最大的桑塔纳专卖店——北京市上海汽车联营销售公司，年销售量就达5000多辆，占桑塔纳这一品牌在京总销售量的1/4。

① 三位一体营销模式：三位一体即"3S"营销模式：指集整车销售（Sale）、配件供应（Spare part）、维修服务（Service）三位于一体的专卖店构建模式，采用此模式的国内主要代表为上海通用汽车有限公司。

② 四位一体营销模式：四位一体即"4S"营销模式，是在三位一体模式上增加了信息反馈（Survey）功能的专卖店构建模式，信息反馈是指品牌专卖店在本区域轿车销售过程中，通过"在售前进行市场容量分析"、"在售中对用户进行资料登记"、"在售后对用户进行定期电访、走访"等三阶段工作，将商品质量、市场需求等方面的信息通过内部营销网络反馈给厂家。在国外"4S"的信息反馈中，最关键的是产品需求量的信息，由专卖店向厂家填报未来一段时期内的需求量、预期销售量，厂家则依据专卖店反馈的信息制定生产计划，国内最早采用此模式的轿车生产企业为广州本田汽车有限公司。

（2）代理经销 代理销售制，也是现行的通用销售方法。它是借助中间商的分销系统来销售产品，已被证明是一种非常有效的分销网络模式，其表现形式为汽车有形交易市场、多品牌经销店、汽车销售连锁店等。

① 多家经销商共营的汽车交易市场。汽车交易市场以其车型众多、信息量大、方便的一条龙服务等特点曾经一统江湖，但在1998年以广州本田、上海通用为代表的国内轿车制造商推出多位一体模式后，汽车交易市场受到严峻的挑战。专卖店以其良好的购车环境，相对透明的价格，完善的售后服务吸引了不少消费者，逐渐成为轿车销售领域里主要的分流渠道。虽然品牌专卖店来势汹汹，但汽车交易市场的吸纳机制仍符合我国目前的消费习惯和消费形态，因为轿车不是普通商品，货比三家的心理往往促使消费者集群性地涌入交易市场。事实上，从1999年开始，各轿车制造商的3S、4S品牌专卖店相继进驻有形市场，开始了集约型交易市场与专卖店模式的结合，有形市场再度焕发活力，成为国内最有竞争力的营销模式。业内专家声称："汽车交易市场和专卖店两者将长期共存"。

② 独家经营多品牌经销店。通常也被称为汽车百货店。该模式由一个代理商依托各生产厂家或经销商的车源，独立完成销售和售中、售后服务。从制造商在初期的网点布建和产品市场导入的角度看，该模式有构建迅速、投资成本低的优点，但在我国轿车营销模式不断发展的过程中，其不易建立统一的商务政策和价格政策、品牌塑造功能差、售后维修服务无法保障等弊端也越发明显。因此，该模式正渐渐退出主流市场，并有最终可能被市场经济规律所淘汰。

③ 全国性汽车销售连锁店。1997年连锁经营模式在我国出现，其加盟和直营连锁网络的终端多为重组后的品牌专卖店。发展到目前，已演变为主要通过"经销商—银行—保险"

三方贷款方式售出轿车,在汽车贷款中的大部分是由保险公司提供,余下的小部分是由汽车公司自己提供。

对于汽车连锁营销方式,目前国内主要汽车生产厂家总的评述是并不看好,或认为有待进一步探索。

三、国内外汽车营销模式的发展趋势

2002年2月,欧盟改变目前的指定汽车代理商的销售方式,不再允许特许经营,以压缩流通领域的费用,振兴汽车销售,欧盟的这一新规定,将原来占主导地位的品牌专卖店推入到鼓励多种代理经营的激烈赛场上。而其他代理营销方式如"汽车超市"、"汽车大道"则成了新规定的受益者,其蓬勃发展的趋势必将带动国际轿车销售模式的转变。

随着我国轿车营销模式与国际接轨步伐的加快,目前国内已出现了类似国外"汽车大道"、"汽车超市"的销售模式。

(一) 多品牌专卖销售集团——未来主要品牌营销模式

单一的品牌专卖店虽然具有多位一体的服务优势,但其"排它性"的特点却给经销商带来很大风险。事实上,以前很多大经销商都代理了多个品牌。于是一种有别于汽车交易市场和单一品牌店的经销模式,多家品牌专卖店的销售集团初露端倪。在销售组织和公司组织上,各家专卖店都是独立核算的公司,但这些公司基本属于同一投资人,甚至使用同一个销售品牌,如上海永达、南京朗驰等,在国外也同样如此,譬如美国汽车市场共约有47000个专卖权,它们被美国各地的约2200个经销商拥有,在美国,几家比较知名的上市经销商都是多品牌专卖销售集团。

多品牌专卖销售集团可以通过发挥网络布局的优势有效降低成本,虽然每个专卖店内部禁止销售其他品牌,但集团销售网络中其他专卖店却提供了选择空间,完全可以协调满足不同客户的需求。另外在维修服务上,多个品牌共用一个维修站,一方面节约投资,另一方面发挥多品牌维修服务的规模效应,因此说这种多品牌专卖销售集团是品牌专卖与中国国情相结合的产物,将成为未来品牌营销模式的主要形式。

(二) 品牌集群市场——未来汽车有形市场的新形式

目前一些大城市开始兴建集群各种品牌专卖店的"汽车园区",它实际上是集约型汽车市场发展的新阶段,相对于目前的汽车交易市场和专卖店,"汽车园区"的最大优势就是功能的多元化。

从2000年3月,北京亚运村汽车交易市场组织的《全国汽车消费市场现状网上调查结果分析报告》中可以看到,超过半数消费者选择在汽车交易市场中的品牌专卖店购车,只有18%的人选择在汽车交易市场外的独立品牌专卖店购买,明显地体现出了消费者对品牌集群的倾向。

调查表明,除汽车交易市场内专卖店在信誉度上略占优势外,汽车交易市场外专卖店的售后服务被更多人认为更好。在购车场所的第一选择率方面,汽车交易市场内专卖店高于汽车交易市场外独立专卖店。其主要原因是前者使用户购买更方便和便于比较,汽车交易市场在市场内就可以办理工商验证、上保险、交纳车辆购置附加费等手续,用户买车办理上牌手续不用东奔西走,十分方便。另外,汽车交易市场内品牌集中,车型众多,便于消费者货比三家。

从以上数据及比较中可以得出结论:品牌专卖店在便于客户购车方面还需不断的完善,品牌集群市场将成为未来汽车有形市场的主要发展趋势。

(三) 电子商务——划时代的汽车营销模式

随着互联网的飞速发展,消费者的消费方式和习惯将出现以下趋势,最终构成未来汽车

工业崭新的营销模式，具体为：
(1) 消费者将非常容易地获取所有有关信息；
(2) 消费者将越来越倾向于网上购车；
(3) 消费者对销售商的依赖度会越来越低；
(4) 互联网将会取代销售商的现场展示，成为更有效的市场营销手段和沟通消费者的媒介。

这些趋势的结果将使未来轿车营销模式可能呈现以下四个特点：
(1) 会给消费者更多的选择可能性和余地；
(2) 必须更有针对性地实施品牌管理；
(3) 会大幅度地减少销售网点，调整销售商的结构；
(4) 会有全新的营销渠道。

电子商务的迅猛发展，为汽车工业制造商、代理商、用户之间提供了更经济、更有效和更广泛的交易工具。汽车工业将随着互联网和信息技术的进一步发展而产生革命性变化。

复习与思考题

1. 什么是市场和市场营销，两者有何关系？
2. 什么是市场要素和市场营销组合？
3. 简述市场营销观念是如何演变的。
4. 简述市场营销观念的演变和发展过程。

第二章 汽车企业的战略和营销战略

学习目标
1. 了解什么是企业战略。
2. 理解什么是企业的营销战略。

在现代市场经济条件下,企业在动态的环境中生存和发展,不仅要满足顾客欲望,还必须积极、主动地适应不断变化的市场,制定战略规划,开展市场营销管理。战略规划过程是企业面对激烈变化、严峻挑战的环境及市场,为长期生存和发展而进行的计划和思考,为市场营销管理过程勾画出基本的活动框架,是市场营销管理的指导方针。市场营销管理过程为战略规划奠定坚实的基础,进而促进和确保战略规划的有效实现。企业若想在激烈的市场竞争中立于不败之地,两者皆为重要基础。

企业战略、营销战略的内容非常广泛,现在已经各自形成独立的学科,在营销学基础里只能作一般的介绍,因此,通过本章学习,需要做到以下几点:简单的了解什么是企业战略,能够简单解读企业战略的基本内含,了解其特点;理解什么是企业的营销战略?其特点是什么?学会分析营销策略。

第一节 汽车企业的战略与分析

"战略"这个概念最初产生并存在于军事领域。战争讲究谋略。谋略有大有小,大谋略叫"战略",小谋略叫"战术"。战略与战术的区别是:战略针对全局问题,战术针对局部问题;战略针对长期问题,战术针对短期问题;战略针对基本问题,战术针对具体问题。

1965年,美国的一位专家发表了《企业战略论》。从此以后,"战略"这个概念就进入了企业领域。企业既然要参与竞争,就要在竞争中讲究谋略。企业谋略也有大小之分,大谋略是战略,小谋略是战术。

一、企业战略的概念

企业战略是企业以未来为主导,将其主要目标、方针、策略和行动信号构成一个协调的整体结构和总体行动方案(总体规划)。企业战略是企业中各种战略的总称,其中包括发展战略、竞争战略、营销战略、技术开发战略等。

它涉及企业发展中带有全局性、长远性和根本性的问题。这种总体性的谋划方案,是企业根据当前和未来市场环境变化所提供的市场机会和出现的制约因素,考虑如何更有效地利用自身现有的以及潜在的资源能力,去满足目标市场的需求,从而实现企业既定的发展目标。企业战略的实质是:预计和评价市场运营环境中即将来临的发展,并预先决定怎样最好地去迎接这种发展以及从这种发展中获取尽可能多的利益。

也有人说企业战略是企业发展战略,企业发展战略是关于企业发展的谋略。企业发展是成长、壮大的过程,其中既包括量的增加,也包括质的变化。企业发展需要谋略,对企业发展整体性、长期性、基本性的谋略就是企业发展战略。企业发展战略是企业战略的灵魂与纲领。

二、企业战略的特点

1. 全局性

企业战略要高瞻远瞩,在符合国家、社会整体长远利益的前提下,以企业为中心综合考察全局,必须从整体出发,全面统筹安排,不能顾此失彼,充分考虑各种环境因素的影响,最有效地利用企业的内外资源,使战略目标协调于环境,使企业市场战略的动要有态最优化。同时全局性还要反映企业各个局部、各个环节的有机组合,要求正确处理各个局部发展之间的相互关系。企业战略规定的是企业整体行为,追求的是企业的整体效果。

2. 长远性

企业战略长远性是企业谋求长远发展要求的反映,又是企业对未来相当长一段时间内的生存和发展的总体设计。战略的制定要以外部环境和内部条件的当前情况为出发点,并对企业当前运行有指导、限制作用。长远性表达的是为了更长远的发展,是长远发展的起步。换句话说它是立足于现实,着眼于明天,不局限于眼前,不是权宜之计,要考虑到今后长时期的内部和外部条件变化及应对之策。一个战略目标的实现,也绝非短时间内可以做到。如名牌战略,就是企业的长远目标和战略计划,要经过长期不懈努力,才能实现预期目标。

3. 纲领性

企业战略规划是企业整体长远发展的目标、发展方向和重点,是重大措施和基本步骤。它具有概括性和纲领性的意义。

企业战略是在一定时期内企业的一切生产运营活动的指南,是整个企业的奋斗目标和努力方向。对企业中各种生产经营要素的安排,及各种方针、策略、措施的制定,具有指导意义。

4. 抗争性

企业战略是关于企业在激烈的市场竞争中,如何与竞争对手抗衡的方案。其目的是为了克敌制胜,赢得市场竞争的胜利。

在商品经济条件下,竞争是永恒的主题。没有竞争就没有战略,赢得竞争是企业战略的本质特征。企业战略从另一个层面上说也是竞争战略,它是针对国内外市场竞争状况,分析竞争者的优势和劣势,竞争者的战略和目标,竞争者的反应模式等,就如何抗衡对手、使企业立于不败之地所进行的筹划,以便有的放矢地制定竞争战略。如"你无我有,你有我新,你新我优"的产品战略,充分体现经营者的竞争观念和竞争对策。

5. 原则性

企业战略规定了企业一定时期内"大致方针",为企业各个方面的工作制定了可供遵循的基本原则。另外,由于战略本身是面对未来一段时期总体规划,不可能、也没必要进行细致具体事项的策划,而只能进行"粗线条"的决策、筹划,这就使战略具有原则性。

6. 稳定性

企业战略作为一定时期内企业的行动纲领,具有相当的"权威性",因为它是企业决策者,对企业外部环境和内部条件认真分析研究、慎重决策的结果,因而不能朝令夕改,随意变更,应保持相对稳定性。但是,这并不意味企业战略一经制定,即不能更改。众所周知,企业外部环境瞬息万变,大量可变因素是企业决策者不能控制且难以预料的,因此,在追求企业战略尽可能完美、科学的同时，也不能苛求企业战略"完全"符合客观实际，一旦外部因素发生难以预料的变化时，则必须及时对既定战略作相应的调整和补充，这并非否定战略的相对稳定性，而正是战略的现实性、适应性之所在。

7. 应变性

企业战略是对未来发展的规划，而未来总是不确定的，所以任何战略都伴随着变化的风险。企业制定市场企业战略不可能消除变化风险，而是要考虑可能出现的各种变化，制定相应的应对方案，提高抗变化风险的能力。

8. 创新性

企业战略创新性是指企业战略编制时，采用竞争者从未采用过的新思想、新方法和新成果。创新是企业的生命所在，是战胜竞争者的最有效的途径。没有创新，就没有战略。

企业的战略创新包括观念创新、制度创新和物质创新。观念创新指企业的指导思想、任务、目标及战略方针的创新。在外部环境发生重大转变的时期，观念创新往往具有决定性的意义。制度创新指企业的组织制度、人事制度、生产制度、工作制度、奖惩制度及其他各种制度的创新。制度创新是改善管理，提高效率，充分发挥员工能力和工作积极性的根本保证。物质创新指生产工具与产品或服务的创新，表现为打破旧的生产要素组合，建立新的生产要素组合。

三、企业战略内容与类型

（一）企业战略规划的基本内容

1. 明确企业的任务

主要内容是奋斗方向、总括，通常没有具体的数字。但其中应该指出企业的优缺点，确定企业该往哪里走，是专业化还是多元化。奋斗方向应勾画出企业未来的蓝图，体现着企业的运营观念。

2. 确定实现企业任务的长期目标和短期目标

实现企业任务的长期目标和短期目标是在企业规划的总纲下的具体目标。要有具体的要求，尽可能数量化，以达到纲领性文件的指导作用。

3. 制定出指导企业实现目标的策略与方法

这里体现的是战略选择，如何搭建组织架构，它是一个企业用来实现战略构想的阵形，它的布局要真正体现企业比较的优劣势。

（二）战略的类型

1. 稳定型战略

企业在战略期所期望达到的经营状态基本保持在战略起点水平上的战略。其基本特征有三个：继续提供相同的产品或服务；保持现有的市场占有率和市场地位；继续追求与过去相同的经济效益目标。

2. 发展型战略

发展型战略是一种在现有战略起点基础上，向更高目标发展的总体战略。发展型战略主要有以下三种形式。

（1）密集性发展战略。密集性发展指企业以快于过去的增长速度来增加某个组织现有产品或劳务的销售额、利润额及市场占有率，常常在企业现有产品和现有市场还有发展潜力下采用。

实行这种策略通常有几种途径：市场渗透，即企业采取种种更积极的措施在现有的市场上扩大现有产品的销售；市场开发，即通过扩大市场，进入新的市场来扩大现有产品的销售；产品开发，即通过向市场提供新产品或增加现有产品的吸引力，在规格、色彩、品种、型号等方面满足消费者需求，达到企业销售增长的目的。

（2）一体化发展战略。一体化发展战略有三种形式：后向一体化、前向一体化、水平一体化。

后向一体化：企业购买、合并或兼并本企业的原材料供应企业，实行产供联合，变过去向供应企业购买原材料为自己主产原材料。

前向一体化：企业通过购买、合并或兼并本企业的后续生产或经销企业，实行产销结合，或者延伸自己的产品。

水平一体化：也叫横向一体化，即企业通过购买或兼并同行业中的企业，或者在国内或国外和其他同类行业合资生产经营。

（3）多角化发展战略。多角化经营具体做法主要有：同心多角化、水平多角化、复合多角化。

多角化发展也称为多元化、多样化发展，即企业尽量增加经营的产品种类和品种，使自身的特长得以充分发挥，人、财、物等资源得以充分利用，且减少风险，提高整体效益。

同心多角化也称为关联多角化，指企业利用原有的技术、特长、专业经验等开发与本企业产品有相互关系的新产品。

水平多角化也称为横向多角化，指企业仍面向过去的市场，通过采用不同的技术开发新产品，增加产品种类和品种。

复合多角化也称为集团多样化，指企业（通常是大企业）通过购买、兼并、合资或者内部投资等方式，扩大经营领域，增加与企业现有的产品或服务大不相同的产品或服务。

3. 收缩型战略

收缩型战略主要有以下表现形式：抽资转向战略；调整性战略；放弃战略。紧缩常常是短期的过渡方案，导致企业采取收缩型战略的原因有：经济不景气或行业进入衰退期；市场需求萎缩；企业财务状况恶化，难以继续经营众多业务；有更强大的竞争对手进入，导致市场空间缩小，等等。

4. 产品投资型战略

产品投资型战略可归属于投资型市场进入战略。所谓的投资战略是指根据企业总体经营战略要求，着力维持和扩大生产经营规模，对有关投资活动所作的全局性谋划，它是将有限的企业资源，根据企业战略目标进行评价、比较，选择投资方案或项目，获取最佳的投资效果所作的选择。投资型市场的进入具体有购并、入股和创建新企业等几种方式。

就汽车行业而言，国外跨国企业通过对外直接投资及在国外建立生产性子公司一般都是通过产品投资完成的。

四、企业战略的分析方法

（一）战略分析及战略分析的目的

战略分析即通过资料的收集和整理分析组织的内外环境，包括组织诊断和环境分析两个部分。其目的是：在全面和系统的战略分析的基础上得到企业的科学竞争战略；明确发展方向，有清晰的业务发展阶梯；企业战略在组织内得到充分沟通并达成共识，使企业发展方向一致，上下同心协力达成战略目标；使之具有科学性和前瞻性。

（二）战略分析的方法

战略分析方法有很多，其中较为典型是波特五力分析模型，又称波特竞争力模型。五力分析模型是迈克尔·波特（Michael Porter）于 20 世纪 80 年代初提出的，对企业战略制定产生全球性的深远影响。用于竞争战略的分析，可以有效分析客户的竞争环境。

五种力量模型将大量不同的因素汇集在一个简便的模型中，以此分析一个行业的基本竞争态势。五种力量模型确定了竞争的五种主要来源，即供应商和购买者的讨价还价能力，潜在进入者的威胁，替代品的威胁，来自目前在同一行业的公司间的竞争。

1. 供应商的讨价还价能力

供方主要通过其提高投入要素价格与降低单位价值质量的能力，来影响行业中现有企业的盈利能力与产品竞争力。供方力量的强弱主要取决于他们所提供给买主的是什么投入要素，当供方所提供的投入要素，其价值构成了买主产品总成本的比例较大、对买主产品生产过程非常重要、或者严重影响买主产品的质量时，供方对于买主的潜在讨价还价力量就大大增强。一般来说，满足如下条件的供方会具有比较强大的讨价还价力量：

（1）供方行业为一些具有比较稳固市场地位而不受市场激烈竞争困扰的企业所控制，其产品的买主很多，以致每一单个买主都不可能成为供方的重要客户。

（2）供方各企业的产品具有一定特色，以致买主难以转换或转换成本太高，或者很难找到可与供方企业产品相竞争的替代品。

（3）供方能够方便地实行前向联合或一体化，而买主难以进行后向联合或一体化。

2. 购买者的讨价还价能力

购买者主要通过其压价或要求提供较高的产品或服务质量的能力，来影响行业中现有企业的盈利能力。一般来说，满足如下条件的购买者可能具有较强的讨价还价的力量：

（1）购买者的总数较少，而每个购买者的购买量较大，占了卖方销售量的很大比例。

（2）卖方行业由大量相对来说规模较小的企业所组成。购买者所购买的基本上是一种标准化产品，同时在经济上也允许向多个卖主购买产品。

（3）购买者有能力实现后向一体化，而卖主不可能前向一体化。

3. 新进入者的威胁

新进入者在给行业带来新生产能力、新资源的同时，还会希望在已被现有企业瓜分完毕的市场中赢得一席之地，这就有可能会与现有企业发生原材料与市场份额的竞争，最终导致行业中现有企业盈利水平降低，严重的话还有可能危及这些企业的生存。竞争性进入威胁的严重程度取决于两方面的因素，这就是进入新领域的障碍大小与预期现有企业对于进入者的反应情况。

进入障碍主要包括规模经济、产品差异、资本需要、转换成本、销售渠道开拓、政府行为与政策（如国家综合平衡统一建设的石化企业）、不受规模支配的成本劣势（如商业秘密、产供销关系、学习与经验曲线效应等）、自然资源（如冶金业对矿产的拥有）、地理环境（如造船厂只能建在海滨城市）等方面，这其中有些障碍是很难借助复制或仿造的方式来突破的。预期现有企业对进入者的反应情况，主要是采取报复行动的可能性大小，则取决于有关厂商的财力情况、报复记录、固定资产规模、行业增长速度等。总之，新企业进入一个行业可能性的大小，取决于进入者主观估计进入所能带来的潜在利益、所需花费的代价与所要承担的风险这三者的相对大小情况。

4. 替代品的威胁

两个处于不同行业中的企业，可能会由于所生产的产品是互为替代品，从而在它们之间产生相互竞争行为，这种源自于替代品的竞争会以各种形式影响行业中现有企业的竞争战略。首先，现有企业产品售价以及获利潜力的提高，将由于存在着能被用户方便接受的替代品而受到限制；第二，由于替代品生产者的侵入，使得现有企业必须提高产品质量、或者通过降低成本来降低售价、或者使其产品具有特色,否则其销量与利润增长的目标就有可能受挫;第三,源自替代品生产者的竞争强度,受产品买主转换成本高低的影响。总之,替代品价格越低、质量越好、用户转换成本越低,其所能产生的竞争压力就强;而这种来自替代品生产者的竞争压力的强度,可以具体通过考察替代品销售增长率、替代品厂家生产能力与盈利扩张情况来加以描述。

5. 行业内现有竞争者的竞争

大部分行业中的企业,相互之间的利益都是紧密联系在一起的,作为企业整体战略一部分的各企业竞争战略,其目标都在于使得自己的企业获得相对于竞争对手的优势,所以,在实施中就必然会产生冲突与对抗现象,这些冲突与对抗就构成了现有企业之间的竞争。现有企业之间的竞争常常表现在价格、广告、产品介绍、售后服务等方面,其竞争强度与许多因素有关。

一般来说,出现下述情况将意味着行业中现有企业之间竞争的加剧,这就是:行业进入障碍较低,势均力敌的竞争对手较多,竞争参与者范围广泛;市场趋于成熟,产品需求增长缓慢;竞争者企图采用降价等手段促销;竞争者提供几乎相同的产品或服务,用户转换成本很低;一个战略行动如果取得成功,其收入相当可观;行业外部实力强大的公司在接收了行业中实力薄弱企业后,发起进攻性行动,结果使得刚被接收的企业成为市场的主要竞争者;退出障碍较高,即退出竞争要比继续参与竞争代价更高。在这里,退出障碍主要受经济、战略、感情以及社会政治关系等方面考虑的影响,具体包括:资产的专用性、退出的固定费用、战略上的相互牵制、情绪上的难以接受、政府和社会的各种限制等。行业中的每一个企业或多或少都必须应付以上各种力量构成的威胁,而且客户必面对行业中的每一个竞争者的举动。除非认为正面交锋有必要而且有益处,例如要求得到很大的市场份额,否则客户可以通过设置进入壁垒,包括差异化和转换成本来保护自己。当一个客户确定了其优势和劣势时,客户必须进行定位,以便因势利导,而不是被预料到的环境因素变化所损害,如产品生命周期、行业增长速度等等,然后保护自己并做好准备,以有效地对其他企业的举动做出反应。

根据上面对于五种竞争力量的讨论,企业可以采取尽可能地将自身的经营与竞争力量隔绝开来、努力从自身利益需要出发影响行业竞争规则、先占领有利的市场地位再发起进攻性竞争行动等手段来对付这五种竞争力量,以增强自己的市场地位与竞争实力。

(三) 运用波特五力分析模型的注意事项

(1) 制定战略者需要了解整个行业的信息;

(2) 同行业之间竞争关系为主,合作关系很弱,作用很小;

(3) 行业的当前规模是不变的,只有通过夺取对手的份额来占有更大的资源和市场。

波特的竞争力模型的意义在于五种竞争力量的抗争中蕴含着三类成功的战略思想,那就是大家熟知的:总成本领先战略、差异化战略、专一化战略。

第二节 确定汽车企业战略规划的原则和方法

一、制定战略的原则

企业战略是指企业在把握时代潮流、发展趋势和经营环境变化基础上,为谋求长远、可持续、协调、稳定的发展,以正确的战略思想指导,对企业的方针目标、方向、产品结构的选择及进行相应的企业经营资源分配时所须遵循的原则。因此在制定企业战略规划时应该遵循以下原则：

（1）企业经营战略要贯彻和反映企业的文化特征，即企业文化中蕴含的经营理念、企业精神、宗旨与价值观。

（2）要符合企业的内在条件，充分发挥优势，扬长避短，并营造新的优势资源。

（3）要考虑企业的核心能力和优势，企业战略要打特色牌，形成自身独特模式。其他企业战略模式只可供借鉴，不能盲目照搬。

（4）战略要有前瞻性，要预测到未来规划期内社会、经济、科技、环境、人口、市场诸多方面的重大变化的影响，考虑相应对策，从而使战略有相当的适应性。

（5）分析确定企业的资源情况，立足现有企业基础起步。战略目标不能定得太高，"可望不能及"；战略目标也不能定得太低，"可望便可及"则没有足够的吸引力和动力；适度目标是"可望跳可及"，企业在艰苦努力经过几个"惊险的一跳"后跃迁到高阶目标。

（6）企业战略应划分为若干战略阶段和设定一些战略控制点，渐进式地逼近终极目标。在该进程中，短期利益与长远利益结合、局部利益与整体利益兼顾，既积极推进又稳妥进行，在这些因素约束下选择相对合理的发展轨迹。

（7）制定企业发展战略事先要小心论证，分析企业周围环境的发展变化，要聚集企业全体员工的共同愿望，反映企业的业主和最高管理层的未来设想。可邀请社会有关专家参加战略制定或咨询。

（8）企业战略体系一经确定或批准，则具有长期指导性、持久性、纲领性和严肃性。除非遇到不可抗拒事件或未预测到事件的严重影响，一般不宜对发展战略频繁修改或调整。尤其反对后任领导随意否定前任发展战略的现象。

二、制定战略的方法

制定企业战略的方法较多，SWOT分析法又称为态势分析法，它是由旧金山大学的管理学教授于20世纪80年代初提出来的，是一种能够较客观而准确地分析和研究一个单位现实情况的方法。

SWOT四个英文字母分别代表：优势（Strength）、劣势（Weakness）、机会（Opportunity）、威胁（Threat）。从整体上看，SWOT可以分为两部分：第一部分为SW，主要用来分析内部条件；第二部分为OT，主要用来分析外部条件。利用这种方法可以从中找出对自己有利的、值得发扬的因素，以及对自己不利的、要避开的东西，发现存在的问题，找出解决办法，并明确以后的发展方向。根据这个分析，可以将问题按轻重缓急分类，明确哪些是目前急需解决的问题，哪些是可以稍微拖后一点儿的事情，哪些属于战略目标上的障碍，哪些属于战术上的问题，并将这些研究对象列举出来，依照矩阵形式排列，然后用系统分析的思想，把各种因素相互匹配起来加以分析，从中得出一系列相应的结论，而结论带有一定的决策性，有利于领导者和管理者做出较正确的决策和规划。

（一）分析环境因素

按照企业竞争战略的完整概念，在做优劣势分析时必须基于整个价值链的每个环节上，将企业与竞争对手做详细的对比。一个企业在某一方面或几个方面的优势正是该行业企业应具备的关键成功要素，那么，该企业的综合竞争优势也许就强一些。需要指出的是，衡量一个企业及其产品是否具有竞争优势，只能站在现有潜在用户角度上，而不是站在企业的角度上。也可以采用波特五力分析法或者PEST法。

1. 优势与劣势分析（SW）

SW 是组织机构的内部因素，其中包含产品质量；产品价格；制造工艺；设备能力；技术力量；管理水平；销售渠道；规模经济；成本优势；资金储备等因素。分析的目的是确定其是否具有竞争性。比如以下方面。

（1）组织结构、管理方面：

领导者：年龄，知识结构，经验、能力与阅历，决策偏好、管理作风，团队精神、团队结构搭配。

人力资源：技能水平，学历文化结构，工作态度、敬业精神，人际关系。

组织：企业制度与机构设置等。

（2）产品方面：

产品本体：性能、品质、寿命周期、成本。

产品研发：研发、创新能力，技术储备，信息系统。

产品生产：产能，工艺流程，设备，工厂布局。

产品信誉：品牌，声誉，知名度，公众形象，名人效应，顾客印象等。

（3）营销方面：价格，促销方法，营销渠道，售后服务，市场占有率等。

（4）财务方面：负债率，资金流转，公积金，银行信用，担保等。

（5）其他：股东与产权，劳资关系，历史遗留问题，地理区位与周边环境，社会公益等。

2. 机会与威胁分析（OT）

OT 是组织机构的外部因素，具体包括：新产品；新市场；新需求；外国市场壁垒解除；竞争对手失误；新的竞争对手；替代产品增多；市场紧缩；行业政策变化；经济衰退；客户偏好改变；突发事件等。

（1）市场：饱和或衰退，市场成长性；细分化，区域结构；流行趋势，竞争状况，消费走向、消费状况；新产品和替代品等。

（2）经济政策与法律法规：经济增长率，产业政策、区域发展政策、体制改革、税制改革、消费政策；关贸影响、进出口状况、人民币币值强弱、汇率变动、国际金融动态、外资进出；立法趋势、法规变动性、消费者保护、质量监督、商品检验。

（3）社会环境：政治稳定性，社会阶层、利益集团、重大工程、实事工程，科技、文化、体育、旅游、宗教、民俗节目活动，科学技术变革趋势、新技术，专利与技术垄断性，消费新理念等。

（4）生态环境：能源，原料，包装物，废弃物处理，污染排放，资源再生，可持续发展，公害与环保等。

因素的内容很多，样本也不尽相同，企业战略确定时，应该根据自己企业的情况，确定其所处的各种环境因素，分析它们在企业发展中自身存在的积极和消极因素。SWOT 是一种系统思维方法，其优点在于考虑问题全面，条理清楚，便于检验。

（二）制定行动计划

根据企业资源组合情况，将调查得出的各种因素根据轻重缓急或影响程度等排序方式，确认企业的关键能力和关键限制。按照通用矩阵或类似的方式打分评价，把识别出的所有优势分成两组，分的时候以两个原则为基础：它们是与行业中潜在的机会有关，还是与潜在的威胁有关。用同样的办法把所有的劣势分成两组，一组与机会有关，另一组与威胁有关。构造 SWOT 矩阵，或者将结果在 SWOT 分析图上定位，或者用 SWOT 分析表，将优势和劣势按机会和威胁分别填入表格 2-1。

表 2-1 优势和劣势

外部因素 \ 内部因素	优势(Strength)	劣势(Weakness)
机会(Opportunity)	SO 利用	WO 改进
威胁(Threat)	ST 监视	WT 消除

在完成环境因素分析和 SWOT 矩阵的构造后，便可以制定出相应的企业战略。制定企业战略的基本思路是：发挥优势因素，克服弱点因素，利用机会因素，化解威胁因素；考虑过去，立足当前，着眼未来。运用系统分析的综合分析方法，将排列与考虑的各种环境因素相互匹配起来加以组合，得出一系列公司未来发展的可选择对策。

应用 SWOT 分析法制定企业战略时的简单规则：
(1) 进行 SWOT 分析时必须对公司的优势与劣势有客观的认识；
(2) 进行 SWOT 分析时必须区分公司的现状与前景；
(3) 进行 SWOT 分析时必须考虑全面；
(4) 进行 SWOT 分析时必须与竞争对手进行比较，比如优于或是劣于竞争对手；
(5) 保持 SWOT 分析法的简洁化，避免复杂化与过度分析。

第三节 汽车企业的营销战略

要使汽车企业在激烈的市场竞争中能获得长远的发展，必须正确地预测汽车市场中长期的发展变化，制定与汽车市场走势和汽车企业能力相适应的汽车市场营销战略，并组织实施和管理控制，使规划的战略目标得以实现。

一、营销战略的基本概念

营销战略是企业市场营销部门根据战略规划，在综合考虑外部市场机会及内部资源状况等因素的基础上，确定营销的战略任务、战略目标（市场、发展、利益、贡献）、战略重点、战略步骤等，对市场进行合理细分，选择相应的市场营销策略组合，并予以有效实施和控制的过程。

市场营销战略计划的制定是一个互动作用的过程；是一个创造和反复的过程。在企业战略管理学科体系中，营销战略通常被界定为一种职能战略，也应该被认为是企业战略的核心或主体，因为营销的使命是与企业使命最为一致并最能体现企业存在的价值的。营销战略同时是与企业战略、市场营销相交叉的相对独立的一门学科。

二、营销战略的特点

(一) 规划营销战略的目的

(1) 提高服务质量 如何通过服务质量管理，来提高服务质量，增强汽车企业的核心竞争能力。

(2) 满足顾客需求 如何通过价值链管理和顾客关系管理，来提高顾客让渡价值，实现顾客满意。

(3) 战胜竞争对手 如何分析竞争环境和竞争对手，来确立汽车企业的市场竞争地位和基本竞争战略。

(二) 汽车市场营销战略的特征

一般来讲汽车市场营销战略是在汽车企业运营总战略内的子战略，它携带着总战略的思想与内含，同时因为汽车产品的特性，因此它应具有与其他企业相同和不同的特点。汽车市场营销战略具有以下几个特征。

1. 系统性

汽车市场营销战略应该包括战略任务、战略目标、战略重点、战术措施等要素，同时应该确定其相互间的相互关联性。实施过程中通过要素间的关联关系，来体现确保营销战略的完整性、系统性。其中战略任务要体现企业文化的内涵，它是指导战略制定和实施的基本思想，是营销战略的灵魂，是确定营销战略的纲领。营销战略目标是指汽车企业在营销战略思想指导下，在营销战略时期内汽车企业全部市场营销活动所要达到的总体要求。战略重点要体现本企业汽车产品的特色，围绕营销战略目标的实现，通过对汽车企业内外部、主客观条件的分析，找出各阶段影响市场营销的重要问题，把它作为营销战略重点。战术措施要体现营销谋略的创新新、应变性，以及能够实现营销战略目标所采取的各种措施。

2. 全局性

汽车市场营销战略的全局性包括两层含义：一是指汽车企业对市场营销策略进行整体规划；二是指汽车企业在市场营销中作出事关汽车企业全局发展的关键性策略。

3. 长远性

汽车市场营销战略的长远性是指战略着眼于未来，要指导和影响未来较长时期内的营销活动，是对未来营销工作的通盘筹划。因此，要立足当前，放眼未来，协调好近期和长远的关系。

4. 可行性

按照汽车企业的现有资源条件，在充分发挥企业的潜力，通过员工的共同努力，能够落实企业制定的营销策略。

三、汽车市场营销战略的类型与内容

汽车市场营销战略的类型很多，分类方法不同名称也不同，按"4P"要素分就包含有产品策略、价格策略、营销渠道策略、促销策略等，根据其战略任务又可分为如下几种类型。

(一) 汽车市场服务战略

汽车市场服务战略是指自汽车进入流通、销售、购买、使用、报废、回收各个环节中，汽车企业为汽车消费者提供一系列服务营销的策略。

1. 汽车服务的含义

汽车服务提供的基本上是一种活动，活动的结果可能是无形的，这种活动有时也与有形汽车产品联系在一起，对汽车产品的服务不涉及所有权的转移。如提供了汽车维修服务，并不产生汽车所有权的改变，汽车服务对需求者的重要性，并不亚于汽车产品本身。例如，汽车发生故障后，对维修服务的需求就显得尤为重要。

2. 汽车服务的特征

汽车服务特征对规划汽车服务战略影响较大。汽车服务特征主要有以下几点。

(1) 无形性　也称不可触摸性。顾客在购买汽车服务之前，一般不能看到或感觉到汽车服务。

(2) 同步性　也称同一性。汽车服务过程与汽车消费过程是同步进行的，两个过程是不可分离的。

(3) 差异性　也称异质性。汽车服务人员的文化、修养、能力与专业水平存在差异，不同服务人员的服务质量很难达到完全相同。

(4) 即时性　也称不可储存性。由于汽车服务与汽车消费的同步性及其无形性，决定了汽车服务不能进行储存和退换。

3. 汽车服务质量的管理

汽车服务企业可以从以下几个方面进行汽车服务质量管理。

(1) 保证承诺的兑现管理　明确和暗示的汽车服务承诺（如广告、人员推销、服务条款、服务价格等），是汽车服务企业可以进行控制和直接管理的。

(2) 强化服务质量管理　提高汽车服务的质量，既能带来较高的现有顾客保持率，增加顾客赞誉的同时，又可以减少招揽新顾客的压力，以及减少再次汽车服务的开支。

(3) 经常性沟通的管理　汽车服务企业通过主动沟通和顾客发起的沟通，积极传达汽车企业优质服务的经营理念。

(二) 顾客满意战略

顾客满意战略是指汽车企业通过产业价值链管理，来提升顾客满意水平的一系列市场营销的策略。

1. 市场占有率战略

汽车市场占有率是指汽车企业销售量在汽车行业内销售量中所占的比例，一般用百分比表示。市场占有率是反应企业竞争状况的重要指标，也是衡量企业营销状况的综合经济指标。

市场占有率战略的目的是通过确定市场占有率的高低，了解对经营业绩产生影响的因素。即要寻找出在竞争环境中，经营单位采取什么样的经营战略会产出怎样的经济效果。通常而言市场占有率高，表明企业营销状况好，竞争能力强，在市场上占有有利地位；反之，则表明企业营销状态差，竞争能力弱，在市场上处于不利地位。具体来说，它应包含如下内容：

在市场占有率战略的框架下，以市场占有率为前提，考虑特定产品的市场、竞争地位、技术、成本等因素。确定什么样的利润水平算是正常的和可以接受的？哪些战略因素能够解释各经营单位之间经营业绩的差别？一些战略性变化如何影响投资收益率和现金流量？为了改进经营单位的绩效，应进行怎样的战略性变化，以及在什么方向上做出这些变化？分析产品绝对市场占有率、相对市场占有率、市场增长率三者之间的关系并确定产品类型。

2. 顾客满意（CS）战略

顾客满意战略的基本指导思想：企业的整个经营活动要以顾客满意度为指针，要从顾客的角度、用顾客的观点而不是企业自身的利益和观点来分析考虑顾客的需求，尽可能全面尊重和维护顾客的利益。"顾客"不仅指企业产品销售和服务的对象，而且指企业整个经营活动中不可缺少的合作伙伴。具体来说，顾客满意战略它应包含如下内容：

(1) 站在顾客的立场上研究和设计产品。尽可能地把顾客的"不满意"从产品体本身去除，并顺应顾客的需求趋势，预先在产品体本身上创造顾客的满意。

(2) 完善服务系统，提高服务速度、质量；建立与顾客为中心相应的机构组织；对顾客的需求和意见具有快速反应机制；形成创新组织的文化氛围；等等。

(3) 重视顾客的意见。

(4) 千万百计留住老顾客，他们是最好的"推销员"。

(5) 分级授权，这是及时完成顾客满意战略的重要一环。如果执行工作的人员没有充分的处理决定权，什么问题都须等待上级命令，顾客满足是无法保证的。

3. 顾客满意战略的注意事项

(1) 顾客满意战略，是顾客满意作为方法和手段，为实现自己的利益而进行策划的战略。

（2）顾客满意的竞争战略，其建立的前提之一是企业产品的无差别化，当企业之间在产品上几乎无差别时，通过顾客满意战略提供给顾客舒适、便利、愉快等满足感和充实感；当企业之间在产品上存在差别时，企业应该在强调产品差异的同时，运用顾客满意战略的积极因素，顾客满意了企业产品就能扩大销路，企业才能更多地获利。

4. 顾客满意的考量

顾客满意程度可以用顾客让渡价值来衡量。

（三）汽车市场竞争战略

汽车市场竞争战略是指汽车企业通过市场竞争环境、竞争对手以及企业自身市场竞争地位分析后，确定汽车企业在市场竞争中的策略。

1. 成本最低化战略

成本最低化战略是指汽车企业在行业中以低成本取得领先地位，并按这个目标设计一系列方针政策，在成本最低化战略下，汽车企业必须全力控制成本和费用，减少开发、服务、销售、广告费用，使得资源最大化利用，赢得成本最低的地位。但是成本最低化战略也有缺点：低成本优势是短暂的；容易被技术优势取代；对于成本过于关注，就会降低对服务质量、服务特色等其他方面的重视程度；这个战略容易被竞争对手模仿。

2. 差别化战略

差别化战略含义是将汽车产品或服务差别化，创造出一种与其竞争对手不同的特点，形成鲜明的对比。一家汽车企业产品或服务的差别化可以指很多方面，比如服务、形象、销售、内部管理等。汽车企业可以采取单一差别化，也可以采取多方面差别化。

3. 专一化战略

专一化战略是指把汽车资源集中到某一目标市场上，使汽车产品或服务具有高度差异的战略。专一化战略能够使汽车资源得以最大限度的利用，能在其特殊的目标市场中获得低成本或差别化优势，能基本上垄断它的目标市场。专一化战略具有如下优点：通过针对性服务，建立牢固的市场地位；高度差异化的产品，使汽车企业与顾客在价格抉择中占主导地位；高度差异化可防止产品或服务在短期内产生替代品的。专一化战略也具有如下缺点：风险较大，与总成本最低化战略相比，不具备优势；高度差异化的产品，有可能被差别化战略所抵消。

第四节　汽车企业市场营销战略的确定

一、制定市场营销战略的前提条件及环境因素

（一）制定市场营销战略的前提条件

1. 企业战略的纲领性条件

企业战略的经营理念、方针、市场营销目标等，是企业市场营销战略确定的纲领性前提条件及框架，是必须适应或服从的。确定经营理念、方针、市场营销目标时必须考虑与企业整体战略的关联联系，确保经营目标与企业的目的以及企业理念中所明确的相适应。

2. 确定市场营销目标

市场营销的总体目标通常是制定企业战略时确定的，但市场营销战略的子目标也许尚未定好，因此在市场营销战略的制定过程中首先要确定的就是市场营销战略的子目标。

市场营销子目标应包括：
（1）量的目标，如销售量、利润额、市场占有率等；
（2）质的目标，如提高企业形象、知名度、获得顾客等；
（3）其他目标，如市场开拓、新产品的开发、销售，现有产品的促销等。

（二）制定市场营销战略的环境因素

主要是对宏观环境、市场、行业本企业状况等进行分析，以期准确、动态地把握市场机会。

1. 宏观环境

即围绕企业和市场的环境，包括政治、法律、社会、文化、经济、技术等。了解分析这些环境对制定市场营销战略至关重要。其理由有三：一是市场营销的成果很大程度上要受到其环境的左右；二是这些属不可控制因素，难以掌握，企业必须有组织地进行调研、收集信息，并科学地对其进行分析；三是这些环境正加速变化。

应该认识到环境的变化对企业既是威胁也是机遇，市场营销战略的关键是能否抓住这种机遇或者使威胁变为机遇。

2. 市场

从两个方面对市场环境进行分析。

（1）市场特性　互选性，即企业可选择进入的市场，市场（顾客）也可选择企业（产品）；流动变化性，即市场会随经济、社会、文化等的发展而发生变化，包括量和质的变化；竞争性，市场是企业竞争的场所，众多的企业在市场上展开着激烈的竞争；导向性，市场是企业营销活动的出发点，也是归属点，担负着起点和终点的双重作用；非固定性，即市场可通过企业的作用去扩大、改变甚至创造。

（2）市场状况　分析市场状况可以考虑以下几方面因素，市场规模大小，市场是同质还是异质，人们的需求倾向（丰富化、多样化、两极分化等）、产品供求状态是买方市场还是买方市场等。

3. 行业动向和竞争

把握住了行业动向和竞争就等于掌握了成功的要素，所以首先要了解和把握企业所在行业的现状及发展动向；其次要明确竞争者是谁，竞争者在不断增加和变化，它不仅是同行业者，而相关行业、新参与者、采购业者、代理商、顾客等都可能处于竞争关系。

4. 本企业状况

利用企业资料来了解企业现状，并整理出其优势和劣势。

二、汽车企业市场营销战略的制定、实施和管理过程

市场营销战略的制定和实施程序是：市场细分—选定目标市场—市场营销组合—实施计划—组织实施—检测评估。

企业营销管理过程是市场营销战略和营销管理的内容和程序的体现，是指企业为达成自身的目标、分析、选择和发掘市场营销机会，规划、执行和控制企业营销活动的全过程。市场营销战略和企业市场营销管理过程通常包含着下列四个相互紧密联系的步骤：分析市场机会，选择目标市场，确定市场营销策略，市场营销活动管理。

（一）分析市场机会

1. 市场机会

所谓市场机会，是指营销环境中有利于企业实现经营目标的各种机遇。企业的市场营销活动是在一定的外界条件下进行的，总要受到各种市场环境因素的影响。环境的不断变化，可以为企业造就新的市场机会，同时也会给企业带来一定的威胁，这些机会或威胁不断地影响、制约着企业的营销活动。因此，在竞争激烈的买方市场中，企业必须对市场结构、消费者、竞争者行为进行调查研究，识别、评价和选择市场机会。

应该知道市场不是单一的拥有同质需求的顾客，而是多样、异质的团体，所以应将市场加以细分，这样就能够发现新的市场机会，也能更好地满足市场需求；既能更充分地发挥企业优势、又能为企业选定目标市场提供条件，奠定基础。市场细分时要按照一定的标准（人口、地理、心理、购买行为等因素）进行，细分后的市场还要按一定的原则（如可测定性、可接近性、可盈利性等）来检测是否有效。市场细分的好坏将决定着市场营销战略的制定，相应影响着战略的管理与实施。

同时企业必须重视收集市场信息，通过分析研究营销环境及其变化趋势，从而寻求和把握市场机会，规避和克服环境威胁，及时采取适当的对策，扬长避短，发挥优势，在市场竞争中取得有利地位，实现企业的营销目标。同时，企业应该善于通过发现消费者现实的和潜在的需求，寻找各种市场机会。而且应当通过对各种机会的评估，确定本企业最适当的"企业机会"的能力。

分析、评估市场机会可以估定企业赢得利益的大小，标明市场机会的价值，市场机会的价值越大对企业利益需求的满足也越高。在现实生活中，机会和威胁往往是同时并存的，市场机会来源于市场营销环境的变化，营销者通过市场营销环境的调研，分析市场机会的价值，识别和利用市场机会，避免或减轻对于企业的威胁。

对企业市场机会的分析、评估，是通过营销系统的有关部门完成的，它需要对市场结构进行分析，对消费者行为的认识和对市场营销环境的分析；还需要对企业自身能力、市场竞争地位、企业优势与弱点等进行全面、客观的评估；还要检查市场机会与企业的宗旨、目标与任务的一致性程度。

2. 市场机会的特点

市场机会作为特定的市场条件，具有利益性、针对性、时效性、公开性和多样性等。

（1）利益性　利益性是指市场机会为企业带来的经济效益和社会效益，企业在确定市场机会时，必须分析市场机会能否真正为企业带来利益、何种利益、利益的大小。

（2）针对性　针对性是指特定的市场机会是否和企业相应的内部条件相吻合。所以面对市场机会时需要进行分析和识别；确定营销环境条件是否为本汽车企业的市场机会，分析本企业在行业中的地位和经营特色，包括汽车产品类别、产品定位、产品质量与价格、产品营销方式、售后服务、企业形象等与市场机会是否相符合。

（3）时效性　市场机会的这种价值随时间变化的特点，是市场机会的时效性。现代市场营销环境的频繁变化，使得市场机会从产生到消失的过程通常也是很短暂的，市场机会的价值便也快速地经历了一个价值逐渐增加、再逐渐减弱的过程。

（4）公开性　公开性是指市场机会是某种客观的、现实存在的或即将发生营销环境状况，是每个企业都可以发现和共享的，机会不同于企业专利、技术诀窍等，首先发现机会的企业没有独占权。市场机会的公开化特性要求企业应尽早地发现和挖掘潜在的市场，在分析市场机会和把握市场机会的过程中，必须结合企业的自身内部条件和外部环境，发挥竞争优势，适时、迅速地做出反应，以争取市场机会为企业带来的效益最大化。

（5）多样性　市场需求的多样化，必然导致市场机会的多样性。同一企业、同一时期，可能面对多个市场机会，企业没有必要、也不可能全部开发利用。

3. 分析市场机会

不同的市场机会为企业带来的利益大小都不一样，即不同市场机会的价值具有差异性，分析市场机会主要考虑潜在的吸引力和成功的可行性。

市场机会对企业的吸引力是指企业利用该市场机会可能创造的最大利益，吸引力表明了企业在理想条件下充分利用该市场机会的最大极限，反映市场机会吸引力的指标主要有市场需求规模、利润率、发展潜力。

市场需求规模表明市场机会当前所提供的待满足的市场需求总量的大小；利润率反映了市场机会所提供的市场机会需求方面的特性，它和市场需求规模一样决定了企业当前利用该市场机会可创造的最高利益；发展潜力反映市场机会为企业提供的市场需求规模、利润率的发展趋势及其发展速度，发展潜力也是确定市场机会吸引力大小的重要依据。

市场机会成功的可行性是指企业把握住市场机会并将其转化为具体利益的可能性。市场机会的可行性是由企业内部环境条件和外部环境条件决定的。

企业内部环境条件如何，是能否把握市场机会的主观决定因素，市场机会只有适合企业的经营目标、经营规模和资源状况，必须有利于企业差异优势的发挥才会具有较大的可行性；企业内部的协调程度影响着市场机会可行性的大小。

企业的外部环境从客观上决定着市场机会的可行性的大小。外部环境中每一个宏观、微观环境因素的变化都可能使市场机会的可行性发生很大的变化。

企业要关注市场需求规模、利润率、发展潜力，抓住能为企业带来巨大利润的具有潜在的吸引力和可行性市场机会；对于潜在利益小，成功概率也小的市场机会，企业应改善自身条件，注视市场机会的发展变化，审慎而适时地开展营销活动。对市场机会进行分析，必须深入分析市场机会的性质，以便企业寻找对自身发展最有利的市场机会。

（1）环境机会与企业市场机会　市场机会实质上是"未满足的需求"，它伴随着需求的变化和产品生命周期的演变，会不断出现新的市场机会，对不同的企业，环境机会并非都是最佳机会。只有理想业务和成熟业务才是最适宜的机会。

（2）行业市场机会与边缘市场机会　企业通常都有其特定的经营领域，出现在本企业经营领域内的市场机会，即为行业机会，出现了不同行业之间的交叉与结合部分的市场机会，为边缘市场机会。进入边缘市场机会难度很大，有时会存在市场空隙，企业在发展中可以发挥自身的优势，占据边缘市场机会。

（3）目前市场机会和未来市场机会　环境在不断地变化，企业既要注意发现目前环境中的市场机会，也要面对未来，预测未来可能出现的大量需求和潜在的消费力量，发现和把握未来的市场机会。

（4）全面的机会与局部的机会　市场从范围上分为全面的、大范围的市场和局部的、小范围的市场。全面的机会是在大范围市场出现的机会（如国际市场、全国性市场）；局部的市场机会则是在小范围市场出现的机会，如在某一特定地区出现的尚待满足的需求。全面的机会对各个行业都有普遍意义，它反映了环境变化的一种普遍趋势；局部的机会对进入特定市场的企业具有特殊意义，它意味着这个市场的变化有别于其他市场的趋势。

（二）选择目标市场

对市场机会进行分析评估后，企业要进入的哪个市场或者某个市场的哪个部分，就需要研究和选择确定企业的目标市场。

目标市场是企业经过比较、选择，决定作为营销对象的市场。目标市场的选择是企业营销战略性的策略，是市场营销研究的重要内容。企业选择目标市场前首先应该对进入的市场进行细分，细分的目的就是选择自己的目标市场，在市场细分的基础上，企业要对各个细分市场认真分析与评估，根据自己企业的营销目标和资源条件选择适当的目标市场，确定并实施在目标市场上相应的营销战略。

1. 目标市场评估

(1) 目标市场的规模与增长潜力评估　主要是对目标市场的规模与企业的规模和实力进行评估，以及对市场增长潜力的大小进行评估。市场规模主要由消费者的数量和购买力所决定，同时也受地区消费习惯及消费者对企业的反应敏感程度的影响。过小的目标市场，不利于大企业发挥生产潜力；过大的目标市场，实力较弱的企业难以完全有效地控制和占领。分析目标市场规模，既要分析企业现有的水平，更要考虑企业潜在的发展趋势。

(2) 市场吸引力评估　吸引力是指企业目标市场上长期获利率的大小。一个市场可能具有适当的规模和增长潜力，但从获利的观点看，不一定具有吸引力。决定整体市场或细分市场是否具有长期吸引力，主要取决于五种力量：现实的竞争者、潜在的竞争者、替代产品、购买者和供应者，企业必须充分估计这些力量对长期获利所造成的威胁和带来的机会。如果某个市场已有为数众多或实力强大的竞争者，或有新的竞争者将进入市场并会投入新的生产能力和大量资源，争夺市场占有率，或替代产品竞争能力强，或购买者谈判能力很强，对产品或服务苛求不已，强求降价，或企业的供应者能够在很大程度上控制企业对该市场产品的供应，那么该市场的吸引力就会下降。

(3) 汽车企业的经营目标和资源评估　所选择的目标市场应该是企业力所能及的、符合经营目标并且能充分发挥自身优势的市场。企业应该明确自身的经营目标，合理组织现有的资源和能力，进入并服务于相应的细分市场，以避免资源不足造成的市场机会损失，或资源过剩造成不必要的浪费。

2. 制定目标市场营销战略

目标市场是企业要进入并从事营销活动的具有相同需求的市场，企业进行细分市场的目的实际上就是选择目标市场。目标市场营销战略是企业在市场细分和评估的基础上，对要进入的目标市场所制定的。

企业依据自身的情况，在制定目标市场时可采取集中性市场战略和市场全面化战略。

集中性市场战略是选择一个或少数几个细分市场作为目标市场，了解市场竞争动态，掌握顾客的反映和需求，扬长避短，制定出一套营销方案，进行集中营销，取得企业在特定目标市场上的优势。这种战略目标集中，有利于专业化经营，降低产品成本和营销费用，提高资源利用率和提供高质量的产品与服务，赢得自己的声誉。但也有风险。它不能普遍满足消费者的不同需要，难以适应现代市场的频繁变化，企业缺乏竞争力。此战略适于实力一般的中小型汽车企业。据研究，日本、韩国的汽车公司大多数采用这种战略进入国际汽车市场，并取得了惊人的成绩。

市场全面化战略是企业生产多种产品，满足各种顾客群体的不同需求，提高顾客对企业的信任度，增加销售，提高企业营销活动的效果。这种战略适合于实力雄厚的大企业。例如，通用汽车公司、丰田汽车公司在全球汽车市场上就是采用这种战略。我国的大型汽车企业（集团）也比较适合此战略，例如，以宽系列、全品种发展汽车产品的营销，满足消费者的不同需求。

以上两种战略都是以市场细分为前提，属于差异性市场营销战略。

目前影响我国家用轿车市场需求的主要因素是价格过高和使用上的门槛太多。因此，国内汽车企业可实行无差异性市场营销战略，将整体市场作为一个大的目标市场，用一种产品、统一的市场营销组合对待整体市场。企业依靠大规模的生产和储运，降低产品成本；利用无差异的广告宣传，节约营销费用，生产出物美价廉、老百姓买得起的家用轿车，取得成本和价格上的优势。

此外，企业在制定营销战略时，必须考虑到企业的实力、产品的差异性及所处生命周期阶段、市场的差异和规模、竞争对手的营销战略等因素，对目标市场营销战略制定的影响，以自身的优势制定目标市场营销战略。

（三）确定市场营销策战略

企业营销管理过程中，制定企业营销战略是关键环节。企业营销战略的制定体现在市场营销组合的设计上。为了满足目标市场的需要，企业对自身可以控制的各种营销要素如质量、包装、价格、广告、销售渠道等进行优化组合，就要有效地利用自身的人力、物力、财力资源，设计企业销售战略，制定最佳行动方案，以达到企业预期的目标。重点应该考虑产品策略、价格策略、渠道策略和促销策略，即"4P"营销组合。

随着市场营销学研究的不断深入，市场营销组合的内容也在发生着变化，从"4P"发展为"6P"。近年又有人提出了"4C""4R"为主要内容的市场营销组合。

所谓营销组合，也就是企业的综合营销方案，即企业针对目标市场的需要，将可控制的各种销售因素进行优化组合和综合运用，使之协调配合，扬长避短，发挥优势，以更好地实现营销目标。

企业可控制的因素是多方面的，最基本的四个因素是产品、价格、地点、促销，即"4P"。企业的营销活动围绕着"4P"这四个方面展开，针对目标市场的不同需要及企业内外部环境条件的变化，分别制定营销策略，从而形成了四种不同类型的策略组合。

产品策略：是指企业根据国内汽车目标市场的需要，做出与产品开发有关的计划与决策。企业在进行汽车产品开发时，要根据消费需求的特点和竞争对手的情况，确定自己的产品结构和产品发展战略。

价格策略：是指企业为提供各种有形或无形产品所实施的价格方式和定价决策，这一决策包括估量消费需求和分析成本，灵活地运用价格杠杆，选定一种吸引消费者、实现市场营销目标的价格，参与市场竞争。价格得不到顾客的认可，那么市场营销组合的各种努力也将是徒劳的。因此，价格竞争是企业竞争的基本手段。

分销策略：是指企业为使其产品进入目标市场所进行的选择分销渠道和组织产品实体流通等方面的策略。大量的市场营销职能是在市场营销渠道中完成的。

促销策略：是指企业以利用各种信息传播手段刺激消费者，促进产品销售的方式来实现其营销目标的决策。

值得注意是千万不是几种组合因素的简单相加，企业在通过营销要素进行组合制定营销战略时，必须考虑以下几点。

（1）了解国内外优秀企业组合模式，用于借鉴。

（2）突出与竞争公司有差异的独特之处，以便发挥本公司的优势。

（3）营销组合应该是企业可以控制的，企业可以通过控制各组合来控制整个营销组合。

（4）营销组合是一个系统工程，由多层分系统构成。

（5）营销组合因素必须能够相互协调。根据不同的产品，制定不同的价格，选择不同的渠道，采取不同的促销手段。

（6）营销组合不是静态，而是动态的。当产品生命周期所处阶段的变化时，其他组合因素也能随之变化。就拿广告来说，导入期为通告广告；成长期为劝说广告；成熟期为提示广告。

（7）在上述四种主要的组合因素中到底哪种最重要，这会因企业、产品的不同而不同。但一般来说，企业提供的产品与服务是否是市场所需产品与服务，是否能满足消费者需求，解决消费者所要解决的问题，提供消费者希望获取的利益，这才是产品与服务的关键所在。只有让消费者满意，消费者才会认可、接受产品与服务。

(四) 知识经济时代的市场营销战略

知识经济，亦称智能经济，是指建立在知识、信息的生产、分配和使用基础上的经济。知识经济理论形成于 20 世纪 80 年代初期。但是，知识经济作为一种经济产业形态的确立是近年来的事。

知识经济的特点表现为：知识经济是促进人与自然协调、持续发展的经济，其指导思想是科学、合理、综合、高效地利用现有资源，同时开发尚未利用的资源来取代已经耗尽的稀缺自然资源；知识经济是以无形资产投入为主的经济，知识、智力、无形资产的投入起决定作用；知识经济是世界经济一体化条件下的经济，世界大市场是知识经济持续增长的主要因素之一；知识经济是以知识决策为导向的经济，科学决策的宏观调控作用在知识经济中有日渐增强的趋势。

1. 创新战略

创新是知识经济时代的灵魂。知识经济时代为企业创新提供了极好的外部环境。创新作为企业营销的基本战略，主要包括以下几个方面。

(1) 观念创新　知识经济对人类旧的传统观念是一种挑战，也对现代营销观念进行着挑战。为了适应新的经济时代，使创新战略卓有成效，必须树立新观念，即以观念创新为先导，带动其他各项创新齐头并进。

首先要正确认识和理解知识的价值。知识不仅是企业不可缺少的资源，也是企业发展的真正动力源。同时，在市场经济条件下，知识本身又是商品，也具有价值。其次，要有强烈的创新意识，自觉地提高创新能力。不创新，只能是山穷水尽，走绝路；创新是提高企业市场营销竞争力的最根本最有效的手段。营销创新不是企业个别人的个别行为，而是涉及企业全体员工的有组织的整体活动。

(2) 组织创新　组织创新包括企业的组织形式、管理体制、机构设置、规章制度等广泛的内容，它是营销创新战略的保证。

(3) 技术创新　随着科技进步的加快，新技术不断涌现，技术的寿命期趋于缩短，技术创新是企业营销创新的核心。一般地说，大中型企业都要有自己的研究开发机构。要不断开发新技术，满足顾客的新需求，即使传统产品，也要增加其技术含量。

(4) 产品创新　技术创新最后要落实到产品创新上，所以产品创新是关键。由于技术创新频率加快，所以新产品的市场寿命期也越来越短。

(5) 市场创新　市场是复杂多变的。消费者未满足的需求是客观存在的。营销者要善于捕捉市场机会，发现消费者新的需求，寻求最佳的目标市场。我国现在有许多企业不注重市场细分，看不到消费者需求的差异性，把全国各地都看成是自己的市场，因而在市场创新中缺乏针对性，导致营销效果和竞争力的降低。在市场创新中，要在科学的细分市场的基础上，从对消费者不同需求的差异中找出创新点，这是至关重要的。

总之，在知识经济时代，创新战略是企业生存发展的生命线。观念创新是先导，组织创新是保证，技术创新是核心，产品创新是关键，市场创新是归宿。

2. 人才战略

创新是知识经济时代的灵魂和核心。但创新要高素质的人才才能创新。知识经济时代的竞争，其实质是人与人的高科技知识、智力、智能的竞争；是人的创新能力、应变能力、管理能力与技巧的综合素质的竞争。

(1) 人本智源观念　营销者要牢固树立人才本位思想。知识经济时代，知识和能力是主要资源。知识和能力的生命载体是人。北京大学方正集团就是极好的例子。10 年来方正资产增长 7000 倍。方正集团的负责人王选说得好，他们靠的就是解决"才和财"的关系。他们是用才发财，发了财，增长知识再发财。他们把学者的学术抱负和利润追求结合起来，形成了才和财的良性循环，这是一种真正的知识产业，高技术产业。

(2) 终身学习观念　由于知识更新节奏的加快，一个大专毕业生工作5年后，将有50%~60%的知识被更新掉。对于个人来说，要树立终身学习观念。对企业来说，要建立成学习型组织。

3. 文化战略

企业文化包括企业经营观念、企业精神、价值观念、行为准则、道德规范、企业形象以及全体员工对企业的责任感、荣誉感等。它不仅是提高企业凝聚力的重要手段，同时，它又以企业精神为核心，把企业成员的思想和行为引导到企业已确定的发展目标上来，它又通过对企业所形成的价值观念、行为准则、道德规范等以文字或社会心理方式对企业成员的思想、行为施加影响、控制。价值观是企业文化的基石。许多企业的成功，是由于全体员工能够接受并执行组织的价值观。

知识经济时代企业文化战略的特殊重要性，主要在于知识经济时代所依赖的知识和智慧不同于传统经济所依赖的土地、劳动力与资本等资源，它是深埋在人们头脑中的资源。知识和智慧的分享是无法捉摸的活动，上级无法监督，也无法强制，只有员工自愿并采取合作态度，他们才会贡献智慧和知识。

4. 形象战略

在信息爆炸的知识经济时代，产品广告、销售信息等很难引起消费者注意和识别，更谈不到留下什么深刻印象。在此情形下，企业间竞争必然集中到形象竞争上。形象竞争，企业现在已经在应用，但很多企业并没有足够的重视。在知识经济时代，广告宣传也随之进入"印象时代"，企业用各种广告宣传和促销手段，不断提高企业声誉，创立名牌产品，使消费者根据企业的"名声"和"印象"选购产品。

复习与思考题

1. 什么是企业战略？
2. 企业战略内含和特点是什么？
3. 什么是企业的营销战略？
4. 如何确定市场营销战略？确定市场营销战略时有哪些因素是必须考虑的？

第三章　汽车市场营销

学习目标

1. 理解什么是市场营销环境。
2. 掌握营销宏观环境和微观环境的分析要点。
3. 掌握汽车市场调研与预测的方法。
4. 理解汽车市场的特点和用户购买行为。
5. 了解汽车市场细分与目标市场定位的方法。

随着市场经济的不断发展和对外开放的逐步深入，社会经济模式的改革与变化，企业的外部环境和内部经营结构发生了巨大变化，市场竞争日益激烈。企业为了更好地生存和发展，必须顺应市场环境的变化，通过市场调研与预测，了解市场环境，分析研究市场环境变化的趋势，捕捉市场机会，发现和避免环境的威胁，对市场重新细分和目标定位，及时调整营销策略，确保企业在不断变化的市场竞争中立于不败之地，获得长期的发展与壮大。

第一节　汽车市场营销环境概述

一、营销环境的概念

所谓的营销环境是指对企业的市场和营销活动产生影响和冲击的不可控制的行动者和社会力量。正如市场学家菲利普·科特勒（Philip Kotler）所说："企业的营销环境是由汽车企业营销管理职能外部的因素和力量组成的。这些因素和力量影响营销管理者成功地保持和发展同其目标市场的顾客交换能力。"

任何企业都如同生物有机体一样，总是生存于一定的环境之中，企业的营销活动不可能脱离周围环境而孤立地进行。汽车企业营销活动要以环境为依据，企业要主动地去适应环境；但是，企业可以了解和预测环境因素，不仅主动地适应和利用环境，而且通过营销努力去影响外部环境，使环境有利于企业的生存和发展，有利于提高汽车企业营销活动的有效性。因此，重视研究市场营销环境及其变化，是汽车企业营销活动的最基本的课题。

营销环境的内容比较广泛，可以根据不同标志加以分类。基于不同观点，营销学者提出了各具特色的环境分类分析的方法。

营销环境按其对汽车企业营销活动的影响，可分为威胁环境与机会环境：前者指对企业市场营销不利的各项因素的总和，后者指对企业市场营销有利的各项因素的总和。营销环境按其对汽车企业营销活动影响时间的长短，还可分为企业的长期环境与短期环境：前者持续时间较长或相当长，后者对企业市场营销的影响则比较短暂。

菲利普·科特勒则按影响方式和力量将营销环境划分为微观环境和宏观环境。微观环境与宏观环境之间不是并列关系，而是主从关系，微观营销环境受制于宏观营销环境，微观环境中所有的因素都要受宏观环境中各种力量的影响。微观环境指与企业紧密相联，直接影响汽车企业营销能力的各种参与者，包括企业本身、市场营销渠道、其他企业、顾客、竞争者以及社会公众。宏观环境指影响微观环境的一系列巨大的社会力量，主要是人口、经济、政治法律、科学技术、社会文化及自然生态等因素。微观环境直接影响与制约企业的营销活动，多半与企业具有或多或少的经济联系，也称直接营销环境，又称为企业环境。宏观环境一般以微观环境为媒介去影响和制约企业的营销活动，在特定场合，也可直接影响企业的营销活动。宏观环境被称为间接营销环境。宏观环境因素与微观环境因素共同构成多因素、多层次、多变的企业市场营销环境的综合体。

二、市场营销环境的特点

1. 客观性

营销环境不以某个营销组织或个人的意志为转移，对汽车企业营销活动的影响具有强制性和不可控制的特点，一般说来，营销部门无法摆脱和控制营销环境，特别是宏观环境，企业难以按自身的要求和意愿随意改变它。它有自己的运行规律和发展特点。企业的营销活动只能主动适应和利用客观环境，不能改变或违背。

2. 动态性

市场营销环境是一个动态系统。每一环境因素都随着社会经济的发展而不断变化。主要包括两个方面：一是某一环境因素的变化会引起另一环境随之变化；二是各因素在不同的形势下，对企业活动影响大小不一样，随着网络化、全球化、信息化的出现，尤其是电子商务的产生和发展使营销的内、外部环境发生了深刻的变化。

3. 环境的不可控性与企业的能动性

市场营销环境作为一个复杂多变的整体，单个企业不能控制它，只能适应它。然而企业通过本身能动性的发挥，如调整营销策略、进行科学预测或联合多个企业等，可以冲破环境的制约或改变某些环境因素，取得成功。

4. 差异性

不同的国家或地区之间，宏观环境存在着广泛的差异，不同的企业，微观环境也千差万别。

三、分析市场营销环境的目的

（1）通过对市场环境的分析研究，了解把握市场环境变化的发展趋势。

（2）努力运用企业可以运用的手段，及时调整市场营销策略，以适应不可控因素的变化，提高市场应变能力。

（3）从市场环境变化中，发掘市场机会，捕捉市场机遇，把握市场时机，更好地发展市场。

（4）及时发现环境给企业带来的威胁，积极采取措施，避免或减轻威胁给企业造成的损失。

第二节　汽车市场营销宏观环境和微观环境的分析

一、微观环境的分析

市场的微观环境是指在市场营销活动中企业可以掌控或可以影响的因素，营销活动中企业需要与各种组织和个人打交道，需要在供应商处得到原材料或货源，然后企业生产出产品，通过中间商将货物送达到消费者手中。其中供货商、中间商、产品的竞争者不是一个，而是一些，是组织、群体，他们构成了汽车企业营销的微观环境。

（一）供应商

供应商是影响汽车企业营销的微观环境的重要因素之一。供应商是指向企业及其竞争者提供产品和服务所需资源的企业或个人。供应商所提供的资源主要包括原材料、零配件、资金、设备、能源、劳务及其他用品等等。

供应商对汽车企业营销业务有实质性的影响，其所供应的原材料数量和质量将直接影响产品的数量和质量，所提供的资源价格会直接影响产品成本、价格和利润。一般来说可以把供应商按对抗程度分为两类：作为竞争对手的供应商（寄生关系）；作为合作伙伴的供应商（共生关系）。

1. 作为竞争对手的供应商

一般来说对供应商的管理意味着实现成本的最优化，也就是说，企业在作为竞争对手的供应商处购买原料时，应该设法建立一种与其讨价还价的最大能力。

当把供应商作为竞争对手时，应该提倡这样一种原则，尽可能减弱它们的讨价还价能力，以便使企业获得更大的利益。一般可以采取如下的一些做法：

（1）寻找、开发其他备选的供应来源，尽量减少对任何一个供应商的过分依赖。

（2）积极寻找替代产品，减少对唯一供应商的依赖。

（3）向供应商表明企业有能力实现向后一体化，让供应商明白企业不仅是顾客，也有可能成为供应商的竞争者，也就是说，企业也能够生产供应商的产品。

（4）选择一些较小的供应商，使企业的购买量在其总产量中占的比例较大，增加供应商的依赖性，也就是增加供应商的忠诚度。

2. 作为合作伙伴的供应商

企业把供应商当成竞争的对手，有时往往引起一些消极后果，同时企业不可能将所有的供应商都当成竞争对手，和供应商建立起合作伙伴的关系，对企业稳定供料、维持产品稳定一致有很大好处。可以借用以下几种方法：

（1）与供应商签订长期的供货合同，这符合战略思维所要考虑的问题。

（2）分担供应商的商业风险。

（3）说服供应商和企业共同积极地接近顾客，这样有利于供应商更有效地为企业服务。

当然供应商的特点不是单一的，分析供应商时应该重点考虑以下几方面内容：备选供应商、替代品的可能性；供应商与企业目前所在行业的向前一体化的兴趣、能力；与供应商的协议项目及条件。

（二）营销中介机构

大多数情况下，汽车企业的产品需要经过中介机构才能达到目标顾客的手中。所谓的营销中介单位是协助公司推广、销售和分配产品给最终买主的那些企业和个人。它们包括中间商、实体分配公司、营销服务机构及金融机构等。

1. 中间商

中间商包括商人中间商和代理中间商。中间商对企业产品从生产领域流向消费领域具有极其重要的影响。在与中间商建立合作关系后，要随时了解和掌握其经营活动，并可采取一些激励性合作措施，推动其业务活动的开展，而一旦中间商不能履行其职责或市场环境变化时，企业应及时解除与中间商的关系。

(1) 商人中间商　是协助公司寻找顾客或直接与顾客进行交易的商业企业，他们购买产品，拥有商品持有权，再售出商品。

(2) 代理中间商　代理人、经纪人、制造商代表，专门介绍客户或与客户磋商交易合同，但并不拥有商品持有权。代理中间商包括专门代理购销收取佣金的商品经纪人。

2. 实体分配公司

实体分配公司协助公司储存产品和把产品从原产地运往销售目的地。仓储公司是在货物运往下一个目的地前专门储存和保管商品的机构。运输公司包括从事铁路运输、汽车运输、航空运输、驳船运输以及其他搬运货物的公司。每个公司都需从成本、运送速度、安全性和交货方便性等因素，进行综合考虑，确定选用那种成本最低而效益更高的运输方式。

3. 市场营销服务机构

市场营销服务机构指市场调研公司、广告公司、各种广告媒介及市场营销咨询公司，他们协助企业选择最恰当的市场，并帮助企业向选定的市场推销产品。

4. 财务中介机构

即协助厂商融资或保障货物购销储运风险的机构，如银行、信贷公司、保险公司等。

（三）顾客

顾客是汽车企业产品或零件购买者，顾客可以是个人、家庭，也可以是组织机构（包括其他企业和转售商）和政府。它们可能与企业在同一个国家，也可能是其他国家和地区。

市场营销学是根据购买者及其购买目的进行顾客划分的。

(1) 消费者顾客。购买汽车及其服务供自己个人和家庭的消费。

(2) 生产者顾客。购买汽车及劳务投入生产经营活动过程以赚取利润的组织或个人。

(3) 中间商顾客。为转售牟利而购买汽车和劳务的组织或机构。

(4) 非营利组织顾客。为提供公共服务（公交、学校）或转赠需要者而购买汽车和服务的政府机构和非营利组织。

(5) 国际顾客。国外购买者，包括消费者、生产者、中间商和非营利组织所构成的顾客。

（四）竞争者

一般来说，为某一个汽车顾客群体服务的企业不止一个，一个组织很少能单独完成为某一顾客市场服务。企业的营销系统总会受到一群竞争对手的包围和影响。竞争对手不仅包括同行企业，而且还包括行业外的一些企业。顾客在决定将要购买某件东西的决策过程中，究竟考虑些什么呢？企业在市场上所面对的竞争者究竟是什么？原则上大体上可分为以下四种类型。

(1) 愿望竞争者　指提供不同汽车产品以满足不同需求的竞争者。比如汽车的需求是不同的，汽车的生产厂根据用户的需求不同，生产出许多不同型号、种类、颜色、品牌的车种。

(2) 属类竞争者　指提供不同汽车产品以满足同一种需求的竞争者。比如货运的需求，能够满足运输是汽车基本功能之一，只是存在差异而已，这种差异在有些需求中有时并不明显，竞争是必然存在的。

(3) 产品形式竞争者　指满足同一需要的产品的各种形式间的竞争。如轿车的主要功能小量载客，不同的顾客对同一品牌轿车的需求都不相同，如颜色、配置等。

(4) 品牌竞争者　指满足同一需要的同种形式产品不同品牌之间的竞争。品牌内涵的不同，即会带来的竞争也会满足不同的需求，如"奔驰"轿车能够满足那些需要通过它来显示身份的需求。

(五)公众

公众就是对一个组织完成其目标的能力有着实际或潜在兴趣或影响的群体。公众可能有助于增强也能妨碍一个企业实现自己目标的能力。公众在特定的时期会对企业的命运产生巨大的影响。它包括以下几种。

(1) 金融界　金融界对企业的融资能力有重要的影响。金融界主要包括银行、投资公司、证券经纪行、股东。

(2) 媒介公众　主要是报纸、杂志、网络、广播电台和电视台等传播媒体。

(3) 政府机构　指负责管理企业营销业务的有关政府机构。

(4) 社团公众　包括保护消费者权益的组织、少数民族团体、环境组织及其他群众团体等。

(5) 地方公众　指企业所在地邻近的居民和社区组织。

(6) 一般公众　也就是普通大众。虽然一般公众并不是有组织地对企业采取行动,然而一般公众对企业的印象和口碑却影响着消费者对该企业及其产品的看法。

(7) 内部公众　企业内部的员工,包括管理人员和一般职工。当企业员工对自己的企业感到满意的时候,他们的态度也就会感染企业以外的公众。

(六)企业内部

企业内部本身包括各个职能部门和和企业的员工。部门(如制造部门、采购部门、研究与开发部门、财务部门、经营部门等)之间的协作、企业员工之间的努力与否,会对制定与完成企业的任务、目标、战略和政策有着极大影响。

二、宏观市场营销环境

宏观营销环境指能够对企业营销活动微观环境造成影响的广泛性因素,是市场机会和环境威胁的主要社会力量,包括人口、经济、自然、技术、文化、法规等因素。市场的宏观环境只能适应,不可以改变。宏观环境因素对企业的营销环境具有强制性、不确定性、不可控制性。

(一)人口环境

人口是构成市场的第一位因素。市场是由有购买欲望同时又有支付能力的人构成的,人口的多少直接影响市场的潜在容量。从影响消费需求的角度,对人口因素可作如下分析。

(1) 人口总量　人口总量直接影响市场需求总规模。在人均收入既定的条件下,人口总量的多少与市场需求总规模呈正比例变动。随着社会主义市场经济的发展,人民收入不断提高,中国已被视作世界最大的潜在市场。

(2) 年龄结构　不同年龄的人,其需求倾向亦不相同。为此,人口年龄结构的不同,其需求结构不尽相同。

(3) 地理分布　人口在地区上的分布情况,关系市场需求的异同。居住不同地区的人群,由于地理环境、气候条件、自然资源、风俗习惯的不同,消费需求的内容和数量也存在差异。

(4) 家庭　指一个以家庭为代表的家庭生活的全过程,也称家庭生命周期,按年龄、婚姻、子女等状况,可以分为七个阶段:

① 未婚期,年轻的单身者;

② 新婚期,年轻夫妻,没有孩子;

③ 满巢期一,年轻夫妻,有六岁以下的幼童;

④ 满巢期二,年轻夫妻,有六岁以上的幼童;

⑤ 满巢期三，年纪大的夫妻，有已能自立的子女；
⑥ 空巢期，身边没有孩子的老年夫妻；
⑦ 孤独期。单身老人独居。

一个市场拥有家庭单位和家庭平均成员的多少，以及家庭组成状况等，对市场消费需求的潜量和需求的结构，都有十分重要的影响。

（5）性别差异

性别差异给消费需求带来差异，购买习惯与购买行为也有差别。

（二）经济环境

经济环境一般指影响顾客购买力和消费方式的经济因素，包括以下几个方面。

1. 消费者的收、支状况

消费者实际收入状况：消费者收入包括工资、奖金、退休金、红利、租金、赠给性收入等，但由于受通货膨胀、风险储备、个人税赋因素的影响，实际收入经常低于货币收入。实际收入只是货币收入扣除通货膨胀、风险储备、税收因素影响后的收入，可能成为市场购买力的消费者收入。

还有"可支配的个人收入"与"可随意支配的个人收入之分"。前者是指货币收入扣除消费者个人缴纳税收以及交给政府的非商业性开支（学费、罚款、捐款等）后可用于个人消费、储蓄的那部分个人收入，这是影响消费者购买力和消费者支出的决定性因素；后者则是指再扣除消费者个人基本生活用品支出（食物、衣服等）和固定支出（房租、保险费、分期付款、抵押借款等）后的那部分个人收入。因此，企业市场营销人员必须注意经常分析消费者收入的变动状况以及消费者对其收入的分配情况。一般情况下，可随意支配的个人收入主要用于对奢侈品的需求，是影响消费需求变化的最活跃的因素。

支出：主要指消费者支出模式和消费结构。支出模式与消费结构是随着消费者收入的变化而变化的。

2. 居民储蓄及消费信贷

在消费者实际收入为既定的前提下，其购买力的大小还要受储蓄与信贷的直接影响。从动态的观点来看，消费者储蓄是一种潜在的未来的购买力。在现代市场经济中，消费者的储蓄形式有银行存款、债券、股票、不动产等。它往往被视为现代家庭的"流动资产"，因为它们大都可以随时转化为现实的购买力。在正常状况下，居民储蓄同国民收入成正比变动，但在超过一定限度的通货膨胀的情况下，消费者储蓄向实际购买力的转变就极易成为现实。消费者信贷是指消费者以个人信用为保证先取得商品的使用权，然后分期归还贷款的商品购买行为。它广泛存在于西方发达国家，是影响消费者购买力和消费支出的另一个重要因素。在西方国家，消费者信贷主要有四种形式：日常用品的短期赊销、购买住宅时的分期付款、购买耐用消费品时的分期计息贷款以及日益普及的信用卡信贷。因此，研究消费者信贷状况与了解消费者储蓄状况一样，都是现代企业市场营销的重要环节。

3. 消费者支出模式

所谓消费者支出模式是指消费者收入变动与需求结构变动之间的关系。其变化状况主要受恩格尔定律的支配，即随着家庭收入的增加，用于购买食物的支出比例将会下降，用于住宅、家务的支出比例则大体不变，而用于服装、交通、娱乐、保健、教育以及储蓄等方面的支出比例会大大上升。除此以外，消费者支出模式的变化还要受两个因素的影响：一个是家庭生命周期；另一个则是消费者家庭所处的地区与行业发展状况。显然，同样的年轻人，没有孩子的家庭与普通家庭的消费方式差异较大。家庭所处的位置也会构成家庭支出结构的差异，居住在农村与居住在城市的家庭，其各自用于住宅、交通以及食品等方面的支出情况也必然不同。从经济学的角度来看，居民收入、生活费用、利率、储蓄和借贷形式都是经济发展中的主要变量，它们直接影响着市场运行的具体情况。因此，注意研究消费者支出模式的变动走势，对于企业市场营销来说，具有重大意义，它不仅有助于企业未来时期内避免经营上的被动，而且还便于企业制定适当的发展战略。

4. 社会经济发展状态

经济发展水平较高的国家和地区，在市场营销方面，强调产品款式、性能和特色。经济发展水平较低的国家和地区，侧重于产品的功能和实用性。

（三）自然环境与汽车使用环境

1. 自然环境

自然环境是指影响社会生产的自然因素，包括自然资源和生态环境。对汽车而言，自然资源的减少将对汽车企业的经营活动构成一个长期的约束，生态环境的恶化对汽车性能提出了更高的要求，因此对汽车的市场营销活动会产生巨大影响。

汽车企业为了适应自然环境的变化，应该采取相应的对策：发展新材料；提高原材料的综合利用；开发新型动力汽车和新能源汽车。

2. 汽车使用环境

（1）自然气候　自然气候包括大气温度、湿度、降雨、降雪、风沙等情况以及它们的季节性变化。自然气候对汽车的使用时的润滑、制动、燃油性能以及汽车的使用寿命产生直接的影响。

（2）地理因素　自然地理的影响，它对汽车性能结构的影响非常巨大，比如川藏高原的汽车和内地的一定不同。经济地理的影响，地域经济的不同，对当地的交通环境影响不同，对汽车的需求也不同。

（3）车用燃油　车用燃油包括汽油和柴油两种成品油，燃油的供给、燃油的价格与质量、燃油的税费等是汽车营销必须面临的一个课题。

（4）交通环境　汽车的主要作用是交通工具，交通道路的好坏直接影响汽车的营销环境。

（四）科学技术环境

当前，世界新科技革命正在兴起，科技的发展对经济发展有巨大的影响，仅对汽车产品而言，汽车已经涵盖了先进的现代基础技术。新技术的应用，不仅直接影响企业内部的生产和经营，还同时与其他环境因素互相依赖、互相作用，给企业经营活动带来有利与不利的影响。

新技术的应用引起了企业市场经营策略、模式的变化，也引起企业经营管理的变化；汽车产品从诞生、进入市场到市场成熟的时间不断缩短；汽车产品的性能不断完善，成本不断下降。

值得注意的是：高新技术的发展，促进了产业结构趋向尖端化、软性化、服务化。营销管理者必须考虑到：技术变革的速度不断加快；研究与开发费用不断上升；技术变革的法规不断增多；科学技术的发展同时带来了机遇和威胁，即应积极适应知识经济时代的要求。

（五）政治与法律环境

政治与法律环境是指能够影响企业市场营销的相关政策、法律以及制定它们的权力组织。市场经济并不是完全自由竞争的市场。从一定意义上说，市场经济本质上属于政治法律经济，因而政治与法律环境正在越来越多地影响着企业的市场营销。政治与法律环境对市场营销的影响表现在以下几方面。

1. 政府对经济的干预

政府往往出于不同的政治理念和自身利益对本国经济进行干预。政府自身的利益或国家利益，通常包括5个目标，即自我保护目标、安全目标、繁荣目标、声誉目标、意识形态目标，这5个目标是政府干预企业营销活动的主要出发点。

2. 政府政策的连续性

任何一个政府的政策都是处于变化发展过程中的，没有变化的政策是没有意义的。但是，这种变化应该是渐进的，可预见的，而不应该是突发性的、根本性的和不可预见的。对于突发性的、根本性的和不可预见的政府政策的变化，市场营销理论将其视为不稳定性。

3. 政治风险

政治风险是指政治力量引起一个国家营销环境显著变化的可能性，这种变化会给该国家从事营销活动的企业的利润及其他目标带来负面影响。在社会不稳定和秩序混乱的国家里，或者在本质上具有高度社会不稳定可能性的国家里，政治风险较大。

4. 影响营销活动的法律法规

法律环境包括一个国家规范人们行为的法律和法规、法律得以强制执行的程序，以及通过这一程序使受损害者得到补偿的机制。法律详细规定了企业的运作方式、限定了交易履行的方式、规定了交易各方的权利和义务，对营销活动带来了制约、机会和影响。因此，一个国家的法律环境对企业的营销活动是极为重要的。

5. 社会规范和商业道德对市场营销的影响

形成文字的法律法规不可能覆盖所有可能产生的市场弊端，现有法律也很难全部执行，而且，除法律和规章以外，企业也要受社会规范和商业道德的约束。大量出现的商业丑闻使人们重新重视商业道德问题。因此，许多行业和专业贸易协会提出了关于道德规范的建议，许多公司制定了关于复杂的社会责任问题的政策和指导方针。

另外，公众利益团体，如那些保护消费者利益方面的团体，例如消费者协会、动物保护委员会、妇女权益委员会等迅速崛起，他们会游说政府官员、呐喊、左右舆论导向，给企业的市场营销活动带来极大的影响。如果企业营销人员缺乏相应的斡旋技巧，就难免给原有的目标市场造成威胁。

（六）社会文化环境

社会文化主要指一个国家、地区的民族特征、价值观念、生活方式、风俗习惯、宗教信仰、伦理道德、教育水平、语言文字等的总和。它包括主体文化和次级文化。主体文化是占据支配地位的，是人们持久不变的核心信仰和价值观，它具有世代相传，并由社会机构（如学校、教会、社团等组织）予以强化和不易改变等特点。次级文化是指按种族、宗教、地理、经济、年龄、职业、性别、受教育程度等因素划分的特定群体所具有的文化现象，它根植于主体文化，但比主体文化容易改变。

文化对所有营销的参与者的影响是多层次、全方位、渗透性的。它不仅影响企业营销组合，而且影响消费心理，消费习惯等，这些影响多半是通过间接的、潜移默化的方式来进行的。这里主要分析以下几方面。

1. 教育水平

教育水平不仅影响劳动者收入水平，而且影响着消费者对商品的鉴别力，影响消费者心理、购买的理性程度和消费结构，从而影响着企业营销策略的制定和实施。

2. 宗教信仰

沿袭下来的宗教信仰，逐渐形成一种模式，影响人们的消费行为。

3. 价值观念

价值观念指人们对社会生活中各种事物的态度和看法。不同的文化背景下，价值观念差异很大，影响着消费需求和购买行为。对于不同的价值观念，营销管理者应研究并采取不同的营销策略。

4. 消费习俗

消费习俗指历代传递下来的一种消费方式，是风俗习惯的一项重要内容。消费习俗在饮食、服饰、居住、婚丧、节日、人情往来等方面都表现出独特的心理特征和行为方式。

5. 消费流行

由于社会文化多方面的影响，使消费者产生共同的审美观念、生活方式和情趣爱好，从而导致社会需求的一致性，这就是消费流行。消费流行在服饰、家电以及某些保健品方面，表现最为突出。消费流行在时间上有一定的稳定性，但有长有短，有的可能几年，有的则可能是几个月；在空间上还有一定的地域性，同一时间内，不同地区流行的商品品种、款式、型号、颜色可能不尽相同。

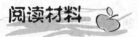

不符合社会文化带来的困难

某些性能先进、国际流行款式、深受外国人喜爱的"溜背式"轿车，在推向中国市场时却遇到了销售不畅的麻烦，其原因就在于中国的集团消费者认为它"不气派"，生意人认为其"有头无尾"（不吉祥），结婚者认为其"断后"（断"香火"）等。总之，这种车型被认为"不符国情"，致使有关企业不得不为改变上述"文化观念"，花费大量促销费用。

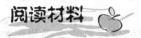

政治风云导致"米沙"的失败

1977年，洛杉矶的斯坦福·布卢姆以25万美元买下西半球公司一项专利，生产一种名叫"米沙"的小玩具熊，用作1980年莫斯科奥运会的吉祥物。此后的两年里，布卢姆先生和他的伊美治体育用品公司致力于"米沙"的推销工作，并把"米沙"商标的使用权出让给58家公司。成千上万的"米沙"被制造出来，分销到全国的玩具商店和百货商店，十几家杂志上出现了这种带4种色彩的小熊形象。开始，"米沙"的销路很好，布卢姆预计这项业务的营业收入可达5000万到1亿美元。不料在奥运会开幕前，由于前苏联拒绝从阿富汗撤军，美国总统宣布不参加在莫斯科举行的奥运会。骤然间，"米沙"变成了被人深恶痛绝的象征，布卢姆的赢利计划成了泡影。

第三节　汽车市场调研与预测

一、汽车市场调研与预测概述

（一）市场信息和市场营销信息系统

1. 市场信息

市场信息是反映市场活动特征及其发展变化情况的各种消息、情报、资料等的统称。根据不同标准和不同需要可以把市场信息分成多种类型，以下简单介绍两种。

（1）按信息的来源可分为外部环境信息和内部管理信息。外部环境信息主要有：重点用户信息，同行竞争信息，技术发展信息，政治、法律信息，新能源、新材料开发信息以及自然环境方面的信息。内部管理信息主要有：生产成果信息、物资利用信息和财务状况信息。

（2）按信息的内容分类可分为用户方面的信息、市场开发方面的信息、科技信息和政治信息等。

2. 市场营销信息系统的组成

市场营销信息系统是指人、设备和程序（软件）组成的一个持续的、彼此关联的结构。其任务是准确而及时地对有关信息进行收集、分类、分析、评估和分发，以便营销决策者用于制定和修订市场营销计划，并保证计划的科学性和准确性。

它一般有四个子系统构成，其关系如图 3-1 所示。

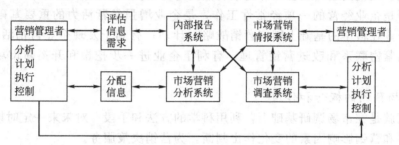

图 3-1 市场营销信息系统关系

（1）内部报告系统 该系统的主要工作任务是向管理人员提供有关销售、成本、存货、现金流程、应收账款等各反映企业经营现状的信息。

（2）市场营销情报系统 它是指市场营销管理人员用以了解有关外部环境发展趋势的信息的各种来源和程序。

（3）市场营销调查系统 它的主要任务是搜集、评估、传递管理人员制定决策所必需的各种信息。

（4）市场营销分析系统 它的任务是从改善经营或取得最佳经营效益的目的出发，通过分析各种模型，帮助市场营销人员分析复杂的市场营销问题。

3. 市场营销信息的来源

营销信息系统必须要以不断获取大量信息作为支撑，没有足够的信息就没有营销信息系统。企业信息的来源包括企业内部信息和企业外部信息两个信息渠道。相对来讲，外部渠道更为重要。由于收集信息是一个重要而又繁琐的工作，企业应建立稳定的信息渠道。

一般来说，信息的收集方式有以下几种，企业可建立相应的信息渠道。

（1）咨询员工法 企业的员工可以说人人都聚集着一定的信息，尤其是采购人员和销售人员，他们的活动范围大，接触面广，掌握的各种有用信息也多。对于员工的信息可以采用填表方式、会议方式、提问方式加以收集，甚至可以委托采集信息。信息采集人员可把所需信息分类制成表格，定期分发下去，在规定时间内收集起来。这种收集信息的方法既经济、又容易。

（2）专门收集法 这也是一种相对易得的信息收集法，这种收集方法既可以由信息采集人员（或企业营销研究的软科学工作者）通过营销调研，也可以通过收集二手资料的方式，捕捉有用信息。营销调研一般得到的是原始信息，虽然这种信息获取的成本较高，但很准确、实用。二手信息是指不是企业亲自调研得到的信息，一般是有关统计部门或其他部门及民间团体调研得到的信息。例如，从各种统计、年鉴、广播电视、报刊杂志、图书以及同行那里得到的信息。

（3）购买信息法　企业自己不一定要事事都亲自去调研或收集，有些信息已有专门机构收集，企业购买这些信息既可以提高效率，又可以节约信息收集成本。对于有的中小企业而言，有时在无力收集信息时，也可以通过委托有关机构以有偿收集和购买方式得到信息。

经过一系列工作后收集到的信息，通过整理研究，把一些结果列成提纲汇集到系统总部。系统总部对汇集上来的信息再加工，形成判断，作为企业营销决策的依据。

（二）市场调研的概念和作用

市场调研就是运用科学的方法，有计划、有目的、有系统地收集、整理和研究分析有关市场营销方面的信息，并提出调研报告，总结有关结论，提出机遇与挑战，以便帮助管理者了解营销环境，发现问题与机会，并为市场预测与营销决策提供依据。

市场调研是企业经营的一项经常性工作，是企业增强经营活力的重要基础，它的作用是：有利于企业在科学的基础上制定营销战略与计划；有利于发现企业营销活动中的不足，保持同市场的紧密联系和改进营销管理；有利于企业进一步挖掘和开拓新市场，发挥竞争优势。

（三）市场预测的概念和作用

市场预测就是在市场调研基础上，利用科学的方法和手段，对未来一定时期内的市场需求、需求趋势和营销影响因素的变化作出判断，为营销决策服务。

汽车市场运行规律比较复杂，市场需求经常出现波动，经常向汽车生产、流通企业反馈一些虚假信息，为汽车营销工作带来了很多困难。因而在加强研究汽车市场运行规律的基础上，做好预测工作对于提高市场营销水平具有重要的现实意义。

科学的营销决策，不仅要以营销调研为基础，而且要以市场预测为依据。市场预测大致包括市场需求预测、市场供给预测、产品价格预测、竞争形势预测等。对企业而言，最主要的是市场需求预测。

二、市场调研的步骤和方法

（一）市场调研的步骤

市场调研一般可分为调研准备、调研实施和调研总结三个阶段，其步骤如图3-2所示。主要步骤的工作具体内容如下。

1. 调研准备

（1）初步情况分析，确定指导思想，限定调查的问题范围，明确调研目标。企业市场营销涉及的范围很广，每次调研活动不可能面面俱到，如果调研的目标和指导思想不明确，调研肯定是盲目的，调研效果就会欠佳，调研目标一般应由企业营销综合职能部门提出，主管领导批准。调研目的和指导思想一经确立，调研工作小组在以后的调研活动中应始终围绕调研的总体目标和指导思想开展工作。

（2）成立调研工作小组。为了使调研工作有计划、有组织地进行，成立调研工作小组（或课题研究小组）是必要的。如果调研活动规模较大，所需工作人员较多，涉及跨部门，甚至跨企业、跨行业的合作，为保证调研活动取得有关方面的支持，还必须成立调研领导小组。调研工作小组的职能就是具体完成调研工作，其组成人员可能包括企业的市场营销、规划（或计划）、技术研究、经营管理、财务或投资等多方面的人才，这些人员的来源既可能是企业内部，也可能是企业以外的单位或组织（诸如相应的研究机构等）。而领导小组成员一般包括工作小组组长（课题负责人）以及主要参加部门的相应负责人。

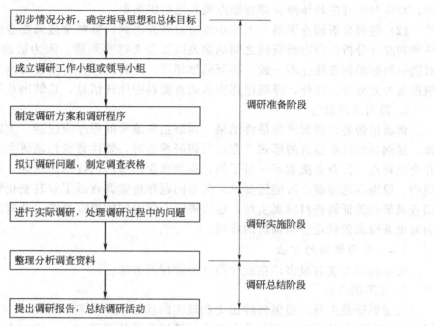

图 3-2 市场调研的步骤

（3）制定调研方案和调研程序。调研小组应根据调研的总体目标进行目标分解，做好系统设计，制定调研方案，确立调研方法与形式，并制定工作计划与阶段目标。

（4）拟订调研问题，制定调查表格。调研目标是通过一个个问题展开的，表格是调查的形式和工具。可以说调查题目选得好坏，直接关系到调研目标是否能达到，因此，拟订好调研题目非常重要。调查者在拟订题目和编制调查表格时应该符合以下要求：

① 尽量减轻被调查者的负担。凡是那些与调查目的关系不大或可隐含得到答案的问题均可省去，那些让被调查者需要反复回忆、计算或查找资料方能回答的问题也应避免。否则，被调查者可能会对调查置之不理。

② 问题要具体，用语要准确，让被调查者选择的主要答案应尽量完备。

③ 调查题目不应具有诱导性。

④ 问题必须是被调查者有能力回答和愿意回答的问题。

⑤ 问题应简单明了，并注意问题间的逻辑顺序，同一方面的多个问题应连续列出，符合人们的一般思维过程。

⑥ 问题要与被调查者身份与知识水平相适应。如对专家可使用专业术语，而对一般群众则应使用通俗语言。

⑦ 交代必要的填写说明及其他事项，如调查活动的背景、目的等，以让被调查者理解和支持调查活动。否则，调查活动就难以得到被调查者的积极配合，调查效果也就较差。

2. 调查实施阶段

（1）进行实际调查 这是营销调研的正式实施步骤。为了保证调查工作按计划顺利进行，如属必要应事先对有关工作人员进行培训，而且要充分估计出调研过程中可能出现的问题，并要建立报告制度。课题组应对调查进展情况了如指掌，做好控制工作，并对调查中出现的问题及时采取解决或补救措施，以免拖延调查进度。以上方面比采取派调查人员出外调查方式更为重要。在这一步骤内，调查者还必须具体确立收集调查信息的途径，因为有些问题可以利用二手资料。当需要进行调查获取第一手资料时，应具体确定被调查对象或专家名单，对典型调查应具体确立调查地点或其他组织名单。

（2）整理分析调查资料　工作小组应对调查得到的资料及被调查者的回函，分门别类地整理和统计分析，应审查资料之间的偏差以及是否存在矛盾。因为被调查者之间存在差别，对同一问题的回答往往不一致，甚至截然相反，此时就应分析矛盾的原因，判断他们回答的根据是否充分等。此外，课题组还应从调查资料中优选信息，总结出几种典型观点或意见。

3. 提出调研报告

调研报告是营销调研的最终结果。调研报告编写的程序应包括：主题的确立、材料的取舍、提纲的拟订和报告的形式。在编写调研报告时，要注意紧扣调研主题，力求客观、扼要并突出重点，使企业决策者一目了然，避免或少用专门的技术性名词，必要时可用图表形象说明。根据问题需要，可能还要求对关键问题作连续调查以了解其变化情况，或者为了巩固调查成果和验证调查材料真实性，也需进行一段时间的追踪调查。凡有此种情况，都不能认为写出调研报告就是营销调研的终结。

（二）市场调研的方法

市场调研方法有很多，在此介绍几种常用的方法。

1. 文案调研法

文案调研是指通过搜集各种历史和现实的动态统计资料（第二手资料），从中摘取与市场调研课题有关的情报，在办公室内进行统计分析的调研方法。这种方法主要是通过调研人员向有关方面索取资料，或从网络中搜寻，或通过剪报、摘录等方式获得，文案调研法的特点是花费时间少，费用低。

其资料来源主要有：企业内部积累的各种资料，如业务记录、统计报表、工作总结等；国家机关公布的国民经济发展计划、统计资料、政策、法令、法规等，以及一些内部文件；各行业协会、联合会提供的资料；国内外公开出版物，如报纸、杂志、书籍及刊物登的新闻、报道、消息、评论、调研报告等；各研究单位、学会、专业情报机构和咨询机构提供的市场情报和研究结果；企业之间交流的有关资料。

2. 访问法

访问法是将所拟调研的事项，以当面或电话或书面或其他方式向被调研者提出询问，以获得所需资料的调研方法。具体方式有面谈调研、电话调研、邮寄调研等。

（1）面谈调研　面谈调研是调研人员与被调研者面对面地询问有关问题，从而取得第一手资料的一种调研方法。这种方法具有回收率高、信息真实性强、搜集资料全面的优点，但所需费用高，调研结果易受调研人员业务水平和态度的影响。如果按照访问的地点和访问的形式，又可以分为入户（或单位）访问和拦截访问。

① 入户访问。入户访问指调研员到被调研者的家中或工作单位进行访问，直接与被调研者接触。然后利用采访式逐个问题进行询问；或是将自填式问卷交给被调研者，等待对方填写完毕或稍后再回来收取问卷的调研方式。

这种调研方法的优点是能够当面听取被调研者的意见，并观察其反应，问卷回收率高。缺点是调研成本较高，调研结果正确与否受调研员技术熟练与否及诚实与否的影响甚大。

② 拦截式访问。拦截式访问是指在某个场所（如商业区、商场、街道、公园等）拦截在场的一些人进行面访调研。这种方法常用于商业性消费者的意向调研。例如，在汽车城的前台拦截顾客询问他们对各种汽车品牌的偏好以及购买习惯、行为等。

拦截式面访的好处在于效率高，因为是被调研者向调研者走来，而不是调研者寻找被调研者。但是无论如何控制样本及调研的质量，收集的数据都不会对总体有很好的代表性。这是拦截式访问的最大问题。

（2）电话调研　电话调研就是选取一个被调研者的样本，然后拨通电话，询问一系列的问题。调研员（也叫访员）用一份问卷和一张答案纸，在访问过程中用铅笔随时记下答案。

这种调研方法的优点是可在短时间内调研多数样本，成本甚低；缺点是不易获得对方的合作，不能询问较为复杂的内容。

（3）邮寄调研　邮寄调研是调研人员将预先设计好的问卷或表格邮寄给被调研者，请他们按要求填好后再邮回的一种调研方式。

这种调研方法的优点是：调研成本低，抽样时可以完全依据随机抽样法抽取样本，因此抽样误差低。缺点是：收回率通常偏低，影响调研的代表性。因无访问员在场，被调研者可能误解问卷意义。

3. 观察法

观察法是由调研人员到各种观场进行观察和记录的一种市场调研方法。在观察时，调研人员既可以耳闻目睹现场情况，也可以利用照相机、录音机、摄像机等设备对现场情况作间接的观察，以获取真实的信息。

4. 实验法

实验法是指先在一定的小范围内进行实验，然后再研究是否大规模推广的市场调研方法。

这种调研方法的优点是使用的方法科学，具有客观性价值；缺点是实验的时间过长，成本高。

5. 网上调研法

网上调研是指在因特网上针对特定营销环境进行调研设计、收集资料和初步分析的活动。利用因特网进行市场调研有两种方式：一种是利用因特网直接进行问卷调研等方式收集一手资料，这种方式称为网上直接调研；另一种方式，是利用因特网的媒体功能，从因特网收集二手资料。

网上市场调研的实施可以充分利用因特网作为信息沟通渠道的开放性、自由性、平等性、广泛性和直接性的特性，使得网上市场调研具有传统的一些市场调研手段和方法所不具备的一些独特的特点和优势。主要表现在以下几个方面。

（1）及时性和共享性　网上调研是开放的，任何网民都可以进行投票和查看结果，而且在投票信息经过统计分析软件初步自动处理后，可以马上查看到阶段性的调研结果。

（2）便捷性和低费用　实施网上调研节省了传统调研中耗费的大量人力和物力。

（3）交互性和充分性　网络的最大好处是交互性，因此在网上调研时，被调研对象可以及时就问卷相关问题提出自己更多看法和建议，可减少因问卷设计不合理导致调研结论偏差。

（4）可靠性和客观性　实施网上调研，被调研者是在完全自愿的原则下参与调研，调研的针对性更强，因此问卷填写信息可靠、调研结论客观。

（5）无时空、地域限制　网上市场调研是 24 小时全天候的调研，这就与受区域制约和时间制约的传统调研方式有很大不同。

（6）可检验性和可控制性　利用因特网进行网上调研收集信息，可以有效地对采集信息的质量实施系统的检验和控制。

（三）汽车市场调研的主要内容

营销调研涉及营销活动过程的各个方面，按照不同的分类方法可以把汽车市场营销调研内容分为很多种类。常见有汽车产品调研、顾客调研、销售调研、促销调研、竞争对手调研和汽车市场营销环境调研等。

（1）**汽车产品调研** 它包括对汽车新产品设计、开发和试销，对现有汽车产品进行改良，对目标顾客在产品款式、价格、性能、质量、包装等方面的趋势进行调研。

（2）**顾客调研** 它包括对消费心理、消费行为的特征进行调研分析。研究社会、经济、文化等因素对购买决策的影响；这些因素的影响作用到底发生在消费环节、分配环节还是生产领域；还要了解潜在顾客的需求情况，影响需求的各因素变化情况；消费者的品牌偏好及对本企业产品的满意度等。

（3）**销售调研** 它涉及对企业销售活动进行全面审查，包括对销售量、销售范围、分销渠道等方面的调研，顾客的需求情况（包括需要什么、需要多少、何时需要等），产品的市场潜量与销售潜量，市场占有率的变化情况，都是销售调研的内容。销售调研还应该就本企业相对于主要竞争对手的优劣势进行评价。

（4）**促销调研** 这主要是对企业在产品或服务的促销活动中所采用的各种促销方法的有效性进行测试和评价。如广告目标、媒体影响力、广告设计及效果；公共关系的主要动作及效果；企业形象的设计和塑造等，都需要有目的地进行调研。

（5）**竞争对手调研** 这主要是对竞争对手的营销组合、其产品的市场占有率和企业实力等进行调研，以了解对手的情况。

（6）**汽车市场营销环境调研** 这主要是对汽车市场营销的宏观和微观环境因素进行调研，以掌握环境的变化对市场营销的影响，从而指导企业的市场营销策略的制定和调整。

三、市场预测的步骤和方法

（一）**市场预测的步骤**（见图3-3）

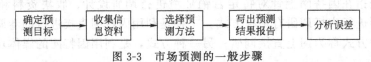

图3-3 市场预测的一般步骤

（1）**确定预测目标** 确定预测要解决什么问题，达到什么目的；同时应规定预测的期限和进程，划定预测的范围。

（2）**收集信息资料** 它是指围绕预测目标，收集信息资料。

（3）**选择预测方法** 市场预测应根据预测目标和占有的资料，选择适当的预测方法。

（4）**写出预测结果报告** 要及时将预测结果写成预测结果报告。其表述预测结果应简单、明确，对结果应作解释性说明和充分论证，包括对预测目标、预测方法、资料来源、预测过程的说明，以及预测检验过程和计算过程。

（5）**分析误差** 预测是对未来事件的预计，很难与实际情况完全吻合，因此要对预测结果进行判断、评价，分析误差。

（二）**市场预测方法**

市场预测方法有很多，按预测的方式不同，可分为定性预测和定量预测两类。

1. 定性预测方法

定性预测方法也称为判断分析法。它是凭借人们的主观经验、知识和综合分析能力，通过对有关资料的分析推断，对未来市场发展趋势作出估计和测算。

（1）**集体意见法** 这种方法是集中企业的管理人员、业务人员等，凭他们的经验判断和共同讨论市场发展趋势，进而做出预测的方法。这种方法的优点是简单易行，成本也较低，但其最大缺点是受到预测人员的知识和经验的限制。

（2）**德尔菲（Delphi）法** 德尔菲法也称专家小组法。这种方法是按规定的程序，采用背对背的反复征询方式，征询专家小组成员的意见，经过几轮的征询与反馈，使各种不同意见渐趋一致，经汇总和用数理统计方法进行收敛，得出一个比较统一的预测结果供决策者参考。

这种方法的特点是专家互不见面，因此，避免了屈服于权威或屈服于多数人意见的缺点，各预测成员可以独立完成。但这种方法的时效性较差，不易控制。

（3）类推法 这种方法是应用相似性原理，把预测目标同其他类似事物加以对比分析，推断其未来发展趋势的一种定性预测方法。它一般适用于开拓市场，预测潜在购买力和需求量以及预测增长期的商品销售等，而且适合于较长期的预测。

（4）转导法 转导法也称经济指标法。它是根据政府公布的或调查所得的经济预测指标，转导推算出预测结果的市场预测方法。这种方法是以某种经济指标为基础进行预测，不需要复杂的数学计算，因而是一种简便易行的方法。

2. 定量预测方法

定量预测方法也叫统计预测法。它是根据掌握的大量数据资料，运用统计方法和数学模型，近似地揭示预测对象的数量变化程度及其结构关系，并据此对预测目标作出量的测算。应该指出，在使用定量预测方法进行预测时，要与定性预测方法结合起来，才能取得良好的效果。

（1）时间序列法 时间序列法是从分析某些经济变量随时间演变规律着手，将历史资料按时间顺序加以排列，构成一组统计的时间序列，然后向外延伸，预测市场未来发展趋势。

这种方法是利用过去资料找出一定的发展规律，将未来的趋势与过去的变化相类似地进行预测。

（2）因果预测法 因果预测法就是演绎推论法。它利用经济现象之间的内在联系和相互关系来推算未来变化，根据历史资料的变化趋势配合直线或曲线，用来代表相关现象之间的一般数量关系的分析预测方法。它用数学模型来表达预测因素与其他因素之间的关系，是一种比较复杂的预测技术，理论性较强，预测结果比较可靠。由于需要从资料中找出某种因果关系，所以需要历史资料较多。

（3）市场细分预测法 市场细分预测法是指对产品使用对象，按其具有的同类性进行划分类别，确定出若干细分市场，然后对各个细分市场根据主要影响因素，建立需求预测模型的方法。

总之，预测未来发展，定性与定量的预测方法，并不是相互排斥的，而是相辅相成的，定性预测有利于把握事物发展的质，定量预测有利于把握事物发展的量。预测实践中应综合运用两种预测方法，而且定量预测必须接受定性分析的指导。

（三）汽车市场预测的主要内容

企业进行市场预测的内容很多，概括起来主要有以下几个方面。

1. 市场需求预测

这是根据有关资料对汽车产品未来的需求变化进行细致的分析研究，掌握需求的内在规律，对其发展趋势作出比较正确的估计和判断。市场需求预测是根据人口的变化、物质文化生活水平提高的程度、社会购买力的增减，以及爱好习惯、消费结构的变化等因素，分析市场对产品的需求，这种需求既包括对产品数量的需求，同时也包括对产品质量、造型、规格、价格等方面的要求。它主要有以下几种。

（1）产销趋势的中长期预测 这是把重点放在企业的长期经营方向上，侧重于根据科学技术的发展，深入研究影响产销的技术因素，并结合市场竞争、资源条件等的变化，制定企业的产品发展计划。

（2）产销趋势的短期预测 产销趋势的短期预测要求以本企业产品的原材料来源、成本、价格等为依据，与同行业同类产品比较，做出近期内市场需求对本企业产销影响的预报，以指导本企业做出相应的对策。

（3）单品种专项预测　主要是对本企业新产品投入市场后的销售状况和产品在价格、质量、造型、内饰等方面的反映进行研究和分析，提出改进和扩大新产品产销的建议。由于有关因素会直接或间接地影响需求变化，所以对引起需求变化的一些因素也应进行预测。例如，国民购买力、企业及事业单位购买力、社会发展、产品销路及经济发展等。

2. 市场占有率预测

市场占有率是指在一定的市场范围内，企业某种产品中的销售量或销售额与该市场上同类产品的总销量或销售额之间的比率。市场占有率预测是对某种产品的某品牌需求量或最好销量的预测，市场占有率预测着重考虑的是产品本身的特性和销售努力对销售量的影响。

3. 生产情况的预测

在了解市场需求和市场占有率的同时，必须深入了解自己和竞争对手的生产情况，了解市场上所有汽车产品的生产能力和布局，资源、能源等条件的情况，以及汽车产品的数量、质量和性能等，并且预测其发展变化趋势。

第四节　汽车市场与用户购买行为

从商品卖方的角度看，市场就是未满足需求的现实和潜在的购买者的集合，市场营销的核心就是如何最好地满足购买者的需求。市场营销学主要是根据谁在市场上购买，市场营销学对市场研究的核心是研究买主，遵循这一原则，市场营销学把市场分为两大基本类型：个人购买行为和组织购买行为。

一、汽车市场的特点和用户类型

1. 汽车市场的特点

（1）伸缩性　消费需求受消费者收入、生活方式、汽车价格和储蓄信贷影响较大，在购买选择上表现出较大的需求弹性或伸缩性。

（2）复杂性　消费者受到年龄、性别、性格、习惯、文化、职业、收入、教育程度和市场环境等多种因素的影响而具有不同的消费需求和消费行为，所购汽车的品种、规格、质量、颜色和价格千差万别。需求表现出多层次性或多样性。同时消费需求具有求新求异的特性，要求汽车的品种、款式不断翻新，有新奇感，不喜爱一成不变的老面孔。随着汽车市场产品供应的丰富和企业竞争的加剧，消费者对汽车的挑选性增强，消费风潮的变化速度加快，流行周期缩短，千变万化，往往令人难以把握。

（3）可诱导性　对大多数个人购买者而言，他们对汽车缺乏足够的专门知识，往往会受到周围环境、消费风气、人际关系、宣传等因素的影响，对某种特定的车型产生较为强烈的需求。因此，企业应注意引导、调节和培养某些被细分后的个人购买市场，强化广告和促销手段的应用，提高企业的市场占有率。

（4）替代性　个人购买者在面临多种选择时，往往会对能够满足自己需要的商品进行比较、鉴别，只有那些对个人购买者吸引力强、引起的需求强度高的汽车产品才会导致消费者的最终购买。也就是说，同时能够满足消费者需要的不同品牌之间具有竞争性，需求也表现出相互替代的特性。

（5）发展性　人类社会的生产力和科学技术总是在不断进步，新产品不断出现，消费者收入水平不断提高，消费需求也就呈现出由低级到高级的发展趋势。在不过分增加购买负担的前提下，消费者对汽车的安全、节能和环保等性能的要求总是越来越高。

（6）地区性和广泛性　一方面，由于私人汽车消费与个人经济实力关系密切，在特定时期内，经济发达地区的消费者或者收入相对较高的社会阶层，对汽车（或某种车型）的消费比较明显，需求表现出一定的地区性。另一方面，高收入者各地都有（尽管数量上的差异可能较大），而且随着经济发展会不断增多，所以需求又具有地理上的广泛性。

2．汽车的商品特点及汽车用户的类型

汽车商品，因其使用特点明显，不同于一般生产资料和消费资料等有形商品。主要体现在以下两个方面：汽车既是生产资料，又是一种消费商品；汽车是一种最终商品。

依据各种汽车用户在购买模式或购买行为上的共同性和差异性，汽车用户可以分为这样几种类型。

（1）私人消费者　指将汽车作为个人或家庭消费使用，解决私人交通的用户，他们构成汽车的私人消费市场。目前，这一市场是我国汽车市场增长最快的一个细分市场，其重要性已经越来越多的引起各汽车厂商的关注。

（2）集团消费者　指将汽车作为集团消费性物品使用，维持集团事业运转的集团用户，他们构成汽车的集团消费市场。这一市场是我国汽车市场比较重要的一个细分市场，其重要性不仅表现在具有一定的需求规模，还常常对全社会的汽车消费起着示范性作用。这类用户主要包括各类企业单位、事业单位、政府机构、司法机关、各种社团组织以及军队等。

（3）运输营运者　指将汽车作为生产资料使用，满足生产、经营需要的组织和个人，他们构成汽车的生产营运者市场。这类用户主要包括具有自备运输机构的各类企业单位、将汽车作为必要设施装备的各种建设单位、各种专业的汽车运输单位和个人等。目前，这一市场在我国汽车市场上也占有重要位置，特别是对某些车型而言，它是这些车型的主要市场。

（4）其他直接或间接用户　指以上用户以外的各种汽车用户及其代表，主要包括以进一步生产为目的的各种再生产型购买者，以进一步转卖为目的的各种汽车中间商，他们都是间接用户。由这类购买者构成的市场，对于汽车零部件企业或以中间性产品（如汽车的二、三、四类底盘）为主的企业而言，是非常重要的。

二、私人购车用户购买行为

（一）消费者购买行为模式

汽车私人消费市场由汽车的消费者个人构成的，一般说来，人的行为是基于心理活动而发生和发展的，为研究私人购车用户购买行为，心理学建立了一个刺激—反应模式来说明外界营销环境刺激与消费者反应之间的关系，即市场营销因素和市场环境因素的刺激进入购买者的意识，购买者根据自己的特性处理这些信息，经过一定的决策过程导致了购买行为。（见表3-1）

表 3-1　刺激—反应模式

外界刺激		购买者黑箱		购买者决策
营销因素	环境因素	购买者特征	购买者决策	产品选择
产品	经济	文化	认识需要	品牌选择
价格	技术	社会	收集信息	卖主选择
渠道	政治	个人	评估	时间选择
促销	文化	心理	购后评价	数量选择

表中消费者被看做一个"黑箱"。左边的外部刺激因素包括主要的宏观环境因素和市场营销因素。这些刺激进入购买者"黑箱"，然后产生购买行为反应，即决策，包括产品选择、品牌选择、卖主选择等。购买者黑箱也由两部分组成，其一为购买者特性，主要影响购买者

对外界刺激如何反应；另一部分是购买者决策过程，影响购买者的最终决定。

（二）私人购车用户购买行为的类型

研究汽车的个人购买行为时，一般需要从不同角度作相应的分类，但较为普遍的分类方法是以购买态度为基本标准。因为购买态度是影响个人购买行为的主要因素。按照这种标准划分，汽车的私人购买行为可分为理智型、冲动型、习惯型、选价型和情感型等几种。

1. 理智型

以理智为主做出购买决策的购买行为。具有这类行为特点的消费者，其购买思维方式比较冷静，在需求转化为现实的过程中，他们通常要做广泛的信息收集和比较，充分了解商品的相关知识，在不同的品牌之间进行充分地调查，慎重挑选，反复权衡比较。购买实施程序相对简单，不需要营销人员进行过多的营销工作。

目前我国的私人汽车消费者的购买行为多属于这种类型。因为他们多数是初次购买私人轿车的用户，购买汽车要花费他们较多的资金，且汽车产品复杂，专业性较强，普通消费者的汽车知识较少，因此，购买时需要经历一个认识学习的过程。对于这类顾客，营销者应制定策略帮助顾客完善购买过程，发动顾客的亲朋好友对顾客施加影响，简化购买过程。

2. 冲动型

容易受别人诱导和影响而迅速做出购买决策的购买行为。冲动型的购买者，通常是情感较为外向，随意性较强的顾客。他们一般具有较强的资金实力。对于冲动型购买者来说，易受广告宣传、营销方式、产品特色、购买氛围、介绍服务等因素的影响和刺激，进而诱发出冲动性购买行为。这种需求的实现过程较短，顾客较少进行反复比较挑选。但是这类顾客常常在购买后会认为自己所买的产品具有某些缺陷或因其他同类产品具有更多的优点而产生失落感，怀疑自己购买决策的正确性。对于这类购买行为，营销者要提供较好的售后服务，通过各种途径经常向顾客提供有利于本企业和产品的信息，使顾客相信自己的购买决定是正确的。

3. 习惯型

购买者个人对品牌偏好的定向购买行为。这类购买行为较少受广告宣传和时尚的影响，其需求的形成，多是由于长期使用某种特定品牌并对其产生了信赖感，从而按习惯重复购买。没有经过信念—态度—行为的过程，只是习惯于购买自己熟悉的品牌，在购买后可能评价也可能不评价产品，所以，这种购买行为实际上是一种"认牌型"购买行为。

4. 选价型

这是指对商品价格变化较为敏感的购买行为。具有这类购买态度的个人，往往以价格作为决定购买决策的首要标准。选价型购买行为又有两种截然相反的表现形式，一种是选高价行为，即个人购买者更乐意选择购买高价优质商品，如那些豪华轿车购买者多是这种购买行为。另一种是选低价行为，即个人购买者更注重选择低价商品，多数工薪阶层的汽车用户以及二手车的消费者主要是这种购买行为。

5. 情感型

这里指容易受感情支配做出购买决策的行为。持有这类购买态度的顾客，其情感体验较为深刻，想像力特别丰富，审美感觉灵敏。在情感型购买的实现过程中，较为易于受促销宣传和情感的诱导，对商品的选型、色彩及知名度都极为敏感，他们多以商品是否符合个人的情感需要作为研究购买决策的标准。国外家庭以女性成员为使用者的汽车用户多属于这种购买行为。

总体上讲，我国现阶段的汽车个人消费者，其购买行为类型以理智型占主导，其余类型只是在西方经济发达国家才经常见到，汽车营销者在开发国内外两个市场时，应采取不同的营销模式。

（三）影响私人购车用户购买行为的因素分析

消费者生活在纷繁复杂的社会中，购买行为受到诸多因素的影响。消费者的购买决策深受其不同的社会、文化、个人和心理因素组合的影响。如图 3-4 所示。

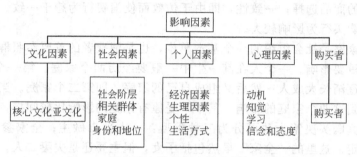

图 3-4　影响私人购车用户的购买行为因素

1. 文化因素

文化指人类从生活实践中建立起来的价值观念、道德、理想和其他有意义的象征的综合体。在每一种文化中，往往还存在着许多在一定范围内具有文化同一性的群体，他们被称为亚文化群，亚文化群主要有：民族亚文化群；宗教亚文化群；种族亚文化群；地理亚文化群。

文化因素之所以影响购买者行为，其原因有：文化的存在可以指导购买者的学习和社会行为，从而为购买行为提供目标、方向和选择标准；文化的渗透性可以在新的领域中创造出新的需求；文化自身所具有的广泛性和普及性使消费者个人的购买行为具有攀比性和模仿性。所以，营销者在选择目标市场和制定营销方案时，必须了解各种不同的文化对于企业产品的影响，了解购买者对企业产品的实际兴趣阶段。

2. 社会因素

社会因素大体上有四类，它们分别是社会阶层、相关群体、家庭和角色地位。

（1）社会阶层　社会阶层是社会学家根据职业、收入来源、教育水平、价值观和居住区域对人们进行的一种社会分类，是按层次排列的、具有同质性和持久性的社会群体。社会阶层具有以下特点：同一阶层的成员具有类似的价值观、兴趣和行为，在消费行为上相互影响并趋于一致；人们以自己所处的社会阶层来判断各自在社会中占有的高低地位。一个人的社会阶层归属不仅仅由某一变量决定，而是受到职业、收入、教育、价值观和居住区域等多种因素的制约。人们能够在一生中改变自己的社会阶层归属，既可以迈向高阶层，也可以跌至低阶层。不同阶层产生不同的消费活动方式和购买方式，因此企业的营销工作应当根据目标市场集中力量完成特定的阶层服务。

（2）相关群体　相关群体指能够影响消费者购买行为的个人或集体。换言之，只要某一群人在消费行为上存在相互影响，就构成一个相关群体，不论他们是否相识或有无组织。某种相关群体的有影响力的人物称为"意见领袖"或"意见领导者"，他们的行为会引起群体内追随者、崇拜者的仿效。

按照对消费者的影响强度分类，相关群体可分为基本群体、次要群体和其他群体。基本群体也称为主要群体，指那些关系密切经常发生相互作用的非正式群体，如家庭成员、亲朋好友、邻居和同事等。这类群体对消费者影响最强；次要群体指较为正式但日常接触较少的群体，如宗教、专业协会和同业组织等。这类群体对消费者的影响强度次于主要群体；其他群体也称为渴望群体，指有共同志趣的群体，即由各界名人如文艺明星、体育明星、影视明星和政府要员及其追随者构成的群体。这类群体影响面广,但对每个人的影响强度逊于主要群体和次要群体。

相关群体对消费行为的影响。表现为如下三个方面:示范性,即相关群体的消费行为和生活方式为消费者提供了可供选择的模式;仿效性,即相关群体的消费行为引起人们仿效的欲望,影响人们的商品选择;一致性,即由于仿效而使消费行为趋于一致。据研究,相关群体对汽车产品的购买行为影响较大。

(3) **家庭** 家庭是社会组织的一个基本单位,也是消费者的首要参照群体之一,对消费者购买行为有着重要影响。一个人在其一生中一般要经历两个家庭。第一个是父母的家庭,在父母的养育下逐渐长大成人;然后又组成自己的家庭,即第二个家庭。当消费者做购买决策时,必然要受到这两个家庭的影响,其中,受原有家庭的影响比较间接,受现有家庭的影响比较直接。家庭购买决策大致可分为三种类型:一人独自做主;全家参与意见,一人做主;全家共同决定。这里的"全家"虽然包括子女,但主要还是夫妻二人。夫妻二人购买决策权的大小取决于多种因素,如各地的生活习惯、妇女就业状况、双方工资及教育水平、家庭内部的劳动分工等。孩子在家庭购买决策中的影响力也不容忽视,尤其是中国的独生子女在家庭中受重视的程度越来越高,随着孩子的成长、知识的增加和经济上的独立,他们在家庭购买决策中的权力逐渐加大。

(4) **身份和地位** 每个人的一生会参加许多群体,如家庭、公司、俱乐部及各类组织。一个人在群体中的位置可用身份和地位来确定。身份是周围的人对一个人的要求或一个人在各种不同场合应起的作用。每种身份都伴随着一种地位,反映了社会对他的总评价,因而,个人购买者在购买商品时,其需求及其购买行为要考虑与其身份和地位相一致。

3. **个人因素**

个人因素指消费者的经济条件、生理、个性、生活方式等对购买行为的影响。

(1) **经济因素** 经济因素指消费者可支配收入、储蓄、资产和借贷的能力。经济因素是决定购买行为的首要因素,决定着能否发生购买行为以及发生何种规模的购买行为,决定着购买商品的种类和档次。

(2) **生理因素** 生理因素指年龄、性别、体征(高矮胖瘦)、健康状况和嗜好等生理特征的差别。生理因素决定着对产品款式、构造和细微功能有不同需求。

(3) **个性** 个性指一个人的心理特征。个性导致对自身所处环境相对一致和连续不断的反应。个性特征有若干类型,如外向与内向、细腻与粗犷、谨慎与急躁、乐观与悲观、领导与追随、独立性与依赖性等。一个人的个性影响着消费需求和对市场营销因素的反应。

(4) **生活方式** 生活方式指一个人在生活中表现出来的活动、兴趣和看法的模式。不同的生活方式群体对产品和品牌有不同的需求。营销人员应设法从多种角度区分不同生活方式的群体,如节俭者、奢华者、守旧者、革新者、高成就者、自我主义者、有社会意识者等等,在设计产品和广告宣传时应明确针对某一生活方式群体。

4. **心理因素**

消费者的购买行为受到动机、知觉、学习以及信念和态度等主要心理因素的影响。

(1) **动机** 动机是一种升华到足够强度的需要,它能够及时引导人们去探求满足需要的目标。美国心理学家马斯洛(A. H. Maslow)提出了需要层次论,将人类的需要分为由低到高的5个层次,即生理需要、安全需要、社交需要、尊重需要和自我实现需要,其中生理需要和安全需要属于生理的、物质的需要,社交需要尊重需要和自我实现需要属于心理的、精神的需要,如图 3-5 所示,马斯洛认为,一个人同时存在多种需要,但在某一特定时期每种需要的重要性并不相同。人们首先追求满足最重要的需要,即需要结构中的主导需要,它作为一种动力推动人们的行为。当主导需要被满足后就会失去对人的激励作用,人们就会转而注意另一个相对重要的需要。一般而言,人类的需要由低层次向高层次发展,低层次需要满足以后才追求高层次的满足。例

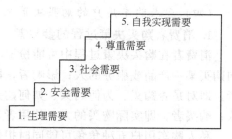

图 3-5　需要层次

如,一个食不果腹、衣不蔽体的人可能会铤而走险而不考虑安全需要,可能会向人乞讨而不考虑社会需要和尊重需要。

马斯洛的需要层次论应用于市场营销中要求营销人员要分析消费者多层次的消费需要并提供相应的产品来予以满足。例如,对于满足低层次需要的购买者要提供经济实惠的商品,对于满足高层次需要的购买者应提供能显示其身份地位的高档消费品,还要注意需要层次随着经济发展而由低级向高级的发展变化。

(2) 知觉　知觉是指人们通过自己的身体感觉器官而对外界刺激物所作的反应,一个被激励的人随时准备行动。但他如何行动则受其对情况的知觉程度的影响。处于相同的激励状态和目标情况下的两个人其行为可能大不一样。这是由于他们对情况的知觉各异,消费者的知觉过程是一个有选择的心理过程,它有三种方式,即知觉注意、选择性曲解和选择性记忆。因此企业营销人员必须精心设计他们的促销活动,才能突破消费者知觉的壁垒。

(3) 学习　学习是指个人购买行为方式并不是先天具有的,而是受后天的经验影响而形成。人们要行动就得学习。人类行为大多来源于学习。一个人的学习是通过驱使力、刺激物、诱因、反应和强化的相互影响而产生的。由于市场营销环境不断变化,新产品、新品牌不断涌现,消费者必须经过多方收集有关信息之后才能做出购买决策,这本身就是一个学习过程。企业为了扩大某种商品的需求,可以反复提供强化诱发购买该商品的提示物,尽量使消费者购买后感到满意从而强化积极的反应。

(4) 信念和态度　通过行为和学习,人们获得了自己的信念和态度,而信念和态度又反过来影响人们的购买行为。所谓信念是指一个对某些事务所持有的描述性思想。生产者应关注人们头脑中对其产品或服务所持有的信念,即本企业产品和品牌的形象。人们根据自己的信念做出行动,如果一些信念是错误的,并妨碍了购买行为,生产者就要运用促销活动去纠正这些错误信念。所谓态度是指一个人对某些事物或观念长期持有的好与坏认识上的评价、情感上的感受和行动倾向。态度能使人们对相似的事物产生相当一致的行为。通常一个人的态度呈现为稳定一致的模式,改变一种态度就需要在其他态度方面作重大调整。企业最好使自己的产品、服务和营销策略符合消费者的既有态度,而不是试图去改变。如果改变一种态度带来的益处大于为此所耗费的成本则值得尝试。

阅读材料

日本本田汽车公司的摩托车在进军美国市场时,一开始就面临公众对摩托车持否定态度的不利信念。由于受影视剧的影响,美国人常把摩托车同流氓犯罪活动联系在一起,本田公司为了扩大市场,便设法改变美国公众的态度。该公司以"你可以在本田车上发现最温雅的人"为主题,大力开展促销活动。广告画面上的骑车人都是神父、教授、美女等,才逐渐改变公众对摩托车的态度。

（四）私人购车用户的购买决策

1. 消费者购买决策过程的参与者

消费者在购买决策过程中可能扮演不同的角色，主要包括：发起者，即首先提出或有意向购买某一产品或服务的人；影响者，即其看法或建议对最终决策具有一定影响的人；决策者，即对是否购买、为何购买、如何购买、何处购买等购买决策做出完全或部分最后决定的人；购买者，即实际购买的人；使用者，即实际消费或使用产品或服务的人。

私人购车用户五种角色可能同时担任；以家庭为单位购买时，五种角色往往由家庭不同成员分别担任。在上述五种购买角色中，营销人员最关心的是决策者是谁，辨别购买决策者，有助于将营销活动有效地指向目标顾客，制定正确的促销战略；另外，辨别谁是实际购买者也很重要，因为他往往有权部分更改购买决策，如买什么品牌、何时与何地购买等。

2. 私人购车用户的购买过程

消费者个人的购买过程，是相互关联的购买行为的动态系列，一般包括五个具体步骤，即确认需要—收集信息—评估选择—决定购买—购后行为。

上述购买过程是一种典型而完整的过程，但并不意味着所有的购买者都必须对每个阶段一一经过。例如，有的购买者对汽车工业情况很了解，其购车过程经过的阶段就少；有的对汽车情况一无所知，其经过的阶段自然就更多。上面的购买决策过程表明，购买过程实际上在实施实际购买行为之前就已经开始，并且要延伸到购买之后的很长一段时间才会结束。基于此，企业营销人员必须研究个人购买者的整个购买过程，而不能只是单纯注意购买环节本身。

值得说明的是，用户购后感受阶段对企业的市场营销有着重要意义。因为用户在购买汽车后，总是要在使用中证实一下自己的购买决策是正确的，并希望达到预期目的，从而形成购后感受。这种感受可分为满意、基本满意或不满意三种。用户如感到满意或基本满意，将会对企业的销售有利，这些用户会向他的相关群体作满意或基本满意的信息传播。同样，如用户感到不满意，则会向其相关群体作不利于企业的信息传播。所以企业在宣传、广告等售前服务中，一定要实事求是地介绍自己的产品，不可搞虚假宣传，那样不仅会引起用户的失望，还可能会被指控为不正当竞争，而受到相关法律的制裁。此外，企业从用户的购后感受中还可以了解到许多改进产品、改进服务的信息。营销人员通过了解用户的购后感受，保持同用户的联系，为他们发泄不满提供适当的渠道，以便迅速采取补救措施，这样既是搞好公共关系，树立良好企业形象的重要途径，又是巩固市场的重要手段。"一锤子买卖"不注重倾听用户意见的行为是不符合现代营销规律和没有远见的。

三、组织市场购买行为分析

（一）组织市场的分类和特点

组织市场是以某种组织为购买单位的购买者所构成的市场。就买主而言，组织市场是法人市场。

1. 组织市场的类型

组织市场包括生产者市场、中间商市场、非盈利组织市场和政府市场。

（1）生产者市场包括采购汽车零部件的企业或对汽车中间性产品进行进一步加工、生产制造出整车的汽车生产企业构成的市场，如各种主机生产企业、重要总成装配厂家、各种特种车、专用车生产厂家等。

生产者市场还包括那些将汽车作为装备投资，把汽车用作生产资料的各类组织，如各种基本建设单位、农、林业生产单位等。

生产者市场还包括那些运输营运型购买者，这类购买者是指专业从事汽车运输服务的各类组织或个人，包括各种公路运输公司、旅游运输公司、城市公共汽车运输公司、城市出租汽车运输公司、具有自备运输的大型企业或某些行业系统的专业运输部门、各种私人运输经营户等。

（2）中间商市场也称为转卖者市场是指购买产品用于转售或租赁以获取利润的单位和个人，包括批发商和零售商构成的市场，是各种从事汽车流通的中间商组织，他们是汽车厂家分销渠道上的成员。

（3）非营利组织是指所有不以营利为目的、不从事营利性活动的组织，这类购买者包括企业组织和事业单位两大类型。企业组织购买汽车是从事生产服务，满足企业组织的商务经营活动；事业单位是为某些或全部公众提供特定服务的非盈利性组织，事业集团消费型购车是事业单位开展事业活动的需要。事业单位主要包括学校、医院、红十字会、卫生保健组织、新闻出版机构、图书馆、博物馆、文艺体育团体、基金会、福利和慈善机构等。其他各种职业的或业余的团体、宗教组织、专业协会和行业协会等也可以纳入"事业单位"范畴。

（4）政府市场是指为了履行国家职能的非盈利性组织构成的市场，是指服务于国家和社会，以实现社会整体利益为目标的有关组织。具体包括各级政府及其下属部门保卫国家安全的军队、保障社会公共安全的各类警察组织、管制和改造罪犯的监狱、负责立法的各级人大（含政协）机关，在我国还包括各级设有独立机构的党委组织等。

2. 组织市场的特点

与个人购买市场相比较，由于目的、方式、性质、规模等方面的不同，组织市场具有自己的特点。

（1）购买者数目相对较少　相对个人购买者而言，集团组织市场的购买者要少得多。虽然集团组织购买者在地理上也较为分散，但购买者的类型却比较集中，这样的特点使得企业可以采取人员推销的销售方式，但也不意味销售工作就变得轻松容易。相反，它需要更高的营销技巧和技术素质。科特勒在谈到这一点时曾举例说，美国的固特异轮胎公司的命运，在很大程度上要看其是否能够从全美三大汽车制造商那里拿到订单。这就是说，这时它所面对的只是极少数用户。相反，当它把轮胎直接卖给个人购买者时，那它所面对的就是一个拥有1亿以上用户的巨大市场。

（2）购买数量一般较大　除了企事业集团消费型购买和私人专业运输户购买外，其他集团组织购买者一般都具有购买数量大的特点。对某些汽车配件厂商来说，往往是几家大买主就分担了厂家的绝大部分的销售量，有时一张订单的金额就可能高达数千万元甚至数亿元。

（3）供求双方关系融洽、联系密切　集团组织购买者希望有稳定的货源渠道，而供应商更需要稳定的销路，因此，供求双方常常需要保持较为密切的联系。有时购买者希望供应商能够按自己的要求提供产品，在技术规格、产品功能、结构性能、交货日期或服务项目等方面提出特殊要求，供应商应经常与购买者沟通，详细了解他们的需要并尽力满足。

（4）专业人员采购　组织市场的采购人员大都经过专业训练，具有丰富的专业知识，清楚地了解产品的性能、质量、规格和有关技术要求。供应商应当向他们提供详细的技术资料和特殊的服务，从技术的角度说明本企业产品和服务的优点。

（5）有些组织购买者的地理位置较为集中　例如，再生产型购买者和设备投资型购买者在地理位置上就比较集中，这是社会生产布局或长期形成的生产格局决定的，这种地理布局通常难以在短期内发生根本性改变。

（6）影响购买决策的人员众多　同个人购买者的购买决策相比较，影响集团组织购买决策的人员更为众多，通常由若干技术专家和最高管理者阶层共同领导采购工作。鉴于此，汽车厂家应当派出训练有素的、有专业知识和人际交往能力的推销代表,与买方的采购人员或决策者打交道。特别是现在集团购买往往通过政府采购形式完成采购任务。

(7) 直接采购　组织市场的购买者往往向供应方直接采购,而不经过中间商环节,价格昂贵或技术复杂的项目更是如此

(8) 互惠购买　组织市场的购买者往往这样选择供应商:"你买我的产品,我就买你的产品",即买卖双方经常互换角色,互为买方和卖方,互惠购买有时表现为三角形或多角形。

(9) 租赁　组织市场往往通过租赁方式取得所需产品。对于某些特种汽车、专用汽车等产品的单价很高,用户又不是经常使用,许多企业无力购买或需要融资购买,采用租赁的方式可以节约成本。

(10) 需求具有派生性　派生需求又称为引申需求或衍生需求,集团组织购买者为了给自己的服务对象提供合适的产品或服务、可能导致其需要购买合适的汽车产品作为业务用品。这个特点要求汽车厂家的营销人员,不能只关注自己产品的销售,还必须重视派生需求,派生需求往往是多层次的,形成一环扣一环的链条,消费者需求是这个链条的起点,是原生需求,是组织市场需求的动力和源泉。

(11) 短期的需求弹性较小　相对私人汽车消费者而言,集团组织购买者的需求总量弹性小得多,特别是短期内需求受价格变动的影响不大。例如,汽车再生产者由于其制造工艺不可能在短时期内进行重大变革,不会因为汽车零部件或中间性产品的价格上涨而减少购买,也不会因为价格下跌而增加购买。有的组织购买者面临的选择机会不多。例如,地方政府或行业公会规定本地的组织用户只能选购本地产汽车,排挤外地产品;或者由于产品的特殊性,供应商数目有限等,这些原因都使得需求弹性减小。

3. 组织购买行为类型

(1) 直接重购　直接重购是指采购部门根据过去的一贯性需要,按原有订货目录和供应关系所进行的重复购买。在这种类型的购买行为中,集团组织的采购人员做出购买决策的依据是过去的经验,是对供应商以往的满意程度。由于这种购买行为所涉及的供应商、购买对象、购买方式等均为往常惯例,因而无需做出太多的新的采购决策,它属于一种简单的购买活动。

直接重购的优点是便于供应商保持产品和服务的质量,并在这一过程中努力简化购销手续、节省购买者时间、稳定供应关系。但对于新的供应商来说,这无疑加大了其进入组织市场的难度,因而其营销活动应注意先从零星的小额交易打开缺口,再逐渐扩大市场占有率。

(2) 修正重购　修正重购是指用户为取得更好的采购工作效果而进行修正采购方案、改变产品规格、型号、价格等条件或改变新的供应商的情形。这种购买类型下的采购行为比直接重购复杂,它要涉及更多的购买决策人员和决策项目。修正重购有助于刺激原供应商改进产品和服务质量,还给新供应商提供了竞争机会,从而有助于用户降低采购成本。

(3) 新购　新购是指购买者对其所需的产品和服务进行的第一次购买行为。这是所有购买情形中最为复杂的一种,因为它通常要涉及多方面的采购决策。

新购时采购金额和风险越大,采购决策的参与者就会越多,制定采购决策所需的信息就越多,决策所花费的时间也就越长。但对于所有的市场营销者来说,都是一个很好的机遇,可以充分利用组织购买者新购的机会,努力开辟组织市场。供应商可以派出自己的专业推销人员,接近对购买决策具有影响作用的重要人物,向他们提供各种相关的信息帮助,促使用户减少顾虑和疑问。对于大型的新购业务机会,许多供应商都要派出自己的推销使团,大公司还往往设立专门机构来负责对新购用户的营销。

对于企业的市场营销,辨识新购过程的不同阶段是非常重要的,它可以帮助营销者实现

与购买者的沟通。一般情况下,任何新购都要经历认识、兴趣、评估、采购、使用等几个阶段。在不同阶段上,信息源对于购买者的决策影响各不相同。在认识阶段,大众媒体的效果较好;在兴趣阶段,推销人员的影响较大;在评估阶段,反映技术状况的信息更为重要;在采购和使用阶段,服务的作用比例较大。

(二)影响组织购车用户购买行为的因素分析

组织购买行为是一种理性行为,主要影响因素可以区分为以下几种类型,见图3-6。

1. 环境因素

组织购车用户购买行为不可避免地要受到各种环境因素的影响,如经济运行状况、政治环境、社会舆论监督、科技进步作用等。例如,当时和预期的经济环境好,就可以促进组织市场增加需求,反之则会减少需求。政策环境和舆论监督宽松,也有利于组织市场增加需求,这类因素对政府需求和部分事业单位需求的影响尤其明显。科技进步有利于提高产品更新换代的步伐,从而增加市场的需求。

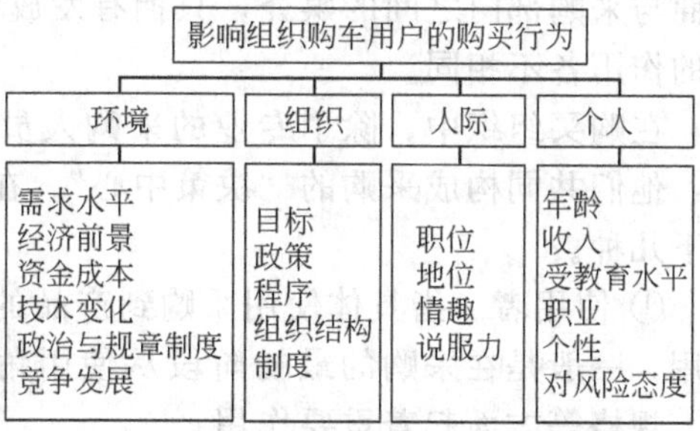

2. 组织因素

组织因素是指购买者内部采购部门自身的

图 3-6 影响组织购车用户购买行为

目标、政策、程序、组织结构、制度等方面的设置状况。在现代市场经济中,组织因素的变化大体呈现出以下趋势。

(1)采购部门地位上升:随着市场经济发展,无论何种机构都会对运行成本的控制越来越重视,这就促使采购部门在组织中的地位得以提升,具体表现在采购部门级别提高,采购部门专业人员比例增加等。

(2)采购权力集中:目前的趋势是向着集中采购的方向发展,即设立独立的采购部。政府设立政府采购中心,专门负责政府领导的企事业单位所需的各种物资、物品或货物的采购,实现专业化采购。

(3)合同长期化:组织购买者越来越注重同那些信誉较好的供应商保持长期的合作关系,同他们签订长期的购销合同。

(4)加强采购绩效评估:相当多的组织正在试图通过制定奖励制度来激励那些成效卓著的采购人员,以促使他们关心组织的总体利益,努力为组织争取较好的供货条件。

3. 人际因素

组织购车用户购买行为的人际因素,是指组织内部各机构不同的人员之间的关系,其主体是不同职位、不同地位、不同情趣、不同说服力的各类参与者之间的关系。对于营销者而言,应当充分了解客户组织的人际关系状况,确定每个人在购买决策中扮演的角色及其影响力的大小,利用这些因素促成交易。

4. 个人因素

个人因素主要是指组织购买者中每一个参与购买活动的人员,各自在购买动机、个人经历、喜爱偏好等方面的因素。这些个人因素往往受到个人年龄、收入、受教育水平、职业、个性以及对风险态度等要素的影响。营销者了解个人因素,有利于其对不同参与者采取不同的促销和公关措施。

(三)组织购车用户的购买决策

1. 组织购车用户购买决策的内容和参与者

(1)组织购车用户购买决策内容 组织在采购过程中需要决策的内容,首先与采购的业务类型有着密切的关系。通常情况下，采购者需要做出的决策内容，在直接重购业务中最少，在新购业务中最多。新购业务需要决策的内容主要包括：产品选择、价格决策、交货条件与交货时间的制定、服务水平的确定、支付方式选择、订购数量确立、供应商的评估与选择等。

（2）购买决策过程的参与者　组织采购部门的设置，与组织自身的规模紧密相关，大型组织有职能较为完整的专门采购部门，小型组织的采购任务往往只有少数几个人员。在采购决策权限的授予上，不同类型的采购部门也不尽相同。有些采购部门把选择供应商和选择产品的权限全部授予采购人员，有些则只允许采购人员选择供应商，还有的采购人员仅仅是供应商与采购部门之间的媒介，只拥有发放订单的权力。总体上讲，不同的决策参与者，对决策的作用各不相同。

在购买组织中，除了专业的采购人员之外，还要有其他相关的人员参与购买的决策过程，他们共同构成采购的"决策中心"。在采购中心内，对购买决策发挥作用的成员主要有以下几种。

① 使用者。指具体使用采购到产品的人员或产品的服务人员。使用者在购买决策中的作用，一般是在采购的最初阶段从使用角度提出建议，他们的意见对选择产品的功能、品种、规格等方面起着重要作用。

② 影响者。指内部或外部的所有对购买决策具有直接和间接影响作用的人员。他们通常可以协助解决部分决策问题，可能提出不同方案的评估信息，最为重要的影响者多是集团组织内部的技术人员。

③ 决策者。指集团组织内部有权决定采购数量和供应商的所有人员。在标准品的例行采购中，决策者往往就是采购者本人。而在复杂的采购业务中，决策者可能只是组织的领导者。

④ 审批者。指那些有权批准决策者或采购者购买方案的所有人员。一般是重大购买行动的领导小组或最高机构。

⑤ 采购者。指选择供应商、协商采购条款内容的直接实施购买行为的所有人员。采购者的作用是协助决定产品规格，其主要职能是选择供应商并与之进行具体条款的谈判。在重大复杂采购行动中，高级职员往往也要充当采购者。

⑥ 控制者。指那些有权控制集团组织内外相关采购行动信息的流动人员。他们均有权阻止供应商的推销人员同购买组织内部的具体使用者、决策者发生直接的联系。

通常采购决策中心的规模与采购产品本身的性质有关。因此，市场营销人员必须经常关注下列问题：谁是最主要的决策参与者，他们所能影响的决策有哪些，其各自对采购决策的影响程度如何，各决策参与者的评估标准是什么。只有在弄清采购者上述决策状况，营销者才有可能采取针对性的促销和公关措施。所以，小规模的营销者多是集中力量去影响购买中心的关键人物，而大型的营销者则可以同采购中心的各类参与者进行多层次的接触。此外，营销人员还必须经常了解购买决策参与者的变化，不断调控销售策略。

（3）系统采购与系统销售　组织购买者不同于个人购买者的另两个特点是，其购买决策往往还要受到系统采购与系统销售行为的影响。

① 系统采购。系统采购是指采购者通过对各个相互关联的商品所进行的一揽子式购买行为，这种采购方式多见于政府购买和基本建设单位的购买活动中。比如，政府及基本建设单位，在建设大型公共设施、修建农田水利设施、城市的建设改造等方面所进行的采购活动多属此类。另外，在一些教育和卫生部门，也常常对其设施装备采取系统采购策略。

② 系统销售。系统销售是指供应商通过提供一组连带性商品，来满足用户的系统性需要的销售行为。这种销售方式是现代市场营销的一种策略。

2. 组织购车用户的购买决策

（1）组织购车用户的购买阶段　组织购买活动属于理性购买，采购活动有多个阶段，其使命各不相同。通常市场营销学将这种采购决策过程划分为八个阶段。

① 提出需要：采购过程开始。
② 确定需要：确定所需产品特性及需要量。
③ 说明需要：对需要产品作详细说明，作为采购时依据。
④ 物色供应商。
⑤ 征求报价并向备选供应商发函。
⑥ 评价、比较选择供应商。
⑦ 双方签订合约。
⑧ 审核、评价履约状况，确定对各位供应商的维持、修正或终止供货关系。

对于新购业务类型来说，一般包括这八个采购阶段，属于完整的采购过程。而对于修正重购和直接重购两种业务类型而言，所包括的决策过程的阶段要少一些，尤其以直接重购包括的决策阶段最少，这两种决策过程都属于不完整的采购决策过程。

汽车产品的组织购买行为与个人购买行为很不相同，市场营销人员必须了解客户的需求、采购决策的特点等，然后在此基础上按客户的具体类型设计出合适的营销计划。

（2）组织的购买方式　组织在采购过程中，常常要选择合适的购买方式。常见的购买方式有以下几种。

① 公开招标选购。组织的采购部门通过一定的传播媒体发布广告或发出信函，说明拟采购的商品、规格、数量和有关要求，邀请供应商投标，招标单位在规定的日期开标，选择报价较低和其他方面合乎要求的供应商作为中标单位。这种招标方式常被用于政府采购、再生产者配套采购、重大工程项目建设单位装备采购等场合。采用招标方式，集团组织会处于主动地位，供应商之间会产生激烈的竞争。供应商在投标时应注意以下问题。

a. 自己产品的品种、规格是否符合招标单位的要求。非标准化产品的规格不统一，往往成为投标的障碍。

b. 能否满足招标单位的特殊要求。许多集团组织在招标中经常提出一些特殊要求。例如，提供较长时间的维修服务，承担维修费用等。

c. 中标欲望的强弱。如果企业的市场机会很少，迫切要求赢得这笔生意，就要采取降价策略投标，如果企业还有更好的市场机会，只是来尝试一下，则可以适当提高投标价格。但无论如何，报价均要求在合理的范围内，恶意的低价竞争不一定能够中标，因为招标单位对价格一般进行过调查，有一个标底价。过分远离这个价格，招标单位都可能淘汰投标单位。

招标单位对投标单位要进行资质审查。例如，汽车再生产者对零部件或中间性产品的配套采购，就要对各个拟投标的供应商进行资格审查，看其产品质量是否能够通过本企业质量部门或产品检验部门的质量认定，考察其是否具备必要的融资能力等。所以供应商在投标前应了解招标单位的决策过程，事先做好必要的准备工作。

② 议价合约选购。即集团组织的采购部门同时和若干供应商就某一采购项目的价格和有关交易条件展开谈判，最后与符合要求的供应商签订合同，达成交易。汽车产品的大宗订单、特殊需求订单一般均采取此种购买方式。

第五节　汽车市场细分与市场定位

一、市场细分

（一）市场细分的含义

营销者通过市场调研发现了这样一个事实：无论哪一家企业都不能独自满足市场上的所有需求，而只能满足其中的一部分。由于市场需求的广泛性和复杂性，市场上的各类需求的差异性很大，市场细分就是根据需求的差异性，用一定的标准划分出不同的消费群体，并依此把一个整体市场分割为若干个子市场的过程。

市场细分是一种存大同求小异的分类方法。它不是对产品进行分类，而是对同种产品需求各异的消费者进行分类，是识别具有不同需求的购买者或用户群的活动。

（二）市场细分的作用

市场细分的作用，集中表现在以下几个方面。

1. 市场细分有利于企业分析、发现新的市场机会，形成新的富有吸引力的目标市场

运用市场细分可以发现市场上尚未满足的需求，这种需求往往是潜在的，不易被发现的，而运用市场细分的手段，就便于发现这类需求，从而使企业抓住市场机会。例如日本铃木公司在打开美国市场时，通过细分市场，发现美国市场上缺少适合18～30岁年轻人的省油、实用的敞篷汽车，因此推出了小型轿车"铃木武士"。

需要指出的是：市场细分对中小企业有特殊的意义。中小型企业资源薄弱，实力有限，在整体市场或较大的市场上往往难以与大企业竞争，但通过市场细分，可以找到大企业顾及不到或无力顾及的"空白市场"，然后"见缝插针"、"拾遗补缺"，集中力量去加以经营，就会变整体劣势为局部优势，这样就可在激烈的市场竞争中占有一席之地。

2. 有利于掌握目标市场的特点

企业营销策略的选择，营销方法和手段的运用，都要依据目标市场的特点来决定。而目标市场的特殊性只有通过市场细分，才能充分暴露和揭示。

3. 有利于提高企业的竞争能力

无论企业大小都有优势和劣势，成功经营的关键，是充分发挥优势，有效避开劣势。市场细分为企业提供了这一可能，在市场细分的基础上，企业可根据自己的条件，选择最合适的目标市场，就能做到扬长避短，在竞争中赢得优势。

（三）市场细分的层次与程序

1. 市场细分的层次

（1）细分营销　由于购买者的欲望、购买实力、地理位置、购买态度和购买习惯各不相同，营销不可能为每个个别的顾客定制营销策略，因此，营销中把构成市场的大细分范畴独立出来，在一个大细分范畴中的消费者同样有各种各样的不同需求，但相对来说，他们的共同点多一些，这样就能创造出针对目标受众的更适合他们的产品、服务和价格，选择合适的分销渠道和传播渠道。例如一个汽车公司可以将市场细分出四个范畴：寻求基本运输的汽车购买者；寻求高性能的汽车购买者；寻求豪华的汽车购买者；寻求安全驾驶的汽车购买者。

（2）补缺营销　市场细分一般能辨认出较大的群体，而补缺是更窄地确定某些群体。一般来说，这是一个小市场并且它的需要没有被服务好，补缺市场小并只吸引一个或少数竞争

者，补缺营销要求高度了解补缺者的需要，以至于他们的客户愿出溢价来获得商品或服务。

一个有吸引力的补缺市场的特征如下：补缺市场顾客有明确和复杂的一组需要；他们愿为提供最满意需要的公司付出溢价；补缺营销者需要实行经营专门化后才能成功；补缺者只能自己依靠自己。

（3）本地化营销　日益增多的目标营销者采用地区和本地化的营销方法，把营销方案裁剪成适合本地顾客群的欲望和所需要的计划（贸易地区、邻近区域、甚至个性化商店）。

当然这种营销方案由于减少了规模经济而相应增加了制造成本和营销成本，而且，市场的后勤和服务体系也随之相应扩大。

（4）个别化营销　市场细分的最后一个层次就是"细分到个人"、"定制营销"或"一对一营销"。例如高档汽车制造商为一部分大客户定制特制汽车；再比如茅台集团为特殊的集团顾客或个人专门定制、收藏一定数量的茅台酒，就是典型的个别化营销。

2. 市场细分的程序

美国市场学家麦卡锡提出细分市场的一整套程序，这一程序包括的七个步骤如下。

（1）依据需求选定产品市场范围　每一个企业，都有自己的任务和追求的目标，作为制定发展战略的依据。它一旦决定进入哪一个领域，接着便要考虑选定可能的产品市场范围。产品市场范围应按照市场的需求而不是产品特性来确定。比如一家汽车公司的某一产品，打算进入城市市场，从产品特性如燃油、排气量、配置、价格等等出发，它可能认为本款车是以工薪收入家庭为对象的，但从市场需求的角度来分析，也可看到许多出租车行业也是潜在顾客。

（2）列举潜在顾客的基本需求　选定产品市场范围以后，公司的市场营销者，可以通过地理变数、行为和心理变数等几方面，大致估算一下潜在的顾客有哪些需求，这一步掌握的情况有可能不那么全面，但却为以后的深入分析提供了基本资料。

（3）分析潜在顾客的不同需求　了解不同潜在用户的不同要求。对于列举出来的基本需求，不同顾客强调的侧重点可能会存在差异。比如，经济、安全、适用性是所有顾客共同强调的，但有的用户可能特别重视安全，另外一类用户则对适用性等有很高的要求。通过这种差异比较，不同的顾客群体即可初步被识别出来。

（4）去除潜在顾客的共同需求　市场细分时需要移去各分市场或各顾客群的共同需求。这些共同需求固然很重要，但只能作为设计市场营销组合的参考，用作决策的重要依据，不能作为决策的基础。

（5）为细分市场取名　根据潜在顾客基本需求上的差异，将其划分为不同的群体或子市场，并赋予每一子市场一定的名称。

（6）进一步认识各细分市场的特点　进一步分析每一细分市场需求与购买行为特点，并分析其原因，以便在此基础上决定是否可以对这些细分出来的市场进行合并，或作进一步细分。

（7）测量分析各细分市场　估计每一细分市场的规模。即在调查基础上，估计每一细分市场的顾客数量、购买频率、平均每次的购买数量等，并对细分市场上产品竞争状况及发展趋势作出分析。

（四）市场细分的方法及基本要求

1. 市场细分的方法

企业在进行市场细分时必须注意以下问题：第一，市场细分的标准是动态的。市场细分的各项标准不是一成不变的，而是随着社会生产力及市场状况的变化而不断变化。如年龄、收入、城镇规模、购买动机等都是可变的。第二，不同的企业在市场细分时应采用不同标准。因为各企业的生产技术条件、资源、财力和营销的产品不同，所采用的标准也应有区别。第三，企业在进行市场细分时，可采用一项标准，即单一变量因素细分，也可采用多个变量因素组合或系列变量因素进行市场细分。下面介绍几种市场细分的方法。

（1）单一变量因素法　就是根据影响消费者需求的某一个重要因素进行市场细分。如购买轿车可按用途细分市场，可分为出租运营、私家用车等。

（2）多个变量因素组合法　就是根据影响消费者需求的两种或两种以上的因素进行市场细分，可以根据企业规模的大小、用户的地理位置、产品的最终用途及潜在市场规模来细分市场。例如，在整车销售中，可以按照发动机排量分，也可以按照整车价格划分。而后者又可以将市场划分为高、中、低三个层次，每一层次的市场都有鲜明的特征。比如，高档车（高价格）消费群注重车辆的性能、外观、豪华程度，对价格并不敏感；而低档车（低价格）消费群则对价格相当敏感，而且要求油耗低、耐用等。

（3）系列变量因素法　根据企业经营的特点并按照影响消费者需求的诸因素，由粗到细地进行市场细分。这种方法可使目标市场更加明确而具体，有利于企业更好地制定相应的市场营销策略。可按地理位置（城市、郊区、农村、山区）、性别（男、女）、收入（高、中、低）、职业、购买动机（求新、求美、求价廉物美、求坚实耐用）等变量因素细分市场。

2. 市场细分的基本要求

（1）可衡量性　细分的市场必须是可以识别和可以衡量的，即细分出来的市场范围比较明晰，能够大致判断该市场的大小。

（2）殷实性　细分出来的市场必须大到足以使企业实现它的利润目标。在进行市场分析时，企业必须考虑细分市场上顾客的数量、购买能力和产品的使用频率，故市场细分不能从销售潜力有限的市场起步。另外，还要考虑市场上竞争对手的情况，如果该市场已经有大量竞争对手，而企业又没有明显的优势，同样不适宜进入该市场。例如，美国福特公司曾于1957年针对中档车市场推出埃德塞尔车，两年后被迫停产，损失2亿多美元，共销售不到11万辆。其失败的原因很多，其中有两点和细分市场选择失误有关：一是福特公司在设计该车时，中档车有很大市场，但1957年投放时中档车市场已饱和并开始衰退；二是由于中档车市场的竞争激烈，除本国的竞争者外，还受到进口汽车的冲击。

（3）可进入性　细分的市场应该是企业的营销活动能够通达的市场。这主要表现在三个方面：一是企业具有进入这些细分市场的资源条件和竞争能力；二是企业能够把产品信息传递到该市场的众多消费者；三是产品能够经过一定的销售渠道抵达该市场。

（4）反应差异性　细分出来的各个子市场对企业营销变量组合中的任何要求的变动都能作出差异性的反应，若反应相同，说明细分无效。

（5）发展潜力　细分的市场应当具有相对的稳定性，因而企业所选中的目标市场不仅要为企业带来目前利益，还要有发展潜力，有利于企业立足于该市场后可以拓宽市场。例如，目前国内轿车生产企业纷纷推出经济型轿车，像"Polo"、"QQ"等车型，在很大程度上都是因为中国的经济型轿车市场空间较大，且有很大的发展前景。

二、市场定位

（一）市场定位的含义

市场定位是指企业以企业产品形象和企业形象在市场上所形成的位置，具体而言是根据顾客对该类产品某些特征或属性的重视程度，为本企业产品塑造与众不同的形象，并将之生动地传递给顾客，从而使该产品或企业在市场上确定适当位置的过程，也是一个使自己个性化的过程。

对于汽车产品来说，因其产品种类繁多，消费者又都有自己价值取向和认同标准，企业要想在目标市场上取得竞争优势和较大利益，市场定位是非常必要的。市场定位的关键是企业要设法在自己的产品上找出比竞争者更具有竞争优势的特性，市场定位并不是对产品本身做些什么，而是在潜在消费者的心目中做些什么，市场定位的实质是使本企业与其他企业严格区分开来，使顾客明显感觉和认识到这种差别，从而在顾客心目中占有特殊的位置。

市场定位一般包含如下几个方面：侧重于产品实体的产品定位；企业形象塑造的企业定位；确定企业相对于竞争者市场位置的竞争定位；确定企业目标顾客群的消费者定位。进行市场定位时，应该从产品、服务、人员、渠道和形象等方面实施差别化战略。

（二）市场定位策略

（1）比附定位策略　这种定位方法就是攀附名牌，比照名牌来给自己的产品定位，以借名牌之光而使自己的品牌生辉。如沈阳金杯客车制造公司"金杯海狮，丰田品质"的定位就属此类。

（2）属性定位策略　这是指根据特定的产品属性来定位。如本田在广告中宣传它的低价，宝马在促销中宣传它良好的驾驶性能等。

（3）利益定位策略　这是指根据产品所能满足的需求或所提供的利益、解决问题的程度来定位。如"解放卡车、挣钱机器"就属此定位。

（4）针对竞争对手的竞争策略　这是指对某些知名而又属司空见惯类型的产品作出明显的区分，给自己的产品定一个相反的位置。

（5）市场空当定位　企业寻找市场上尚无人重视或未被竞争对手控制的位置，使自己推出的产品能适应这一潜在目标市场的需要的定位策略。

（6）性价比定位策略　这是指结合对照质量和价格来定位。如物有所值、高质高价或物美价廉等定位。例如，一汽轿车的红旗明仕的市场定位"新品质、低价位、高享受"即属此类。

（三）市场定位的原则

由于产品不同，面对的顾客不同，所处的竞争环境不同，因而市场定位所依据的原则也就不同。总的来讲，市场定位所依据的原则有以下四点。

（1）根据具体的产品特点定位　构成产品内在特色的许多因素都可以作为市场定位所依据的原则。例如上海通用有凯迪拉克、别克、雪佛兰、萨博四大品牌，下面有十七个产品线系列，五十多款车型，细分市场的覆盖之广、进入之深为由此可见一斑。这也揭示出上海通用汽车"多品牌、全系列"的战略思路，就是通过细分再细分，满足消费者的个性再个性，从而也在总体上拥有了最广大的消费人群。上海通用的豪华品牌凯迪拉克，中高档品牌别克，大众化品牌雪佛兰，以及所经营的进口品牌萨博，它们都以鲜明的品牌文化、品牌个性和定位，形成相互间区隔及与产品的不同；以母品牌提升和担保子品牌，子品牌支持和强化母品牌；以优异和多样化产品，来覆盖不同细分市场。

（2）根据特定的使用场合及用途定位　为老产品找到一种新用途，是为该产品创造新的市场定位的好方法。比如几年前中华轿车刚推向市场时，主要定位于商务、公务用车，如今他们将拓宽中华车的定位，将其发展到私家车以及出租车等专用车辆。

（3）根据顾客得到的利益定位　产品提供给顾客的利益是顾客最能切实体验到的，也可以用作定位的依据。比如低耗油量、低价格等。

（4）根据使用者类型定位　企业将其产品指向某一类特定的使用者，以便根据这些顾客的看法塑造恰当的形象。例如华晨开发出了中华出租车专用车型，售价上也有较大下降，目前已有 2000 余辆中华出租轿车登陆国内城市。运用同样方法，中华在警车、部队专用车市场也有收获，尊驰相继在广州、丹东等地中标警务用车。

事实上，许多企业进行市场定位的依据的原则往往不止一个，而是多个原则同时使用。因为要体现企业及其产品的形象，市场定位必须是多维度的、多侧面的，同时也应该根据市场的变化适时调整定位的基本原则，即定位是动态的。比如红旗轿车初期的定位非常准确，但是随着中国汽车工业的开放与发展，高档车市场逐渐被国外车型冲击和挤压。红旗将被挤出了高档公务车市场。一段时期内的红旗高不成低不就，处境非常尴尬，后来红旗品牌针对市场变化调整了市场定位、重新作了市场细分。

复习与思考题

1. 如何分析企业的营销环境？它由哪些要素组成？
2. 汽车市场预测的主要内容是什么？
3. 汽车市场调研的主要内容是什么？
4. 常见的调研方法有哪些？
5. 私人购车用户购买行为特点是什么？
6. 组织购车用户的购买行为特点是什么？
7. 什么是市场细分？市场细分有何作用？
8. 什么是市场定位？市场定位的方法有哪几种？

第四章 汽车产品策略

学习目标
1. 从营销学的角度理解汽车产品的概念。
2. 了解产品的周期理论及其不同时期的营销策略。
3. 了解汽车新产品开发过程及过程中不同策略。
4. 理解汽车品牌策略意义

通常市场营销中的各种营销因素可以概括为四个要素,即产品、价格、分销和促销,这四个方面的因素是企业营销活动的主要手段,一般称为营销要素或市场因素。对于汽车企业,其营销活动是以满足汽车市场需求为目的,而汽车市场需求的满足,只能通过供应某种品牌的汽车和相应汽车服务来实现,因此,产品策略是汽车市场营销组合策略的基础,并直接影响和决定着其他营销策略,在现代汽车市场经济条件下,每个汽车企业都应致力于汽车产品的开发、汽车产品结构的优化组合、汽车产品和服务质量的提高,以更好地满足汽车市场需求,取得更好的经济效益。

第一节 汽车产品的概念及产品组合

一、产品的整体概念

为了了解和制定切实可行的汽车产品策略,必须对汽车产品的整体概念和汽车产品组合的基本含义有清楚的理解。

产品的整体概念:就产品概念而言不同的角度所给出的回答是不同的,在一般经济理论中,把人们为了生存需要,通过有目的的生产劳动所创造出的物质定义其为产品;营销学对产品的概念理解是:凡是能满足人们需要的一切东西(实物、劳务、服务、意见或点子)都是产品。

就汽车而言,汽车是企业生产劳动所创造出的物质,汽车企业出售汽车产品时,出售的是汽车实体以及随之出售的服务。因此对汽车产品的理解,应该是指向汽车市场提供的能满足汽车消费者某种欲望和需要的任何事物,包括汽车实物、汽车服务、汽车保险、汽车品牌等各种形式。

理解汽车产品整体概念时应该把汽车产品理解为由五个层次所组成的一个整体,如图4-1所示。

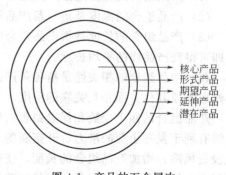

图4-1 产品的五个层次

第一层：是汽车核心产品层。核心产品是指向顾客提供的产品的基本效用或利益。汽车消费者购买某种品牌汽车产品并不是为了占有或得到汽车产品本身，而是为了满足基本需要，如为了运输货物或代替步行。

第二层：汽车形式产品层。形式产品是核心产品所展示的外部特征，也就是核心产品借以实现的形式。主要包括产品的质量、特色、款式、品牌和包装五个方面的内容。

消费者购买汽车时，除了要求汽车具备某些基本功能，能够提供某种核心利益外，还要考虑产品的质量、造型、款式、颜色等多种因素。因此，企业设计产品时，既应着眼于消费者所追求的核心利益，又要考虑如何将这种核心利益通过一种好的形式呈现给消费者。

第三层：汽车期望产品层。它是指汽车消费者在购买该汽车产品时期望得到的与产品密切相关的一整套属性和条件。例如，汽车消费者期望得到倒车雷达、导航设施、安全气囊等。

第四层：汽车延伸产品层。它又称为汽车附加产品层，是指汽车消费者购买汽车形式产品和汽车期望产品时所能得到的汽车附加服务和利益，即储运、装饰、维修、保养等。由于汽车消费者之所以购买汽车产品是为了满足某种需要，因而他们购买时，希望能得到与满足这种需要有关的一切事物。可见，汽车消费者的某种需要实际上是整个系统，认识到这一点就会理解，汽车企业所出售的也必须是一个整体，这样才能充分满足消费者的需要。只有向汽车消费者提供具有更多实际利益、能更完美地满足其需要的汽车延伸产品，才能在竞争中获胜。

第五层：是汽车潜在产品层。它是指包括现有汽车产品的所有延伸部分在内，最终可能发展成为未来潜在状态的汽车产品。汽车潜在产品是指汽车产品的可能发展前景。如普通汽车可以发展为燃油、新能源动力两用的汽车等。汽车延伸产品主要是针对今天的汽车产品，而汽车潜在产品则代表着今天的汽车产品可能的演变。

二、产品组合

（一）产品组合的概念

产品组合是指一个企业生产或经营的全部产品线和产品项目的组合或结构，也是企业经营的业务范围，所谓的线就是产品系列。产品项目是指产品线中不同品种、规格、质量和价格的特定产品。它包括四个变数：宽度、长度、深度和相关性。

就汽车产品而言，汽车产品的组合通常就是由若干汽车产品系列组成的。这些系列汽车产品能满足类似的需要，销售给同类汽车消费群，而且一般经由同样的渠道销售出去。汽车产品项目是指汽车产品系列上不同型号和名称的汽车。

（二）产品组合的四个变数

(1) 产品组合的宽度是指产品组合中所拥有的产品线的数目。

(2) 产品组合的深度是指一条产品线中所含产品项目的多少。

(3) 产品组合的长度是指产品组合中产品项目的总数。如以产品项目总数除以产品线数目即可得到产品线的平均长度。

(4) 产品组合的相关性是指各条产品线在最终用途、生产条件、分配渠道、细分市场、维修服务或其他方面相互关联的程度，又称组合相容度，不同的产品组合相容度不同。

产品组合的四个变数和促进销售、增加利润都有密切的关系。一般来说，拓宽、增加产品线有利于发挥企业的潜力、开拓新的市场扩展企业的经营领域，实行多样化经营，分散企业投资风险；增加产品组合的长度，使产品线丰满充裕，成为更全面的产品线公司；延长或加深产品线的深度可以适合更多的特殊需要，满足更广泛的市场需求，占领同类产品的更多细分市场，提升行业竞争力；加强产品线之间的一致性，可以增强企业的市场地位，使企业在某一特定的市场领域内加强竞争和赢得良好的声誉。

因此，产品组合就是企业根据市场需求、竞争形势和企业自身能力对产品组合的宽度、长度、深度和相关性方面做出的决策。

三、产品组合的策略

产品组合策略，就是企业根据市场环境，企业能力和企业目标，对产品组合的宽度、深度、长度和相关性进行决策的政策，其要求在多种可能中选择有利于本企业发展的最佳产品组合。尽管产品组合的宽度、深度、长度和相关性，与企业的销售量和利润大小不存在必然的比例关系，但是，一个汽车企业为了获得最大的销售量和利润，由正确的策略确定一个最佳的产品组合是十分重要的。因为产品组合状况直接关系到企业销售额和利润水平，所以产品组合的策略应该遵循既有利于促进销售、又有利于增加企业的总利润这个基本原则；产品组合时企业必须对现行产品组合作出系统的分析和评价，并决策策略确定是否加强或剔除某些产品线或产品项目。

产品组合的策略的落实与实施过程也就是优化产品组合的过程，优化产品组合的过程，通常是分析、评价和调整现行产品组合的过程，优化产品组合包括两个重要步骤。第一进行产品线销售额和利润分析：即分析、评价现行产品线上不同产品项目所提供的销售额和利润水平。在一条产品线上，如果销售额和盈利高度集中在少数产品项目上，则意味着产品线比较脆弱，为此，公司必须细心地加以保护，并努力发展具有良好前景的产品项目，如无发展前景，可以剔除。第二进行产品项目市场地位分析：即将产品线中各产品项目与竞争者的同类产品作对比分析，全面衡量各产品项目的市场地位。

通过优化产品组合的过程能使产品组合的方式更有利于企业的利润目标实现，常见的产品组合策略有以下几种。

（一）扩大产品组合

包括开拓产品组合的宽度和加强产品组合的深度，前者指在原产品组合中增加产品线，扩大经营范围；后者指在原有产品线内增加新的产品项目。当企业预测现有产品线的销售额和盈利率在未来可能下降时，就须考虑在现有产品组合中增加新的产品线，或加强其中有发展潜力的产品线。

1. 扩大汽车产品组合策略

一个汽车企业在生产设备、技术力量所允许的范围内，既有专业性又有综合性地发展多种品种产品组合策略。扩大汽车产品组合的广度可以充分利用企业的各项资源，使汽车企业在更大的市场领域中发挥作用，并且能分散汽车企业的投资风险，上海大众在扩大汽车产品线广度上的思想是：普桑—桑塔纳2000—帕萨特—经济型轿车。广州本田在本田雅格成功的基础上，迅速推出低价位的风度；上海通用在别克热销之后又成功地将赛欧推向市场。

2. 加深汽车产品组合深度

从总体来看，每个汽车公司的汽车产品线只是该行业整个范围的一部分。例如，宝马公司的汽车在整个汽车市场上的定价属于中高档范围。加深汽车产品的组合的深度，可以占领该行业同类汽车产品更多的细分市场，迎合更广泛的消费者的不同需要和爱好，上海帕萨特将在帕萨特轿车基本型的基础上，研制开发豪华型车和变型车，就是上海大众加深汽车产品组合深度的例子。加深汽车产品组合深度有以下三种产品线延伸方式。

（1）向下延伸　是在高档产品线中增加低档产品项目。实行这一决策需要具备以下市场条件：利用高档名牌产品的声誉，吸引购买力水平较低的顾客慕名购买此产品线中的廉价产品；高档产品销售增长缓慢，企业的资源设备没有得到充分利用，为赢得更多的顾客，将产品线向下伸展；企业最初进入高档产品市场的目的是建立企业信誉，然后再进入中、低档市场，以扩大市场占有率和销售增长率；补充企业的产品线空白。实行这种策略也有一定风险，如处理不慎，会影响企业原有产品特别是名牌产品的市场形象，因此实施向下延伸策略，还必须辅之以一套相应的营销组合策略，譬如对销售系统的重新设置等，这些将大大增加企业的营销费用开支。

（2）向上延伸　是在原有的产品线内增加高档产品项目。实行这一策略的主要目的是：高档产品市场具有较大的潜在成长率和较高利润率，准备介入并获取利润；企业的技术设备和营销能力已具备加入高档产品市场的条件，企业要重新进行产品线定位。采用这一策略需要承担一定的风险，因为改变产品在顾客心目中的地位是相当困难的，如果处理不慎，会影响原有产品的市场声誉。

（3）双向延伸　即源于中档产品市场的企业掌握了市场优势以后，向产品线的上下两个方向延伸。

3．加强汽车产品组合相容度

一个汽车企业的汽车产品尽可能地相关配套，如汽车和汽车内饰、汽车配件等。加强汽车产品组合的相容度，可提高汽车企业在某一地区、某一行业的声誉。

（二）缩减产品组合

市场繁荣时期，较长较宽的产品组合会为企业带来较多的盈利机会。但是在市场不景气或原料、能源供应紧张时期，缩减产品线反而能使总利润上升，因为剔除那些获利小甚至亏损的产品线或产品项目，企业可集中力量发展获利多的产品线和产品项目。

采取该策略会使汽车企业丧失部分市场，增加汽车企业经营风险，因此一个汽车企业对于某种汽车产品，在决定是否淘汰之前，应慎之又慎。

（三）汽车产品异样化和汽车产品细分化策略

汽车产品异样化和汽车产品细分化可归属于扩大汽车产品组合策略。

汽车产品异样化是指在同质市场上，汽车企业强调自己的产品与竞争产品有不同的特点，以避免价格竞争，比如两种汽车产品在动力、安全等性能上没有差别，但是可以采用不同的设计、不同的造型等，尽可能地显示出与其他产品的区别，争取在不完全竞争市场上占据有利地位。采用该策略的实质，在于同质汽车产品的"异样化"，而不是将同质汽车产品"异质化"，因此，只能使自己的产品与竞争产品稍有异样，而不能过于独特，以免失去吸引力，丧失原有的市场。汽车产品异样化实质上是引导汽车消费者需求服从生产者的意志。

汽车产品细分化则是根据汽车消费者的需求出发，而且承认汽车消费者的需求是不同的，它体现的是现代的市场营销观念。

第二节　产品的周期理论及营销策略

一、产品的寿命周期理论概述

（一）产品寿命

汽车产品寿命周期，是指某产品从进入市场到被淘汰退出市场的全部时间过程，这里所指的寿命不是指汽车产品的使用寿命，而是指汽车产品的市场寿命，产品生命周期长短受汽车消费者需求变化、汽车产品更新换代速度等多种市场因素所影响，这就昭示了企业开展市场营销活动的思维视角，不是从产品开始，而是从需求出发的，任何产品都只是作为满足特定需要或解决问题的特定方式而存在。

汽车产品的使用寿命是指汽车产品投入使用到损坏报废所经历的时间，受汽车产品的自然属性和使用频率等因素影响，此外还有国家制定了强制报废的规定，界定了不同汽车产品的最长使用寿命年限。

（二）产品生命周期阶段

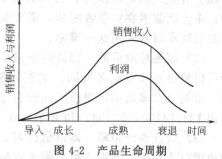

图 4-2 产品生命周期

产品生命周期如图 4-2 所示，一般分为四个阶段：产品导入阶段，市场成长阶段，市场成熟阶段和市场衰退阶段。产品导入阶段（也有称介绍期）是指在市场上推出新产品，产品销售呈缓慢增长状态的阶段。成长阶段是指该产品在市场迅速为顾客所接受、销售额迅速上升的阶段。成熟阶段是指大多数购买者已经接受该项产品，市场销售额缓慢增长或下降的阶段。衰退阶段是指销售额急剧下降、利润渐趋于零的阶段。

（三）产品生命周期的其他形态

产品生命周期是一抽象理论，在现实经济生活中，并不是所有产品的生命历程都完全符合这种理论形态。除上述的正态分布曲线，还有以下几种形态。

（1）再循环形态　指产品销售进入衰退期后，由于种种因素的作用而进入第二个成长阶段。这种再循环型生命周期是市场需求变化或厂商投入更多的促销费用的结果。

（2）多循环形态　亦称"扇形"运动曲线，或波浪形形态，是在产品进入成熟期以后，厂商通过制定和实施正确的营销策略，使产品销售量不断达到新的高潮。

（3）非连续循环形态　很多商品呈非连续循环，这些产品一上市即热销，而后很快在市场上销声匿迹。通常情况下厂商的原则是等待下一周期的来临。

二、产品生命周期各阶段的特征与营销策略

（一）导入期的市场特点与营销策略

市场导入期，是指汽车产品投入市场试销的初期阶段。

1. 导入期的市场营销特点

（1）消费者对该产品不了解，大部分顾客不愿放弃或改变自己以往的消费行为，销售量小，相应地增加了单位产品成本；

（2）尚未建立理想的营销渠道和高效率的分配模式；

（3）价格决策难以确立，高价可能限制了购买，低价可能难以收回成本；

（4）广告费用和其他营销费用开支较大；

（5）产品技术和性能还不够完善；

（6）利润较少，甚至出现经营亏损，产品在这个时期的亏损只能由其他产品的盈利来弥补，企业承担的市场风险最大。但这个阶段市场竞争者较少，企业若建立有效的营销系统，可以加快导入阶段的进程，进入市场发展阶段。

2. 导入期的市场营销策略

根据上述特点，导入阶段一般有四种可供选择的策略，企业可以根据自己情况灵活运用。

（1）快速掠取策略　即以高价格和高促销推出新产品。实行高价格是为了在每一单位销售额中获取最大的利润，高促销费用是为了引起目标市场的注意，加快市场渗透。成功地实施这一策略，可以赚取较高的利润，尽快收回新产品开发投资，实施该策略的市场条件是：市场上有较大的需求潜力；目标顾客具有求新心理，急于购买新产品，并愿意为此付出高价；企业面临潜在竞争者威胁，需要及早树立名牌。比如国内外汽车公司在推出富有特色的中高级轿车时常采用这一策略。

(2) 缓慢掠取策略　即以高价格低促销费用将新产品推入市场。高价格和低促销水平结合可以使企业获得更多利润，实施该策略的市场条件是：市场规模相对较小，竞争威胁不大；市场上大多数用户对该产品没有过多疑虑；适当的高价能为市场所接受。东风汽车公司推出 EQ1141G（EQ153）和 EQ111B 两种车型时，采用的营销策略大致就属此类。

(3) 快速渗透策略　即以低价格和高促销费用推出新产品。目的在于先发制人，以最快的速度打入市场，该策略可以给企业带来最快的市场渗透率和最高的市场占有率。实施这一策略的条件是：产品市场容量很大；潜在消费者对产品不了解，且对价格十分敏感；潜在竞争比较激烈；产品的单位制造成本可随生产规模和销售量的扩大迅速下降。日本、韩国的汽车公司在刚进入北美市场时便大量采用此种营销策略。

(4) 缓慢渗透策略　即企业以低价格和低促销费用推出新品。低价是为了促使市场迅速地接受新产品，低促销费用则可以实现更多的利润。企业坚信该市场需求价格弹性较高，而促销弹性较小。实施这一策略的基本条件是：市场容量较大；潜在顾客易于或已经了解此项新产品，对价格十分敏感；有相当的潜在竞争者准备加入竞争行列。

（二）成长期的特点与营销策略

市场成长期，是指汽车产品经过试销，汽车消费者对汽车新产品有所了解，汽车产品销路打开，销售量迅速增长的阶段。

1. 成长期的市场特点

(1) 消费者对新产品已经熟悉，销售量增长很快；

(2) 大批竞争者加入，市场竞争加剧；

(3) 产品已定型，技术工艺比较成熟；

(4) 建立了比较理想的营销渠道；

(5) 市场价格趋于下降；

(6) 为了适应竞争和市场扩张的需要，企业的促销费用水平基本稳定或略有提高，但占销售额的比率下降；

(7) 由于促销费用分摊到更多销量上，单位生产成本迅速下降，企业利润迅速上升。

2. 成长期的营销策略

企业营销策略的核心是尽可能地延长产品的成长期。为做到这一点，营销的重点应放在一个"好"字上，即保持良好的汽车产品质量和售后服务质量，切勿因产品销售形势好就急功近利，粗制滥造，片面追求产量和利润。具体来说，可采取以下营销策略。

(1) 根据用户需求和其他市场信息，不断提高产品质量，努力发展产品的新款式、新型号，增加产品的新用途和新特色。

(2) 加强促销环节，树立强有力的产品形象。促销策略的重心应从建立产品知名度转移到树立产品形象，主要目标是建立品牌偏好，争取新的顾客。

(3) 重新评价渠道、选择决策、巩固原有渠道，增加新的销售渠道，开拓新的市场。

(4) 选择适当的时机调整价格，以争取更多顾客。

企业采用上述部分或全部市场扩张策略，会加强产品的竞争能力，但也会相应地加大营销成本。因此，在成长阶段，面临着"高市场占有率"或"高利润率"的选择。一般来说，实施市场扩张策略会减少眼前利润，但加强了企业的市场地位和竞争力，有利于维持和扩大企业的市场占有率，从长期利润观点看，更有利于企业发展。

（三）成熟期的特点与营销策略

市场成熟期，是指汽车产品的市场销售量已达饱和状态的阶段。在这个阶段，销售量虽有增长，但增长速度减慢，开始呈下降趋势，利润相对下降。这一阶段持续的时间比前两个阶段长的多。

1. 成熟期的阶段划分和市场特点

成熟期可以分为三个时期。

（1）成长成熟期　此时期各销售渠道呈饱和状态，增长率缓慢上升，还有少数后续的购买者继续进入市场。

（2）稳定成熟期　由于市场饱和，消费平稳，产品销售稳定。销售增长率一般只与购买者人数成比例，如无新购买者则增长率停滞或下降。

（3）衰退成熟期　销售水平呈显著下降，原有用户的兴趣已开始转向其他产品和替代品。全行业产品出现过剩，竞争加剧，一些缺乏竞争力的企业将渐渐被取替，新加入的竞争者较少。竞争者之间各有自己特定的目标顾客，市场份额变动不大，突破比较困难。

2. 成熟期的营销策略

这个阶段的营销策略，应突出一个"争"字，即争取稳定的市场份额，延长产品的市场寿命。可供选择的基本策略有以下三种。

（1）市场改良　市场改良策略也称市场多元化策略，即企业发现产品的新用途或改变推销方式等，以使产品销售量得以扩大。采取这种决策可从以下三个方面考虑：寻求新的细分市场，把产品引入尚未使用过这种产品的市场，重点是发现产品的新用途，应用于其他的领域，以使产品的成长期延长；寻求能够刺激消费者、增加产品率的方法；市场重新定位，寻求有潜在需求的新顾客。

（2）产品改良策略　也称为"产品再推出策略"，即指改进产品的品质或服务再投放市场。它又包括两方面，一是提高产品质量，如提高汽车的动力性、经济性、操纵稳定性、舒适性、制动性和可靠性等，"创品牌、保名牌"，此种策略适合于企业的产品质量有改善余地，而且多数买主期望提高质量的场合；二是增加产品的功能，如提高轿车的观瞻性、舒适性、安全性和动力性等，使小型车高级化等措施，都有利于增加产品品种，扩大用户选择余地，使用户得到更多的效用。

（3）营销组合改良　营销组合改良，它是指通过改变定价，销售渠道及促销方式来延长产品成熟期。

（四）衰退期的特点与营销策略

市场衰退期，是指汽车产品已经陈旧老化被市场淘汰，新产品逐渐取代老产品的阶段。在这个阶段，销售量下降很快，新产品已经出来，老产品淘汰，逐渐退出市场。

1. 衰退期的市场特点

（1）产品需求量、销售量由缓慢下降变为迅速下降，消费者的兴趣已完全转移；

（2）价格已下降到最低水平；

（3）多数企业无利可图，被迫退出市场；

（4）留在市场上的企业逐渐减少产品附带服务，削减促销预算等，以维持最低水平的经营。

2. 衰退期的营销策略

在此阶段，营销策略应突出一个"转"字，即有计划、有步骤地转产新产品，这对企业来讲代价是格昂贵的。对大多数企业来说，当机立断，弃旧图新，及时实现产品的更新换代是理智的选择，如上海大众对普通桑塔纳的停产。衰退期营销的具体策略如下。

(1) 集中策略　即把资源集中使用在最有利的细分市场、最有效的销售渠道和最易销售的品种、款式上。换言之，缩短战线，以最有利的市场赢得尽可能多的利润。

(2) 维持策略　即保持原有的细分市场和营销组合策略，把销售维持在一个低水平。待到适当时机，便停止经营，退出市场。

(3) 榨取策略　即大大降低销售费用，如广告费用削减为零、大幅度精简推销人员等，虽然销售量有可能迅速下降，但是可以增加眼前利润。

如果企业决定停止经营衰退期的产品，在立即停产还是逐步停产或者是把该品牌出售给其他企业的问题上，决策时必须慎重，并应处理好善后事宜，应继续安排好后期配件供应，维修技术支持，以保证老产品的使用需要，使企业有秩序地转向新产品经营。否则，企业形象将会受到损害，影响企业的今后发展。

总结起来对于不同寿命周期汽车产品的营销策略还有几点值得注意：由于汽车产品寿命周期的各阶段在市场营销中所处的地位不同，因此具有不同的特点；各种档次、各种类型的汽车产品不同，其汽车产品寿命周期及其经历各阶段的时间长短也不同，有些汽车产品寿命周期可能只有3～5年，有些汽车产品寿命周期可以长达几十年。每种汽车经历寿命周期各阶段的时间也不尽相同，有些汽车产品经过短暂的市场导入期，很快就达到成长、成熟阶段，而有些汽车产品的导入期经历了许多年，才逐步为广大汽车消费者所接受，比如，现有的所谓"房车"，即内部食、宿、玩设施一应俱全，适合各地旅游的旅游车，因各种营销因素的影响，其导入期非常漫长，广大消费者需要较长时间才能接受。各种汽车产品虽有寿命周期，其形状近似正态分布曲线，这只是反映变化趋势的基本模式，实际上，许多汽车产品开始需要量上升，但后来趋于平衡，有的汽车产品，市场对其性能、造型很敏感，呈现出周期性上下波动；并不是所有的汽车产品都一定要经过四个阶段。有的汽车产品一进入市场，尚属导入期即被淘汰，成为夭折的"短命"产品；也有某些属于成长期的汽车产品，由于营销失策而未老先衰；还有的汽车产品一进入市场就达到成长阶段等等。

第三节　汽车新产品开发策略

一、新产品的概念及种类

市场营销学中使用的新产品概念不是从纯技术角度理解的，产品只要在功能或形态上得到改进，与原有产品产生差异，并为顾客带来新的利益，即视为新产品。新产品可以分为以下几种类型。

(1) 全新产品　即运用新一代科学技术创造的整体更新产品。具体而言全新产品主要指采用新原理、新技术、新材料、新设计、新工艺而研制成的具有新结构、新功能的前所未有的汽车产品。这种新产品一般需要经历相当长的开发时间才会出现，是第一次进入市场，它们的出现往往会改变人们的生产方式和生活方式。因此，绝大多数汽车企业都不易提供这种新产品。

(2) 革新产品　是指采用各种科学技术，对现有汽车产品，进行较大的革新，使产品的性能有较大的突破，从而给使用者带来新的利益的产品。

(3) 改进新产品　是指使用各种改进技术，对现有汽车产品，改良其性能、结构和外形，提高产品质量，以求得规格型号的多样性，款式花色的翻新。如在汽车上安装ABS系统或全球定位系统等。一般说来，这类汽车新产品与原有的汽车产品差别不大，开发比较容易，而且进入市场后，比较容易为汽车消费者接受，但是，较易仿效，竞争激烈。

（4）新牌号产品　新牌号产品是指企业对现有汽车产品只作很小改变，或突出汽车产品某一方面特点，使用一种新牌号，就可成为一种新产品。有时，这种新产品是仿制市场上某种畅销的产品，只是标出新牌号，便于竞争。如1985年铃木公司将SJ413取掉后座，稍加改进后命名为铃木武士，推入美国市场。这种新产品进入市场，只要具有某一特色，很容易被使用者接受和普及。

以上汽车新产品，其"新"只是相对意义上。这种"新"是由汽车消费者所确认的，只要汽车消费者认为某种汽车产品具有其他汽车产品所没有的特点，能给自己带来某种新的效用或利益，这种汽车就是"新产品"。

任何汽车产品都有寿命周期，一种汽车产品长期占领市场，一成不变的现象是十分罕见的。为了延长汽车产品的寿命周期或者继续开展经营活动，企业就必须开发汽车新产品。对于一个汽车企业来说，其兴旺发达只有两条途径：一是开发汽车新产品，二是开拓汽车新市场。在科学技术日新月异的今天，激烈的市场竞争使得近十几年出现的工业技术有30%已经过时，电子技术有50%已经过时，汽车产品市场寿命周期大大缩短，在这种情况下，汽车企业要提高适应能力和竞争能力，最重要的途径是不断开发汽车新产品。在我国，几乎每个汽车新产品的面市，均会引起一段时间的热销，市场的反应也大大胜过降价效应。

开发汽车新产品具有重要的战略意义，但开发汽车新产品又是一件难度极大的工作，难就难在汽车新产品要有创新，创新又与科学技术的重大突破密切相关，而科学技术的重大突破，并非轻而易举之事。人们的汽车消费需求既是多变的，又是复杂的，开发汽车新产品面临"众口难调"的局面，开发汽车新产品费用昂贵，而且受环境的制约等。这一切就表明，开发汽车新产品绝非易事，要想开发的汽车新产品能获得成功，必须遵循一套科学的方法和程序。

二、新产品开发的程序

从汽车市场营销观点出发，汽车新产品的开发要经历创新构思—过滤筛选—概念形成与试制—初拟营销规划—商业分析结果等几个阶段。

为了提高新产品开发的成功率，建立科学的新产品开发管理程序非常重要。一般情况研制新产品的管理程序大致如图4-3所示：

（一）创新构思阶段

1. 调研阶段

汽车新产品始于构思，构思贵在创新，汽车产品构思是汽车新产品诞生的开始。现代企业越来越感到"闭门造车"的苦思冥想式的发明创造，已不适应社会经济发展和市场需要的要求了。一个汽车新产品应当适应汽车市场的需要，因此，汽车企业在进行汽车新产品开发前应当进行充分的市场调查。创新构思必须源于实际的调研。调研的对象主要有以下几种。

（1）消费者　汽车消费者的需求是开发汽车新产品的起点和归宿，因此，汽车消费者的需求是汽车产品创新构思的重要来源。汽车企业要通过直接调查、用户座谈会、整理来函来电等多种途径，搜索收集汽车消费者的希望和要求，调查将会对产品今后改进提供大量的创意。

（2）竞争产品　调查和分析竞争产品成功和失败之处。借鉴竞争汽车产品的经验教训，实事求是地判断其利弊，对于汽车企业新产品的创新构思有积极的帮助。

（3）销售者　销售人员直接联系广大汽车消费者，他们首先感受到汽车消费者的不满与

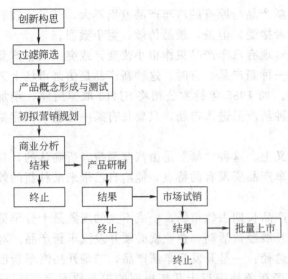

图 4-3 新产品开发管理程序

抱怨，也最早感到竞争的压力，他们往往成为汽车新产品构思的最好来源之一。

2. 开题阶段

在进行了调研之后，汽车企业了解汽车消费者需要什么，接下来就是要针对这种需要进行构思。而汽车新产品的构思应当充分发挥想像力。常见的挖掘创新构思的方法有两种：

（1）"智力激励法" 该法由管理学者奥斯本提出，其目的在于广开言路，充分鼓励和激励职工动脑筋，想办法，使大家的各种创新构思，各种没想、联想，甚至空想、幻想等都能公开地、无保留地发表出来。具体做法是：针对某一行为组成动脑团队。一接到汽车消费者提出的问题，主持人即通知团队成员，安排于次日或隔日开会，开会时，让一切设想自由发表，众多的设想被收进录音带，为使会议达到最佳效果，奥斯本认为必须遵循四个原则：

① 不应对任何设想进行批评或抨击；
② 鼓励自由奔放的设想；
③ 设想越多越好，争取成功的机会；
④ 除激发原始的设想外，更要组织这些设想以衍生出更多的设想。

（2）哥顿法 这是美国人哥顿提出来的一种方法，它的特点是：

① 参加会议准备出主意、提方案的人并不知道要解决的是什么样的具体问题，只有负责引导大家思考的会议主持者知道。

② 把问题抽象化向与会者提出来，而原来的问题则不讲，利用熟悉的事物作为迈向陌生事物的跳板，例如，不提如何改进剪草机问题，而提出："用什么办法可以把一种东西断开"在此，不提"剪断"，因为它使人会想起剪刀；不提"割断"，因为它引导人们从各种刀具方面去思考，针对如何断开，人们提出剪刀、刀切、扯断、电割、锯断、冲开等，进而提出理发推子形式的刀片、镰刀形式的旋转刀片等。

③ 对解决抽象问题的方案，会议主持者逐个研究，看能否解决原来的问题。会议结束时把问题提出来。

哥顿法的优点在于先把问题抽象化，然后提出解决的方案。这是因为，在开发新产品的时候，如果只是根据具体的事物来想办法，无论如何也会受到现有事物的约束，得不出彻底解决的方案，如果根据抽象的问题而想出的方案，会得到一些平常想不到的办法。

（二）过滤筛选阶段

这一阶段也可以认为是分析阶段，这一阶段必须尽量避免两种失误：一是误会，即将有希望的汽车新产品构思设想放弃；二是将一个没有前途的汽车产品设想付诸实现。

（三）产品概念形成与测试阶段

新产品构思经筛选后，需进一步发展更具体、明确的产品概念。产品概念是指已经成型的产品构思，即用文字、图像、模型等予以清晰阐述。

每一个产品概念都要进行定位，以了解同类产品的竞争状况，优选最佳的产品概念。选择的依据是未来市场的潜在容量、投资收益率、销售成长率、生产能力以及对企业设备、资源的充分利用等，可采取问卷方式将产品概念提交目标市场有代表性的消费群进行测试、评估，问卷调查可帮助企业确立吸引力最强的产品概念。

（四）初拟营销规划

企业选择了最佳的产品概念之后，必须制订把这种产品引入市场的初步市场营销计划，并在未来的发展阶段中不断完善。初拟的计划包括三个部分：

（1）描述目标市场的规模、结构、消费者的购买行为、产品的市场定位以及短期（如三个月）的销售量、市场占有率、利润率预期等；

（2）概述产品预期价格、分配渠道及第一年的营销预算；

（3）分别阐述较长期（如3～5年）的销售额和投资收益率，以及不同时期的市场营销组合等。

（五）商业分析与结果

1. 商业分析

即从经济效益分析新产品概念是否符合企业目标。包括两个具体步骤：预测销售额和推算成本利润。

预测新产品销售额可参照市场上类似产品的销售发展历史，并考虑各种竞争因素，分析新产品的市场地位，市场占有率等。

2. 结果

（1）新产品研制　主要是将通过商业分析后的新产品概念交送研究开发部门或技术工艺部门试制成为产品模型或样品，同时进行包装的研制和品牌的设计。这是新产品开发的一个重要步骤，只有通过产品试制，投入资金、设备和劳力，才能使产品概念实体化，发现不足与问题，改进设计，才能证明这种产品概念在技术、商业上的可行性如何。应当强调，新产品研制必须使模型或样品具有产品概念所规定的所有特征。

（2）市场试销　汽车的开发通常采用推出概念车的方法来进行市场测试。汽车整车厂会运用确定的概念生产出少量的汽车，也就是概念车，在车展或其他公众场合展出，听取意见，再决定是否进入批量生产。新产品试销时应对以下问题作出决策：试销的地区范围；试销时间；试销中所要取得的资料；试销所需要的费用开支；试销的营销策略及试销成功后应进一步采取的战略行动。

（3）产品定型　根据市场试销的结果，完善原设计，使这更加符合汽车消费者的期望，以及降低成本，提高竞争力。

（六）批量上市

也就是商业性投放。新产品试销成功，就可以正式批量生产，全面推向市场，这时，企业要支付大量费用，而新产品投入市场的初期往往利润微小，甚至亏损，因此，企业在此阶段应对产品投放市场的时机、区域、目前市场的选择和最初的营销组合等方面作出慎重决策。

三、新产品市场扩散

（一）新产品特征与市场扩散的关联

（1）创新产品的相对优点　新产品的相对优点愈多，在诸如功能、可靠性、便利性、新颖性等方面比原有产品的优越性愈大，市场接受得就愈快。

（2）创新产品的适应性　创新产品必须与目标市场的消费习惯以及人们的产品价值观相吻合。当创新产品与之相适应或较接近时，则有利于市场扩散，反之，则不利于市场扩散。

(3) 创新产品的简易性　这是要求新产品设计、整体结构、使用维修、保养方法必须与目标市场的认知程度相适应。

(4) 创新产品的明确性　这是指新产品的性质或优点是否容易被人们观察和描述，是否容易被说明和示范。凡信息传播较便捷、易于认知的产品，扩散速度一般比较快。

(二) 购买行为与市场扩散的关联

1. 消费者采用新产品的程序与市场扩散

人们对新产品的采用过程，客观上存在着一定的规律性。美国市场营销学者罗吉斯调查了数百人接受新产品的实例，总结归纳出人们接受新产品的程序和一般规律性，认为消费者接受新产品一般表现为以下五个重要阶段：认知—兴趣—评价—试用—正式采用。

(1) 认知　这是个人获得新产品信息的初始阶段。新产品信息情报的主要来源是广告，或者通过其他间接的渠道获得，如商品说明书、技术资料等。显然，人们在此阶段所获得的新产品信息的初始阶段，只是一般性的了解。

(2) 兴趣　指消费者不仅认识了新产品，并且发生了兴趣。在此阶段，消费者会积极地寻找有关资料，并进行对比分析，研究新产品的具体功能、用途、使用等问题，如果满意，将会产生初步的购买动机。

(3) 评价　这一阶段的消费者主要权衡采用新产品的边际价值。比如采用新产品获得的利益和可能承担风险的比较，从而对新产品的吸引力作出判断。

(4) 试用　指顾客开始小规模地试用新产品。通过试用，顾客评价自己对新产品的认识及购买的正确性如何。企业应尽量降低失误率，详细介绍产品的性质、使用和保养方法。

(5) 采用　顾客通过试用收到了理想的效果，开始正式购买、重复购买。

2. 顾客对新产品的反映差异与市场扩散

在新产品的市场扩散过程中，由于社会地位、消费心理、产品价值观、个人性格等多种因素的影响制约，不同顾客对新产品的反映具有很大的差异。

(1) 创新采用者　也称为"消费先驱"，通常富有个性，勇于革新冒险，性格活跃，消费行为很少听取他人意见，经济宽裕，社会地位较高，受过高等教育，易受广告等促销手段的影响，是企业投放新产品时的极好目标。

(2) 早期采用者　一般是年轻，富于探索，对新事物比较敏感并有较强的适应性，经济状况良好，对早期采用新产品具有自豪感。这类消费者对广告及其他渠道传播的新产品信息很少有成见，促销媒体对他们有较大的影响力，但与创新者比较，持较为谨慎的态度。

(3) 早期大众　这部分消费者一般保守思想较少，接受过一定的教育，是有较好的工作环境和固定收入的人群，他们经常是在征询了早期采用者的意见之后才采纳新产品。研究他们的心理状态、消费习惯，对提高产品的市场份额具有很大的意义。

(4) 晚期大众　指较晚地跟上消费潮流的人。他们的工作岗位、受教育水平及收入状况往往比早期大众略差，对新事物、新环境多持怀疑态度或观望态度。往往在产品成熟阶段才加入购买。

(5) 落后的购买者　这些人受传统思想束缚很深，思想非常保守，怀疑任何变化，对事物、新变化多持反对态度，固守传统消费行为方式，在产品进入成熟期以至衰退期才能接受。

新产品的整个市场扩散过程，从创新采用者至落后购买者，形成完整的"正态分布曲线"，这与产品生命周期曲线极为相似，为企业规划产品生命周期各阶段的营销战略提供了有力的依据。

第四节 汽车品牌策略

品牌建设看似很快，实则是一个长期的过程，它需要表达出品牌代表了什么，有什么与众不同，品牌的什么与消费者相关等一系列问题。

一、品牌的含义

品牌是用以识别某个销售者或某销售者群的产品或服务，并使之与竞争对手的产品或服务区别开来的企业名称及其标志，通常由文字、标记、符号、图案和颜色等要素或这些要素的组合构成。品牌是一个集合概念，它包括品牌名称和品牌标志两部分。

品牌就其实质来说，它代表着销售者（卖者）对交付给买者的产品特征、利益和服务的一贯性的承诺。品牌还是一个更为复杂的符号，蕴含着深刻的含义：属性、利益、价值、文化、个性、用户。

二、品牌与商标的区别

品牌与商标都是用以识别不同生产经营者的不同种类、不同品质产品的商业名称及其标志。品牌是市场概念，是产品和服务在市场上通行的牌子，它强调与产品及其相关的质量、服务等之间的关系，品牌实质上是品牌使用者对顾客在产品特征、服务和利益等方面的承诺。而商标是法律概念，它是已获得专用权并受法律保护的商业标牌，是品牌的一部分。

三、驰名商标

驰名商标是国际上通用的为相关公众所熟知的享有较高声誉的商标。驰名商标具有如下的法律特征：与一般的商标相比，驰名商标有其独特的专属、独占性特征。主要表现在以下方面：驰名商标的专用权跨越国界；驰名商标的注册权超越优先申请原则。

四、品牌策略

（一）品牌有无策略

品牌运营的第一个作业环节就是企业生产经营的产品是否应该有品牌。不言而喻，拥有自己的品牌，必然要付出相应的费用（包括包装费、法律保护费等）增加企业运营总成本，同时也承担一定的市场风险，但品牌对使用者或营销者的益处更是不可低估的。品牌的有益作用是企业选用有品牌策略的重要原因。

实践中，有的营销者为了节约包装、广告等费用，降低产品成本，提高市场竞争力，也常采用无品牌策略，这主要体现在部分汽车零部件的生产企业内。必须说明的是，商品无品牌策略也含有对品牌认识不足、缺乏品牌意识等原因。

（二）品牌归属策略

企业有三种可供选择的策略，其一是企业使用属于自己的品牌，这种品牌叫做企业品牌或生产者品牌；其二是企业将其产品售给中间商，由中间商使用他自己的品牌将产品转卖出去，这种品牌叫做中间商品牌；其三是企业对部分产品使用自己的品牌，而对另一部分产品使用中间商品牌。

企业选择生产者品牌或中间商品牌，即品牌归属生产者还是中间商，要全面考虑各相关因素，综合分析得益损失，最关键的问题还要看生产者和中间商谁在这个产品的产业价值链上居主导地位、拥有更好的市场信誉和拓展市场的能力。

（三）品牌统分策略

（1）统一品牌　即企业所有的产品（包括不同种类的产品）都统一使用一个品牌。采用统一品牌策略，能够降低新产品宣传费用；可在品牌已赢得良好市场信誉的情况下顺利推出新产品；同时有助于显示企业实力，塑造企业形象。不过，不可忽视的是，若某一种产品因某种原因（如质量）出现问题，就可能使其他种类产品受牵连，甚至影响全部产品和整个企业的信誉。

（2）个别品牌　是指企业对各种不同的产品分别使用不同的品牌。这种品牌策略可以保证企业的整体信誉不至于受某种商品声誉的影响，便于消费者识别不同质量、档次的商品，同时也有利于企业的新产品向多个目标市场渗透。当然，促销费用较高也是不可忽视的。

（3）分类品牌　即指企业对产品在分类的基础上各类产品使用不同的品牌。并分别赋予其不同的品牌名称及品牌标志。这实际上是对前两种做法的一种折中。

（4）企业名称加个别品牌　其做法是企业对其各种不同的产品分别使用不同的品牌，但需在各种产品的品牌前面冠以企业名称。这种在各不同产品的品牌名称前冠以企业名称做法，可以使新产品与老产品统一化，进而享受企业的整体信誉。与此同时，各种不同的新产品分别使用不同的品牌名称，又可以使不同的新产品各具特色。比如广州本田。

（5）品牌扩展策略　品牌扩展就是指企业利用其成功品牌的声誉来推出改良产品或新产品。品牌扩展策略适合于新产品推广，新产品借助成功品牌的市场信誉在节省促销费用的情况下能够顺利地进占市场。值得注意的是，品牌扩展策略是一把双刃剑。若利用已成功的品牌开发并投入市场的新产品不尽如人意，消费者不认可，也会影响该品牌的市场信誉。

（6）多品牌策略　多品牌策略即是企业同时为一种产品设计两种或两种以上互相竞争的品牌的做法。运用多品牌策略可以在产品销售过程中占有更大的货架空间，进而压缩或挤占了竞争者产品的市场空间，为获得较高的市场占有率奠定了基础。而且还应看到，多种不同的品牌代表了不同的产品特色，多品牌可吸引多种不同需求的顾客，提高市场占有率。

在运用多品牌策略时，要注意各品牌市场份额的大小变化趋势，适时撤销市场占有率过低的品牌，以免造成自身品牌过度竞争。

（7）品牌重新定位策略　品牌重新定位策略也称再定位策略，就是指全部或部分调整或改变品牌原有市场定位做法。

复习与思考题

1. 什么是汽车产品的整体概念？
2. 什么是产品组合？其类型有哪些？
3. 什么是产品的周期理论？在不同的产品周期，应采取何种营销策略？
4. 什么叫汽车新产品？它包含有哪些类型？
5. 试述新产品开发的过程，以及其过程中的营销策略。
6. 试述汽车品牌建设策略。

第五章　汽车定价策略

学习目标
1. 理解影响汽车产品定价的主要因素。
2. 了解汽车产品的基本定价方法。
3. 掌握汽车产品的价格策略。
4. 了解汽车产品的定价程序。

汽车价格是汽车市场营销中的一个非常重要的因素，它在很大程度上决定着市场营销组合的其他因素。价格的变化直接影响着汽车市场对其的接受程度，影响着消费者的购买行为，影响着汽车生产企业盈利目标的实现。因此，汽车定价策略是汽车市场竞争的重要手段。汽车的定价策略既要有利于促进销售、获取利润、补偿成本，同时又要考虑汽车消费者对价格的接受能力，从而使汽车定价具有买卖双方双向决策的特征。

第一节　价格的基本理论

一、价格的本质

价格是一种从属于价值并由价值决定的货币价值形式。价值的变动是价格变动的内在的、支配性的因素，是价格形成的基础。但是，由于商品的价格既是由商品本身的价值决定的，也是由货币本身的价值决定的，因而商品价格的变动不一定反映商品价值的变动，例如，在商品价值不变时，货币价值的变动就会引起商品价格的变动；同样，商品价值的变动也并不一定就会引起商品价格的变动，在商品价值和货币价值按同一方向发生相同比例变动时，商品价值的变动并不引起商品价格的变动。因此，商品的价格虽然是表现价值的，但是，仍然存在着商品价格和商品价值不相一致的情况。在简单商品经济条件下，商品价格随市场供求关系的变动，直接围绕它的价值上下波动。

二、价格的基本职能

1. **标度职能**

即价格所具有表现商品价值量的度量标记。在商品经济条件下，劳动时间是商品的内在价值尺度，而货币是商品内在价值尺度的外部表现形式。货币的价值尺度的作用是借助价格来实现的，价格承担了表现社会劳动耗费的职能，成为从观念上表现商品价值量大小的货币标记。

2. **调节职能**

即价格所具有的调整经济关系、调节经济活动的功能。由于商品的价格和价值经常存在不相一致的情况,价格的每一次变动都会引起交换双方利益关系的转换,因而使价格成为有效的经济调节手段和经济杠杆。

3. 信息职能

即价格变动可以向人们传递市场信息,反映供求关系变化状况,引导企业进行生产、经营决策。价格的信息职能,是在商品交换过程中形成的,是市场上多种因素共同作用的结果。

三、价格的作用

价格的作用是价值规律作用的表现,是价格实现自身功能时对市场经济运行所产生的效果,是价格的基本职能的外化。在市场经济中,价格的作用主要有以下几种。

1. 价格是商品供求关系变化的指示器

借助于价格,可以不断地调整企业的生产经营决策,调节资源的配置方向,促进社会总供给和社会总需求的平衡。在市场上,借助于价格,可以直接向企业传递市场供求的信息,各企业根据市场价格信号组织生产经营。与此同时,价格的水平又决定着价值的实现程度,是市场上商品销售状况的重要标志。

2. 价格水平与市场需求量的变化密切相关

一般来说,在消费水平一定的情况下,市场上某种商品的价格越高,消费者对这种商品的需求量就越小;反之,商品价格越低,消费者对它的需求量也就越大。而当市场上这种商品的价格过高时,消费者也就可能作出少买或不买这种商品,或者购买其他商品替代这种商品的决定。因此,价格水平的变动起着改变消费者需求量、需求方向以及需求结构的作用。

3. 价格是实现国家宏观调控的一个重要手段

价格所显示的供求关系变化的信号系统,为国家宏观调控提供了信息。一般来说,当某种商品的价格变动幅度预示着这种商品有缺口时,国家就可以利用利率、工资、税收等经济杠杆,鼓励和诱导这种商品生产规模的增加或缩减,从而调节商品的供求平衡。价格还为国家调节和控制那些只靠市场力量无法使供求趋于平衡的商品生产提供了信息,使国家能够较为准确地干预市场经济活动,在一定程度上避免由市场自发调节带来的经济运行的不稳定,或减少经济运行过程的不稳定因素,使市场供求大体趋于平衡。

四、汽车价格的构成

汽车价值决定汽车价格,汽车价格是汽车价值的货币表现。但在现实汽车市场营销中,由于受汽车市场供应等因素的影响,汽车价格表现得异常活泼,价格时常同价值的运动表现不一致:有时价格高于价值,有时价格低于价值。在价格形态上的汽车价值转化为汽车价格构成的四个要素:汽车生产成本、汽车流通费用、国家税金和汽车企业利润。

1. 汽车生产成本

它是汽车价值的重要组成部分,也是制定汽车价格的重要依据。

2. 汽车流通费用

它是发生在汽车从汽车生产企业向最终消费者移动过程各个环节之中的,并与汽车移动的时间、距离相关,因此它是正确制定同种汽车差价的基础。

3. 国家税金

它是汽车价格的构成因素。国家通过法令规定汽车的税率,并进行征收。税率的高低直接影响汽车的价格。

4. 汽车企业利润

它是汽车生产者和汽车经销者为社会创造和占有价值的表现形态，是汽车价格的构成因素，是企业扩大再生产的重要资金来源。

从汽车市场营销角度来看，汽车价格的具体构成为：

汽车生产成本＋汽车生产企业的利税＝汽车出厂价格

汽车生产成本＋汽车生产企业的利税＋汽车批发流通费用＋汽车批发企业的利税＝汽车批发价格

汽车生产成本＋汽车生产企业的利税＋汽车直售费用＋汽车直售企业的利税＝汽车直售价格

五、汽车价格体系

汽车价格体系是指在国家整个汽车市场中，各种汽车价格之间相互关系的总和。从价格学的角度来看，价格体系一般分为三个分体系，即比价体系、差价体系和体现我国价格管理体制的各种价格形式体系。从汽车市场营销学的角度来看，汽车市场营销中的汽车价格体系主要指差价体系。汽车差价是指同种汽车因为购销环节、购销地区、购销季节以及汽车质量不同而形成的价格差异。

从经济学观点看，价格是严肃的，价格是商品价值的货币表现，不能随意变动。但从汽车市场营销的角度看，汽车价格是活跃的，汽车价格要对汽车市场变化做出灵活的反应，要以汽车消费者是否愿意接受为出发点。

第二节　影响汽车产品价格的主要因素

汽车营销中，对汽车产品的定价很重要，一款价格合理的汽车，能得到消费者的认可和追捧，市场销量也会得到保证。第八代雅阁上市价格从 18.18 万到 33.98 万。再看看君越的价格 20.98 万到 27.28 万，而且只有 2.4L 一个排量。雅阁的价格定位非常好，最低 18.18 万，价格远远低于君越，而且还全面超越同级别车，因此，雅阁的热销和君越的滞销就很显而易见了。再看看新凯越的定价，10.38 万到 14.98 万，在原来的基础上做了一个小改款，价格基本上和上一代的凯越价格差不多，再看看北京现代伊兰特悦动，对发动机、外观、车身尺寸等做了一个大的改款，价格最低下探到 9.98 万，最高才 12.98 万。无疑，悦动的性价比更高。导致的结果是新凯越上市后无人问津，前期的销量很惨淡，如今大幅优惠，北京上海等地区最高可以优惠到 1.5 万，新凯越的定价直接影响了它的销量。当然也有产品的影响，对于买中级车的客户来讲，性价比是他考虑的一个最大因素，所以对企业来讲，定价是一个很重要的环节。

企业的生存与利润，产品定价过低便不能获得较多的利润，甚至无法收回成本。而定价过高，则消费者可能拒绝购买，因此要想达到企业的利润目标，必须在这高、低之间找出最佳的产品定价。价格是一个变量，它受到诸多因素的影响和制约。一般来说，可以把这些因素区分为企业的内部因素和外部因素。内部因素主要有定价目标、成本、产品特点、分销渠道和促销策略等；外部因素主要有市场和需求情况、货币流通情况、竞争情况、政策环境和社会心理等。给汽车产品定价时必须综合考虑这些因素的影响，并据此选择定价策略。

一、内部因素

1. 定价目标

不同的汽车企业，不同的汽车产品，其市场地位不同，自然定价策略也是不一样的。任何汽车企业都不能孤立地制定价格，而必须按照汽车企业的目标市场战略及市场定位战略的要求来进行。不同的企业目标会影响企业的定价，有些企业会使产品在下一年获取最大利润，有些企业则会以合理的价格获得更大的市场份额，那么他们的定价就会不一样，利润最大化目标是指企业以获得最大限度的利润为定价目标。为了达到这个目标，企业通常采用高价政策。它适合于企业的产品在市场上处于绝对有利的地位，否则消费者不愿意为产品付出高价。只有目标明确才能把握定价方向，从而制定相应的定价策略。

企业定价目标主要有以下几种。

（1）维持生存，迅速回收资金　有的企业由于种种原因，造成汽车产品的大量积压，如果汽车企业产量过剩，或销路不畅，产品滞存；或汽车企业资金面临严重不足；或企业面临激烈竞争；或谋求改变消费者的需求，当汽车企业遇到生产能力过剩或激烈的市场竞争要改变消费者的需求时，它要把维持生存作为自己的主要目标——生存比利润更重要。对于这类汽车企业来讲，只要他们的汽车价格能够弥补变动成本和一部分固定成本，即汽车单价大于汽车企业变动成本，他们就能够维持住汽车企业。此时汽车企业宜制定较低的价格，有时甚至制定低于成本的价格以便迅速收回资金再投资。企业这种定价目标只适合企业的短期目标。虽然他们当时的定价目标都很无奈，但是这种短期目标的实现，使企业得以在汽车市场上立足，并得到了良好的发展。

（2）争取当期利润最大化　即汽车企业以追求当期利润最大化作为定价目标。对生产企业来说，汽车价格有两个意义：市场空间和生存空间。一般情况下，商品价格越低，市场空间越大，低到成本以下，企业无法承受，就没有了生存空间。企业往往要寻找一个由较高的价格和较大的销量组成的最大利润点，此时一般产品所定的价格较高，因此要求被定价的产品必须市场信誉高，在目标市场上占有优势地位。以最大利润为汽车定价目标，指的是汽车企业期望获取最大限度的销售利润。通常已成功地打开销路的中小汽车企业，最常用这种目标。追求最大利润并不等于追求最高汽车价格。最大利润既有长期和短期之分，又有汽车企业全部汽车产品和单个汽车产品之别。这种定价目标比较适合于处于成熟期的名牌汽车产品。

如20世纪的80~90年代，桑塔纳的价格贵的吓人，20多万，还不好买。因为那时中国基本没有什么轿车。

也有以适度利润为目标的，它可以使企业避免不必要的竞争，还能获得长期利润，当然适度利润的实现必须充分考虑产销量、竞争环境等因素，否则，适度利润就不可能实现。有些汽车企业为了保全自己，减少市场风险，或者限于实力不足，以满足适当利润作为汽车定价目标。这种情况多见于处于市场追随者地位的中小汽车企业。还有就是以销售额作为定价目标的。

以预期的利润作为汽车定价目标，就是汽车企业把某项汽车产品或投资的预期利润水平，规定为汽车销售额或投资额的一定百分比，即汽车销售利润率或汽车投资利润率。

汽车定价是在汽车成本的基础上加上目标利润。根据实现目标利润的要求，汽车企业要估算汽车按什么价格销售、销售多少才能达到目标利润。一般来说，预期汽车销售利润率或汽车投资利润率要高于银行存款利率。

以目标利润作为汽车定价目标的汽车企业，应具备以下两个条件：

① 该汽车企业具有较强的实力，竞争力比较强，在汽车行业中处于领导地位；

② 采用这种汽车定价目标的多为汽车新产品、汽车独家产品以及低价高质量的汽车产品。

（3）争取市场占有率最大化　这种汽车定价目标是指汽车企业希望获得某种水平的汽车

销售量或汽车市场占有率而确定的目标。一般来说,一个汽车企业赢得最高的市场占有率之后将享有最低成本和最高的成长利润。市场占有率的高低对汽车企业来说是非常重要的,保持和提高市场占有率是汽车企业的一个十分重要的目标。当具备下述条件之一时,汽车企业可以考虑通过低价来实现市场占有率的提高。因为市场对价格高度敏感,因此低价能刺激需求的迅速增长;生产与分销的单位成本会随着生产经验的积累而下降;低价能吓退已有的和潜在的竞争者。这种定价目标比较适合于新产品或不为市场所熟悉的产品。

汽车市场占有率是汽车企业经营状况和汽车产品在汽车市场上的竞争能力的直接反映,对于汽车企业的生存和发展具有重要意义。因为,汽车市场占有率一般比最大利润容易测定,也更能体现汽车企业的努力方向。因此,有时汽车企业把保持或扩大汽车市场占有率看得非常重要。

许多资金雄厚的大汽车企业,喜欢以低价渗透的方式来保持一定的汽车市场占有率;一些中小企业为了在某一细分汽车市场获得一定优势,也十分注重扩大汽车市场占有率。

一般来讲,只有当汽车企业处于以下几种情况下,才适合采用该种汽车定价目标:
① 该汽车的价格需求弹性较大,低价会促使汽车市场份额的扩大;
② 汽车成本随着销量增加呈现逐渐下降的趋势,而利润有逐渐上升的可能;
③ 低价能阻止现有和可能出现的竞争者;
④ 汽车企业有雄厚的实力能承受低价所造成的经济损失;
⑤ 采用进攻型经营策略的汽车企业。

以增加或扩大现有汽车销售量为汽车定价目标的方法一般适用汽车的价格需求弹性较大,汽车企业开工不足,生产能力过剩,只要降低汽车价格,就能扩大销售,使单位固定成本降低,汽车企业总利润增加的情况。

我国鼓励和保护公平竞争,保护汽车经营者和汽车消费者的合法权益,制止不正当竞争行为。国家制定了《反不正当竞争法》。在汽车定价时,不得以低于变动成本的价格销售汽车来排挤竞争对手;有奖销售的最高奖的金额不得超过 5000 元。

(4) 确保产品质量最优化 这是指汽车企业要在市场上树立汽车质量领先地位的目标,而在汽车价格上作出反应。优质优价是一般的市场供求准则,研究和开发优质汽车必然要支付较高的成本,自然要求以高的汽车价格得到回报。

从完善的汽车市场体系来看,高价格的汽车自然代表或反映着汽车的高性能、高质量及其优质服务。采取这一目标的汽车企业必须具备以下两个条件:一是高性能、高质量的汽车,二是提供优质的服务。

为实现产品质量最优,汽车企业在开发、生产和市场营销过程中的成本就会相对较高,同时售后服务的要求也高。这就要求汽车产品的价格也相应较高,以弥补高成本,即常说的"优质优价"。这种定价目标适合于市场信誉度高的名牌产品。

(5) 应付竞争、防止竞争 汽车市场的竞争日趋激烈。应付竞争、防止竞争,即汽车企业有意识地通过产品定价去应付或避免竞争的定价策略。这是指汽车企业主要着眼于竞争激烈的汽车市场上以应付或避免竞争为导向的汽车定价目标。在汽车市场竞争中,大多数竞争对手对汽车价格都很敏感,在汽车定价以前,一般要广泛收集市场信息,把自己生产的汽车的性能、质量和成本与竞争者的汽车进行比较,然后制定本企业的汽车价格。通常采用的方法有:
① 与竞争者同价;
② 高于竞争者的价格;
③ 低于竞争者的价格。

汽车企业在遇到同行价格竞争时，常常会被迫采取相应对策。如：竞相削价，压倒对方；及时调价，价位对等；提高价格，树立威望。在现代市场竞争中，价格战容易使双方两败俱伤，风险较大。所以，很多企业往往会开展非价格竞争，如在汽车质量、促销、分销和服务等方面下苦功夫，以巩固和扩大自己的汽车市场份额。以此为目标的汽车企业制定价格时，以对市场有决定影响的竞争者价格为基础，故意将价格定得比竞争对手低，或比竞争对手高（在条件优越，实力雄厚时）。这种定价目标比较适合于目标实现的可能性很大，而且实力雄厚的企业。

(6) 保持良好的分销渠道　保持分销渠道畅通是保证汽车企业良好经营效果的重要条件之一。对那些需经中间商推销汽车产品的企业，为了在激烈的市场竞争中保住完整的销售渠道，促进销售，往往以良好的渠道为定价目标。为此，汽车企业必须研究价格对中间商的影响，让中间商有充分的积极性去推销产品。

对于那些需经中间商销售汽车的汽车企业来说，保持汽车销售渠道畅通无阻，是保证汽车企业获得良好经营效果的重要条件之一。

为了使得销售渠道畅通，汽车企业必须研究汽车价格对中间商的影响，充分考虑中间商的利益，保证对中间商有合理的利润，促使中间商有充分的积极性去销售汽车。

在现代汽车市场经济中，中间商是现代汽车企业营销活动的延伸，对宣传汽车、提高汽车企业知名度有十分重要的作用。汽车企业在激烈的汽车市场竞争中，有时为了保住完整的汽车销售渠道，促进汽车销售，不得不让利于中间商。

例如，1974年的石油危机发生后，国际汽车市场受到严重冲击，因而汽车市场竞争异常激烈，日本的马自达公司为了推销汽车，规定每推销一辆汽车给中间商500美元的回扣奖励。这一政策的结果，使该公司保持住了完整的汽车销售渠道，保证了在1976年向市场投放的新型节油车型的销售获得了成功，使该公司获益匪浅。

2. 汽车产品的成本

成本是影响定价的基本因素，也是企业在定价时考虑的第一要素。成本又可分解为固定成本和可变成本。固定成本是在短期内不随企业产量和销售收入的变化而变化的生产费用。如厂房的折旧费、租金、贷款利息等。可变成本是随生产水平的变化而直接变化的成本，如原材料、工资等。

如果说，市场供需决定了汽车产品的最高价格，而成本则决定了汽车产品的最低价格。

因此，成本是价格中最基本、最主要的因素，成本低则产品价格竞争力就强。入世后，降低成本已成为目前我国汽车工业的一个重要课题。

(1) 汽车产品成本的分类　汽车产品成本包括科研制造成本、营销成本、储运成本等。按国家规定，汽车产品成本主要包括以下几个方面：

① 汽车生产经营过程中实际消耗的各种原材料、辅助材料、备品配件、外购半成品、燃料、动力、包装物、低值易耗品的原价和运输、装卸、整理费用。

② 固定资产折旧、按产量提取的更新改造资金、租赁费和修理费。

③ 科学研究、汽车新技术开发和新产品试制所发生的不构成固定资产的费用，购置样品和一般测试仪器设备的费用。

④ 按国家规定列入成本的职工工资、福利费、奖励金。

⑤ 按规定比例计算提取的工会经费和按规定列入成本的职工教育经费。

⑥ 产品包修、包换、包退的费用，废品修复费和报废损失，停工期间支付的工资、职工福利费，设备维护和管理费，削价损失和经批准核销的坏账损失。

⑦ 财产和运输保险费，契约、合同公证费和鉴证费，咨询费，专有技术使用费，以及

应列入成本的排污费。

⑧ 流动资金贷款利息。

⑨ 办公费、差旅费、会议费、宣传费、冬季取暖费、消防费、检验费、劳保用品费、仓储费、商标注册费及专利申请费、展览费等。

⑩ 销售商品发生的运输费、包装费、广告费和销售机构的管理费，以及经批准列入成本的其他费用。

为了分析方便，以上产品成本可分为固定成本和可变成本。固定成本是企业产品的投资、折旧、房地租金以及行政办公费等；可变成本是指随着产量或销售量的增减而变化的各项费用，如原材料消耗、储运费用、计件工资等。还有一种叫做"半固定成本"，它是产品产销量增加到一定数值后，如继续扩大产销量则需要追加的固定资本。固定成本、可变成本和半固定成本之和就构成了总成本。

(2) 影响汽车成本的主要因素

① 生产规模对成本的影响。汽车生产规模的大小在很大程度上决定着产品成本的高低。比如，CA140 中型载重车的年产量由 1 万辆增至 5 万辆时，单车成本下降 48%；EQ140 中型载重车年产量由 2 万辆增至 4.8 万辆时，单车成本下降 27%，BJ130 轻型载重汽车年产量由 2100 辆增至 11000 辆时，单车成本下降 31%；SH760A 型轿车年产量由 4000 辆增至 5100 辆时，单车成本下降 11%。这正是规模效益所致。

② 产品品种对成本的影响。从理论上看，单一品种的大量生产，对获得较低的汽车成本来说是非常理想的。但是为了能够在市场上具有较强的竞争能力，汽车生产企业必须能够生产较多的品种。国际上具有竞争力的汽车企业，都是采用了以若干车身、发动机、变速器、车桥、制动系统等装配成成百上千个品种。这些经验表明，对汽车工业来说以最少的零部件作为基础，生产尽可能多的竞争能力较强的车型是获得成功的必要条件之一。

③ 产品质量对成本的影响。质量费用是为了保证提高产品质量而支出的一切费用，以及因未达到质量标准而产生的一切费用损失之和。降低质量费用是企业内部质量管理的一个重大课题，也是降低产品成本的一个重要方面。

④ 企业管理水平和生产经验等因素对汽车产品成本的影响。汽车工业生产的成本结构，总体上是技术比例高，外购原材料和零件比例高，占用资金额大。发达国家的汽车生产，一方面由于其劳动生产率高，有利于降低成本；另一方面，由于其劳动力成本高，又增加了汽车生产成本。而发展中国家的汽车生产成本正好相反，由于技术水平低，劳动生产率不高，尽管劳动力便宜，但汽车生产总成本并不一定低于发达国家。对汽车生产而言，那些位居发展中国家前列，在世界上属中度发达的国家，如韩国、墨西哥、西班牙等国，由于其工业化程度、劳动生产率、人员技术素质都较高，而劳动力成本也相对便宜，因而这些国家已经成为各大汽车公司转移汽车生产较为理想的国家。对我国来，目前首先要做的就是提高汽车产品的技术含量，提高生产率水平，从而进一步提高国际竞争能力。

二、外部因素

1. 市场需求的性质和状况

市场需求是影响企业定价最重要的外部因素，它规定了产品价格的最高上限。因此，在定价之前，营销人员必须了解汽车产品的价格和需求之间的关系。

在一般情况下，尤其是在自由竞争市场条件下，市场价格随市场供给与需求的关系的变化而变化。供不应求时，市场表现为卖方市场，价格上涨，企业利润丰厚，市场刺激生产；当商品供过于求，进入买方市场，价格下降，利润变薄，缺乏竞争力的企业将被淘汰。由于汽车市场是一种垄断市场，其价格形成机制虽然也服从供求规律，但在表现形式上却有其自身特点，因而汽车企业具有选择定价策略和定价方法的必要与可能。

从我国目前的汽车市场现状来看，虽然市场（尤其是私家车市场）容量和潜力都非常大，但已是一个买方市场，因此，企业应走营销导向之路。

定价还必须遵守和执行国家的有关方针、政策和法令。还有其他的一些因素也会影响汽车的定价，如消费者的心理因素、汽车产品的生命周期、品牌的知名度、企业用于广告和宣传的费用等。

2. 汽车消费者需求

汽车消费者的需求对汽车定价的影响，主要通过汽车费者的需求能力、需求强度、需求层次反映出来。汽车定价要考虑汽车价格是否适应汽车消费者的需求能力；需求强度是指消费者想获取某品牌汽车的程度，如果消费者对某品牌汽车的需求比较迫切，则对价格不敏感，企业在定价时，可定得高一些，反之，则应低一些；不同需求层次对汽车定价也有影响，对于能满足较高层次的汽车，其价格可定得高一些，反之，则应低一些。

3. 汽车特征

它是汽车自身构造所形成的特色。一般指汽车造型、质量、性能、服务、商标和装饰等，它能反映汽车对消费者的吸引力。汽车特征好，该汽车就有可能成为名牌汽车、时尚汽车、高档汽车，就会对消费者产生较强的吸引力，这种汽车往往供不应求，因而在定价上占有有利的地位，其价格要比同类汽车高。

4. 竞争者行为

汽车定价是一种挑战性行为，任何一次汽车价格的制定与调整都会引起竞争者的关注，并导致竞争者采取相应的对策。在这种对抗中，竞争力量强的汽车企业有较大的定价自由，竞争力量弱的汽车企业定价的自主性就小。通常，它是追随市场领先者进行定价。

5. 汽车市场结构

根据汽车市场的竞争程度，汽车市场结构可分为四种不同的汽车市场类型。

（1）完全竞争市场　又称自由竞争市场。在这种市场里，汽车价格只受供求关系影响，不受其他因素影响。这样的市场在现实生活中是不存在的。

（2）完全垄断市场　又称独占市场。这是指汽车市场完全被某个品牌或某几个品牌所垄断和控制，在现实生活中也属少见。

（3）垄断竞争市场　指既有独占倾向又有竞争成分的汽车市场。这种汽车市场比较符合现实情况，其主要特点是：

① 同类汽车在市场上有较多的生产者，市场竞争激烈；

② 新加入者进入汽车市场比较容易；

③ 不同企业生产的同类汽车存在着差异性，消费者对某种品牌汽车产生了偏好，垄断企业由于某种优势而产生了一定的垄断因素。

（4）寡头垄断市场　这是指某类汽车的绝大部分由少数几家汽车企业垄断的市场，它是介于完全垄断和垄断竞争之间的一种汽车市场形式。在现实生活中，这种形式比较普遍。在这种汽车市场中，汽车的市场价格不是通过市场供求关系决定的，而是由几家大汽车企业通过协议或默契规定的。

6. 货币价值

价格是价值的货币表现。汽车价格不仅取决于汽车自身价值量的大小，而且取决于货币价值量的大小。汽车价格是汽车与货币交换的比例关系。

7. 政府干预

为了维护国家与消费者的利益，维护正常的汽车市场秩序，国家制定有关法规，来约束汽车企业的定价行为。

8. 社会经济状况

一个国家或地区经济发展水平及发展速度高，人们收入水平增长快，购买力强，价格敏感性弱，有利于汽车企业较自由地为汽车定价。反之，一个国家或地区经济发展水平及发展速度低，人们收入水平增长慢，购买力弱，价格敏感性强，企业就不能自由地为汽车定价。

第三节 汽车产品的定价方法

汽车定价方法是指汽车企业为了在目标市场上实现定价目标，而给汽车产品制定一个基本价格或浮动范围的方法。影响汽车价格的因素比较多，但在制定汽车价格时主要考虑的因素是汽车产品的成本、汽车市场的需求和竞争对手的价格。汽车产品的成本规定了汽车价格的最低基数，汽车市场的需求决定了汽车需求的价格弹性，竞争对手的价格提供了制定汽车价格时的参照点。在实际操作中，往往侧重于影响因素中的一个或几个因素来选定汽车定价方法，以解决汽车定价问题。由此产生了汽车成本导向定价法、汽车需求导向定价法和汽车竞争导向定价法等汽车定价方法。

一、汽车成本导向定价法

顾名思义，汽车成本导向定价法就是以汽车成本为基础，加上一定的利润和应纳税金来制定汽车价格的方法。这是一种按汽车卖方意图定价的方法。以汽车成本为基础的定价方法主要有以下三种。

1. 汽车成本加成定价法

汽车成本加成定价法是一种最简单的汽车定价方法，即在单台汽车成本的基础上，加上一定比例的预期利润作为汽车产品的售价。售价与成本之间的差额，就是利润。由于利润的多少是按一定比例反映的，这种比例习惯上称为"几成"，所以这种方法被称为汽车成本加成定价法。

计算公式如下：

$$汽车加成价格 = \frac{单台汽车成本 \times (1+汽车成本利润率)}{1-税率} \tag{5-1}$$

其中

$$汽车成本利润 = \frac{要求达到的总利润}{总成本} \times 100\% \tag{5-2}$$

例如，设某个汽车企业一年要达到的总利润为 6000 万元，总成本是 30000 万元，只生产某种汽车产品 2000 台，产品税率为 10%，计算得

$$成本利润率 = 6000 万元/30000 万元 \times 100\% = 20\%$$

$$汽车加成价格 = \frac{(30000 万元/2000 台) \times (1+20\%)}{1-10\%} = 20 万元/台$$

汽车成本加成定价法的优点是：第一，能使汽车企业的全部成本得到补偿，并有一定的盈利，使汽车企业的再生产能继续进行；第二，这种计算方法简便易行；第三，有利于国家和有关部门通过规定成本利润率，对汽车企业的汽车价格进行监督；第四，如果汽车行业都采用此法，就可缓解汽车价格竞争，保持汽车市场价格的稳定。但在实践运用过程中，也存在着一些问题：首先，由于汽车成本加成定价法忽视了汽车市场的需求和竞争对手的价格，只反映生产经营中的劳动耗费，因此，根据这种方法制定的汽车价格必然缺乏对汽车市场供

求关系变化的适应能力,不利于增强汽车企业的市场竞争力;其次,汽车企业成本纯属是企业的个别成本,而不是正常生产合理经营下的社会成本,因此,有可能包含不正常、不合理的费用开支。可见,此定价法主要适用于汽车生产经营处于合理状态下的企业和供求大致平衡、成本较稳定的汽车产品。

2. 汽车加工成本定价法

汽车加工成本定价法是将汽车企业成本分为外购成本与新增成本后分别进行处理,并根据汽车企业新增成本来加成定价的方法。对于外购成本,企业只垫付资金,只有企业内部生产过程中的新增成本才是企业自身的劳动耗费。因此,按汽车企业内部新增成本的一定比例计算自身劳动耗费和利润,按汽车企业新增价值部分缴纳增值税,使汽车价格中的盈利同汽车企业自身的劳动耗费成正比,是汽车加工成本定价法的要求。其计算公式如下:

$$汽车价格 = 外购成本 + \frac{汽车加工新增成本 \times (1 + 汽车加工成本利润率)}{1 - 加工增值税率} \quad (5\text{-}3)$$

其中

$$汽车加工成本利用率 = \frac{要求达到的总利润}{加工新增成本总额} \times 100\% \quad (5\text{-}4)$$

$$加工增值税率 = \frac{应纳增值税金总额}{销售总额 - 外购成本总额} \times 100\% \quad (5\text{-}5)$$

这种汽车加工成本定价法主要适用于加工型汽车企业和专业化协作的汽车企业。此方法既能补偿汽车企业的全部成本,又能使协作企业之间的利润分配和税收负担合理化,避免按汽车成本加成法定价形成的行业之间和协作企业之间苦乐不均的弊病。

3. 汽车目标成本定价法

汽车目标成本定价法是指汽车企业以经过一定努力预期能够达到的目标成本为定价依据,加上一定得目标利润和应纳税金来制定汽车价格的方法。这里,目标成本与定价时的实际成本不同,它是企业在充分考虑到未来营销环境变化的基础上,为实现企业的经营目标而拟定的一种"预期成本",一般都低于定价时的实际成本。其计算公式如下:

$$汽车价格 = \frac{汽车目标成本 \times (1 + 汽车目标成本利润率)}{1 - 税率} \quad (5\text{-}6)$$

其中,

$$汽车目标成本利用率 = \frac{要求达到的总利润}{目标成本 \times 目标产销量} \times 100\% \quad (5\text{-}7)$$

上述表明,汽车目标成本的确定要同时受到价格、税率和利润要求的多重制约。即汽车价格应确保市场能容纳目标产销量,扣税后销售总收入在补偿目标产销量计算的全部成本后能为汽车企业提供预期的利润。此外,汽车目标成本还要充分考虑原材料、工资等成本价格变化的因素。

汽车目标成本虽非定价时的实际成本,但也不是主观臆造出来的,而要建立在对"量、本、利"关系进行科学测算的基础上。通常,企业成本可划分为固定成本和变动成本这两大类。小批量生产成本高的主要原因是固定总成本按产量分摊后单位固定成本高,如果在设备能力范围内将目标产量增大,就能使固定总成本分摊额减少,平均变动成本一般变化不大,并还可能由于工艺技术更熟悉而降低一些,于是就使单台汽车成本大大降低。预期的成本降低便可将汽车价格定到能吸引消费者的水平,从而为汽车打开销路。但是,并非汽车目标成本定得越低越好,因为,要降低目标成本就必须增大目标产销量,而汽车目标产销量如果太接近一个汽车企业的生产能力极限,单台汽车成本水平反而又会升高,因为在人员和设备满负荷运转后,非熟练工人也得上第一线,机器设备故障率会上升,停机检修的时间和费用以及废次品损失会增加，资金和原材料周转脱节的现象也会增多。按照许多汽车企业的实践经验，汽车目标成本一般是在保本点往后直到设备利用率达到左右的产量区间内确定的。

汽车目标成本定价法是为谋求长远和总体利益服务的，较适用于经济实力雄厚、生产和经营有较大发展前途的汽车企业，尤其适用于新产品的定价。采用汽车目标成本定价法有助于汽车企业开拓市场，降低成本，提高设备利用率，从而提高汽车企业的经济效益和社会效益。

二、汽车需求导向定价法

汽车需求导向定价法是一种以需求为中心，汽车企业依据汽车消费者对汽车价值的理解和对汽车需求的差别来定价。

1. 对汽车价值的理解定价法

所谓对汽车价值的理解定价法，就是汽车企业按照汽车消费者对汽车价值的理解来制定汽车价格，而不是根据汽车企业生产汽车的实际价值来定价。

对汽车价值的理解定价法同汽车在市场上的定位是相联系的。其方法是：

（1）先从汽车的质量、提供的服务等方面为汽车在目标市场上定价；
（2）决定汽车所能达到的售价；
（3）估计在此汽车价格下的销量；
（4）由汽车销量算出所需的汽车生产量、投资额及单台汽车成本；
（5）计算该汽车是否能达到预期的利润，以此来确定该汽车价格是否合理，并可进一步判明该汽车在市场上的命运如何。

运用对汽车价值的理解定价法的关键是，要把自己的汽车产品与竞争者的汽车产品相比较，正确估计本企业的汽车产品在汽车消费者心目中的形象，找到比较准确的理解价值。因此，在汽车定价前要搞好市场调研。

2. 对汽车需求的差别定价法

这是根据对汽车需求方面的差别来制定汽车的价格。

（1）按汽车的不同目标消费者采取不同价格 因为同一商品对于不同消费者，其需求弹性不一样。有的消费者对价格敏感，适当给予优惠可诱其购买，有的则不敏感，可照价收款。

（2）按汽车的不同花色、样式确定不同价格 因为对同一品牌、规格汽车的不同花色、样式，消费者的偏好程度不同，需求量也不同。因此，定不同的价，能吸引不同需求的消费者。

（3）按汽车的不同销售时间采用不同价格 同一种汽车因销售时间不同，其需求量也不同，汽车企业可据此制定不同的价格，争取最大销售量。

总之，对汽车需求的差异定价法能反映汽车消费者对汽车需求的差别及变化，有助于提高汽车企业的市场占有率和增强其汽车产品的渗透率。但这种定价法不利于成本控制，且需求的差别不易精确估计。

三、汽车竞争导向定价法

汽车竞争导向定价法是依据竞争者的价格来定价，使本汽车企业的价格与竞争者价格相类似或保持一定的距离。这是一种汽车企业为了应付汽车市场竞争的需要而采取的特殊的定价方法。主要有以下三种方法：

1. 随行就市定价法

随行就市定价法，即以同类汽车产品的平均价格作为汽车企业定价的基础。这种方法适合汽车企业既难于对顾客和竞争者的反应作出准确的估计，自己又难于另行定价时运用。在实践中，有些产品难以计算，采用随行就市定价一般可较准确地体现汽车价值和供求情况，保证能获得合理效益，同时，也有利于协调同行业的步调，融洽与竞争者的关系。

此外，采用随行就市定价法，其汽车产品的成本与利润要受同行业平均成本的制约。因此，企业只有努力降低成本，才能获得更多的利润。

2. 相关商品比价法

相关商品比价法，即以同类汽车产品中消费者认可某品牌汽车的价格作为依据，结合本企业汽车产品与认可汽车的成本差率或质量差率来制定汽车价格。

3. 竞争投标定价法

在汽车易主交易中，采用招标、投标的方式，由一个卖主（或买主）对两个以上并相互竞争的潜在买主（或卖主）出价（或要价）、择优成交的定价方法，称为竞争投标定价法。其显著特点是招标方只有一个，处于相对垄断的地位；而投标方有多个，处于相互竞争的地位。能否成交的关键在于投标者的出价能否战胜所有竞争对手而中标，中标者与卖方（买方）签约成交。

此定价法主要在政府处理走私没收汽车和企业处理多余汽车时采用。上海市对车牌的竞拍也属于这种形式。

四、汽车定价程序

汽车企业在汽车新产品投放市场，或者在市场环境发生变化时需要制定或调整汽车价格，以利于汽车企业营销目标的实现。由于汽车价格涉及汽车企业、竞争者、汽车消费者三者之间的利益，因而为汽车定价既重要又困难。掌握汽车定价的一般程序，对于制定合理的汽车价格是十分重要的。

1. 明确汽车目标市场

在汽车定价时，首先要明确汽车目标市场。汽车目标市场是汽车企业生产的汽车所要进入的市场。具体来讲，就是谁是本企业汽车的消费者。汽车目标市场不同，汽车定价的水平就不同。分析汽车目标市场一般要分析：该汽车市场消费者的基本特征、需求目标、需求强度、需求潜量、购买力水平和风俗习惯等情况。

2. 分析影响汽车定价的因素

(1) 汽车产品特征　汽车产品是汽车企业整个营销活动的基础，在汽车定价前，必须对汽车进行具体分析，主要分析汽车。产品的寿命周期、汽车性能、汽车的质量、汽车对购买者的吸引力、汽车成本水平和汽车需求弹性等。

(2) 市场竞争状况　在竞争的汽车市场中，任何汽车企业为汽车定价或调价时，必然会引起竞争者的关注，为使汽车价格具有竞争力和盈利能力，汽车定价或调价前，对竞争者主要分析：同类汽车市场中主要竞争者是谁，其汽车产品特征与汽车价格水平如何，各类竞争者的竞争实力如何，等等。

(3) 货币价值　汽车价格是汽车价值的货币表现，汽车价格不仅取决于汽车价值量的大小，而且还取决于货币价值量的大小。汽车价格与货币价值量成反比例关系。在分析货币价值量对汽车定价的影响时，主要分析通货膨胀的情况，一般，是根据社会通货膨胀率的大小对汽车价格进行调整。通货膨胀率高，汽车价格也应随之调高。

(4) 政府的政策和法规　国家的经济政策和法规对汽车企业定价有约束作用，因此，汽车企业在定价前一定要了解政府对汽车定价方面的有关政策和法规。

为汽车定价不仅要了解一般的影响因素，更重要的是要善于分析不同经营环境下，影响汽车定价的最主要因素的变化状况。

3. 确定汽车定价目标

汽车定价目标是在对汽车目标市场和影响汽车定价因素综合分析的基础上确定的。汽车定价目标是合理定价的关键。不同的汽车企业、不同的汽车经营环境和不同的汽车经营时期，其汽车定价目标是不同的。在某个时期，对汽车企业生存与发展影响最大的因素，通常会被作为汽车定价目标。

4. 选择汽车定价方法

汽车定价方法是在特定的汽车定价目标指导下，根据对成本、供求等一系列基本因素的研究，运用价格决策理论，对汽车产品价格进行以成本为中心的汽车定价方法、以需求为中心的汽车定价方法和以竞争为中心的汽车定价方法。这三种方法能适应不同的汽车定价目标，汽车企业应根据实际情况择优使用。

5. 最后确定汽车价格

确定汽车价格要以汽车定价目标为指导，选择合理的汽车定价方法，同时也要考虑其他因素，如汽车消费者心理因素，汽车产品新老程度等。最后经分析、判断以及计算活动，为汽车产品确定合理的价格。

第四节 汽车定价策略

汽车价格竞争是一种十分重要的汽车营销手段。在激烈的汽车市场竞争中，汽车企业为了实现自己的营销战略和目标，必须根据产品特点、市场需求及竞争情况，采取各种灵活多变的汽车定价策略，使汽车定价策略与汽车市场营销组合中的其他策略更好地结合，促使和扩大汽车销售，提高汽车企业的整体效益。因此，正确采用汽车定价策略是汽车企业取得汽车市场竞争优势地位的重要手段。

一、汽车新产品定价策略

在激烈的汽车市场竞争中，汽车企业开发的汽车新产品能否及时打开销路、占领市场和获得满意的利润，除了汽车新产品本身的性能、质量及必要的汽车市场营销手段和策略之外，还取决于汽车企业是否能选择正确的定价策略。汽车新产品定价有三种基本策略。

1. 撇油定价策略

这是一种汽车高价保利策略，是指在汽车新产品投放市场的初期，将汽车价格定得较高，以便在较短的时期内获得较高的利润，尽快地收回投资。

这种汽车定价策略的优点是：汽车新产品刚投放市场，需求弹性小，尚未有竞争者，因此，只要汽车新产品能超群、质量过硬，就可以采取高价，来满足一些汽车消费者求新、求异的消费心理。由于汽车价格较高，因而可以使汽车企业在较短时期内取得较大利润。定价较高，便于在竞争者大量进入市场时主动降价，增强竞争能力，同时，也符合顾客对价格由高到低的心理。

这种汽车定价策略的缺点是：在汽车新产品尚未建立起声誉时，高价不利于打开市场，一旦销售不利，汽车新产品就有夭折的风险。如果高价投放市场销路旺盛，很容易引来竞争者，从而使汽车新产品的销路受到影响。

这种汽车定价策略一般适应以下几种情况：

（1）汽车企业研制、开发的这种技术新、难度大、开发周期长的汽车新产品，用高价也不怕竞争者迅速进入市场。

（2）这种汽车新产品有较大市场需求。由于汽车是一次购买，享用多年，因而高价市场也能接受。

(3) 高价可以使汽车新产品一投入市场就树立起性能好、质量优的高档品牌形象。

2. 渗透定价策略

这是一种汽车低价促销策略，是指在汽车新产品投放市场时，将汽车价格定得较低，以便使汽车消费者容易接受，很快打开和占领市场。

这种汽车定价策略的优点是：一方面，可以利用低价迅速打开新产品的市场销路，占领市场，从多销中增加利润；另一方面，低价又可以阻止竞争者进入，有利于控制市场。

这种汽车定价策略的缺点是：投资的回收期较长，见效慢，风险大，一旦渗透失利，企业就会一败涂地。

这种汽车定价策略一般适应于以下几种情况：

(1) 制造这种汽车新产品所采用的技术已经公开，或者易于仿制，竞争者容易进入该市场。利用低价可以排斥竞争者，占领市场。

(2) 投放市场的汽车新产品，在市场上已有同类汽车产品，但是，生产汽车新产品企业比生产同类汽车产品企业拥有较大的生产能力，并且该产品的规模效益显著，大量生产定会降低成本，收益有上升趋势。

(3) 该类汽车产品在市场中供求基本平衡，市场需求对价格比较敏感，低价可以吸引较多顾客，可以扩大市场份额。

以上两种汽车定价策略各有利弊，选择哪一种策略更为合适，应根据市场需求、竞争情况、市场潜力、生产能力和汽车成本等因素综合考虑。各种因素的特性及影响作用如表 5-1 所示。

表 5-1　汽车撇油定价策略与渗透定价策略选择标准

两种汽车定价策略选择标准	撇油定价策略	渗透定价策略
汽车市场需求水平	高	低
与同类汽车竞争的差别性	较大	不大
汽车价格需求弹性	小	大
汽车企业生产能力扩大的可能性	小	大
汽车消费者购买力水平	高	低
汽车产品目标市场潜力	不大	大
汽车产品仿制的难易程度	难	易
汽车企业回收期长短	较短	较长

3. 满意定价策略

这是一种介于撇油定价策略和渗透定价策略之间的汽车定价策略。所定的价格比撇油价格低，而比渗透价格要高，是一种中间价格。这种汽车定价策略由于能使汽车生产者和消费者都比较满意而得名。由于这种价格介于高价和低价之间，因而比前两种定价策略的风险小，成功的可能性大。但有时也要根据市场需求、竞争情况等因素进行具体分析。

以上三种汽车新产品定价策略的汽车价格和汽车销量的关系如图 5-1 所示。

4. 按汽车产品寿命周期定价策略

在汽车产品寿命周期的不同阶段，汽车定价的三个要素：成本、消费者和竞争者都会发生变化，因此，汽车定价策略要适合时宜、要保持有效，必须早有所调整。

(1) 导入期　汽车消费者在起初接触汽车新产品的价格敏感性与他们长期的汽车价格敏

感性之间是没有联系的。大多数消费者对新产品的价格敏感性相对较低，因为他们倾向于把汽车价格作为衡量汽车质量的标志，而且，此时没有可作对比的其他品牌汽车。但不同的汽车新产品进入市场，反应是有很大差异的。

（2）成长期　在成长期，消费者的注意力不再单纯停留在汽车产品的效用上，开始比较不同汽车品牌的性能和价格，汽车企业可以采取汽车产品差别化和成本领先的策略。一般来说，成长期的汽车价格最好比导入阶段的价格低。因为消费者对产品了解增加，价格敏感性提高。但对于

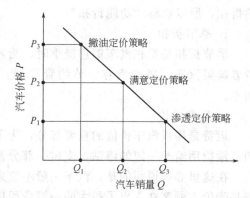

图 5-1　汽车价格和汽车销量的关系

那些对价格并不敏感的市场，不应使用渗透定价。尽管这一阶段竞争加剧，但行业市场的扩张能有效防止价格战的出现；然而，有时汽车企业为了赶走竞争者，也可能会展开价格战。如美、日、韩三国的汽车企业就是在美国汽车市场走向成长期时才爆发价格战的。

（3）成熟期　成熟期的汽车有效定价着眼点不是努力挣得市场份额，而是尽可能地创造竞争优势。这时候注意不要再使用捆绑式的销售，因为那样只会使组合汽车产品中一个或几个性能更好的汽车产品难以打开市场。这时，市场为基本汽车产品定价的可调范围缩小，但可以通过销售更有利可图的辅助汽车产品或优质服务来调整自己的竞争地位。

（4）衰退期　衰退期中很多汽车企业选择降价，但遗憾的是，这样的降价往往不能刺激起足够的需求，结果反而降低企业的盈利能力。衰退期的汽车定价目标不是赢得什么，而是应在损失最小的情况下退出市场，或者是保护甚至加强自己的竞争地位。一般，有三种策略可供选择：紧缩策略、收缩策略和巩固策略。它们的含义分别是：将资金紧缩到自己力量最强、汽车生产能力最强大的汽车生产线上；通过汽车定价，获得最大现金收入，然后退出整个市场；加强自己的竞争优势，通过削价打败弱小的竞争者，占领他们的市场。

二、折扣和折让定价策略

在汽车市场营销中，汽车企业为了竞争和实现经营战略的需要，经常对汽车价格采取折扣和折让策略，直接或间接地降低汽车价格，以争取消费者，扩大汽车销量。灵活运用折扣和折让策略，是提高汽车企业经济效益的重要途径。具体来说，折扣和折让分以下五种。

1. 数量折扣

数量折扣是根据买方购买的汽车数量多少，分别给以不同的折扣。买方购买的汽车的数量越多，折扣越大。

数量折扣可分为累计数量折扣和非累计数量折扣。前者规定买方在一定时期内，购买汽车达到一定数量或一定金额时，按总量给予一定折扣的优惠，目的在于使买方与汽车企业保持长期的合作，维持汽车企业的市场占有率；后者是指按每次购买汽车的数量多少给予折扣的优惠，这可刺激买方大量购买，减少库存和资金占压。这两种折扣价格都能有效地吸引买主，使汽车企业能从大量的销售中获得较好的利润。

2. 现金折扣

现金折扣是对按约定日期提前付款或按期付款的买主给予一定的折扣优惠价，目的是鼓励买主尽早付款以利于资金周转。运用现金折扣应考虑三个因素：一是折扣率大小；二是给予折扣的限制时间长短；三是付清货款期限的长短。

3. 交易折扣

交易折扣是汽车企业根据各个中间商在市场营销活动中所担负的功能不同，而给予不同

的折扣，所以也称"功能折扣"。

4. 季节折扣

季节折扣是指在汽车销售淡季时，给购买者一定的价格优惠，目的在于鼓励中间商和消费者购买汽车，减少库存，节约管理费，加速资金周转。季节折扣率应不低于银行存款利率。

5. 运费让价

运费是构成汽车价值的重要部分，为了调动中间商或消费者的积极性，汽车企业对他们的运输费用给予一定的津贴，支付一部分甚至全部运费。

在这里必须说明的是，汽车一般不宜采用打折的方法，宜采用回扣的方法。因为虽然同样是降价，顾客在支出了很大的一笔费用以后能够收到一些回扣货款的感受会比仅仅是得到一种降价的产品要好一些。这也就是 20 世纪 90 年代汽车经销商经常采用回扣的方法来刺激汽车的销售，而极少有采用打折的方法的原因。另一方面，企业是否要采取折扣和折让定价的策略，折扣的限度为多少，还要综合考虑市场上各方面的因素。特别是当市场上同行业竞争对手实力很强时，一旦实施了折扣定价，可能会遭到强大竞争对手的更大折扣反击。一旦形成了竞相折价的市场局面，则要么导致市场总价格水平下降，在本企业仍无法扩大市场占有率的情况下将利益转嫁给了消费者，和竞争对手两败俱伤；要么就会因与竞争对手实力的差距而被迫退出竞争市场。

因而，企业在实行折扣和折让定价策略时要考虑竞争者实力、折扣成本、企业流动资金成本、消费者的折扣心理等多方面的因素，并注意避免市场内同种商品折扣标准的混乱，才能有效地实现经销目标。

三、针对汽车消费者心理的定价策略

这是一种根据汽车消费者心理要求所采用的定价策略。每一品牌汽车都能满足汽车消费者某一方面的需求，汽车价值与消费者的心理感受有着很大的关系。这就为汽车心理定价策略的运用提供了基础，使得汽车企业在定价时可以利用汽车消费者心理因素，有意识地将汽车价格定得高些或低些，以满足汽车消费者心理的、物质的和精神的多方面需求，通过汽车消费者对汽车产品的偏爱或忠诚，诱导消费者增加购买，扩大市场销售，获得最大效益。具体的心理定价策略如下。

1. 整数定价策略

在高档汽车定价时，往往把汽车价格定成整数，不带尾数。凭借整数价格来给汽车消费者造成汽车属于高档消费品的印象，提高汽车品牌形象，满足汽车消费者某种心理需求。

整数定价策略适用于：汽车档次较高，需求的价格弹性比较小，价格高低不会对需求产生较大影响的汽车产品。由于目前选购高档汽车的消费者都属于高收入阶层，自然会接受较高的整数价格。

2. 尾数定价策略

尾数定价策略是与整数定价策略正好相反的一种定价策略，是指汽车企业利用汽车消费者求廉的心理，在汽车定价时，不取整数、而带尾数的定价策略。这种带尾数的汽车价格给汽车消费者直观上一种便宜的感觉。同时往往还会给消费者一种汽车企业经过了认真的成本核算才定价的感觉，可以提高消费者对该定价的信任度，从而激起消费者的购买欲望，促进汽车销售量的增加。

尾数定价策略一般适用于汽车档次较低的经济型汽车。经济型汽车价格低自然会对需求产生较大影响。

3. 声望定价策略

这是根据汽车产品在消费者心目中的声望、信任度和社会地位来确定汽车价格的一种汽车定价策略。声望定价策略可以满足某些汽车消费者的特殊欲望，如地位、身份、财富、名望和自我形象等，还可以通过高价格显示汽车的名贵优质。有报道称，在美国市场上，质高价低的中国货常常竞争不过相对质次价高的韩国货，其原因就在于美国人眼中低价就意味着低档次。

声望定价策略一般适用于具有较高知名度、有较大市场影响的著名品牌的汽车。

4. 招徕定价策略

这是指将某种汽车产品的价格定得非常之高，或者非常之低，以引起消费者的好奇心理和观望行为，来带动其他汽车产品的销售的一种汽车定价策略。如某些汽车企业在某一时期推出某一款车型降价出售，过一段时期又换另一种车型，以此来吸引顾客时常关注该企业的汽车，促进降价产品的销售，同时也带动同品牌其他正常价格的汽车产品的销售。

招徕定价策略常为汽车超市、汽车专卖店所采用。

5. 分级定价策略

这是指在定价时，把同类汽车分为几个等级，不同等级的汽车，采用不同价格的一种汽车定价策略。这种定价策略能使消费者产生货真价实、按质论价的感觉，因而容易被消费者所接受。而且，这些不同等级的汽车若同时提价，对消费者的质价观冲击不会太大。

分级定价策略，等级的划分要适当，级差不能太大或太小。否则，起不到应有的分级效果。

6. 地区定价策略

（1）原产地定价，就是按照厂家购买某种产品，企业只负责将这种产品运到产地的某种运输工具上。

（2）统一交货定价，是指企业对于卖给不同地区顾客的某种产品，都按照相同的运费定价。

（3）分区定价，这种形式介于前两者之间，企业把全国分为若干价格区域，某些产品卖给不同价格区域时，分别制定不同的地区价格。

（4）基点价格，是指企业选定某些城市作为基点，然后按照一定的厂价加从基点城市到顾客所在地的运费来定价。

（5）运费免收定价，有些企业为了能促成交易，会采取负担全部或部分实际运费。

四、针对汽车产品组合的定价策略

一个汽车企业往往不只生产一种产品，常常会有多个系列的多种产品同时生产和销售，这同一企业的不同种汽车产品之间的需求和成本是相互联系的。但同时它们之间又存在着一定程度的"自相竞争"，因而，这时候的企业定价就不能只针对某一产品独立进行，而要结合相关联的一系列的产品，组合制定出一系列的价格，使整个产品组合的利润最大化。这种定价策略主要有以下两种情况。

1. 同系列汽车产品组合定价策略

这种定价策略即是要把一个企业生产的同一系列的汽车作为一个产品组合来定价。在其中确定某一车型的较低价格，这种低价车可以在该系列汽车产品中充当价格明星，以吸引消费者购买这一系列中的各种汽车产品；同时又确定某一车型的较高价格，这种高价可以在该系列汽车产品中充当品牌价格，以提高该系列汽车的品牌效应。

同一产品，款式和配置不同，价格就会相差很大，在其中确定某一款车型的较低价格，它可以在该系列汽车产品中充当价格明星，以吸引消费者购买这一系列的其他车型，同时又保持这一系列的某些高价位车型或高利润车型降价较少或者不降价，或者通过增加配置以维持高价位车型的较高价格。

全线降价重点突破的组合策略，企业对旗下的不同级别的全线汽车产品进行组合降价，以提高企业下属产品的整体竞争力，提高产品的市场占有率。全线产品降价，并非满意重点。根据消费者对价格的敏感程度，对消费者比较敏感的产品，可以选择为降价的重点，对消费者价格不甚敏感的车型可以选择少降价、不降价或者增配以继续维持高价，一般来讲，知名度较高，消费者对价格不太敏感的高级轿车，降价一般很难取得很好的效果。

不同生命周期的产品组合降价，就同一级别产品不同生命周期产品的降价来讲，市场成长期，低端产品降价，低端的用户是最大的，也是对价格最敏感的，用低端产品来吸引消费者，维持销量，用高端产品来维持产品形象。在市场成熟期，高端产品降价，低端产品基本没有降价的空间了，企业用低端产品保持销量，分摊一些固定费用，中高档产品是公司的命脉，还可以给公司贡献一部分利润。

整车产品与服务产品捆绑销售，汽车企业在整车降价的同时，开始向汽车服务要利润，以通过良好的售后服务来弥补整车价格下降带来的损失。广本雅阁上市提出"三年十万公里保修"和"零配件价格整体下调6%"。铂锐上市也提出"星月服务"。都是这种营销策略的体现。

提高价格策略，当成本上升，市场供不应求，或通货膨胀发生时，企业往往采取提价策略，如消费税的调整，不少进口车纷纷调高了价格。

同系列汽车产品组合定价策略与分级定价策略有部分相似，但前者更注意系列汽车产品作为产品组合的整体化，强调产品组合中各汽车产品的内在关联性。

2. 附带选装配置的汽车产品组合定价策略

这种定价策略即指将一个企业生产的汽车产品与其附带的一些可供选装配置的产品看作一个产品组合来定价。譬如汽车消费者可以选装该汽车企业的电子开窗控制器、扫雾器和减光器等配置。汽车企业首先要确定产品组合中应包含的可选装配置产品，其次再对汽车及选装配置产品进行统一合理的定价。如汽车价格相对较低，而选装配置的价格相对稍高一些，这样既可吸引汽车消费者，又可通过选装配置来弥补汽车的成本，增加企业利润。

附带选装配置的产品组合定价策略一般适用于有特殊、专用汽车附带选装配置的汽车。

复习与思考题

1. 汽车定价的基础是什么？汽车产品定价的过程是怎样的？
2. 影响汽车价格的因素有哪些？
3. 汽车价格调整策略有哪些？其策略各在什么场合下适用？
4. 汽车新产品的定价方法有哪些？各适用于何种场合？
5. 试说明目前中国汽车销售市场上降价的主要目的，对汽车销售市场产生了什么影响？

第六章　汽车分销策略

学习目标
1. 掌握汽车分销渠道的概念与作用。
2. 掌握常用的汽车销售渠道和模式。
3. 了解国内外销售渠道和模式的现状及发展。

汽车企业仅有适销对路的产品和合理的价格，是远远不够的，还必须建立一套既能发挥其产品优势，又能适应市场变化的市场营销渠道系统。汽车企业生产出来的产品，只有通过一定的市场营销渠道，才能在适当的时间、地点，以适当的价格供应给用户，从而克服生产者与消费者之间的差异和矛盾，满足市场需要，实现企业的市场营销目标。分销是营销组合中的重要一环，也是产品通向市场的瓶颈之一。

第一节　汽车分销概述

一、分销渠道的概念

1. 市场营销渠道

市场营销渠道是指配合生产企业，分销和消费某一生产者的产品和服务的所有企业和个人。市场营销渠道包括了参与某种产品的供销全过程的所有有关企业和个人，包括供应商、生产者、商人中间商、代理中间商、辅助商以及最终消费者或用户等。

2. 分销渠道

又称商品的销售渠道或分销途径，也叫分配渠道或通路，指促使某种产品或服务顺利经由市场交换过程；是指将产品转移给消费者（用户）消费使用的一整套相互依存的组织；是指产品（服务）从生产者向消费者转移的过程中、取得这种产品和服务的所有权或帮助所有权转移的所有企业和个人。它是沟通生产者和消费者的纽带和桥梁，分销渠道包括生产者、商人中间商、代理中间商、最终消费者或用户。

3. 汽车分销渠道

汽车分销渠道是指汽车产品从汽车生产企业向最终消费者转移过程中的所有组织和个人。汽车分销渠道的起点是汽车产品及其备品、备件、附件等的制造商，终点是汽车及其用品的消费者，中间环节包括批发商、零售商、代理商和经纪人等物流环节。他们是组成分销渠道各个节点的一分子，由他们共同构筑起分销渠道。

二、分销渠道的职能

分销渠道在市场营销中起着重要的作用，它实现了产品从生产者向消费者的转移，调节着生产和消费之间在产品数量、结构、时间、空间上的矛盾，渠道畅通与否，直接影响营销效益。

分销渠道的主要功能有以下几个方面。

（1）售卖功能　即将汽车产品卖给最终用户。这是分销渠道最基本的职能和作用。产品只有被售出，才能完成向商品的转化。汽车厂商与其经销商的接洽，经销商与用户的接洽，以及他们之间所进行的沟通、谈判、签订销售合同等业务，都是在履行分销渠道的售卖职能。

（2）投放　即决定将何种汽车产品、以何种数量、在何时投放到哪个市场上去，以实现企业的营销目标，并获取最佳效益的功能。

（3）物流　也称实体储运职能。即保质保量地将汽车产品在指定时间送达指定地点的功能。

（4）研究　即收集市场信息，进行市场预测。

（5）促销　即进行关于所供应的物品的说明性沟通。几乎所有的促销方式都离不开分销渠道的参与，而人员推销和各种营业推广活动，则基本是通过分销渠道完成的。

（6）接洽　即联系寻找潜在购买者并与之进行沟通。

（7）融资收集和分散资金　相对汽车生产企业而言，分销渠道有融资功能，也有散资的需求。比如，收取加入分销渠道的保证金，就能体现渠道融资功能；扶助渠道建设的资金支出，就是分散资金。

（8）服务　即为用户提供满意的服务。对汽车产品来说，售后服务是很重要的。现代社会要求销售者必须为消费者负责。同时，服务质量也直接关系到企业在市场竞争中的命运。

（9）风险承担　即承担与渠道工作有关的全部风险。汽车市场的营销活动有畅有滞，分销渠道与生产厂家应是一个命运共同体，无论畅销与滞销都要共谋发展，也要共担风险。

（10）自我管理　汽车厂家的分销渠道是一个复杂的系统，因此需要能够进行良好的自我管理。

此外，分销渠道还有信息反馈、为汽车生产企业咨询服务等功能。

三、分销渠道中的中间商

所谓中间商是指商品从生产者转移到消费者的过程中，参与商品流通，促进买卖行为的发生和实现的个人和经济组织。汽车中间商是汽车产品销售给最终消费者和用户的中间环节。西方国家称之为中间商，在我国习惯称其为经销单位或流通企业。中间商是社会分工和社会化大生产的必然产物，是商品经济合理流通的必要条件。它一头连接着生产者，一头连接着商品的最终消费者，具有平衡市场需求、扩散商品和集中商品的功能，在商品流通中发挥着重要作用。下面介绍一下常见的中间商类型。

1. 批发商

批发是指将物品或服务售给为了专卖或者商业用途而购买的组织或个人的一切活动。汽车产品批发商是以批发后再销售为目的，实现汽车产品在空间和时间上的转移的中间商。根据其是否拥有汽车商品的所有权可分为三种类型：独立批发商、商品代理商、制造商的分销机构和销售办事处。

（1）独立批发商　是指批量购进并批量销售的中间商。它拥有汽车商品的所有权并以获取批发利润为目的，其购进对象通常是生产者或其他批发商，售出对象则多数为零售商。例如，我国目前汽车分销中的汽车贸易公司、机电公司中的汽车批发部门等都属于此类。

商人批发商分为两类。

① 完全服务批发商：执行全部批发职能，提供全方位的服务。又分为批发商人（服务于零售商）和工业配销商（服务于生产商）。

② 有限服务批发商：只向客户提供较少服务，分为现购自运批发商，承销批发商，卡车批发商，托售批发商，邮购批发商，农场主合作社。

(2) **商品代理商** 汽车代理商是指接受委托人的委托，替委托人推销汽车商品的中间商。他们不拥有汽车商品所有权，以取得佣金为目的，促使买卖的实现。在汽车分销中销售代理商主要有两类。

① 销售代理商。即委托人的独家全权销售代理商。他们是汽车生产企业的全权代理，负责推销企业的全部产品，不受地区限制，并且有一定的定价权。同时生产企业有销售代理商后，不得再委托他人代销产品或自销产品。

② 厂家代理商。即制造商的代理商。他们按照汽车生产企业规定的销售价格或价格幅度和其他销售条件推销产品，安排储运，并向生产企业提供市场信息、产品设计及定价建议等。这类代理商一般都与企业签订长期代理合同，并受代理销售地区的限制。目前，厂家代理商这类中间商在汽车销售中是比较常见的，如美国汽车制造商的国外汽车销售形式大都采用这种形式。

(3) **制造商的分销机构和销售办事处** 制造商的分销机构和销售办事处隶属制造商所有，是制造商专门经销其产品，进行批发销售业务的独立商业机构。如美国汽车企业国内汽车销售的地区管理分公司、韩国汽车生产厂的销售店、我国汽车制造企业自建的销售公司和各地的分销中心，以及国外汽车制造商在我国设立的销售办事处等。

2. 零售商

零售是指所有向最终消费者直接销售产品和服务，用于个人及非商业用途的活动。零售商是将产品和服务销售给最终消费者的中间商。它一般拥有产品的所有权，具有形式多样、数量庞大、分布广泛的特征。据统计，在1977年丰田汽车公司产品的海外零售商就达5000多个。汽车产品的零售商按其经营范围可分为专营零售商、兼营零售商和零售代理商。

(1) **专营零售商** 即只经营单一品牌汽车产品的零售商。国外大型汽车生产企业销售系统中的零售商大多属于此类，我国各地的汽车专卖店也是一种专营零售商。

(2) **兼营零售商** 即经营多家品牌汽车产品的零售商。我国汽车贸易中的中汽贸易系统以及原国有物资部门和各级机电公司等企业的整车销售和大多数汽车零部件零售企业都采用兼营零售的方式。

(3) **零售代理商** 即不拥有汽车产品的产权，仅从销售代理商处取得代理权，或者是销售代理商设立的零售机构。比如各地的汽车销售代理处、代理店等。

四、分销渠道的类型

1. 直接渠道与间接渠道

生产者将其产品直接销售给消费者或用户属于直接渠道，其他均为间接渠道。

(1) **直接渠道（Ⅰ型：生产者＋消费者）** 也称零层渠道，是产业用品分配渠道中的主要类型。适用于：

① 产品用途单一，生产厂家据用户的特殊需要组织加工和供应；

② 产品技术复杂，许多高技术产品的服务要求高，需一条龙服务体制；

③ 产品用户集中，购买批次少，批量大。

汽车生产企业不通过任何中间环节，直接把产品卖给用户。直接渠道的具体形式有：推销员上门推销；设立自销机构；通过订货会或展销会与用户直接签约供货等形式。日本汽车企业在早期所采取的主要就是这种分销策略，并且取得了很大的成功。

这是最简单，最直接，最短的销售渠道。其特点是产销直接见面，环节少，有利于降低流通费用，及时了解市场行情，迅速开发与投放满足消费者需求的汽车产品。但这种销售模式需要生产企业自设销售机构,因而不利于专业化分工;难以广泛分销,不利于企业拓展市场。但是,随着电子商务的发展、普及和完善,这种模式会被汽车企业作为重要的销售渠道之一。

(2) 间接渠道　是消费品分配的主要类型,也用于许多产业用品的销售。中间商在这里起着调节产销矛盾,提高营销效益的重要作用。

① 一层渠道(Ⅱ型:生产者+零售商+消费者)。制造商和消费者(或用户)之间,通过一层中间环节,这在消费者市场是零售商,在产业市场通常是代理商或经纪人。

汽车生产企业先将汽车卖给经销商,再由经销商直接销售给消费者。这是经过一道中间环节的渠道模式。其特点是,中间环节少,渠道短,有利于生产企业充分利用经销商的力量,扩大汽车销路,提高经济效益。我国许多专用汽车生产企业,重型车生产企业都采用这种分销方式。

② 二层渠道(Ⅲ型:生产者+批发商+零售商+消费者)。制造商和消费者(或用户)之间经过二层中间环节,这在消费者市场是批发商和零售商,在产业市场则可能是销售代理商与批发商。

即汽车生产企业把产品批发给批发商或交给代理商,由他们再销售给零售商,最后销售给用户。这是经过两道中间环节的渠道模式,也是销售渠道中的传统模式。其特点是中间环节较多,渠道较长,一方面,有利于生产企业大批量生产,节省销售费用;另一方面,也有利于经销商节约进货时间和费用。这种分销渠道在我国的大、中型汽车生产企业的市场营销中比较常见,如上海大众汽车公司、东风汽车公司等基本上都采用这种形式。

③ 三层渠道(Ⅳ型:生产者+代理商+批发商+零售商+消费者)。在批发商和零售商之间,再加上一道批发,因为小零售商一般不可能直接向大批发商进货。指含有三个或三个以上中介机构的分销渠道。这种分销渠道比较适合于生活用品的销售,不太适合汽车产品的销售。

汽车生产企业先委托并把汽车提供给总经销商(或总代理商),由其向批发商(或地区分销商)销售汽车,批发商(或地区分销商)再转卖给经销商,最后由经销商将汽车直接销售给消费者。这是经过三道中间环节的渠道模式。其特点是总经销商(或总代理商)为生产企业销售汽车,有利于了解市场环境,打开销路,降低费用,增加效益。缺点是中间环节多,流通时间长。

此外,还有层次更多的渠道,但较为少见。

2. 长渠道与短渠道

分销渠道的长与短取决于商品流通过程中经过的中间层次的多少,产品每经过一个直接或间接转移商品所有权的销售机构就称为一个流通环节或中间层次。

在商品流通过程中经过的环节或层次越多,营销渠道越长,反之则短。一般认为,典型的市场营销渠道类型是:生产者、批发商、零售商、消费者(含两个中间层次)。营销渠道的长与短只是相对而言,形式不同而已,不决定谁优谁劣。

西方市场营销学中根据中间商介入的层次,将分销渠道按级数来进行划分为:零级渠道(MC)、一级渠道(MRC)、二级渠道(MWRC)、三级渠道(MJWRC)

3. 宽渠道与窄渠道

分销渠道的宽与窄取决于渠道的每个层次中使用同种类型中间商数目的多少,使用同种类型中间商数目多渠道则宽,少则窄。

(1) 密集分销　指生产厂家尽可能通过许多批发商,零售商推销其产品(宽渠道)。

扩大市场覆盖或快速进入一个新市场,使众多消费者和用户能随时随地买到这些产品。

适用于：消费品中的便利品和产业用品中的供应品。

（2）选择分销　指生产厂家在某一地区仅通过几个精心挑选的最合适的中间商推销其商品。着眼于市场竞争地位的稳固，维护本企业产品在该地区良好的信誉。适用于：消费品中的选购品、特殊品和所有新产品的试销阶段。

（3）独家分销　指生产厂家在某一地区仅通过一家中间商推销其产品、双方签订独家经销合同。是控制市场及货源的竞争对策，彼此充分利用对方的商誉和经营能力增强自己的推销能力。适用于：消费品中的某些技术性强的耐用消费品或名牌商品、产业用品中的专门用户的机械设备。

五、影响分销渠道选择的因素

影响分销渠道选择的因素很多，生产企业在选择分销渠道时，必须对下列几方面的因素进行系统的分析和判断，才能作出合理的选择。

1. 产品因素

（1）产品价格　一般来说，产品单价越高，越应注意减少流通环节，否则会造成销售价格的提高，从而影响销路，这对生产企业和消费者都不利。而单价较低、市场较广的产品，则通常采用多环节的间接分销渠道。

（2）产品的体积和重量　产品的体积大小和轻重，直接影响运输和储存等销售费用，过重的或体积大的产品，应尽可能选择最短的分销渠道。对于那些按运输部门规定的起限（超高、超宽、超长、集重）的产品，尤应组织直达供应。小而轻且数量大的产品，则可考虑采取间接分销渠道。

（3）产品的易毁性或易腐性　产品有效期短，储存条件要求高或不易多次搬运者，应采取较短的分销途径，尽快送到消费者手中，如鲜活品、危险品。

（4）产品的技术性　有些产品具有很高的技术性，或需要经常的技术服务与维修，应以生产企业直接销售给用户为好，这样，可以保证向用户提供及时良好的销售技术服务。

（5）定制品和标准品　定制品一般由产需双方直接商讨规格、质量、式样等技术条件，不宜经由中间商销售。标准品具有明确的质量标准、规格和式样，分销渠道可长可短，有的用户分散，宜由中间商间接销售；有的则可按样本或产品目录直接销售。

（6）新产品　为尽快地把新产品投入市场，扩大销路，生产企业一般重视组织自己的推销队伍，直接与消费者见面，推介新产品和收集用户意见。如能取得中间商的良好合作，也可考虑采用间接销售形式。

2. 市场因素

（1）购买批量大小　购买批量大，多采用直接销售；购买批量小，除通过自设门市部出售外，多采用间接销售。

（2）消费者的分布　某些商品消费地区分布比较集中，适合直接销售。反之，适合间接销售。工业品销售中，本地用户产需联系方便，因而适合直接销售。外地用户较为分散，通过间接销售较为合适。

（3）潜在顾客的数量　若消费者的潜在需求多，市场范围大，需要中间商提供服务来满足消费者的需求，宜选择间接分销渠道。若潜在需求少，市场范围小，生产企业可直接销售。

（4）消费者的购买习惯　有的消费者喜欢到企业买商品，有的消费者喜欢到商店买商品。所以，生产企业应既直接销售，也间接销售，满足不同消费者的需求，也增加了产品的销售量。

3. 生产企业本身的因素

（1）**资金能力** 企业本身资金雄厚，则可自由选择分销渠道，可建立自己的销售网点，采用产销合一的经营方式，也可以选择间接分销渠道。企业资金薄弱则必须依赖中间商进行销售和提供服务，只能选择间接分销渠道。

（2）**销售能力** 生产企业在销售力量、储存能力和销售经验等方面具备较好的条件，则应选择直接分销渠道。反之，则必须借助中间商，选择间接分销渠道。另外，企业如能和中间商进行良好的合作，或对中间商能进行有效地控制，则可选择间接分销渠道。若中间商不能很好地合作或不可靠，将影响产品的市场开拓和经济效益，则不如进行直接销售。

（3）**可能提供的服务水平** 中间商通常希望生产企业能尽多地提供广告、展览、修理、培训等服务项目，为销售产品创造条件。若生产企业无意或无力满足这方面的要求，就难以达成协议，迫使生产企业自行销售。反之，提供的服务水平高，中间商则乐于销售该产品，生产企业则选择间接分销渠道。

（4）**发货限额** 生产企业为了合理安排生产，会对某些产品规定发货限额。发货限额高，有利于直接销售；发货限额低，则有利于间接销售。

4. 政策规定

企业选择分销渠道必须符合国家有关政策和法令的规定。某些按国家政策应严格管理的商品或计划分配的商品，企业无权自销和自行委托销售；某些商品在完成国家指令性计划任务后，企业可按规定比例自销，如专卖制度（如烟）、专控商品（控制社会集团购买力的少数商品）。另外，如税收政策、价格政策、出口法、商品检验规定等，也都影响分销途径的选择。

5. 经济收益

不同分销途径经济收益的大小也是影响选择分销渠道的一个重要因素。对于经济收益的分析，主要考虑的是成本、利润和销售量三个方面的因素。

（1）**销售费用** 销售费用是指产品在销售过程中发生的费用。它包括包装费、运输费、广告宣传费、陈列展览费、销售机构经费、代销网点和代销人员手续费、产品销售后的服务支出等。一般情况，减少流通环节可降低销售费用，但减少流通环节的程度要综合考虑，做到既节约销售费用，又要有利于生产发展和体现经济合理的要求。

（2）**价格分析** 在价格相同条件下，进行经济效益的比较。目前，许多生产企业都以同一价格将产品销售给中间商或最终消费者，若直接销售量等于或小于间接销售量时，由于生产企业直接销售时要多占用资金，增加销售费用，所以，间接销售的经济收益高，对企业有利；若直接销售量大于间接销售量，而且所增加的销售利润大于所增加的销售费用，则选择直接销售有利。

当价格不同时，进行经济收益的比较。主要考虑销售量的影响，若销售量相等，直接销售多采用零售价格，价格高，但支付的销售费用也多。间接销售采用出厂价，价格低，但支付的销售费用也少。究竟选择什么样的分销渠道，可以通过计算两种分销渠道的盈亏临界点作为选择的依据。当销售量大于盈亏临界点的数量，选择直接分销渠道；反之，则选择间接分销渠道。在销售量不同时，则要分别计算直接分销渠道和间接分销渠道的利润，并进行比较，一般选择获利的分销渠道。

6. 中间商特性

各类各家中间商实力、特点不同，诸如广告、运输、储存、信用、训练人员、送货频率方面具有不同的特点，从而影响生产企业对分销渠道的选择。

（1）**中间商的不同对生产企业分销渠道的影响** 例如，汽车收音机厂家考虑分销渠道，其选择方案有：
① 与汽车厂家签订独家合同，要求汽车厂家只安装该品牌的收音机；
② 借助通常使用的渠道，要求批发商将收音机转卖给零售商；
③ 寻找一些愿意经销其品牌的汽车经销商；
④ 在加油站设立汽车收音机装配站，直接销售给汽车使用者，并与当地电台协商，为其推销产品并付给相应的佣金。

(2) 中间商数目不同的影响　按中间商数目的多少的不同情况，可选择密集分销，选择分销，独家分销。

密集式分销指生产企业同时选择较多的经销代理商销售产品。一般说，日用品多采用这种分销形式。工业品中的一般原材料，小工具，标准件等也可用此分销形式。

选择性分销，指在同一目标市场上，选择一个以上的中间商销售企业产品，而不是选择所有愿意经销本企业产品的所有中间商。这有利于提高企业经营效益。一般说，消费品中的选购品和特殊品，工业品中的零配件宜采用此分销形式。

独家分销，指企业在某一目标市场，在一定时间内，只选择一个中间商销售本企业的产品，双方签订合同，规定中间商不得经营竞争者的产品，制造商则只对选定的经销商供货，一般说，此分销形式适用于消费品中的家用电器，工业品中专用机械设备，这种形式有利于双方协作，以便更好地控制市场。

(3) 消费者的购买数量　如果消费者购买数量小、次数多，可采用长渠道，反之，购买数量大，次数少，则可采用短渠道。

(4) 竞争者状况　当市场竞争不激烈时，可采用同竞争者类似的分销渠道，反之，则采用与竞争者不同的分销渠道。

第二节　汽车销售渠道

一、汽车销售渠道设计的影响因素

销售渠道设计要在企业经营目标指导下，在充分评价影响因素的基础上作出最佳设计。一般来说，影响渠道设计的主要因素如下。

1. 企业特性

不同的汽车企业在规模、声誉、经济实力、产品特点等方面存在差异，即企业特性不一，这对中间商具有不同的吸引力和凝聚力，因而企业在设计销售渠道时，应结合企业特性选择中间商的类型和数量，决策企业销售渠道模式。

2. 产品特性

汽车产品由于重量大、价值大、运输不便、储运费用高、技术服务专业性强等原因，对中间商的设施条件、技术服务能力和管理水平要求较高，汽车产品的销售渠道宜采取短而宽的销售渠道类型，并宜以自建销售渠道为主。但不同企业的汽车产品特性不一，不应强求一律，各企业在组建销售渠道系统时应充分考虑本企业的产品特性。

3. 市场特性

不同企业的不同汽车产品，其市场特性也是不一样的。就我国汽车市场发展趋势来看，轻型车和轿车将是汽车市场的主角，其市场分布面广，这就要求相应汽车企业的销售渠道应力求宽一些。

4. 生产特性

汽车生产在时间或地理上比较集中，而使用分散，其销售渠道一般应有中间环节，不宜采用直接环节。

5. 竞争特性

企业设计销售渠道时，应充分研究竞争对手的渠道状况，分析本企业的销售渠道是否比竞争者更具活力。否则，应对渠道作出调整。

6. 政策特性

企业在选择中间商或建立自销网点时，应充分考虑国家和当地的政策特点，选择合法的、有诚意并能够分担风险的中间商。

二、销售渠道设计采取的策略和原则

销售渠道设计要围绕公司营销目标和围绕公司的中长期发展目标进行，要有利于提高企业产品的竞争力和市场占有率，要有效覆盖市场和满足用户需求，还要有利于企业抵御市场风险。在此基础上形成能够充分履行渠道功能，长期稳固而又能适应市场变化的渠道系统或销售网络，不断地为企业开辟稳定的用户或区域市场。

1. 销售渠道设计的内容

销售渠道设计主要包括确定渠道长度、宽度和规定渠道成员彼此的权利、责任和义务三方面的内容。

确定渠道长度。企业销售渠道设计首先要决定采取何种类型的销售渠道，即是采取自销还是通过中间环节分销。如果决定采用中间商分销，还需进一步决定运用何种类型和规模的中间商。

确定中间商数目，即决定渠道的宽窄。通常有以下三种策略可供选择。

（1）开放型策略　开放型策略指的是只要企业信得过，不管是哪一类型的中间商，也不限制其数量，都可以经营本企业的产品，这种策略较适应卖方市场，而且费用比较少。但其缺陷是渠道多而混乱，企业对整体渠道系统难以控制，难以同较有实力的中间商形成长期合作关系。

（2）封密性策略　封密性策略即独家经销或排他性策略，它要求生产企业和中间商之间用协议方法或组建营销全资、控股子公司等办法，规定中间商只能在指定地方销售本企业的产品，而不能销售其他厂家的产品，尤其是不能销售竞争对手的产品。

封密性策略对生产企业的好处是：

① 由于只能经销一个企业的产品，中间商必须成为企业的有力支持者，必然关心企业的产品改进，洞察市场行情和周到地为用户服务；

② 企业可以集中精力管理和控制好销售渠道，便于企业贯彻营销策略，限制渠道系统内的"无政府"行为；

③ 企业只同少数中间商打交道，有利于降低营销费用，也便于在中间商处建立产品中转分流站，提高中间商的规模经济效果；

④ 容易保证渠道系统的信息畅通，便于企业及时掌握市场行情和销售动态。

封密性策略对生产企业的缺点是：

① 企业对中间商依赖性较大，如果中间商工作不力，企业容易失去一部分市场；

② 不利于更宽地扩大市场覆盖面，容易出现市场盲点；

③ 企业必须要有足够多的品种、规格和数量供应，否则中间商因业务量过少，能力闲置而积极性不高。

封密性策略对中间商的好处是：

① 有生产企业作坚强的后盾，可以提高中间商在当地的地位和影响力；

② 易得到生产企业强有力的支持，如包括投资的直接支持和企业所作广告等的间接支持。

封密性策略对中间商的缺点主要是：

中间商失去了独立性，生产企业如有政策变化而选择另一中间商，则原中间商可能会陷入不利局面。

（3）选择性分销策略　选择性分销策略指每个地区选择一定数量的具备一定条件的批发商或零售商经销生产企业的产品。被选中的中间商不仅经营本企业的产品，还允许自由地经营其他企业的产品。这一策略的优点是，企业可以选择经营规模大、资金雄厚、经营效率高、容易协作的中间商作为渠道成员。这一策略所选的中间商数目比开放型策略少，企业也便于对渠道成员进行控制、指导和管理。

按照选择性分销策略，企业在选择中间商时应考虑其经营范围、经营规模、经济实力、支付能力、管理水平、存储设施、服务能力、用户声誉、价格态度、用户群特征、当地影响力等，选择其中的优秀者作为企业销售渠道成员。

另外，销售渠道设计还包括明确渠道成员的权利和义务。这包括对不同类型的中间商给予不同的价格，还要规定交货和结算条件，以及规定彼此为对方提供的义务性。

2. 渠道方案的评估

企业在渠道设计方案确定后，必须对方案进行评估，以保证方案的科学性和合理性，尽量有利于企业的长远目标。评估主要从三个方面来进行：一是渠道的经济效益；二是企业对渠道的控制能力；三是渠道对市场适应性。

（1）渠道经济效益的评估　这种评估主要是考虑每一渠道的销售额与成本的关系。企业一方面要考虑自销和利用中间商哪种方式销售量大；另一方面还要比较二者的成本。一般来说，利用中间商的成本比企业自销要小，但当销售额超过一定水平时，利用中间商的成本则愈来愈高，因为中间商通常要收取较大固定比例的价格折扣，而企业自销只需支付自己销售员的工资加部分奖励。因此规模较小的企业或大企业在销售量不大的地区或产量较小的产品品种，利用中间商较合算，当销售量达到一定规模后，则宜设立自己的分销机构。国外各大汽车公司都有独立的实力雄厚的自销体系，对我国大型汽车公司而言，要具有强有力的市场营销能力，长远目标必须建立自销体系。

（2）渠道控制力的评估　一般来说，自销渠道比利用中间商更有利于企业对于渠道系统的控制。因为中间商是独立的商业组织，他们必须关心自己的经济效益，而不仅是生产企业的利益，只有那些能为中间商带来持久利润的产品和营销政策才使他们感兴趣。在通常情况下，实力雄厚、产品畅销的大型企业对中间商的控制力要强一些，价格折扣和付款期限等优惠政策也可稍小一些，双方都乐意建立持久的合作关系，而那些实力不强的中小企业对中间商的控制力就要弱得多，价格折扣必须较大才能持久地维持双方的业务合作。

（3）渠道适应性的评估　企业与中间商在签订长期合约时要慎重从事，因为在签约期间，企业不能根据需要随时调整渠道成员，这会使企业的渠道失去灵活性和适应性。所以涉及长期承诺的渠道方案，只有在经济效益和控制力方面十分优越的条件下，企业才可能考虑。一般来说，对于实力雄厚、销售能力强、企业同其业务关系历史较长、双方已经建立信任感的中间商，企业宜与之签订较长期的合约。如果中间商不是如此，而且对企业产品的销售业绩较差，企业不仅不可与之签订长期合约，而且应保留在某些情况下撤销该中间商的权利。

阅读材料

东风汽车公司销售渠道设计的理想选择

汽车产品由于体积大、重量大、价值大、运输不便、储运费用高、技术服务专业性强;另一方面,对中间商的设施条件、技术服务能力和管理水平要求较高等,这些因素决定其宜采用少的中间环节即短的渠道;东风产品又分为重、中、轻型,系列宽广,即产品多样化,用户需求差异化,目标市场多;另外,市场地域分布广,诸因素决定汽车产品较适合采用宽的销售渠道。

综上所述,东风公司销售渠道理想的选择是:在销售渠道长度上,采取"批发—批发—零售"或"批发—零售"短而垂直的销售渠道;在渠道宽度上,采取网点数目众多的宽渠道并且按照选择性分销策略,即有限制地选择和确定网点成员和网点数目,确保网点充分覆盖市场、提高用户满足率。

三、汽车销售渠道的组建方式

(1) 在目标市场设立合资子公司 这种子公司应是按现代企业制度建立的具有法人资格、自主经营、自负盈亏的经销企业。这种公司是企业可控性最高的渠道成员。

(2) 在目标市场设立经销部 这种机构是企业销售部门的派出机构,主要是地区销售管理部门。它不是独立法人,但它经过一定发展后可以成为企业的合资子公司。

(3) 联销体 这种机构是企业与中间商或服务站共同组成的合资销售机构,它设有董事会,一般由生产企业销售部门的领导担任董事长和第一副总经理,并委派专职常务董事,而由出资的中间商或服务站派人担任总经理,合资机构设在中间商所在地。由于生产企业出资,因而对联销体有较强的控制力。

(4) 股份制 这是由生产企业、中间商及其他出资者共同入股组建的从事汽车经销业务的股份公司,例如上海汽车工业销售公司与湖南省汽车工业公司等单位组建的湖南申湘汽车股份有限公司即属此类。由于企业可以在股份公司内占较大比例股份,因而也可以提高企业对此类渠道成员的控制力。

(5) 代理商 代理商是指接受生产企业委托在生产企业授权范围内以生产企业的名义从事经营活动,但未取得商品所有权的中间商。代理商在经营活动中所取得的收入不是商品的商业利润,而只是代理费。由于企业是根据代理商的经营效果来选择代理商,因而代理商必须在业绩上令企业满意。显然,代理商的这种努力,有利于企业对其进行控制。代理商制是买方市场形成后,企业既保证渠道中不乏货源,而又保障中间商利益,调动其积极性行之有效的方法;是市场供大于求情况下,企业销售产品、开展营销活动中采取的最具效率的销售渠道之一,是西方国家汽车公司广泛采用的形式,例如德国大众汽车公司在国内的代理商多达2000多家。

四、非自销体系的组建方式

如果长期销售渠道目标仍以中间商为主,那么企业必须按前一节所述渠道设计内容选择中间商。其具体组建方式如下。

(1) 协议关系 企业与中间商相互独立,通过签订协议规定双方的责、权、利,双方属于买卖关系,更确切地说是买断关系。在这种关系中,中间商不同于代理商,自己是独立法人且承担风险。在我国目前合同执行尚不规范的情况下,双方的合作是否令人满意,主要取决于双方的信用。

（2）松散型网点　这是一种松散型渠道组织形式，企业与网点既没有资产关系，也不像协议关系有持久的业务合作，双方纯属买卖关系。在开放型渠道策略中，此型渠道成员最为多见。

（3）参股型　企业在建立非自销体系时，亦可采用联销体或股份制形式选择中间商，与前述不同的是，企业出资或入股较少，没有取得中间商的支配权，但比上述松散型的影响大。

对上述各种渠道成员而言，都应做到即集整车销售、配件供应、维修服务和信息反馈"四位一体"。实行"四位一体"的好处和优点如下。

（1）"四位一体"保证了一个完整的销售活动。现代营销理论将销售定义为"不是简单地将商品卖出去"，而是包含运输、安装、调试、维修、服务等的一系列活动。销售不是"卖车"，维修也不是简单的修车，而是同时承担着挽回并保持用户"依赖"和"收集市场技术信息"两大任务。

（2）同一网点实现"四位一体"，使其抗拒风险的能力大大加强和提高。即使汽车销售萧条，零配件市场的相对稳定和维修保养服务的固定收益使经销网点的经济效益仍维持在一定水平，不至于出现难以经营下去的局面。另一方面，经销活动作为汽车生产过程的一个延伸，经销网点实现多种功能后，经销商得到来自于生产企业的支持是全方位的，化解风险的能力自然加强。

（3）经销与服务和维修融为一体有利于开展售后服务，厂家不需要再花精力去另建一套维修服务网络，在这种结构下，经销商必须既管销车，又管服务，加强了经销商对售出车辆的责任心，也使其对产品有更深的了解；另一方面，售前、售中和售后的关系紧密联系在一起，提高了营销整车效益，还加深了用户满意程度。

（4）"四位一体"使经销商实力和素质大大增强，其为了有更大的发展，必然重视用户意见和市场信息动态，从含有多功能经销商处获得的信息是生产企业最需要的第一手材料，同时，也减少生产企业收集信息的成本，这种结构必将使整个销售网络进入良性循环，从而使销售体系的实力得到加强。

五、分销渠道的管理

1. 加强分销渠道的创新

渠道变革的最终目的是"成本下降，效率提高"，这可以通过减少流通环节，统购分销，产品集中出货，加快库存和资金周转率来实现。基于上述现状和问题，根据当前市场变化，对分销渠道资源进行有效地整合，实施分销渠道的创新势在必行。首先，分销渠道模式的多元化。分销渠道的多样化：一是指企业渠道模式的多元化，这样不仅能分散风险，而且还能提高产品的市场占有率；二是指分销产品结构的多元化，即在同一渠道中实现对多种相关产品的分销以提高渠道的利用效率，因而需要实现分销渠道的整合。其次，是分销渠道结构上的扁平化和重心下移。扁平化即主要通过尽量减少分销渠道的环节，便于实现厂家与消费者进行更直接、更快捷和更准确的沟通，并有助于生产企业对分销渠道的控管，减少冲突及降低不稳定性，降低成本费用，提高渠道的运作效率和利润空间。而重心下移包括由经销商向零售终端市场下移和由大城市向地区、县级市场下移，厂家更容易获得市场的主动权。最后是分销渠道信息化，即在有形的渠道中融入无形的互联网络，利用互联网建立信息化的分销渠道网络，这样能更好地适应新经济时代的个性化、互动化和高速化的要求。

2. 加强对经销商的有效管理

（1）甄选与评估　选择经销商要广泛收集有关经销商的声誉、市场经验、产品知识、合作意愿、市场范围和服务水平方面的信息，确定审核和比较的标准。比较的标准是：经销商的营销理念和合作意愿，市场覆盖范围，声誉；历史经验；产品组合情况，财务状况，促销能力和对其业务员的管理能力。

（2）沟通　沟通是保证渠道畅通的一个很重要的条件。因此，如何促成渠道成员之间的相互理解、相互信赖乃至紧密合作，是分销渠道管理中一个重要的方面。沟通可以分为信息沟通和人际沟通两种形式。

① 信息沟通。及时有用的信息是企业经营成功的基础，因此企业一定要建立相关的信息沟通机制，及时向渠道成员传递有关消费者信息、产品信息、价格信息、技术信息、环境信息、竞争者信息等渠道成员感兴趣的信息。为此，企业必须建立一个有效的分销渠道信息系统，以实现渠道中信息的共享。

② 人际沟通。在现实经营过程中，生产企业往往对经销商不满，究其原因是因为生产企业是站在自己的角度看问题，如果换个角度，站在经销商的立场上，问题有可能不会发生，对于生产企业来说我们要理解经销商，经销商是一个独立的经营者，而不是企业的雇佣，他们有自己的经营目标和经营政策，他们关心的是所有产品的销售，而不会把注意力只放在一种产品上，他们的行为与观念首先是消费采购者的代理人，然后才是企业产品的销售代理人，除非有很大的物质奖励，经销商一般不会为生产企业做销售记录。了解经销商的这些特点，渠道成员就可以相互理解，相互合作，保持渠道的畅通。

（3）激励　经常激励经销商可以提高他们的积极性，对经销商的激励可以分为直接激励和间接激励。直接激励包括制定严格的返利政策，价格折扣和开展促销活动；间接激励包括培训经销商和向经销商提供营销支持。

（4）约束

① 做好进销存管理，即对于经销商的销售额、增长率等作一个详尽的统计整理，以考核经销商的业务能力，也可以作为制定奖惩政策的依据。

② 管理到二批以下，可以将销售记录跟踪到二批、三批、零售终端，甚至消费者，跟踪得越深入，对经销商的管理越有帮助，便于总结经验。

3. 加强对渠道的有效控制

（1）建立一体化的营销渠道　一体化垂直营销渠道是由制造商和经销商（包括批发商和零售商）组成一个统一的联合体，统一行动，通过规模优势增强谈判实力，减少某些环节的重复浪费，消除渠道成员为追求各自利益而造成的损失。鉴于相当多的冲突来自于经销商与制造商之间较为松散的合作关系，每个渠道成员都是作为一个独立的经济实体，他们追求的目的是自己利润的最大化，这样往往导致渠道产生内耗。因此，加强产销两者之间的合作，形成利益与共的紧密联系，有助于消除渠道的内耗。在发达国家的消费品销售中，这种营销系统已经成为主流的分销形式，占全部市场的 70%～80%，目前这种合作形式在我国还不普遍。

（2）加强制造商的品牌能力建设　当制造领域与销售领域的力量对比发生转移时，制造商就会越来越受控于经销商，当处于短缺经济时代，对制造商来说要想获得对经销商的控制能力，就必须加强品牌建设。现在的市场竞争已经超越了同质低价的低层次竞争，绝大多数的商品市场上，能在与经销商的关系中占据主导地位的企业，一般都是拥有强势品牌的企业，他们手中的品牌力量为他们在渠道中赢得了话语权。

（3）构建长期的合作关系　构建长期合作关系是激励分销商的一种方式，也是消除渠道冲突的一种方法。精明的厂商意识到，他在市场开发、市场覆盖、寻找顾客、产品库存、为顾客提供服务等很多方面都离不开经销商的支持，因此愿意与经销商建立长期的合作关系，这种关系的最高形式就是分销规划，分销规划是指建立一套有计划的、专业化的管理垂直营销系统，把生产企业与经销商的需要集合起来，制造商在市场营销部门下设一个专门的部门即分销关系规划处，主要工作为确认经销商的需要，指定交易计划和其他方案，以帮助经销商能以最适当的方式经营，该部门和经销商合作决定交易目标、存货水平、商品陈列方案、销售训练要求、广告及促销计划，其目的在于，让经销商认识到他之所以赚钱不是因为与购买者在同一立场而是与生产企业站在同一立场的结果。

（4）建立产销战略联盟　产销战略联盟是指从企业的长远角度考虑，产销双方（即生产企业和经销商）之间通过签订协议的方式，形成风险和利益共同体。按照商定的分销策略和游戏规则，共同开发市场，共同承担市场责任与风险，共同管理和规范销售行为，共同分享销售利润的一种战略联盟。

产销战略联盟根据其紧密形式可以分为会员制、联盟性质的销售代理、制造承包制，以及合资、合作、互相持股的联营公司形式，产销战略联盟属于关系营销的范畴，其最大的特点是参与联盟的企业具有共同的战略目标，当渠道面临外来威胁时，渠道成员就能为实现他们共同的目标而紧密合作，如在市场份额、高品质服务、顾客满意等方面的紧密合作后就可能战胜威胁，这也使得渠道成员明白通过紧密合作共同追求最终目标价值。

（5）加强有效的渠道控制　产品营销中的渠道控制是企业构建分销渠道系统的重要组成部分，它可以解决企业产品上市初期渠道不畅、销售费用过大等困难，同时也可以解决需要密集分销产品时网络建设的不足等问题，另外，对于分销渠道中出现的冲突也能起到预先控制的作用，所以分销渠道的控制对于企业的产品销售起着重要作用。

① 渠道长度控制。尽可能地减少中间环节，必要时可采取直销形式，减少产品在流通过程中停留的时间和费用，提高渠道效率。

② 成本控制。对渠道进行成本效益分析，尽可能减少渠道费用，提高渠道的经济效益。

③ 人员控制。不管采用什么样的渠道，对销售人员的素质要有一定的要求，对销售人员的招聘、培训、考核、激励、监督等管理工作都是渠道控制的主要内容。

④ 区域控制。不少企业在选择分销渠道时，对区域控制采取顺其自然的态度，有的在分销协议中不作明确的规定，有的虽有明确规定但执行力度不够，出现经销商跨地区销售，引起渠道冲突，这些问题如不能及时处理，就会导致经销商队伍涣散，与企业合作减少，整个销售网络处于极不稳定的状况，区域控制要求被选择的经销商严格遵守分销条款，出现跨地区分销现象及时处理。

⑤ 价格控制。经销商为了争夺市场，往往采取低价竞争的方式，这种以低价为特征的恶性竞争的结果是使经销商元气大伤，最终脱离原来的业务，所以供应商对价格的监控是渠道控制的主要内容之一。

⑥ 物流控制。随着产品销售量的增加，畅通的物流周转是渠道控制的主要内容，企业首先要考虑产品的运输问题，要善于利用运输公司的物流网络来节省费用，其次要考虑周转仓库的设置，与经销商合作建立周转仓库是很好的办法，最后需要考虑产品配送中心，健全的信息管理系统是配送中心的关键。

六、我国分销渠道的现状

1. 分销渠道缺乏效率和稳定性

我国的企业传统的分销渠道模式是"厂家—总经销商—二级批发商—三级批发商—零售商—消费者"的经典层级分销模式，这种呈金字塔式分销模式渠道长，容易削弱企业对渠道的控制能力。各分销商都是一个独立的经济实体，他们为了追求自身利益的最大化，不惜牺牲厂家和分销系统的整体利益。随着销售额的不断增长，企业对渠道的控制难度进一步加大，多层级的渠道结构降低了效率，无法形成有利的竞争价格，信息反馈严重滞后，造成政策不能及时到位，造成资源浪费。在我国无论是营销渠道理论、渠道体系、渠道规模还是专业化程度，还缺乏一定的整体性，专业化的渠道企业发展缺乏一定的稳定性，渠道企业自身没有明确的职能定位和一体化发展的理念。

2. 企业与分销商力量不均衡

在我国，企业过分依赖经销商的现象十分普遍。经销商由于拥有巨大的资源和市场，其良好的分销能力为企业所看重，有助于提高产品的销量。所谓得渠道者得天下，现代的企业竞争归根结底就是分销渠道的竞争。不过，随着分销商力量的不断增强，他们通过压低采购价格，盘剥供应商逐渐控制企业，造成企业利润率的降低。

3. 渠道冲突严重

渠道冲突是指企业在同一市场建立了两条或两条以上的渠道而产生的冲突，其本质是几种分销渠道在同一个市场内争夺同一客户群而产生的利益冲突。由于市场竞争压力与需要，企业在同一区域市场内往往会使用多种分销渠道，最大限度地覆盖市场，这样不可避免地会发生几种分销渠道将产品销售给同一客户群的现象。渠道冲突的主要表现在以下两个方面：一是经销商与制造商之间的冲突，主要体现在双方的权利和义务上，集中表现在价格政策、销售条件、地域区分和促销过程上，制造商存在因赊销货物给经销商产生拖欠货款的风险；二是经销商之间的冲突，主要表现就是经销商不规范操作如竞相杀价、串货造成严重的网络冲突等。

七、中国汽车生产企业的销售渠道系统

1. 开放型渠道系统

这是一种典型的多渠道、长渠道和宽渠道系统。这种渠道系统多是由于滞销时企业采取"多渠道、少环节"、"广交朋友"和畅销时多处"开口子"所致，也是国家物质流通现有体制造成的。其特点是以国家物质流通主渠道为主，同时又采取开放型策略广泛吸收其他渠道成员。这种渠道形式存在如下诸多问题。

（1）渠道纵横交错、复杂繁多，企业难以对其进行有效控制。

（2）由于畅销时，中间商各显神通争货源，企业难以招架；滞销时，大多数中间商又退避三舍，企业被迫倾巢出动抓推销，因而不利于企业产品的合理分配与销售，影响企业营销的长远目标。

（3）容易诱发企业与中间商、中间商与中间商的矛盾。畅销时，企业与中间商各自争取更多的利益，而在滞销时，中间商进货不积极，货款支付不及时，拖欠货款，造成企业与中间商的矛盾；再者，由于企业难以在中间商之间做到合理分配资源、中间商有厚此薄彼的感觉，造成中间商与中间商的矛盾。

（4）中间商过多，许多中间商难以形成规模经营，经营成本上升，利润下降，削弱了中间商抵御市场风险的能力。

（5）环节多，势必造成层层加价，加剧了用户的购买负担，企业的价格策略难以有效执行。以上问题说明，开放型渠道系统弊端很多，难以形成一个稳固的、有良好信誉的、可控性好的、能够抵御市场风险的渠道系统。为此，有的企业采取了一些"风险经营"机制，即将中间商在滞销时的表现同畅销时资源分配相挂钩，这些措施尽管可以缓解企业一时之难，短期见效，但从长远来看，这种"风险经营"机制对中间商的约束力，有赖于企业产品的长期畅销。近几年来，随着市场竞争的加剧，汽车产品畅销品种越来越少，大多数产品滞销或严重滞销，如此来看，企业必须要着手建立长远的渠道模式。

2. 半封闭式渠道系统

上海汽车工业销售总公司1991年率先在全国建立了20家桑塔纳轿车的排他性（即只销

售自家产品）联合销售公司，其投资后所得利润继续投入中间商，迅速提高了这些联合公司的实力。这样以来，联合公司积极性高，渠道功能发挥很好。较强的排他性是上海汽车工业总公司销售渠道的主要特点。

八、国外汽车公司的销售渠道系统

世界各大汽车公司的销售渠道，尽管承担了大量的汽车销售和售后服务业务，但其渠道类型并不复杂，甚至比我国汽车企业的销售渠道更为简单。

1. 大众汽车集团

大众汽车集团在国内的整车销售主要采取两种渠道：直接销售；经销商销售。大众在国内共有2100家经销商和1600个服务站可直接为用户订车。经销商的服务范围是全方位的，如整车销售、维修服务和配件供应为一体，经销商只能向大众集团订货，其规模较大；服务站规模较小，只搞维修服务和配件供应，若用户向服务站购车，服务站只能向经销商代表用户购买，不能直接向大众总部订货，服务站只能从中赚取一定手续费，相当于经销商的代理商。

至于国外用户购买大众集团的汽车，原则上通过用户本国的进口商进行，这些进口商再直接向大众集团的销售部购买，但以下七种用户可以直接向大众总部订货，他们是：提供人道主义帮助的组织、教会和慈善机构；各种政治团体、基金会；国际性咨询机构、大公司；德国内政部；外交机构；联合国；其他特殊车辆用户。

大众集团对经销商的管理方法有三种。

（1）合同管理　大众集团在与经销商签订合同时，已经就管理、销售、售后服务、配件供应、信息反馈等方面明确了双方的权利的义务。其要点是：

① 大众产品的零销业务由经销商构成的单一销售网络实现，在一个市场责任区只建立一个经销商；

② 经销商必须达到中等规模，每年的新车销量必须达到500辆，所在区域内大众集团的汽车必须具有一定数量的保有量，与其他大众集团的经销商必须保持一定的地理距离；

③ 经销商的责任是销售大众集团的新车，购买和销售旧车，提供售后服务，销售原装配件、附件、工具和设备等；

④ 大众集团对经销商强制执行一种统一的报告制度，以便于系统内信息的交流；

⑤ 每个销售商都必须有一个展厅，整个展厅面积都不能小于$300m^2$；

⑥ 经销商必须统一使用"大众"标志，必须放在醒目之处；

⑦ 经销商必须使用统一的数据传递系统等。

（2）价格控制　大众集团对每一个经销商的价格都是保密的，但基本上是根据经销商的业绩给予不同的价格折扣。

（3）采取激励机制　大众集团销售部对其经销商在培训、业务指导、提供信息等服务基础上，通过物质和精神激励等手段鼓励经销商多卖车、卖好车。

针对数以千计的中间商，大众集团还按区域设立了八个销售中心，销售中心本身不从事经营，只对经销商进行"管理、协调、监督和服务"。

2. 雪铁龙汽车公司

雪铁龙汽车公司的产品销售工作由雪铁龙汽车公司承担，它与大众集团的区别是：雪铁龙公司的销售业务有很多是通过自己的销售分公司和经销站进行的。这些分公司和经销站的所有权归雪铁龙公司所有，他们在所辖地有直接和独立的经销权，除此以外渠道内还有其他成员，他们的所有权均不为雪铁龙公司所拥有，他们是独立的中间商。

3. 日本汽车公司

日本的各个汽车公司在国内通过两种不同的渠道销售新车：一是公司本身的销售公司及分支机构；另一种是受汽车公司委托的专门从事汽车贸易的公司（中间商），后者同汽车公司签订合同，在业务上是独立的，享有充分自主权。在日本找不到一个仅仅依靠单一渠道销售汽车的公司。

九、中国汽车生产企业与国际汽车大公司销售渠道系统的比较

通过中国汽车生产企业与国际汽车大公司的销售渠道网络对比，可以得出国际汽车大公司的销售渠道和网络具有这样几个结论。

（1）各个公司的零售业务主要集中在渠道最后1~2个环节。渠道普遍较短，无纵横交错现象，非常简洁。

（2）网点数目众多，表现出明显的宽渠道特征。

（3）普遍实行代理商制，经销网点或服务站一般只能与一级经销商或当地的公司销售部分公司打交道，服务站生意介绍成功后，只能收取手续费。

（4）普遍实行责任区制。一个区只设一个经销网点，以保证经销商和网点的适度经营规模。

（5）汽车公司销售部一般不直接面向普通用户从事零售业务，以维护渠道成员的利益。

（6）管理制度十分严格，对网点实行分区管理，设立管理机构。

（7）一级经销商或公司销售分公司全是四位一体的，而二级网点一般是以从事维修服务、配件销售为主。

第三节　汽车销售模式

一、汽车营销模式的内涵

汽车营销模式由营销组织、营销技术和营销理念组成，三者相互作用、相互影响。营销模式是一个有机的整体，不能以简单的市场组织形式的更新或销售方式的改变代替营销模式的全部。对于某一种营销模式而言，营销组织和营销技术往往取决于营销理念，因此判定营销模式孰优孰劣，关键在于为用户提供什么样的营销服务理念，而不是简单地销售汽车产品。品牌专卖、汽车交易市场、连锁经营都只是某一种营销模式中"营销组织"这一要素的表现形式，如果单从这一要素确定某种营销模式的合理性和先进性，很难得出全面和正确的结论，这也从一个侧面说明了为什么有的品牌专卖、汽车交易市场、连锁经营很成功，而有的不成功。在借鉴国外先进的汽车营销模式时，既要学习别人的"形"，也要将其"营销理念"的内涵与中国汽车市场进行实际结合。

二、我国汽车行业营销模式概述

1. 品牌专卖店还只适用高档车渠道

1998年，以广州本田、上海通用为代表的国内主要汽车生产厂家开始仿效国外营销模式，推出"整车销售、配件供应、售后服务、信息反馈"为主要内容的4S销售模式。随后，其他汽车生产企业也相继跟进，颇有一种"山雨欲来风满楼"的味道。国内的品牌专卖店在结构以及运作模式等方面类似于欧盟的4S店。除去国内4S店的投资规模较大从而将成本转嫁给消费者导致价格较高以及4S的软件素质（诸如无自己的品牌，从业人员素质低等）等方面的缺陷外，下面两方面的状况使得以4S店为主的品牌专卖店不可能成为中国汽车市场

的主流渠道模式。

作为一种消费品，汽车在国内与西方的定位存在着较大的差异。在西方国家，由于经济比较发达，汽车是一种必需品；相对于中国目前的经济水平以及城乡差异，中国的汽车类似于奢侈品，奢侈品会逐步向必需品过渡，只不过过渡的时间比较长。随着经济的发展，中国汽车的保有量将会迅速增加，而增加的保有量首先会集中于经济型以及中档车型方面，而高档车型由于价格弹性较低，其增加量的幅度不会有很大的提高。因此，中国汽车未来的市场主要体现于中档以及经济型车型方面，这部分的消费者对价格的敏感度较高，而4S店由于其较高的品牌定位以及较高的价位，与目前的经济型以及中档车型的消费者的定位是不一致的。

国内与西方国家在汽车市场结构方面有着较大的差异性。西方国家的汽车市场结构是寡头垄断型，比如，美国汽车市场主要由三大寡头垄断，欧盟的情况亦很相似。但是，中国目前汽车的市场结构更加类似于垄断竞争类型，生产商比较多，每一生产商都对市场有一定的控制力量，但是控制力量又都不是很强烈。尽管中国汽车的保有量在迅速的增加，但是，增加的保有量被众多的汽车生产商瓜分，每一生产商所分配的量就很有限了；同时，品牌的众多使得消费者有了更大的选择权，4S店的销售量就受到很大的制约。

西方国家由于经济的发达程度较高，汽车作为一种必需品，保有量较大，同时，市场结构的寡头垄断性使得每一品牌所分得的销售量是很大的，因此，4S店在西方国家的发展比较好就是理所当然的了。在中国经济比较发达的大中型城市，对于高档品牌的汽车生产商可以采用4S店的模式，因为经济发达城市的汽车保有量比较高，同时中国目前的高档车市场的市场结构更加类似于寡头垄断。

2. 汽车连锁超市是中国未来汽车销售的主流模式

连锁销售之所以会成为主流渠道模式，核心原因在于这种渠道模式很好的适应并满足了中国的消费形式与特点。连锁企业尤其是全国连锁使得其订单量较其他形式的渠道要多，订单量大必然要求生产商为其提供更低的价格或更优惠的车型，鉴于较大的零售量，生产企业不管迫于无奈还是主动，最终结果只能满足连锁企业的要求。连锁企业利用优惠的价格逐步将其他形式的渠道驱逐出市场，从而其销售量进一步加大，销售量的进一步加大又使得连锁企业有更大的实力从生产商处得到更低的价格和更优惠的车型，从而进一步降低汽车价格。这一点与中国汽车的消费特点是一致的：中国汽车增长最快的是经济型以及中档车型，这部分消费者群体对价格较为敏感，连锁超市正好满足了这一点。因此，连锁超市定位于中低档车型能在渠道中占据主角。同时，随着连锁规模的扩大，渠道实力的增强，客观上起到整合汽车生产商的作用，那些实力较差的经销商由于得不到渠道的支持而逐渐淡出舞台。连锁销售经营较多的汽车品牌满足了消费者"货比三家"的需求，免去了消费者由于中低档车品牌的众多而东奔西跑的麻烦；同时，最终在一个城市形成几家连锁主宰车市的情形可以解决目前购车手续繁琐的问题：类似于北京的汽车园区或上海的"汽车大道"，服务结构外派至连锁企业或者由连锁企业代办整套手续，从而形成一种新的服务。

3. 汽车园区的发展有太多无奈

集约型汽车交易市场在我国的汽车渠道中发挥了重要的作用，其核心优势在于：品种全，价格低、服务好。但是其缺陷也是很明显的：缺乏整体策划与运作，形成不了规模效益。在汽车市场供不应求、渠道竞争不是很激烈的状况下，其存在能满足需求，但是随着竞争的加剧，渠道的变革，集约型汽车交易市场退出历史舞台只是时间问题，相应的将会被汽车连锁销售的模式所取代。

汽车园区最大的特点在于功能的多元化，如北京国际汽车贸易服务园区设计了九大功能园区——国际汽车贸易区、汽车试车区、二手车贸易区、汽车特约维修区、国际汽车检测中心、汽车物流配送中心、北京国际汽车保税区、休闲娱乐区、汽车解体厂，在某种程度上诠释了汽车园区的功能内涵。实现了现金交易、信贷交易、租赁交易三种方式集成；并且具有销售、融资、办理手续一站式的服务功能，成为国际汽车交易中心、售后服务中心、展览信息交流中心和国内外汽车厂商咨询服务中心。

但是，汽车园区的缺陷也是很明显的：大部分的汽车园区（包括规划中的）地理位置在郊区，商业氛围比较淡；汽车园区内的品牌专卖店仍然各自为营，没有形成相应的规模优势，这一点与集约型交易市场的状况是一样的。

4. 电子商务有效提高汽车生产企业竞争力

作为一种渠道模式，汽车网上销售尽管在国内还没有太大的发展，但是随着时间的推移，这种模式将会发挥越来越重要的作用。电子商务是企业实力的象征，生产企业能做到网上销售，本身就是一种品牌提升行为；同时，电子商务又是一种提高竞争力的有效手段，无论实行成本领先战略的企业、还是差异化战略的企业，均可以从中受益。因此，生产企业要仔细研究这种新的渠道模式并采取积极的应对措施。

品牌专卖店是高档车的主流销售渠道模式；汽车连锁销售是中低档品牌销售的主流模式，因为中低档车型是中国保有量最大、增长最快的市场，因此，此种渠道模式是整个汽车销售的主流形式；集约型汽车交易市场将退出舞台；汽车园区的发展有待观望；作为一种渠道形式的电子商务将能有效提高企业的竞争力。

三、我国汽车营销模式的现状

1. 成功经验

（1）汽车营销组织进一步规范和完善。多年来我国汽车营销组织模式得到长足的发展，呈现出多元化的发展趋势。营销模式多样化，符合当前汽车市场发展阶段的特点和汽车消费群体的不同需求，适应不同区域市场差异的要求。特许经营的专卖店，是目前汽车厂家积极推行的主要营销模式，经营、销售和服务都比较规范，已建成相当数量规模合理、服务齐全的3S或4S店。这类3S或4S店，营销服务项目不断扩展，标识都十分醒目，并讲究外在形象的塑造。同时，我国汽车交易市场发展神速，不少厂家也改变了原先态度，同意特许专卖店进场，专卖店的进场一定程度上改变了人们对市场的认识。另外，外国汽车公司越来越关注我国汽车市场，不少汽车公司的上层亲自进行市场考察，我国汽车市场的管理人员也出访欧美日韩，不断提高管理水平。上海国际汽车城，是一个融汽车交易、零配件经营、汽车生产、科研、检测、教育、赛车等为一体的多功能汽车营销组织机构。

（2）汽车营销理念进一步与国际接轨，体现出时代的特征。通过学习和借鉴国外先进的汽车营销理念，结合中国消费者的具体实际情况，经过几代汽车营销人多年的营销实践，形成了诸多各具特色的汽车营销理念。如一汽轿车的"管家式服务"，认为汽车用户是"主人"，汽车生产和销售企业是"管家"，"主人"想不到的，"管家"要替"主人"想到，"主人"想到做不到的，"管家"要替"主人"做到。在企业的营销过程中，一汽大众坚持以客户为中心，以市场为导向，领先的技术、国际水平的质量、有竞争力的成本、最佳的营销服务网络、具吸引力的人才环境和最佳的合作与交流力6个支撑点，简称"一个中心、六个支撑"营销理念。上汽大众在深化实施用户满意工程中，提出"卖产品更卖服务"的理念，并且对营销服务的外延和内涵都有越来越深入的规定，不断向经销商灌输"第一辆车是销售出去的，第二、第三辆车是通过良好的服务实现销售"的营销理念。从中可以清晰地看出，这些营销理念都强调了以人为本、以消费者为中心，注重了社会、企业、消费者三者利益的有机结合，既有个性，又具时代特征。

(3) 汽车营销技术和手段进一步丰富而且合理。从品牌培育到业务分析、从员工培训到汽车知识普及、从文化渗透到汽车俱乐部经营、从售后关怀服务到终极跟踪服务、从电子购车到全球零配件供应网络建设、从组织各种文娱活动到举办汽车设计大赛等，都体现了汽车营销技术和手段的丰富性。通过多年的发展，我国汽车营销模式更加注重吸收和推广应用国内外成功的汽车营销经验和技术，如汽车信贷、汽车租赁、二手车交易、新旧车置换、汽车租购等。真正从消费者的需求和本行业的特点入手，注重满足消费者在获得汽车产品及其使用功能这一过程中产品以外的需求，如融资、租赁、以旧换新等，为一批掌握有现代汽车营销技术和手段的企业提供了发展舞台。

2. 不足之处

我国汽车营销模式经过多年发展，取得了长足的进步，但在其发展过程中，依然存在着不少不足之处。

(1) 营销队伍的整体素质有待进一步提高。营销队伍是贯彻营销理念、提供优质服务的关键，是联结消费者与销售企业的桥梁，是汽车销售企业的招牌。在国外，对汽车销售人员的从业资格有严格的要求，销售企业对营销人员的培训是企业发展的一项重要内容。由于缺乏系统培训（如顾客满意度培训、参与决策的培训、销售技能的培训等），国内营销队伍在获取客户信任感、说话得体、判断客户需求方面都存在着或多或少的问题。

(2) 汽车 4S 店太盲进。集整车、零部件销售，服务、信息提供四位一体的 4S 专卖店运营成本高，专卖店为客户提供维修和其他服务的费用也很高。迅速扩张起来的专卖店潜在的危险是一旦市场放开，高额的成本将成为其进一步发展的障碍。早在 2002 年，欧盟决定开始强力推行汽车销售改革，彻底打破长期以来汽车市场的行业垄断，在汽车销售商之间引入竞争机制，改变目前指定汽车代理商的销售方式，即把汽车视为一般消费品，不再允许特许经营，以压缩流通领域的费用，振兴汽车销售。对于热衷构建 4S 店的汽车企业和经销商来说，应将眼下的利益和长远的打算结合起来。由于中国的汽车市场发展迅猛，销售体系也会不断变迁，盲目跟进的汽车 4S 店的生存将面临严峻挑战。

(3) 汽车交易市场的跟风建设屡见不鲜。汽车交易市场作为一种已经存在数年的汽车销售模式，因其营业面积较大、销售品牌齐全、市场内部竞争激烈，消费者可以在汽车交易市场中获得更大的价格实惠。同时汽车交易市场配套设施相对完善，办理各种手续较为简便，装饰配件等可以一次购置齐全。但跟风建设也接踵而来，目前全国正在兴建或者计划兴建的汽车交易市场有上百个，而且动辄就是几千亩地、上亿元的投入。相对于以美国为代表的欧美汽车销售方式，不断寻找降低中间环节成本的办法，却在不断增加中间环节的成本，这样一来，势必影响我国汽车产业的竞争力和汽车企业的生存空间。

四、我国汽车营销模式的创新方向

1. 探寻中国特色的营销模式

近几年，中国汽车业虽得以迅猛发展，但是相对于发达国家，依然处于汽车产业发展的初级阶段，这是整个中国经济发展所决定的。因此在发展我国汽车营销模式时，必须立足于我国的实际发展。首先，中国虽然人多地广，但城乡差别大，中部、中西部发展不平衡，人均资源相对贫乏，人均消费与发达国家相比，还有相当大的差距。其次，虽然中国的城市化水平在不断提高，但城市道路设施建设和交通道路状况的改善显然很难尽如人意。其三，由于国家汽车政策的原因，汽车市场取得了很快的发展，显示了巨大的增长潜力，但轿车市场在短期内依然很难向上攀升。其四，虽然目前 200 家左右的汽车产能达到 800 万辆，但位居前 10 位的汽车厂家占了产销量的近 80%，剩下的 190 多家汽车企业仅有 20% 的市场份额，市场竞争的激烈程度可想而知，再加上国内汽车生产企业规模小、技术水平相对较低、自主品牌缺失等原因，相对于我国汽车生产企业的投入和产出比来说，企业目前很难支付大额的营销费用。因此，中国汽车营销模式的建立必须符合国情，适应市场需求，体现中国特色。

2. 倡导多元化的营销模式

在营销技术方面，我国的汽车营销模式要注重吸收和推广国内外成功的汽车营销经验和技术，如汽车信贷、汽车租赁、二手车交易、新旧车置换、汽车租购方面等；在经营理念方面，我国的汽车营销模式除要考虑如何满足消费者对汽车产品使用功能方面的需求外，还要注重社会、企业、消费者三者利益的有机结合，注重满足消费者在获得汽车产品及其使用功能这一过程中，对于产品以外的需求，如融资、租赁、以旧换新等需求的满足。我国汽车产业的发展状况、各营销模式的优缺点、特定的适用范围和庞大的消费群体，决定了我国汽车营销模式的多元化方向。要依据市场规律和市场变化，结合汽车生产企业和销售企业的特征和特定的消费群体，建立各具特色、多种形式的汽车营销模式，如将传统的营销模式（代理制、专卖店营销、特许连锁经营、汽车超市、4S专卖店等）与新型的营销模式（网上购车、汽车电子商务、买断销售）有机结合起来，不断对现有的汽车营销模式进行创新，以适应各种不同层次汽车消费者的需求。

3. 建立以消费者为导向的营销模式

营销模式只有做到以消费者的需求为导向，才能体现其科学性、合理性和有效性。因此，我国也必须建立以符合消费者需求为导向的汽车营销模式。改革开放20多年来，随着人们生活水平的提高，中国消费者的消费意识已开始觉醒，超前消费的倡导和分期付款的实施，使购车也成为广大消费者一个可以实现的梦想。随着我国消费者消费观念的转变和消费水准的提高，在购买汽车时，除考虑价格要求外，售后服务上也要向欧日美等汽车强国看齐。国内汽车生产企业、汽车销售企业，要以消费者的利益为中心，赢得消费者、市场及自己的发展。此外，在维护消费者利益的前提下，我国汽车营销模式的建立还需从全局出发，构建一个合理均衡的集厂商、经销商和消费者利益为一体的三角平台，只有这三方的利益均衡发展，才能维系我国汽车营销模式的良性运作，并不断向前发展，为我国早日进入汽车强国打下良好的基础。

伴随着中国汽车工业的迅速发展，营销渠道也在发生着巨大的变化：由最初的只有集约型汽车交易市场的形式，发展成目前的集约型交易市场、品牌专卖店、连锁销售、汽车园区等形式并存的格局。中国的国情与西方国家存在着很大的不同，西方的渠道模式不一定适合于中国，但是由于西方国家的汽车工业比较成熟，因此其渠道模式又有许多可以借鉴的方面。探讨西方国家汽车营销渠道的模式，分析中国汽车营销渠道的发展趋势，才能确定中国汽车的营销模式及其创新方向。

五、国外汽车行业营销渠道现状

无论是欧盟还是美国，汽车行业营销渠道均以品牌专卖店为主，但是无论是在品牌专卖店的结构、还是在运作方面，欧盟与美国存在着很大的不同。近几年，随着竞争环境的改变，渠道结构又都发生了相应的改变。

品牌专卖模式是指汽车厂家或销售总公司与经销商业主签订合同，授权汽车经销商在一定区域内从事指定品牌汽车的营销活动。经销商按照汽车厂家或销售总公司的要求建立展示厅、统一颜色和标识、规范销售的方式和方法、宣传的方式等。这种品牌专营汽车经销商完全是在销售品牌汽车可以赚钱的卖方市场环境下形成的。

4S店（销售、零部件供应、维修服务、信息反馈）是品牌专卖店发展到20世纪90年代的产物。4S店对厂家有明显的依附性，4S店品牌专卖汽车经销商的业绩和发展受生产厂家产品的设计和质量以及产品是否为消费者所喜爱、对经销商和销售人员的培训的好与差等因素的影响。

1. 欧盟的品牌专卖店状况

品牌专卖店是欧盟汽车销售的主要渠道，目前欧盟共有 11 万多家经销商。欧盟的汽车生产商在整个营销体系中处于核心地位，分销商、代理商、零售商通过合作或产权等为纽带、依靠合同而与生产商的利益紧密结合在一起。生产商通过设立一套严格的标准选择分销商，分销商将自己的区域划分为若干小区域，在每一个小区域内选择一家代理商或零售商，分销商与代理商或零售商的职责分工是比较明确的，分销商只负责从汽车生产厂家进货，然后发送至代理商或零售商处，起到批发和中转的功能，不从事零售业务；代理商或零售商负责具体的零售业务。生产商通过限制供货的方式控制分销商的网络。

生产商在与分销商签订分销合同时，一并签署服务合同，于是欧盟的品牌专卖店就是典型的集汽车（包括新车以及二手车）销售、零部件供应维修服务以及信息反馈为一体的 4S 店。

欧盟的品牌专卖店具有强力宣传生产商品牌的功能，但是由于区域内排它性的选择经销商制度，使得欧盟汽车零售商之间的竞争不是很激烈，竞争的乏力使得产品的价格居高不下，从而欧盟的汽车生产商在与世界其他汽车生产商之间的竞争过程中逐步趋于劣势。为此，欧盟在 2002 年 2 月做出决定：在汽车零售业中引入竞争机制，以后销售汽车的不仅仅是代理商，超市、商场均可以销售。

2. 美国的品牌专卖店情况

与欧盟的品牌专卖店主要销售一种品牌的汽车不同，美国的汽车品牌专卖店由三种形式构成：排它性特许经销商，只销售一个厂家的某个品牌；非排它性特许经销商，销售不同厂家的几个品牌，还有就是厂家直销。

美国汽车销售的主流模式仍然是品牌专卖店，全美共有 2.2 万个品牌专卖店，区别于欧盟的独立经销商，在美国几乎没有独立经销商，品牌专卖店是由汽车生产商投资，经销商赚取佣金以及银行返回利润等。同时，美国的汽车经销商同医生、会计师、公众安全等职业一样是受国家控制的职业之一，汽车经销商取得特许经营权是由地方政府批准的，经销商必须自己贷款向厂家提取汽车。而美国汽车的售后服务则是相对独立的，大部分专卖店只做汽车销售，小部分实力较强的经销商才做服务。汽车售后服务也趋向专业化：汽车零配件的专业化；汽车保修的专业化等。

从上面的情况可以看出来，美国汽车专卖店并不是真正的 4S 店，大部分只具有 1S 的功能：销售功能。

另外一种值得研究的渠道模式是美国汽车的互联网交易，目前，美国汽车的互联网交易非常活跃，消费者从下订单到订单的满足发送至消费者处只需要 3 到 5 天的时间。

复习与思考题

1. 分销渠道的类型有哪些？
2. 零售商的主要类型有哪些？
3. 影响分销渠道选择的因素有哪些？

第七章 汽车促销策略

学习目标
1. 了解汽车促销的概念与作用。
2. 掌握促销组合的内容。
3. 掌握各种促销策略的特点。

促销策略是指企业如何通过人员推销、广告、公共关系和营业推广等各种促销方式，向消费者或用户传递产品信息，引起他们的注意和兴趣，激发他们的购买欲望和购买行为，以达到扩大销售的目的。企业将合适的产品，在适当地点、以适当的价格出售的信息传递到目标市场，一般是通过两种方式：一种是人员推销，即推销员和顾客面对面地进行推销；另一种是非人员推销，即通过大众传播媒介在同一时间向大量顾客传递信息，主要包括广告、公共关系和营业推广等多种方式。这两种推销方式各有利弊，起着相互补充的作用。此外，目录、通告、赠品、店标、陈列、示范、展销等也都属于促销策略范围。一个好的促销策略，往往能起到多方面作用，如提供信息情况，及时引导采购；激发购买欲望，扩大产品需求；突出产品特点，建立产品形象；维持市场份额，巩固市场地位等等。因此，制定好促销策略，是汽车企业提高经济效益的必由之路。

第一节 促销及促销组合

一、促销的概念

1. 促销的定义

促销是促进销售的简称，指企业通过人员推销或非人员推销的方式，企业的营销人员采用各种有利于销售的沟通方式，向目标顾客以及对目标顾客的消费行为有影响的群体传递商品或劳务的存在及其性能、特征等信息，所带给购买者的利益，进行宣传、说服、诱导，从而引起消费者的兴趣，激发消费者的购买欲望及购买行为，以促成购买的活动。

2. 促销的内涵

（1）促销的目的　促销的目的具有多样性。比如提升品牌知名度、关注度，引起消费者的购买兴趣或经销商的推销热情。新经济形势下，促销最直接的目的就是短期内迅速提高销售量，扩大市场占有率。长期的促销很容易引起消费者对促销的过分依赖，比如降价或赠品，消费者会认为产品档次不够，一旦失去促销的刺激就可能对产品再无兴趣，进而转向其他同类产品的购买。

（2）促销的对象

① 消费者。大部分的促销行为，其实都是针对消费者的促销，在短期内引起消费者的购买兴趣与购买热情，提高销售量。要对目标消费者进行认真的细分，分析他们的心态、习惯甚至喜好等，根据综合分析所得的数据资料进行促销设计与规划。真正把利益让到实处，消费者才会对产品及服务产生兴趣。

② 经销商。对经销商的促销核心是利益，如何把利益让得巧妙，刺激经销商的进货热情及推销兴趣，对销售量提高起着至关重要的作用。对经销商的市场推广策略、返款策略、积分策略、竞赛策略等等，都是比较好的促销方式。

③ 渠道。这一点也常常不被注意。其实，在整个销售渠道里，每一个环节，每一个网点，都可以根据实际情况，进行各种各样的促销活动，一方面保证促销的整体性，另一方面也使产品在渠道内更加畅通。

④ 终端。销售终端、柜台、专卖店、促销人员现场讲解、现场产品展示、散发宣传单、小礼品、小气球、游戏、抽奖，都可以在终端配套进行，确保销售现场的热闹气氛。

⑤ 网络。互联网的发展，电子商务的出现，带来了新的促销机会。随着经济的发展与互联网的普及，网上促销将被更多的商家重视。因为网络能够在最短时间内实现与目标消费者的零距离沟通，使促销更有效率，更有针对性。

⑥ 竞争者。竞争者想尽办法，有针对性地进行各种各样的促销活动。通过价格策略、包装赠送等方式的促销活动，扩大市场占有率，提高销售量。

如何针对竞争者进行促销，成了促销策略中必不可少的一个内容。比如竞争者现在正在进行加量不加价、抽奖或奖金返还，都有必要进行分析与总结，制定相应的促销策略。如果在促销内容与促销形式上，被竞争对手牵制，很容易让企业陷入困境。

(3) 促销的平台　促销，必需借助于一个良好的平台，才能发挥作用。促销大致可分为以下四个平台进行。

① 现场秀。现场秀是和消费者进行有效沟通的好方式。通过现场产品展示、主持人讲解、产品功能演示，加深消费者对产品的了解，引起消费者的购买兴趣。

② 复合促销。这种促销方式样式比较多，也为商家所乐用。比如现在经常见到的加量不加价、折扣优惠、包装赠送、样品免费邮寄等，都可归属于复合促销的范围。复合促销的特点是操作性强，见效快，消费者的利益点明确。

③ 项目促销。项目促销操作起来比较复杂。其中涉及方方面面的内容比较多，通常是为了引起消费者对企业或产品的关注，在市场淡季提高销售量或者公关平衡。项目促销其实有一定的风险性。做得好可能对市场起到一定的销售作用，但做不好，也很可能引起消费者的反感。比如现场礼品不足，所做的承诺不能兑现。

④ 互联网促销。互联网的飞速发展，为各类促销活动提供了一个崭新的平台。通过互联网，可以真正实现与"目标消费者"零距离沟通，这中间一个关键的问题就是如何通过互联网，有效地将利益点传递到消费者的身上。新产品上市，知名度低，可以将新产品的赠品或试用品，通过建设好的促销网络，一夜之间分发到成千上万的消费者手中，迅速扩大产品的知名度及试用率，提高市场反应速度。

(4) 对促销的测量与监控　一次促销究竟给我们带来了什么？很难从一个量化的指标去评价，现实情况往往是，一次促销活动做得轰轰烈烈，销售量却没有得到明显的提高，如果没有科学的评估与监测，一方面对促销是否达到预期的目的，心里没底，另一方面，对促销过程中所花费的巨大费用，投入的人力与物力的消耗与浪费，找不到合理的改进措施。只有完成对促销活动的全程监控与测量，才是真正的实施了促销活动，对促销的测量与监控大致可以从以下几个方面进行。

① 销售量。用销售量来评价一次促销行为一般来讲比较科学，同时用销售量的量化指标也可以对促销活动进行科学的评估。

由于促销形式与内容存在差异，测量与监控的标准也就随之不同。比如有的促销行为可以马上拉动销售，如降价促销、加量不加价，销量的上升可以在短时间内得到体现，但有的促销行为却需要一个周期，销量上才会体现的比较明显。

从销售量上评价促销的成功与否，需要根据具体的情况进行科学分析，尽量把量化的指标定位科学、准确。

② 沟通定数。促销就是创造一个和目标消费者沟通的机会。在新经济形势下，产品多元化与选择多样化，消费者对产品有了更多的选择机会。如何与消费者进行有效地沟通，便成了促销的重要目的。

比如新产品上市进行的各种小包装派发，目的就是争取有一个与消费者沟通试用的机会，在消费者试用产品的同时，进而对产品有一个更为深入的了解。

把沟通作为一个量化的指标，在测量上难度相对要高一些。可以通过对部分消费者跟踪访问与调查，在一次促销行为过程中，计算通过促销活动，消费者对产品了解的指数，购买比率等。

③ 回想率。如果一次促销行为没能给消费者留下什么印象，或者是什么好印象，那么无疑这次促销行为本身不是很成功的。

回想率的测试标准可以通过对部分消费者的跟踪调查来实现。其中测试的主要内容是对促销的认知、美誉及联想。

④ 拓展。促销可以拓展新的用户群，扩大市场占有率。促销过程中，通过各种手段，争取更多的消费者参加，对消费者群体的扩大是有一定作用的。尤其是通过现场展示与讲解、折扣、试用等，对目标消费群体的扩大都是很好的办法。

⑤ 重复购买。有这样一份调查：促销行为大部分是激起了现有消费者的重复购买的欲望，而对于新的目标消费者的拓展，作用并不是很大。

这显示了促销对巩固现有消费群体的重要性，所以，有必要把现有消费者的重复购买率作为评价一次促销的成功与否。尤其是竞争对手想要与自己分割市场时，把促进消费者重复购买作为促销的一个量化指标，便显得非常重要了。

当然也有分析家认为，对于忠诚度高的消费者，即使不进行促销，他们也还是要消费你的产品。这个想法有点消极，适当地给现有目标消费者一定的利益，对巩固现有消费者资源，还是很有必要。

以上作为促销效果测量的几个要素，企业可以根据不同的促销形式与促销目的，对促销效果进行科学的评估。

新经济下的现实情况是，只凭感觉进行促销，已很难达到预期的效果，还需要不断地总结与测量，找出一套最适合自己的促销之道，一方面建立抗击竞争对手的针对性促销，另一方面提高市场占有率，扩大销售量。

(5) 促销的基本要素　在进行促销策划与促销执行时，有一些基本要素对促销成败起着关键作用。对这些基本要素，根据促销的实际情况进行科学的整合，能够真正让促销达到最佳状态。促销的基本要素，可以从以下几个方面进行考虑。

① 锁定目标消费者。促销不能只凭着感觉做，针对性不强，没能有效地锁定目标消费者进行促销，这一点必需引起足够重视。

② 引诱顾客的创造性。一次成功的促销行为，光有顾客的参与是远远不够的。新经济形式下的促销五花八门，诱发顾客的创造性，引起消费者兴趣，是促销的基本要素之一。

③ 利益明确、方便简单，可操作性强。促销对消费者的利益承诺要简单明了，利于传播。不能让消费者看过很长的文案之后还不知所云，利益点最好能用一句话的方式表达出来，引起消费者的兴趣或好奇心。

④ 超越竞争对手，策略创新。盲目地跟进或模仿竞争对手的促销方式或内容，非常危险。一方面消费者可能对此形式已不再有新鲜感或兴趣，另一方面永远跟着竞争对手的策略，在资源上也是一个极大的浪费。比如别人九折优惠，自己最好不要盲目效仿。可以在这个基础上进行再创新。可以适当地进行有奖销售、赠品策略、服务策略等上面下功夫，进行创新，吸引更多的消费者。

⑤ 促销的计划性、统一性与连续性。促销是一个科学的系统，需要计划性与连续性，保证促销的统一，达到最佳效果。

⑥ 促销的整合效应。新经济下的促销越来越需要整合各项资源，在各商家得到宣传与推广的同时，把消费者的利益达到最大化。

⑦ 促销效果的无限放大。拿现场促销活动来讲，光靠一次或几次现场秀是很难达到一定的效果的。这需要对促销效果进行放大。比如促销活动的前期宣传，对消费者的跟踪调查与访问，并配合新闻媒体等等综合因素，把促销效果扩展到最大。

⑧ 促销方式在不同地域的可推广性。作为整合营销传播过程中重要因素之一的促销活动，越来越要求连续性、整体性与统一性。尤其要求在不同地域执行的促销计划。在设计促销活动的过程当中，需对市场进行整体考虑，确保整个促销计划在不同地方，都可实施。

⑨ 促销要有品味。新经济下的促销活动越来越要求在形式与内容上有所创新，以便吸引更多的消费者参与，促进销售量。创新要有一个基本前提：要求促销策略创新的同时，确保促销活动具有一定的品味，以便在一次促销活动下来给消费者一个比较好的美誉度，一个美好的印象。

⑩ 促销管控中心。一次好的促销活动，除了在形式与内容上都有创新之外，还需要有一个精确的管理，确保促销准确高效地执行下去。总之，促销在整合营销中的位置一天比一天重要，在新的经济形式下，要求对促销进行重新定位与评估，昨天的各种各样的促销行为已渐渐不能适应经济的发展。消费者的个性化与市场的细分，要求在促销策略与促销内容有创新的同时，配以一个科学高效的管理系统，使促销活动达到最终目的，即在短时间内把销量做到最大化。

（6）促销的四个原则　虽然促销方式千变万化，但还是有其自身的规律可循，这一方面要求商家在思想上增加对促销的认识，同时需要坚持以下四个原则。

① 促销有目的性的原则。这一点非常重要。看看现在所进行的很多促销行为，很多都存在着目的性不明确，甚至对于一次促销行为到底是要提升销售，还是提升知名度等，都模糊不清。

② 目标有针对性的原则。所有的促销行为，都必须针对目标市场进行细分，使促销更具有针对性。不把握周围目标消费者的消费形态或消费习惯、心理及文化需求，就开始促销，无异于盲人骑瞎马。

③ 形式有创新性的原则。在新的经济形式下，促销形式落伍，会使促销效果处于低效率运作状态。曾有人断言，现在的促销其实已经日渐同质化，该想的都想了，该做的都做了，再想出更新的促销方式，再超越难度太大。其实只要肯努力思索与实践，创新还是有可能的。

④ 内容有科学性与系统性的原则。这是促销成功的关键因素。对于促销的理解不能只局限于片面的降价、现场展示等，促销其实是一个科学的系统，它需要每一个促销阶段都能

达成一个目的,并整合起来发挥作用。

(7) 促销的五个步骤　在促销活动的策划与执行过程当中,除了要求企业制定高效科学的促销计划以外,还要对促销的实质过程有更为深入的了解,单一片面的促销会导致很多不良后果,除了效果降低与促销成本上升以外,以下两个方面也不容忽视：第一促销及产品本身不易被消费者识别,第二不利于消费者对产品的接受。

新经济形势下,信息的分众化与市场的同质化,使促销的成本不断上升,效果却日益下降。解决这一困境地的最好方法除了优秀的促销创意以外,还需要有一个系统化的促销计划。一般来讲促销活动可按以下五个步骤进行,即：促销促信息；促销促利益；促销定目标；促销促氛围；促销促产品。

① 促销促信息。在现行的促销活动的策划与执行过程当中,对促销本身信息的传达,往往对促销的成败起着关键的作用。道理很简单,在当今的汽车市场,促销形式的同质化与促销竞争的激烈化,无论是创意再新、形象再好的促销活动,都已很难再让消费者产生兴奋点。

在这样的情况下,促销活动往往会被目标消费者所忽视。那么如何让消费者了解到促销活动的基本内容,以及促销内容如何与消费者的兴奋点与利益点的有效对接,往往对促销的成败起到了关键的作用。

② 促销促利益。在现实的促销策划与执行过程当中,真正吸引消费者参与的促销活动往往与消费者切身利益相关。因此,在促销的设计与策划过程当中,只有把促销本身与消费者的利益有效地结合在一起,才能真正引起消费者的参与热情,否则也都只可能是走马观花,不能切中要害。

促销的同质化以及促销信息不断地对消费者造成的冲击,一般的促销行为已很难再吸引消费者的兴趣。与目标消费者的切身利益相结合的促销,是解决这一问题的比较好的方法之一。

③ 促销定目标。事实上,就当前的促销市场来分析,大部分商家所策划与执行的促销行为,都带有一定的不确定性因素。促销的终极目的是促进产品的销售,所以任何一次促销活动,都希望参与促销活动的消费者,能是消费产品的潜在消费者,只有与这些潜在消费者进行沟通与互动,才有可能真正拉动销售。但现实的情况是非常复杂的。即使是策划周密、创意奇特、执行力度到位的促销,所圈点的消费者也不可能都是潜在的消费者。正是因为消费者行为的多变性与购买行为的多变性等特点,才给锁定目标的促销活动带来了难度。

任何一次促销行为都具有一定的时效性。当进行促销的策划与设计时,时效性的促销往往跟不上多变的市场变化的步伐。

竞争的复杂性,也给促销活动带来了不确定性因素。当正在为自己所设计的极具吸引力的促销称好时,马上就有几家十几家跟进,有创意的促销迅速变得同质化而满地开花,不能再引起消费者的关注与热情。

正是由于促销的诸多不确定性因素,才让众多商家感觉到,促销易做又不易做,所以,任何一次促销行为,锁定消费者是非常重要的,锁定目标消费者,分析目标消费者的心态与消费行为,以便制定相应的策略,吸引他们来参与我们的促销活动。

④ 促销促氛围。当消费者沉浸在一种完美的促销氛围时,往往更容易与促销活动沟通与互动,从而使促销活动更容易聚集人气。促销的氛围主要包括现场促销氛围突出、针对消费者的促销要立体、促销氛围要连续等几个要素。

⑤ 促销促产品。促销的终极目标是推动产品的销售,在某种程度上,消费者的购买决定虽然带有某些偶然性,但这种偶然性,有时却给促销活动带来了新的机遇。比如促进、说

服消费者购买等。

3. 各种促销方式的特点

促销方式有直接促销和间接促销两种，又可分为人员推销、广告、营业推广和公共关系四种。不同的促销方式各有不同的效果，概括地说，各种促销方式的主要特点如下。

（1）人员推销　即汽车企业利用推销人员推销汽车产品，也称为直接推销。对汽车企业而言，主要是派出推销人员与客户直接面谈沟通信息。人员推销方式具有直接、准确、推销过程灵活、易于与客户建立长期的友好合作关系以及双向沟通的特点。但这种方式成本较高，对促销人员的素质要求也较高。

（2）广告　广告是通过报纸、杂志、广播、电视、广告牌等广告传播媒体向目标用户传递信息。采用广告宣传可以使广大用户对企业的产品、商标、服务等加强认识，并产生好感。据统计表明，在各主要的汽车生产国，汽车业是做广告最多、费用最高的行业之一。如德国在 1995 年，全国销售汽车 331 万辆，宣传广告费达 29 亿马克，平均每辆车广告费 875 马克。

广告的特点是可以更为广泛地宣传企业及其商品，传递信息面广，不受客户分散的约束，同时广告还能起到倡导消费，引导潮流的作用。

（3）营业推广　又称销售促进，是指汽车企业运用各种短期诱因鼓励消费者和中间商购买、经销或代理汽车产品或服务的促销活动。其特点是可有效地吸引客户，刺激购买欲望，较好地促进销售。但它有贬低产品之意，因此只能是一种辅助性促销方式。

（4）公共关系　这一词来自英文 Public Relations，简称"公关"或"PR"，也称公众关系。它是指汽车企业在从事市场营销活动中正确建立企业与社会公众的关系，以便树立良好的形象，从而促进产品销售的一种活动。公共关系是一种创造"人和"的艺术，它不以短期促销效果为目标，通过公共关系使公众对汽车企业及其产品产生好感，并树立良好的企业形象，并以此来激发消费者的需求。它是一种长期的活动，着眼于未来。

4. 促销的基本策略

（1）从上而下式策略（推式策略）　推式策略中以人员推销为主，辅之以中间商销售促进，兼顾消费者的销售促进，把商品推向市场的促销策略，其目的是说服中间商与消费者购买企业产品，并层层渗透，最后到达消费者手中。

（2）从下而上式策略（拉式策略）　拉式策略以广告促销为拳头产品，通过创意新、高投入、大规模的广告轰炸，直接诱发消费者的购买欲望，由消费者向零售商、零售商向批发商、批发商向制造商求购，由下至上，层层拉动购买。

二、促销组合及促销组合策略

企业不仅要开发适销对路的产品、确定有吸引力的产品价格，还要通过有效信息的传递和沟通，让顾客了解产品、激发起顾客的欲望和兴趣，促使其形成购买行为。因此，促销的实质是传播和沟通信息。

1. 促销组合

促销组合指企业根据促销的目的和需要，履行营销沟通过程的各个要素的选择、搭配及其运用。促销组合的主要要素包括广告促销、人员促销和销售促进，以及公共关系。

促销组合的构成要素可从广义和狭义两个角度分析。广义地讲，市场营销组合中的所有因素都可被认为是促销的要素，如产品的包装、品牌、服务、价格等都传播了某些信息。狭义而言，促销组合只包括具有沟通性质的促销工具，如广告、宣传、人员推销、销售促进的各种方式等。从促销的发展历史看，企业最早划分出来的是人员推销职能，其次是广告，再次是销售促进，最后是宣传。

2. 促销组合对购买阶段的选择

（1）知晓阶段，促销组合的次序是：广告，销售促进，人员推销。

（2）了解阶段，促销组合的次序是：广告，人员推销。

（3）信任阶段，促销组合的次序是：人员推销，广告。

（4）购买阶段，促销组合的次序是：人员推销为主，销售促进为辅，广告可有可无。

3. 促销组合对产品类型的选择

消费商品的促销组合次序：广告，销售促进，人员推销，公共关系。

投资商品的促销组合次序：人员推销，销售促进，广告，公共关系。

4. 促销组合策略

四种促销方式各有优点和缺点，在促销过程中，汽车企业常常将多种促销方式同时并用。所谓促销组合，就是企业根据汽车产品的特点和营销目标，综合各种影响因素，选择、编配和运用各种促销方式。促销组合是促销策略的前提，在促销组合的基础上，才能制定相应的促销策略。因此，促销策略也称为促销组合策略。

影响促销组合策略制定的因素主要有以下几个方面。

（1）产品种类和市场类型 各种促销方式对消费品和产业用品的促销效果是不同的。一般来说，从事消费品营销的企业，最主要的促销方式是广告，其次是销售促进，然后是人员推销，最后是宣传。而从事产业用品的企业，最重要的促销方式是人员推销，依次为销售促进、广告和宣传。这是由两种不同的市场需求特点和顾客的购买行为不同决定的。

但广告在产业用品中也起着重大的职能，如建立知晓，有效提醒，提供线索，证明有效和再度保证等。主要表现为：

① 广告在能够树立企业声誉的前提下，将有助于推销员的工作；

② 企业声誉在产品复杂，风险大及购买者专业训练不够的情况下，一般具有较强的影响力。

同样，推销员在消费品促销中也起着一定的作用。

① 增加货位，具有较强说服力的推销员，可以说服代理商，经销商多进商品、为企业产品增加货位空间。

② 培养热情，促进中间商对企业产品销售的热情。

③ 劝导推销。

例如：重型汽车因使用上的相对集中，市场也比较集中，因而人员推销对促进重型汽车的销售效果较好；而轻型汽车、微型汽车由于市场分散，所以广告对促进这类汽车销售的效果就更好。

（2）促销目标 企业促销活动有推动与拉引之分。所谓推动策略，就是以中间商为主要促销对象，把产品推进分销渠道，推向顾客和市场；拉引策略是以最终消费者为主要的促销对象，首先设法引起潜在购买者对产品的需求和兴趣，然后消费者向中间商询购这种商品、中间商看到有利可图，会向制造商进货。

显然，如果企业采取推动策略，则人员推销作用大；如果企业采取拉引策略，则广告作用更大。

在汽车企业营销的不同阶段和适应市场活动的不断变化，要求有不同的促销目标。因此，促销组合和促销策略的制定，要符合汽车企业的促销目标，根据不同的促销目标，采用不同的促销组合和促销策略。

（3）购买准备过程阶段 顾客的待购阶段一般可分为六个阶段，即知晓，了解，喜欢，偏好，确信和购买。对于处于不同阶段的产品，企业应采取不同的促销组合策略。在建立顾客知晓阶段，广告、销售促进和宣传的作用较大；在了解和喜欢阶段，广告的效益最好，人员推销其次；在偏好和确信阶段，人员推销作用较大，广告作用略小于人员推销；在购买阶段，主要是人员推销发挥作用，销售促进也起一定作用。

（4）产品生命周期的阶段　总的来讲，促销的作用在产品生命周期的导入期和成熟期最大。对处于不同生命周期阶段的产品而言，促销的重点目的各不相同，所采用的促销方式也有所区别。当产品处于导入期时，需要进行广泛的宣传，以扩大知名度，让顾客认识和了解产品、吸引顾客的注意力，故广告和宣传的效果最佳，营业推广也有相当作用，销售促进在鼓励顾客试用也起到了一定作用。当产品处于成长期时，如果企业想提高市场占有率，广告和宣传工作仍需加强，只是侧重点有所不同，营业推广则可相对地减少。企业想取得更多利润，则应加强人员推销工作，来降低成本。产品进入成熟期时，应增加各种销售促进活动，削弱广告，这时的广告只是提示性广告，因为此时大多数用户已经了解这一产品，在此阶段应大力进行人员推销，以便与竞争对手争夺客户。产品进入衰退期时，企业应把促销规模降到最低限度，某些销售促进措施仍可保持，用少量广告保持顾客记忆即可。

（5）促销预算　任何汽车企业用于促销的费用总是有限的，这有限的费用自然会影响营销组合的选择。因此，汽车企业在选择促销组合时，首先要根据本企业的财力及其他情况进行促销预算；其次要对各种促销方式进行比较，以尽可能低的费用取得尽可能好的促销效果；最后还要考虑到促销费用的分摊。

（6）经济前景　企业应随着经济前景的变化，及时调整促销组合。如通货膨胀时期，人们对价格十分敏感，企业可采取如下对策：加强销售促进、减少广告；在促销中特别强调产品价值；提供咨询服务等。

第二节　人员推销策略

一、人员推销的特点

1. 人员推销概述

（1）人员推销三要素　人员推销是派出或委托推销人员通过面谈方式直接向目标顾客推销产品和服务的一种促销活动，它是一种最古老、最昂贵的促销方式，其核心是说服和诱导顾客购买推销品。推销人员、推销对象、推销品是人员推销活动的三个基本要素，推销人员是主动向推销对象推销产品的主体，推销对象是接受推销人员推销的另一个主体，包括制造商、中间商、消费者，推销产品是推销活动的客体。推销人员、推销对象与推销品三者之间相互依存相互制约共同构成了推销活动过程。

（2）人员推销形式　人员推销形式是推销人员与顾客之间直接接触的推销方式，是一种最直接最有效的推销形式，主要有上门推销、营业推销、会议推销、电话推销、网络推销、信函推销、陪购推销等形式。

① 上门推销。它是指由汽车推销人员携带汽车产品的说明书、广告传单和订单等走访顾客，推销产品。这种形式是一种积极主动的推销形式。

② 柜台推销。又称门市推销，是指汽车企业在适当地点设置固定的门市、专卖店等，由营业员接待进入门市的顾客，推销产品。门市的营业员是广义的推销员。柜台推销与上门推销正好相反，它是等客上门式的推销方式。因为汽车商品是贵重、大件商品，故采用这种方式是比较合适的。

③ 会议推销。它指的是利用各种会议向与会人员宣传和介绍产品，开展推销活动。比

如，在订货会、交易会、展览会上推销产品。这种推销形式接触面广，推销集中，可以同时向多个推销对象推销产品，成交额较大，推销效果较好。近年来国内各大城市先后推出的汽车博览会就属这种推销方式。汽车博览会现在已不仅是推销汽车的极好形式，而且已成为各大城市提高城市知名度、带动消费和吸引商机的极好形式。

(3) 人员推销的任务　推销人员的任务，首先是推销产品，即将企业的产品销售给顾客，它包括传递信息，接近顾客，推销产品，完成销售等，这是推销人员的基本任务；其次，开拓市场，推销人员不仅要注意市场调查，而且要进行经常性调查研究，寻找新的客户，开拓产品销路，发掘新的需求市场；第三，提供服务，即了解顾客需求，提供商品信息，帮助顾客选购，及时办理手续等，第四，树立企业形象，推销人员的形象在某种程度上代表着企业的形象，因此，推销人员应加强与顾客的沟通，及时将他们的意见反馈给企业，发挥好企业与顾客的桥梁作用，使顾客对企业产生好感和信赖，树立起企业在顾客心中的形象，从而达到促销的目的。

(4) 人员推销的策略

① 试探性策略。试探性策略也称"刺激-反应策略"，是在事先不了解顾客需求的情况下，推销人员运用刺激性较强的方法试探并引发顾客产生购买行为的策略。因此推销人员事先要准备好几套推销语言，试探与刺激顾客的需求，观察顾客的反应，再有针对性地进行促销，诱发其购买动机，产生购买行为。

② 针对性策略。针对性策略也称"配方-成交策略"、"启发-配合策略"，是指推销人员在基本了解顾客需求的基础上，利用事先准备好的具有针对性很强的说服方法促使顾客产生购买行为的策略，推销人员在与顾客交谈时，要讲到点子上，启发顾客需求，引起对方的配合与交谈，以便很快与顾客达成交易。

③ 诱导性策略。诱导性策略也称"诱发-满足"策略，"需求-满足"策略，它是一种创造性推销策略，是指推销人员熟练、灵活地运用推销技巧诱发顾客的某种潜在需求，使其实现购买的推销策略。诱导性策略对推销人员的推销技巧提出较高的要求。

2. 人员推销的特点

(1) 针对性强，无效劳动少　针对性是指推销人员针对不同的顾客，不同的情况采取不同的推销策略和推销方法，这是其他促销方式无法做到的。由于面对面推销，能及时了解和解决顾客异议，促成实际交易，因此无效劳动少。

(2) 及时灵活　及时灵活是指推销人员在推销工作中能及时发现灵活处理各种顾客异议，抓住时机，完成交易。

(3) 信息传递的双向性　在人员推销过程中，一方面推销员通过向顾客介绍产品，处理顾客异议，达成交易；另一方面推销人员通过与顾客直接接触，进行市场调研，收集市场信息，反馈信息，为企业制定合理的营销策略提供第一手材料。

(4) 友谊协作长期性　由于推销人员与顾客面对面交谈，长期接触，容易促使买卖双方建立亲密友好的关系，使顾客信赖推销人员，偏爱其推销的产品，形成长期合作的关系。

(5) 高成本性　高成本性是指人员推销开支大，费用高。人员推销成本包括招聘与培训推销人员、差旅费、交际费用、工资、奖金、提成、福利待遇等。

(6) 对从业人员素质要求高　人员推销的效果取决于推销人员素质的高低，要培养和选择出理想的胜任其职的推销人员比较困难，而且耗费也大。一些企业为了寻聘到理想的推销人员，不惜求助于猎头公司为其招募推销人才。一个优秀的推销人员的业绩不仅是平庸推销人员的几倍，而是几十倍、上百倍及至上千倍。

二、推销人员的素质

1. 道德素质
（1）诚实守信，富于进取精神。
（2）热情周到，服务意识强。
（3）保守企业秘密，忠于职守。
（4）吃苦耐劳，坚忍不拔。
（5）遵纪守法。
（6）不做不说有损企业形象的事。

2. 精通业务

精通业务是指推销员要精通企业知识、产品知识、顾客知识、市场知识、合同知识、结算知识和社交知识，这样才能做到"知己知彼，百战不殆。"

（1）掌握市场行情　推销人员要及时了解、分析和预测市场行情，对市场供求变化、竞争格局、价格涨落、产品生命周期阶段、顾客兴趣转移及消费倾向改变等要了如指掌。

（2）善于观察与思考　具备良好的观察力与思考能力，是做好推销工作的前提条件。推销人员要善于观言察色，针对不同的顾客在地理环境、需求特征、生活习惯、支付能力、购买方式等方面的差异，快速做出反应，采取不同的推销策略去诱导顾客，促其产生购买行为。

（3）善于言辞　善于言辞是指推销人员应具备较强的语言表达能力；善于用语言去启发顾客，打动顾客、说服顾客。

一名优秀的推销员，在语言表达上应简明扼要，突出主题；发言准确、音色纯美；语气温和、充满热情，富于幽默感。老练的推销人员往往练就一种随机应变清晰而又热情的说话技巧。

3. 业务技能
（1）寻找接近顾客的能力。
（2）推销洽谈能力。
（3）处理顾客异议，达成交易的能力。
（4）拥有制定推销计划，签订合同，进行市场调研和财务分析能力。
（5）网上交易能力。

推销工作是一项复杂而又艰辛的工作，它需要从业人员具有较高的业务素质与技能，拥有较高的文化水平和健壮的身体。

一名合格的推销员首先要对自己从事的工作有正确的认识，要以企业的发展为重，意识到自己的责任和使命。其次，要有踏实的工作作风，持之以恒的热情和信心。一名丰田汽车公司的推销人员在发现一位潜在用户时，两星期之内拜访达20次，最终使他变成了丰田汽车的用户。此外，要遵纪守法，讲究职业道德。

同时，一个好的推销员，除了要掌握方法和技巧外，其推销业绩还与推销员的良好个性有关。例如，口齿要伶俐，要有"三寸不烂之舌"；脑子要灵活，反应要快，善于察言观色，善解人意；性格要温和，不急不躁，善于与人相处，富有耐心，推销员一定要做到不管市场是热还是冷，都要常"走亲戚"，有生意谈生意，没有生意叙友谊，把老用户当知己，把新用户当朋友。做生意不可过于急功近利。

三、人员推销的程序

1. 寻找顾客

人员推销工作是从寻找顾客开始的，首先根据推销品的品种、性能、用途和特点确定准顾客，然后，根据 MAN 法则，审查顾客资格，最后确定目标顾客。MAN 法则是指顾客的支付能力，即金钱（Money）、购买决策权（Authority）和顾客需求（Need）。

现代推销认为，作为顾客的人（MAN）是由金钱、权力和需要这三个要素构成的，只有三个要素齐备的人才是现实的顾客。因此推销员要根据 MAN 来评审和验证顾客资格。

推销人员寻找顾客的方法有：熟识圈寻找法、顾客名册法、推荐法、委托法、信息利用法、聚集场所利用法、重点突破法、广告开拓法及咨询法等。

2. 约见拜访顾客

约见拜访是推销人员事先征得访问对象同意接见的行动过程，是接近推销对象的基础和前提。约见拜访之前要做好准备工作。

（1）准顾客基本情况，包括姓名、年龄、籍贯、文化水平、家庭状况、兴趣爱好等。

（2）企业及产品知识介绍准备工作。

（3）推销人员个人准备工作，如证件、仪表、心理准备等。

通过约见，推销人员才能成功地接近准顾客，顺利开展推销工作。常用的约见顾客方法有电话约见、信函约见、当面约见、委托约见、广告约见、网络约见等。

3. 接近顾客

接近顾客是指推销人员正式接触推销对象。接近顾客的目的是引起顾客注意，激发顾客的兴趣，使双方能顺利转入推销洽谈阶段，促成交易。推销人员在正式接见之前要准备好名片、公司简介、产品简介、样品、价格单等物品，然后前往约定地点与顾客见面，开始正式推销。

接近顾客的方法有介绍接近法、产品接近法、利益接近法、问题接近法、赞美接近法、请教接近法、馈赠接近法、表演接近法等。

4. 向顾客介绍产品

推销人员向顾客介绍产品的目的是保持顾客的注意和兴趣，激发顾客的购买欲望，重点介绍购买产品给顾客带来的利益。介绍方法和技巧如下。

（1）重点介绍购买产品给顾客带来的利益　这应从两方面介绍：

① 产品所带来的效用和利益；

② 购买产品所获得的附加利益，如售后服务等。

（2）强化沟通　推销人员通过不断提问或总结介绍过程，证实顾客对产品的了解与接受程序，加深双方的沟通。

（3）减少顾客的风险心理，解除其后顾之忧　如运用产品演示、免费试用、合同担保、照片、录像、各种证明和证书来减少或消除顾客的担心。

5. 处理顾客异议

顾客异议是准顾客对推销人员的陈述不明白，不同意或反对的意见。推销人员只有正确处理顾客提出的各种异议，才能说服顾客决定购买。

（1）顾客异议类型

① 针对顾客的异议。有需求异议，支付能力异议，购买决策异议。前两种异议要值得充分注意。如果顾客没有需求，就需要推销人员帮助顾客创造需求，如煤渣原来是废弃物，但是现在能做建筑用的砖；已经向游客开放的某山区旅游景区没有河与湖，所以不能购买游艇，但是如果建议景区管理者在某一条小山沟两头筑堤收集山洪和雨水，创造人工湖，就可以向此景区出售小型游艇；没有支付能力，可以帮助顾客融资购买产品，如帮助消费者申请贷款购买商品房、汽车等价格昂贵的产品。

② 针对产品异议。有质量异议、价格异议、利益异议、服务异议等。
③ 针对购买行为异议。有购买时间异议，政策异议。
④ 针对推销人员异议。有信用异议，缴货期异议，推销人员异议。

在这些异议之中有真实异议和虚假异议。虚假异议是顾客为掩饰其真实的意图或者拒绝推销人员及推销品的一种借口，真实异议才是推销人员所要了解的顾客内心的真实想法。所以区分真假异议对推销员来讲非常重要。

（2）处理顾客异议的方法　推销人员在处理顾客异议时，要做到情绪放松，认真倾听，审慎回答，保持友善，尊重顾客。经常使用的处理顾客异议的方法有反驳处理法、不理睬处理法、预防处理法、更换处理法、定制处理法等。

推销人员在处理顾客异议过程中，要保持平和友善的心态，避免与顾客发生争吵，针对不同的顾客采取不同的策略。不能从推销人员口中吐出"这种问题连三岁小孩都知道"、"不清楚"、"不知道"、"不会"、"没办法"、"总会有办法"、"改天再与你联系"等语言，这些语言容易给顾客造成伤害。

6．推销洽谈

推销洽谈是推销人员和顾客对产品价格、品种规格、质量、数量、交货时间、货款支付、售后服务、违约条款等具体问题进行协商的过程。推销洽谈一般适用于推销产业用品或中间商大批量进货。

（1）推销洽谈原则
① 平等自愿、协商一致。
② 有偿交换、互惠互利。
③ 有礼、有节、适度。
④ 遵纪守法。

（2）推销洽谈的准备工作
① 进行市场调研，了解和收集有关顾客本人的资料，市场行情等。
② 制定洽谈方案，包括洽谈目标、期限、计划、负责人及其成员、地点等。

（3）正式洽谈　推销洽谈的关键是价格磋商，这需要推销人员具有一定的询价、报价、讨价的技巧。

7．成交

成交是顾客接受推销人员的购买建议及其推销演示，并且立即购买产品的行为过程。在这个过程关键是推销人员如何识别成交信号，及时抓住成交机会，促成交易。

（1）成交信号　成交信号有表情信号、语言信号、行为信号等。

（2）达成交易的条件
① 推销人员应具备的条件：熟悉产品知识、熟悉顾客、做好心理上的准备等。
② 顾客应具备的条件：顾客已经全面了解产品、对推销人员及其公司产生信任感和依赖感、产生购买兴趣和欲望，某些信号表明顾客即将购买，顾客正准备做出最后阶段的洽谈等。

（3）常用的成交方法　有请示成交法、假定成交法、选择成交法、小点成交法及其他成交法等。

8．售后服务

推销人员在达成交易后，还要为顾客提供优质的售后服务，与顾客建立长期友好的关系。正确处理顾客投诉，为下一个推销打好基础。

汽车人员推销的过程如图 7-1 所示。

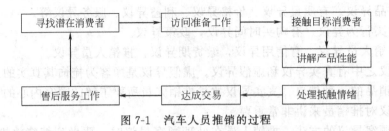

图 7-1 汽车人员推销的过程

四、人员推销策略

1. 人员推销的应用条件

人员推销具有能有效地发现并接近顾客、推销宣传针对性强、推销策略灵活机动、信息交流双向性、便于密切汽车企业与用户的关系等优点。但它也具有推销成本高、对推销人员的素质要求高、管理难度大等缺陷。因此人员推销并非适用于一切产品，它受到行业和市场环境的限制。对汽车产品来说，也有一个根据产品种类选择人员推销对象问题。如对于农用车、摩托车、一般的汽车配件销售等品种，人员推销仅适用于对中间商的促销，而不适用于对消费者的推销；而对于专用车辆、大型车辆、产业用户、集团消费等却可能是最好的促销方式。因此，汽车企业在决定使用人员推销时，必须考虑以下因素。

(1) 市场的集中程度　人员推销对产品市场的消费群体相对集中的地区是很有效的，而对于消费群体相对分散的市场，它的作用就很有限。如在东部沿海经济发达地区推销家庭用车，采用人员推销的效果就比较好；在经济比较富裕的平原农村，采用人员推销农用车就可能取得良好的效益。

(2) 市场用户类型　汽车产品、配件、销售供应商，一般购买量大，并具有行为的连续性，因而适于人员推销；而对于普通汽车用户，虽然整个市场对配件的需求量很大，但单位数量用户的购买量却很少，宜采用广告向普通用户宣传介绍汽车产品。

(3) 产品的技术含量　产品技术含量高，顾客很难全面了解产品的性能及特点，接受到广告信息后就不易产生购买欲望，在这种情况下，应用人员推销就非常必要。

(4) 产品的价格　高价格的产品销售对顾客的购买行为来说，本身就会使顾客感到一种风险，利用人员推销可以及时解除顾客的心理压力，坚定顾客的购买信心，促进产品销售。

2. 人员推销的基本策略

(1) 寻找新客户策略　从营销的角度看，新客户是指那些具有购买能力、能决策的潜在需求者。要想获得推销的成功，寻找新客户是第一步。寻找新客户时可以采用如下策略。

① "守株待兔"策略。这是一种坐等客户上门的策略。这种策略适用于处于成熟期的知名品牌的产品。

② "主动出击"策略。这是一种以攻为守的策略。它要求推销人员采用各种方法，如通过查阅资料、进行市场调研、到销售现场观察、通过他人介绍等方式寻找潜在的汽车用户。这种策略要求推销人员的关键是要掌握 "主动" 一词，尽一切努力，科学地使用各种方法和手段去寻找目标客户。

(2) 接近客户策略　寻找到新客户以后，接下来的任务就是要接近客户，获得客户的好感，以便进一步实施产品推销。要想接近客户，首先必须做好接近客户的准备工作，这些准备工作主要包括：调查客户情况（这是最主要的）、了解汽车企业及其产品的最新情况等，做到知己知彼。

"销售从不被拒绝开始"，丰田汽车公司销售人员手册中雷塔曼的这句名言告诉我们，让客户接受推销人员是最终能够达成交易的开始。所以给客户留下良好印象是格外重要的。为了给客户留下良好印象，推销人员必须通过自己良好的衣着、言谈和举止，让客户感到诚实可信、礼貌大方，并愿意继续交谈和交往。在这一过程中，推销人员一定要注意交往技巧。

（3）说服客户的策略 在买方市场下，要想说服客户，达成交易的确不是一件易事。因此，说服客户就成了推销的关键环节之一。常用的说服方法有提示说服法和演示说服法两种。

① 提示说服法就是通过直接或间接、积极或消极的提示，激发起客户购车的欲望，由此促使客户做出购买选择。如进行获益分析等。

② 演示说服法是通过产品的文字、图片、影视、音响、证明等资料去引导客户做出购买决策。如丰田汽车公司为推销人员特制的样品目录、彩色样本以及各种文字资料等。

在说服过程中应注意认真听取并分析客户的意见，找出问题的关键点和客户的真实目的，做出针对性的反应。要做到事实充分、证据有力、态度诚恳、不卑不亢，切忌同客户发生冲突。

第三节 营业推广策略

营业推广又称销售促进，它是指企业运用各种短期诱因鼓励消费者和中间商购买、经销或代理企业产品或服务的促销活动。营业推广是与人员推销、广告、公共关系相并列的四种促销方式之一，是构成促销组合的一个重要方面。

企业为了正面刺激购买者需求而采取的诸如展览会、式样"样品"、有奖销售、减价折扣或在大量购买中给予优惠等多种方式均属于营业推广。其共同特点是可有效地吸引客户，刺激购买欲望，因而促进销售的效果显著。但是营业推广长期使用，往往会引起消费者的反感，容易造成消费者对企业的误解，如长期采用降价、有奖销售等方法就容易形成这种影响。

一、营业推广的特点

（1）营业推广是广告和人员推销的一种补充手段，是一种辅助性的促销手段。

（2）营业推广是一种非经常性的促销活动。广告和人员推销则是连续性、常规性的促销活动。

（3）营业推广的刺激性很强，但促销作用不能持久。图 7-2 说明了营业推广对商品销售的作用。图中 A、B、C、D 分别代表营业推广前、营业推广中、营业推广后较短期间内和营业推广后较长时间内。

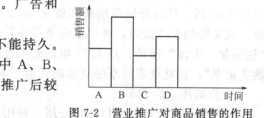

图 7-2 营业推广对商品销售的作用

二、营业推广的主要形式

营业推广的对象主要包括目标用户和汽车经销企业两类。对目标用户的营业推广，目的主要是鼓励用户试买、试用，争夺其他品牌的用户。其形式主要有服务促销、价格折扣、质量折扣、展销、卖方信贷等。对经销商的营业推广，目的主要是鼓励多买和大量购进，并建立持久的合作关系。其主要形式有批量和现金折扣、展销、业务会议、推销奖励、广告补贴、商业信用、价格保证、互惠等。

1. 服务促销

通过周到的服务，使客户得到实惠，在相互信任的基础上开展交易。主要形式有：售前服务、订购服务、送货服务、售后服务、供应零配件服务、培训服务、咨询信息服务等。

阅读材料

宝马汽车公司的服务促销措施

宝马汽车公司在世界各地的销售商都必须就宝马车的买卖、选型、运转功能、成本、保险甚至车用移动电话等特殊装备等细节问题，向用户进行内容广泛而深入的答疑和咨询服务。宝马十分重视对中间商就用户的特殊服务和全面服务进行培训。除了境内众多的培训中心以外，宝马在近东、远东以及拉美都建有培训点。由于销售商直接与户接触，宝马认为销售商是宝马的形象代表，经常对用户展开有奖调查，以发现销售商是否符合宝马的要求。宝马还设有24小时巡回服务，行驶在世界各地的宝马，一旦出现故障，只要一个电话，就近的巡回车就会赶到现场迅速排除故障。宝马还对用户报废车进行回收，建有拆卸旧车试验场，既对用户带来好处，又合环保要求。

2. 开展汽车租赁业务

对用户而言，可使用户在资金短缺的情况下，用少部分现钱而获得汽车的使用权。对汽车生产厂来说，可以拓宽销售渠道，增加汽车的生产量。

3. 分期付款与低息贷款

这两种销售法在西方国家十分盛行。如克莱斯勒汽车公司每年要向数十万名顾客发放买卖方贷款，用户的贷款可在两年内分18次偿还；福特公司不仅给予用户400~4000美元的价格折扣，而且给予2.9％的低息贷款；丰田公司实行"按月付款销售"。我国目前很多汽车也在推行分期付款销售。

4. 鼓励购买"自家车"

例如，大众公司规定本公司职工每隔9个月可以享受优惠购买一辆本公司的轿车，每年大众公司以此种方式销售的汽车近10万辆。近年来，我国部分轿车公司也在推进这种销售方式，加快轿车进入家庭的进程。

5. 价格折扣与价格保证促销

这种推销法实际上是"薄利多销"粗略的一种表现形式，其目的是刺激顾客的购买兴趣。例如，通用公司在20世纪80年代将X型紧凑轿车零售价调至比批发价高26％，雪佛兰调高20％，然后分别以削价100美元和500~700美元的折扣出售，终于打开了销售局面。克莱斯勒总裁说过，各厂家你争我斗，价格是决定性因素之一。该公司还曾两次举办过"谢谢您，美国"活动，给1979年以来买过该公司车的人和数百万潜在买主发放"新车优惠购买证书"，持此证者可享受更多的优惠。实践表明，这种做法确实起到了促销作用。

6. 先试用，后购买

公司先将汽车产品交付用户使用，使用一段时间后，用户满意则付款购买，如不满意则退回公司。

7. 以旧换新

公司将收来的旧车经整修后，再售给那些买二手车的顾客。此种销售方法能满足用户追求新异的心理，又能保证车辆的完好技术状态，有较好的经济和社会效益。

对汽车最终用户的促销方式还有多种，尤其值得一提的是，汽车营销者应注重培育潜在十年工程和挖掘潜在需求，即创造需求，不断地为企业开辟更广阔的市场。例如，神谷正太郎针对20世纪60年代很多日本人不会开车的事实，在丰田销售公司创办了汽车驾驶学校，任何人都可以去那里免费学习汽车驾驶，这一举措吸引了不少的驾驶学习者。凡来参加学习的人员，不仅很快学会了驾驶技术，而且培养了驾驶乐趣和爱好，强化了他们的汽车理论和占有欲望，不断地为丰田汽车培养了忠诚的客户。

营业推广是企业常用的促销手段，它包括的范围很广，除了广告、人员推销和公共关系外，任何刺激消费者购买、鼓励中间商经营的促销手段都属于营业推广的范畴。营业推广以灵活多样的方式在短期内迅速达到销售高潮，对于刺激新产品的早期需求、推销积压产品和加强竞争都有显著的效果。

三、营业推广的策略

1. 针对消费者的营业推广策略

（1）有奖销售　　所谓有奖销售，是指通过抽奖、赠送奖品的形式销售产品。企业希望利用这种形式能有效地刺激购买欲望，提高产品的销量。如某汽车店，推出了"购车送VCD＋口袋行动"的促销方案，即每购一辆车送一台VCD，还有机会摸到彩电、手机、电烤箱等奖品，使售车数量激增。

（2）赠送消费卡、代价券　　比如神龙汽车公司1997年下半年推出购一辆神龙汽车，可获得一年免费保养，10万公里内保修，并赠送8000元消费卡等一系列措施。

（3）提供优质服务　　这是国内外汽车公司都普遍推行的做法。尤其是汽车产品，因其产品的特殊性，客户对优质服务的要求也就更高。在产品同质的情况下，客户往往选择能提供优质服务的商家。

（4）分期付款和以租代销　　由于汽车价格一般比较高，普通消费用户一次付款较难承受，因此，世界各汽车公司都有分期付款和以租代销等业务。

统计表明，目前美国以分期付款方式出售的汽车约占总销售量的70％，日本也有50％左右。我国汽车市场从1997年开始，这种促销方式也得到了应用。比如一汽、神农等汽车公司都先后推出了各具特色的分期付款购车方式。

（5）价格折扣和价格保证策略　　价格折扣是指在一些特殊的时间（如淡季、重大节假日等）给购车者以一定的价格优惠，或给一些特殊的顾客以一定的价格优惠。比如给一次付清车款的客户2％或更多的优惠等。价格折扣易给人以低价处理的味道，尤其是在当前我国正在打价格战的时候，一定要慎用价格折扣。

所谓价格保证是指企业保证用户现在购车的价格在一定时期内是最低的，如果降价，企业应保证退还差额。价格保证在我汽车市场中目前还未得到有效的应用。

（6）以旧换新　　"以旧换新"的销售方式在西方发达国家的汽车销售中是非常流行的。据资料显示，目前我国个别汽车公司也采用了这种方法。

（7）使用奖励　　这是指企业为了促进销售，对使用企业产品的优秀用户予以精神和物质上的奖励。比如，20世纪80年代，东风汽车公司就曾在全国范围内，对驾驶东风牌载货汽车、行驶里程达到数万公里，且从未出过事故的驾驶员给予奖励。

当然，在汽车促销活动中，营业推广的形式是非常多的，以上只是介绍其中一些。各企业可以根据不同的情况，择其良者而用之。

2. 针对中间商的营业推广策略

汽车中间商在汽车企业的产品销售中占有重要地位，而中间商往往是独立的法人，有着独立的经营权，因此，汽车企业提高他们的积极性是很重要的。汽车企业通常可以采用以下几种形式促进销售。

（1）交易折扣　　汽车企业通过价格折扣或赠品方式，对中间商在产品的价格和支付的条件等方面给予优惠，以促进双方的合作。比如，一汽大众对其产品的专营公司（店），免费提供广告宣传资料，以成本价提供捷达工作用车，优先满足紧俏产品的供应，优先培训等。

（2）销售竞赛　　制造商为了刺激中间商推销企业产品的积极性而规定一个具体的销售目

标，对完成销售目标的中间商给予一定的奖励。但这个目标应该是中间商有可能达到，又必须是经过努力达到的，否则对中间商的刺激作用不大。

（3）产品展销，订货会议　制造商通过展销、订货会议向中间商展示其生产的汽车产品的优点和特征，以引起中间商的经销兴趣，从而扩大产品的销售。

以上两大类都是针对企业外部的促销，而在企业的实际工作中还有一类，那就是对企业内部的促销，其目的是发挥员工的销售积极性和提高员工的销售技能，这一方面企业也要引起足够的重视。

汽车营销市场策略有着非常丰富的内容，因篇幅所限，在此就不一一赘述。但要特别强调一点的是，市场策略不是一成不变，更不是万能的，它要求营销人员在使用过程中灵活运用，切忌盲目照搬，以免贻误营销战机。从这个角度来讲，汽车市场营销是一门艺术。

第四节　汽车产品广告策略

一、广告的概念

1. 广告的含义

广告，简单说就是广而告之，商品经营者或服务提供者承担费用，通过一定的媒体有计划地向公众传递有关商品、劳务和其他信息，借以影响受众的态度，进而诱发或说服其采取购买行动的一种大众传播活动。广告作为一种传递信息的活动，它是企业在促销中普遍重视的应用最广的促销方式。

2. 广告的分类

广告可分为广义的广告和狭义的广告。广义的广告不仅包括各种商业性广告，而且包括政府部门的通知、公告、声明及各式各样的启示等。狭义广告，是指传播有关商品和劳务信息的手段。

根据广告的内容和目的划分，有商品广告、企业广告、公益广告。根据广告传播的区域划分，有全国性广告、地区性广告。

按广告的形式划分，可分为文字广告和图画广告。

按广告的媒体不同，可分为报纸广告、杂志广告、广播广告、电视广告、因特网广告等。

3. 广告媒体的选择

广告媒体，也称广告媒介，是广告主动与广告接受者之间的连接物质。不同的广告媒体有不同的特性，这决定了企业从事广告活动时必须对广告媒体进行正确的选择，否则将影响广告效果。正确地选择广告媒体，一般要考虑以下影响因素：产品的性质；消费者接触媒体的习惯；媒体的传播范围；媒体的费用。

4. 广告的设计原则

广告效果，不仅决定于广告媒体的选择，还取决于广告设计的质量。高质量的广告应该遵循下列设计原则。

（1）真实性。广告的生命在于真实。虚伪、欺骗性的广告，必然会丧失企业的信誉。

（2）社会性。广告在传播经济信息的同时，也传播了一定的思想意识，必然会潜移默化地影响社会文化、社会风气。从一定意义上说，广告不仅是一种促销形式，而且是一种具有鲜明思想性的社会意识形态。

（3）针对性。广告的内容和形式要富有针对性，即对不同的商品、不同的目标市场要有不同的内容，采取不同的表现手法。

(4) 艺术性。广告是一门科学，也是一门艺术。广告把真实性、思想性、针对性寓于艺术性之中。利用科学技术，吸收文学、戏剧、音乐、美术等各学科的艺术特点，把真实的、富有思想性、针对性的广告内容通过完善的艺术形式表现出来。

5. 广告效果的测定

广告效果有经济效果和社会效果之分，也有即效性效果与迟效性效果之分，还有促销效果和广告本身效果的分类。广告促销效果，也称广告的直接经济效果，它反映广告费用与商品销售量（额）之间的比例关系。广告本身效果的测定，主要测定知名度、注意度、理解度、记忆度、视听率、购买动机等项目。测定方法常用的有以下几种：价值序列法，配对法，评分法，访查法。

二、广告策略

在竞争日益激烈的现代商品市场，商业广告数量繁多，花样日新月异。为了在广告活动中取得更大的效果，就必须制定各种广告策略，以配合广告策划的实施。

企业做广告，需要决策的内容很多，除媒体的选择外，至少还应决策好以下内容。

1. 广告目标的选择

首先，应对企业营销目标、企业产品、定价和销售渠道策略加以综合分析，以便明确广告在整体营销组合中应完成的任务，达到什么样的目标。

其次，要对目标市场进行分析，使广告目标具体化。广告目标的具体内容包括：

(1) 促进沟通，需明确沟通到什么程度；

(2) 提高产品知名度，帮助顾客认识、理解产品；

(3) 建立需求偏好和品牌偏好；

(4) 促进购买，增加销售，达到一定的市场占有率和销售量。

2. 广告同产品生命周期的关系

所谓产品生命周期是指一种产品从进入市场到退出市场的经济寿命。产品处在不同的生命发展阶段，其工艺成熟程度、消费者的心理需求、市场竞争状况和市场营销策略等，都有不同的特点。因此广告目标、诉求重点、媒介选择和广告实施策略也有所不同。

(1) 导入期广告策略　导入期是产品进入市场的最初阶段。由于新产品刚进入市场，产品的品质、功效、造型、结构等都尚未被消费者所认知。因此在这一阶段里，广告宣传以创牌为目标，其目的在于迅速提高新产品的知名度、理解度和品牌商标的记忆度，开拓新市场，使消费者产生新的需要。广告策略以告知为主，诉求重点是产品的功能和商标，突出新旧产品的差异，向消费者介绍新产品的有关知识，使消费者对新产品有所认识，从而引起兴趣，产生信任感，同时要大力宣传产品的商标和品牌，促使早期使用者购买，逐步过渡到普遍采用。在广告的初期阶段，应采取全方位的密集传播，投入较高的广告费，运用各种媒介，配合宣传，造成较大的广告声势，以便使新产品迅速打入市场。

(2) 成长期广告策略　在成长期阶段，产品经过试销，消费者对产品已逐渐了解，新产品获得消费者承认，企业开始大批量生产，生产成本相应下降，销售量大幅度提高，利润也随之上升，企业经济效益明显提高。同时同类产品也纷纷投入市场，竞争日益激烈。在这一阶段，广告要继续以创牌为目标，巩固已有的市场和扩大市场潜力，展开竞争性广告宣传，引导消费者认牌选购，最大限度的占有市场份额。广告诉求必须具有强劲的说服力，突出本产品同其他品牌同类产品的差异性和优越性，巩固企业和产品的声誉，加深消费者对企业产品的辨认和商品的印象以对付竞争。广告的对象则转化为广大消费者。在该阶段，由于导入期广告影响的延续，广告费用比导入期有所降低。

(3) 成熟期广告策略　成熟期是产品生命周期中时间最长的阶段，而且也是竞争最激烈的阶段。在该阶段产品品牌形象已经被广大消费者接受，产品销售量大而且稳定，市场趋于饱和，同类产品的竞争越来越激烈。因此广告以保牌为目标，以加强同目标市场消费者的情感沟通、确立企业的良好形象、坚守企业的市场份额为目的，重点放在维持产品市场，采用延续市场手段，用多种方法激起消费者兴趣，重复购买或增加购买数量，同时采用更多的公益广告，给人以关心、爱心，以提高产品声誉维护品牌地位，来保持产品销售量或延缓销售量下降。另外运用提醒广告策略，以长期、间隔、定时发布广告方法为主，及时唤起注意，巩固习惯性购买。

值得注意的是，人们把该时期的后半段也叫做饱和期，这一阶段是原产品逐渐变成老产品，企业对产品进行整顿、改进，新产品逐渐进入市场的时期。因此这一时期的广告应注意将两者结合起来，不仅是刚投入市场的新产品要做广告，而且老产品也要做广告，这两种广告应采取"一体化"的策略，即商标、标准色、象征图案、宣传标语及口号等一致、统一，借助老产品广告和声誉来消除顾客对新产品的不信任感，迅速占领市场。同时借助于新产品广告以达到加深印象、刺激需求，维护市场份额的目的。

(4) 衰退期广告策略　随着社会生产力的发展，新陈代谢规律必然发生作用，产品也不可避免地要进行更新换代，即进入衰退期。这阶段产品销售量日益下降，库存增加，利润减少甚至亏损，弱小的竞争者纷纷退出市场，目标市场由大众转向少数落伍者，即收入低和思想保守的顾客群。本阶段，除了少数名牌产品可以坚持到底以外，一般来说应及时退出市场。在这一时期企业广告的投入降至最低水平，广告宣传中心应及时转移，把广告宣传的重点转向未来市场的开拓，通过广告宣传活动，将产品的品牌声誉转化为企业的形象声誉，为新产品上市做好铺垫。

3. 广告定位策略

(1) 广告的实体定位策略　所谓广告实体定位策略，就是在广告宣传中，突出商品的新价值，强调与同类商品的不同之处和所带来的更大利益。它提高了产品在消费者心目中的形象，增强了产品在市场中的竞争力。主要包括功能定位、质量定位和价格定位。确立怎样的市场竞争地位，在目标用户心目中塑造何种形象，从而使广告最富有效果。

(2) 目标市场定位策略　根据市场细分原则，目标市场可以分为无差别市场、差别市场和集中市场。与此相对应，广告策略也可分为无差别市场广告策略、差别市场广告策略和集中市场广告策略。

① 无差别市场广告策略。无差别市场广告策略是在一定时间内向一个大的目标市场运用各种媒体，作相同内容的广告。在无差别市场中消费者对商品的需求具有共性，而消费弹性又较小，运用此策略，有利于运用各种广告媒体宣传同一的商品内容，能通过提高消费者对产品知名度的了解，达到创品牌的目标。一般说来，企业在某产品的导入期或成长期的初期，或者是产品供不应求、无强大竞争对手之时，常采取这种策略。

② 差别市场广告策略。差别市场广告策略是在一定时期内，针对细分的目标市场，运用不同的媒体，作不同内容的广告。在差别市场上，消费者对同类产品质量、特性要求各有不同，强调产品个性，消费弹性较大。运用这种策略，有利于突出产品个性特点，满足不同消费者的不同需要，达到扩大销售的目的。一般来说，在广告产品成长期的后期，成熟期或遇到同行激烈竞争的时候，就需要运用这种广告策略。差别市场广告策略优点是：能同时引起同类产品多个细分市场上消费者注意，提高企业知名度，扩大产品销售量。缺点：企业产品品种多样化会增加企业广告费用，减少利润。

③ 集中市场广告策略。集中市场广告策略是指在一定时期内，把广告宣传力量集中在

细分市场中的一个或几个目标市场上。这种集中市场广告策略，只追求在较小的细分市场上有较大份额，适用于财力有限的中小企业。运用这种广告策略的优点是：广告目标小，广告制作单一，广告费用低，可以迅速提高企业知名度，扩大产品销售量。缺点：企业承担的风险较大，一旦目标市场打不开或打开了又出现强大的竞争对手，企业来不及应变将陷入困境。因此采取此种策略选择的市场面不能过小，并且要随时注意市场动向。

这三种策略既可独立运用，也可综合利用，灵活掌握，主要看企业的基本情况而定。

(3) 心理定位策略　心理定位主要包括正向定位、逆向定位和是非定位三种方法。正向定位主要是正面宣传本产品的优异之处，逆向定位主要是唤起用户的同情与支持，非定位则强调自己与竞争对手的不同之处，把强大的竞争对手逐出竞争领域。

① 广告的促销心理策略的运用过程。广告的作用与人们的心理活动密切相关，而广告的促销心理策略则是运用心理学的原理来策划广告，诱导人们顺利地完成消费心理过程，使广告取得成功。其过程如下：诉诸感觉，唤起注意；赋予特色，激发兴趣；确立信念，刺激欲望；创造印象，加强记忆；坚定信心，导致行动。

② 广告活动中常用的心理学原理。广告活动中常用的心理学原理有需要、注意、联想、记忆、诉求等。

4．广告创意与设计

确立了广告的媒体之后，还必须根据不同媒体的特点，设计创作广告信息的内容与形式，立意应独特、新颖，形式要生动，广告词要易记忆，宣传重点要突出。切忌别人看了广告后，却不知道广告要表达的是什么产品的什么特点。广告应达到讨人喜欢独具特色和令人信服之效果，或者说要达到引起注意、激发兴趣，强化购买欲望并最终导致购买行为。

5．广告时间策略

广告在不同时间宣传，会产生不同的促销效果。这一决策包括何时作广告和什么时刻作广告。前者是指企业根据其整体市场营销战略，决定自什么时候至什么时候作广告。是集中时间作广告，还是均衡时间作广告；是季节性广告，还是节假日广告等。后者则是决定究竟在哪一时刻作广告。如电视广告是在黄金时间作广告，还是在一般时间内作广告，是否与某一电视栏目相关联等。

广告的时间策略，就是对广告发布的时间和频率作出统一的、合理的安排。广告时间策略的制定，要视广告产品的生命周期阶段、广告的竞争状况、企业的营销策略、市场竞争等多种因素的变化而灵活运用。一般而言，即效性广告要求发布时间集中、时限性强、频率起伏大。迟效性广告则要求广告时间发布均衡、时限从容、频率波动小。广告的时间策略是否运用得当，对广告的效果有很大影响。

(1) 集中时间策略　集中时间策略主要是集中力量在短时期内对目标市场进行突击性的广告攻势，其目的在于集中优势，在短时间内迅速造成广告声势，扩大广告的影响，迅速地提高产品或企业的声誉。这种策略适用于新产品投入市场前后，新企业开张前后、流行性商品上市前后，或在广告竞争激烈时刻，以及商品销售量急剧下降的时刻。运用此策略时，一般运用媒介组合方式，掀起广告高潮。

(2) 均衡时间策略　均衡时间策略是有计划地反复对目标市场进行广告的策略，其目的是为了持续地加深消费者对商品或企业的印象，保持潜在消费者的记忆，挖掘市场潜力，扩大商品的知名度。在运用均衡广告策略时一定要注意广告表现的变化，不断给予人们新鲜感，不要长期地重复同一广告内容，广告的频率也要疏密有致，不要给予人们单调感。

(3) 季节时间策略　季节时间策略主要用于季节性强的商品，一般在销售旺季到来之前就要开展广告活动，为销售旺季的到来做好信息准备和心理准备。在销售旺季，广告活动达到高峰，而旺季一过，广告便可停止。这类广告策略要求掌握好季节性商品的变化规律。过早开展广告活动，会造成广告费的浪费，过迟则会延误时机，直接影响商品销售。

(4) 节假日时间策略　节假日时间策略是零售企业和服务行业常用的广告时间策略。一般在节假日之前数天便开展广告活动，而节假日一到，广告即告停止。这类广告要求有特色，把品种、价格、服务时间以及异乎寻常之处的信息突出地、迅速地和及时地告诉消费者。

6. 广告媒体策略

广告媒体策略是在具体分析各种传播媒体特征的基础上，充分认识不同媒体之间的互补性，然后对广告媒体进行筛选和优化组合运用的策略。广告制作者确定媒体策略时，还应考虑影响媒体策略的因素，以及选择广告媒体的基本原则。

不同的广告媒体各具特点，各有利弊。

(1) 报纸　报纸是传递信息的最重要工具，是广告运用最多的媒体形式之一。其优点是读者广泛而稳定、覆盖面大；可信度高，影响力强；信息传播快，时效性强；信息量丰富，便于查找；制作简便，收费低。其缺点是保留时间短；感染力差；制作简单粗糙；受文化水平限制。

(2) 杂志　杂志的专业性强，目标读者集中，是刊登各种专业产品广告的良好媒体。其优点是读者对象明确、集中、针对性强、广告效果好；阅读率高保留时间长；读者文化程度高，有专业知识，易接受新事物；印刷精美，可用篇幅多。其缺点是发行范围不广，广告覆盖面小；周期长，不利于快速传播。

(3) 广播　广播是听觉媒体，现阶段也是广为利用的主要媒体。其优点是传播迅速，覆盖面广；收听方便，不受限制；节目制作灵活，信息容量大；制作成本与播出费用低。其缺点是时效性极短；有声无形。

(4) 电视　电视是重要的现代化媒体。它通过视觉形象和听觉的结合，综合运用各种艺术手法，融声音、图像、色彩、运动于一体，直观形象地传播商品信息，具有丰富的表现力和强烈的感染力。其优点是视听兼备，直观形象；形式多样，感染力极强；播放及时，覆盖广。其缺点是制作成本高，播放收费高；信息消失快；目标观众无法选择。

(5) 网络广告　这是广告业中逐渐出现的一种新兴媒体形式。企业可以通过建立自己的网络，可以向某个网站购买广告版位和空间，还可以通过互联网及其他形式来形容自己。其优点是传播范围广，速度快；形式多种多样；广告费用低廉。其缺点是广告效果难以评价；网络媒介技术要求高；受众不明确。

(6) 户外广告　主要包括路牌广告、灯箱广告、车辆广告、机场、车站、码头广告、招贴广告、传单广告等。其优点是传播主题鲜明、形象突出；不受时间限制，比较灵活；展露重复性较强，成本较低。其缺点是不能选择对象，传播容易受到一定限制，创造力容易受到限制。

(7) 售点广告　售点广告是指售货点以及购物场所的广告。

(8) 其他媒体　主要包括邮寄广告、赞助广告、体育广告、包装广告等。这些媒体各有特点和利弊，如邮寄媒体传播对象明确，传播效果明显，信息反馈快，形式灵活，费用低廉。

纵观国内外的汽车广告，宣传的主题主要是围绕汽车产品的安全性、环保性、节能性、动力性、驾驶性、舒适性和浪漫性等内容展开。

三、汽车广告

1. 汽车广告概述

在现代社会中,广告已成为人们经济生活中必不可少的组成部分。有人认为现代人生活在广告中一点也不过分,它不仅对人们的购买行为产生影响,而且也影响着人们的消费习惯、生活方式。汽车工业企业和其他企业一样,都在不惜投入巨额资金通过新闻媒体和广告来宣传自己的产品,树立产品和企业形象。就有关资料显示,仅1989年德国的汽车广告费就达12.58亿德国马克,法国达40亿法国法郎,而美国1990年所有的汽车广告费则高达57亿美元。

汽车广告的立足点是企业。做广告是企业向广大消费者宣传其产品用途、产品质量,展示企业形象的商业手段。在这种商业手段的运营中,企业和消费者都将受益。企业靠广告推销产品,消费者靠广告指导自己的购买行为。不论是传统媒介,还是网络传播,带给人们的广告信息为人们提供了非常方便的购物指南。因此,在当前的信息时代,我国的汽车企业应运用多种媒体做广告,宣传本企业的产品,否则会贻误时机。

广告策划要根据媒体不同,安排不同的内容和创意手段。汽车较之其他商品具有高附加值的特性。广告牌可以突出整车独有的高档商品非凡之气势;电视可以表现其与众不同的车型和动力性能;报纸、期刊则能够详细介绍车辆的油耗、发动机排量和相关配置。汽车是一个适应性比较全面的大宗商品,它能给予企业的广告策划者发挥巨大的想象力空间。

汽车企业在做广告策划的同时,也是研究消费者购买心理和购买行为的过程。汽车广告策划的原则是让消费者"喜闻乐见,明白可亲或悬念难忘"。消费者认可了产品,汽车企业才会有广阔的发展前景。

从目前国内已发布的汽车广告来看,创意性质的广告较多,策划式的广告相对贫乏。有的平面广告像摆地摊,把发动机、ABS、安全气囊当作小商品依次摆齐,缺乏大气;有的电视广告只见一辆汽车飞奔而去,其广告语却不知所云,不仅没有回味,还让人一时听不明白。商品广告要在独出心裁的策划基础上,加上精美绝伦的艺术创意,才能让消费者从广告策划、创意水平中管中窥豹,使你的企业在消费者心目中留下一个先入为主的好印象。

广告策划是一个过程,这个过程要靠广告创意来具体实现。广告创意的成果既在合情合理之中,又常常出人意料之外。商业广告的策划和创意是一个"大胆设想,小心求证"的过程。在广告的策划中可以驰骋想象,在广告的创意中要周密细致。所以说,广告策划是宏观的,广告创意则是微观的。广告策划是广告的灵魂,而广告创意则是广告灵魂的表现形式。

2. 汽车广告的形式与选择

汽车广告的创意应该具有恢弘气势。原因是汽车是大宗商品,涉及的内容很多。像车身造型、发动机排量、产品价格、油耗、环保等等都是广告求诉的要点,所以最好在对外宣传时多准备几种广告版本。针对不同地区、不同消费人群的不同需求,采取不同的宣传形式。每个版本不必面面俱到,但要有自己的侧重面,力求以最佳形式的创意来表现最佳宣传的主题。在经济较发达的地区应突出汽车配置高的优势;在经济刚刚起步地区则要突出价格低的优势;在知识层次较高的群体中最好突出人文理念。某个地区的消费者关心什么,就重点告诉他什么,只有让消费者明明白白地消费,企业才能打开销售局面,更多地占领市场份额。

汽车比起一些技术附加值较低的产品,其可策划的内容和范围更加宽阔。广告策划应从整体营销方面开展工作,采用多种形式。如:有计划地组织一些有意义的大型社会活动,积极参加社会公益事业,在取得社会效益的同时,提高企业的社会影响力和产品的知名度,这是不以广告形式出现的最为人们所接受的宣传方式。原天汽公司在2001年成功举办的夏利轿车"西藏行",沿途驶过十多个城市、自治区,宣传范围之广前所未有,既展示了夏利轿车跋山涉水的优良性能，又让世人领略了天津人非凡的气魄。在广告策划的运筹帷幄之中，创造了轿车勇创雪域高原无人去的神话。

再如，援助灾区捐款捐物；支持希望工程、助学、助残；举行汽车拉力赛等都能够以社会效益带动经济效益，取得商品广告所达不到的社会影响力。

3. 汽车广告的时机选择

轿车进入家庭即将成为当今中国的时尚和潮流，汽车广告策划应该把握时代的脉搏，抓住当今时代发展中产生重要影响的事件，浓墨重彩地大书一笔，给人以听觉与视觉的巨大冲击，才能造成非凡的影响。中国的汽车，尤其是轿车面临着与国内和国外众多对手竞争的考验，汽车营销注意树立良好的企业形象和品牌意识已为时不早。

4. 汽车广告语的特点

广告宣传语作为汽车推向市场的敲门砖，其作用当然是不可估量的，许多汽车厂家对如何为自己的汽车构思出一条好的广告语而绞尽脑汁。

"驾乘乐趣，创新极限"是宝马的广告语，"生为强者"和"志在掌握"，分别是速腾和帕萨特领驭的广告语，而"活得精彩"则是福特福克斯的广告语。据这些品牌汽车经销商介绍，他们的广告语都有着不同的市场定位和诉求。

从概念营销到技术营销，从性能营销到目标营销，汽车广告市场如同汽车市场一样弥漫着浓浓的火药味，让我们感受到它无处不在的竞争。

消费者在购车时，汽车的性能是最受关注的。因此，许多汽车厂家在汽车的广告语中也更重视向消费者传递有关汽车性能的信息。

现在多数汽车广告虽只有几个字，但却表达了汽车最核心的东西，因此，这也更容易打动消费者。

5. 广告语承载品牌形象

"有路必有丰田车"这个广告语被大家记住的同时，也让丰田车开到了中国的大街小巷。

一条好的汽车广告宣传语，不但能深入人心，同时，对打开市场、扩大销量也有着极其巨大的作用。

一个广告语被消费者接受，惠及的是汽车，乃至品牌。

对此，福特中国副总裁许国祯说："福克斯上市以来，销售情况一直很好，精彩的销售数据也得益于它'活得精彩'的营销口号和品牌理念。"

提起广告对汽车品牌的传承作用，就不能不提"老三样"。在经历了十多年后，捷达、桑塔纳和富康仍受到众多消费者的青睐，它们在广告语中强调的低成本和便利性得到了消费者认可，否则，"老三样"在技术、功能、外形等方面均不占优势的情况下，凭什么胜出呢？

显然，一句与消费者价值观产生共鸣的广告语，将会增强消费者的好感，使其所代表的品牌为消费者所熟知，进而达到品牌和形象的传承。

第五节 公共关系策略

一、公共关系的要素及特征

从营销的角度讲，公共关系是企业利用各种传播手段，沟通内外部关系，塑造良好形象，为企业的生存和发展创造良好环境的经营管理艺术。

1. 公共关系的要素

公共关系的构成要素分别是社会组织、传播和公众，它们分别作为公共关系的主体、中介和客体相互依存。

社会组织是公共关系的主体,它是指执行一定社会职能、实现特定的社会目标,构成一个独立单位的社会群体。在营销中,公共关系的主体就是企业。

公众是公共关系的客体。公众是面临相同问题并对组织的生存和发展有着现实或潜在利益关系和影响力的个体、群体和社会组织的总和。企业在经营和管理中必须注意处理好与员工、顾客、媒体、社区、政府、金融等各类公众的关系,为自己创造良好和谐的内外环境。

社会组织与公众之间需要传播和沟通。传播是社会组织利用各种媒体,将信息或观点有计划地对公众进行交流的沟通过程。社会组织开展公关活动的过程实际上就是传播沟通过程。

2. 公共关系的特征

作为一种促销手段,公共关系与前述其他手段相比,具有自己的特点。

(1) 注重长期效应　公共关系是企业通过公关活动树立良好的社会形象,从而创造良好的社会环境。这是一个长期的过程。良好的企业形象也能为企业的经营和发展带来长期的促进效应。

(2) 注重双向沟通　在公关活动中,企业一方面要把本身的信息向公众进行传播和解释,同时也要把公众的信息向企业进行传播和解释,使企业和公众在双向传播中形成和谐的关系。

(3) 可信度较高　相对而言,大多数人认为公关报道比较客观,比企业的广告更加可信。

(4) 具有戏剧性　经过特别策划的公关事件,容易成为公众关注的焦点,可使企业和产品戏剧化,引人入胜。

二、公共关系的实施

公共关系活动需要经历以下步骤。

1. 确定公关目标

进行公共关系活动要有明确的目标。目标的确定是公共关系活动取得良好效果的前提条件。企业的公关目标因企业面临的环境和任务的不同而不同。一般来说,企业的公关目标主要有以下几类:

(1) 新产品、新技术开发之中,要让公众有足够的了解;
(2) 开辟新市场之前,要在新市场所在地的公众中宣传组织的声誉;
(3) 转产其他产品时,要树立组织新形象,使之与新产品相适应;
(4) 参加社会公益活动,增加公众对组织的了解和好感;
(5) 开展社区公关,与组织所在地的公众沟通;
(6) 本组织的产品或服务在社会上造成不良影响后,进行公共关系活动以挽回影响;
(7) 创造一个良好的消费环境,在公众中普及同本组织有关的产品或服务的消费方式等等。

2. 确定公关对象

公关对象的选择就是公众的选择。公关的对象决定于公关目标,不同的公关目标决定了公关传播对象的侧重点的不同。如果公关目标是提高消费者对本企业的信任度,毫无疑问,公关活动应该重点根据消费者的权利和利益要求进行。如果企业与社区关系出现摩擦,公关活动就应该主要针对社区公众进行。选择公关对象要注意两点:一是侧重点是相对的。企业在针对某类对象进行公关活动时不能忽视了与其他公众沟通;二是在某些时候(如企业出现重大危机等),企业必须加强与各类公关对象的沟通,以赢得各方面的理解和支持。

3. 选择公关活动的主要方法和策略

（1）公共关系的主要方法　现代企业公共关系活动的开展可谓丰富多彩，常用的公共关系活动的方法有以下几种。

① 创造和利用新闻。企业公共关系部门可编写企业的有关重要事件、产品等方面的新闻，或举办活动创造机会以吸引新闻界和公众的注意，扩大影响，提高知名度。例如日本丰田汽车公司每年举办"丰田杯"足球赛，对提高丰田公司在全世界的知名度有很大作用。

② 参与各种社会活动。例如，通过各种有意义的赞助活动，可以树立企业关心社会公益事业的良好形象，培养与有关公众的友好感情，从而增强企业的吸引力和影响力。比如一些汽车公司给灾区人民、"希望工程"和老少边地区捐赠汽车等活动。

③ 开展各项有意义的活动。通过丰富多彩的活动如举办产品和技术方面的展览会或研讨会、演讲会、有奖比赛、纪念会、开幕式或闭幕式等，引起广大公众对企业和产品的注意、提高企业及产品声誉。现在许多世界著名的汽车公司十分注重在中国的公共关系工作。如在中国举办的多次汽车展览会上，许多国际汽车大型公司都展现了他们的优良汽车产品和技术实力，对提高他们的产品和企业在中国的声誉有着巨大作用。

④ 编写和制作各种宣传材料。包括介绍企业和产品的业务通讯、期刊、录像带、幻灯片或电影等公众喜闻乐见的宣传品。

此外，企业还可通过职工名片等各种途径搞好企业的公共关系。

（2）公共促销的主要决策　在考虑如何和何时使用公共关系时，管理层应当制定公共关系目标，选择公共关系主题及载体，实施公共关系计划，评估结果。

① 确定公共关系促销目标。　营销人员应为每一项公共关系活动制订特定的目标，如建立知名度，建立信誉，激励推销人员和经销商，降低促销成本等。一般来说，公共关系费用要比广告费用低，公共关系越有成效，越能节省广告费用和人员推销费用。

② 选择公共关系信息和公共关系载体。目标确定后，公共关系人员就要鉴别或拟定有趣的题材来宣传。公共关系主题要服从企业的整体营销和宣传战略。公共关系宣传词要与企业的广告、人员推销、直销和其他宣传工具结合。

公共关系的载体有以下几种。

新闻：公共关系人员找出或创作一些对公司有利的新闻。有时新闻故事自然而然就形成了，有时是公共关系人员自己创作出来的。

演说：演说也能营造公司的知名度。另外，公司领导人也必须圆满回答记者提问，或在行业协会上做演讲，这些事件有利于确立公司形象。

特别活动：包括新闻发布会、大型开幕式、焰火展示、热气球升空、多媒体展示和各种展览会。

书面材料：包括年度计划、小册子、文章以及公司的新闻小报；招牌、贺卡、制服等。

公益活动：例如为"残奥会"募捐活动。

③ 实施公共关系促销计划。公共关系促销人员的主要"资本"之一，就是他们与传播媒体人员的个人友谊，他们可以通过熟识的编辑、记者进行宣传报道，实现公共关系促销计划。他们了解媒体需要什么，如何让媒体满意，从而使他们的稿件不断被采纳。

④ 评估公共关系活动的效果。如果公共关系活动开展在其他促销手段之前，可以通过如下三种方法进行评估：

展露度衡量法。该方法是检视公共关系报道在媒体上的展露次数和时间，可以了解宣传报道的影响范围。

衡量公众对产品的注意、理解、态度三方面的变化，也是一个较好的衡量方法。如：举办重要的研讨会，邀请知名人士演讲，举办周年纪念，开展体育比赛，举行记者招待会等。

计算公共关系的投资收益率。即将公共关系活动后销售额和利润的增加与公共关系投入相比较。这是最有说服力的一种评估方法。公共关系投资收益率愈高，就说明公共关系活动愈有成效。

但是，公共关系活动往往与其他促销活动是同时进行的，因此，任何方法都很难准确地评估公共关系效果，只能是一个估计数字而已。在通常情况下，企业可不必去评估它的效果。

总之，企业公共关系活动是现代社会大生产的产物，企业应善于利用之，以更好地服务于企业的各项生产经营活动。

4. 实施公关方案

实施公共关系方案的过程，就是把公关方案确定的内容变为现实的过程，是企业利用各种方式与各类公众进行沟通的过程。实施公关方案是企业公关活动的关键环节。再好的公关方案，如果没有实施，都只能是镜花水月，没有任何价值。

实施公关方案，需要做好以下工作。

(1) 做好实施前的准备　任何公共关系活动实施之前，都要做好充分的准备，这是保证公共关系实施成功的关键。公关准备工作主要包括公关实施人员的培训、公关实施的资源配备等方面。

(2) 消除沟通障碍，提高沟通的有效性　公关传播中存在着方案本身的目标障碍，实施过程中语言、风俗习惯、观念和信仰的差异以及传播时机不当、组织机构臃肿等多方面形成的沟通障碍和突发事件的干扰等影响因素。消除不良影响因素，是提高沟通效果的重要条件。

(3) 加强公关实施的控制　企业的公关实施如果没有有效的控制，就会产生偏差，从而影响到公关目标的实现。公关实施中的控制主要包括对人力、物力、财力、时机、进程、质量、阶段性目标以及突发事件等方面的控制。公关实施中的控制一般包括制定控制标准、衡量实际绩效、将实际绩效与既定标准进行比较和采取纠偏措施四个环节组成。

5. 评估公关效果

公共关系评估，就是根据特定的标准，对公共关系计划、实施及效果进行衡量、检查、评价和估计，以判断其成效。需要说明的是，公共关系评估并不是在公关实施后才评估公关效果，而是贯穿于整个公关活动之中。

公共关系评估的内容包括以下几种。

(1) 公共关系程序的评估　即对公共关系的调研过程、公关计划的制定过程和公关实施过程的合理性和效益性作出客观的评价。

(2) 专项公共关系活动的评估　主要包括对企业日常公共关系活动效果的评估、企业单项公共关系活动（如联谊活动、庆典活动等）效果的评估、企业年度公共关系活动效果的评估等方面。

(3) 公共关系状态的评估　企业的公共关系状态包括舆论状态和关系状态两个方面。企业需要从企业内部和企业外部两个角度对企业的舆论状态和关系状态两个方面进行评估。

复习与思考题

1. 如何理解促销的作用?
2. 影响促销组合策略的因素有哪些?
3. 人员推销具有哪些优势?
4. 怎样才能成为一名合格的推销人员?
5. 广告设计的原则有哪些?
6. 企业如何选择广告?
7. 企业公共关系活动常见的类型有哪些?
8. 对比分析广告、公共关系、销售促进和宣传在企业促销活动中的不同之处。

第八章　汽车 4S 店营销策略

学习目标
1. 掌握汽车 4S 店汽车营销及管理的全新理念。
2. 明确汽车 4S 店规范的汽车销售流程与技巧。
3. 掌握汽车 4S 店汽车配件的销售管理。
4. 掌握汽车 4S 店售后服务与信息反馈的要点。

第一节　汽车 4S 店概述

汽车 4S 销售模式是一种以"四位一体"为核心的汽车特许经营模式，由整车销售（Sale）、零配件（Spare part）、售后服务（Service）、信息反馈（Survey）4 部分组成。4S 汽车专卖店是由汽车经销商投资建设，用以销售由生产商特别授权的品牌汽车，其渠道模式可以表述为：厂商—专卖店—最终用户。汽车 4S 销售模式目前成为我国轿车市场主流的渠道模式。

1998 年以后，中国汽车市场的竞争态势正逐步向服务方面和渠道建设方面转移，广州本田、上海通用别克、一汽奥迪等率先在中国建立 4S 专卖店。整车企业为增加销量拼命扩张销售网络，据中华工商联汽车经销商商会统计的数据，截至 2008 年，全国汽车经销商有 3 万多家，其中 4S 店多达 17000 家，且大部分制造商仍继续在扩张规模。

2005 年 4 月 1 日，《汽车品牌销售管理实施办法》的正式实施，一定程度上为汽车 4S 店模式提供了政策上的保护。

从汽车制造商的角度来看，4S 模式的引入使汽车企业开始由产品驱动阶段转移到渠道终端制胜的阶段。通过 4S 模式，厂家在扩充营销网络的同时也通过色彩、装饰、主题、格调等很多手段在消费者面前树立良好的品牌形象，同时保证汽车制造厂商在售后服务方面的收入和利润，加强厂商在渠道上的话语权。另外在 4S 店的投资方面，汽车制造商投少量资金或不投资金，不但能收到品牌免费宣传推广的效果，又能把市场经营的风险转移给经销商。

从消费者角度来说，4S 模式可以给消费者提供由厂家和商家直接负责的产品售前、售中、售后的全程服务，消除了消费者的后顾之忧，而且其精良的装备和高档整洁的服务环境也可以使用户对品牌产生信任感。

从经销商角度来说，由于在 2004 年之前汽车市场的"井喷"，早期 4S 店经销商获得了丰厚的利润。由于经销商买断了某品牌的技术服务，还能从生产商处得到特别的业务指导、人员培训等方面的支持，因此能提供更专业、深入的售后服务。

由于4S品牌专卖店形式新颖，可以提供装备精良、整洁干净的维修区，加上现代化的设备和服务管理、高度职业化的现场气氛、良好的服务设施及充足的零配件供应、迅速及时的跟踪服务体系，让用户对品牌产生信赖感和忠诚度，扩大汽车的销售量，提升制造商品牌价值，于是这一形式大受青睐。

当然，汽车4S销售模式也有一些不足，有待市场进一步完善，如在轿车供不应求的市场背景下，4S店每天在销售、保养、维修等服务过程中接触到大量极具价值的信息，但由于信息反馈创造效益的不明显性，实际上多数4S店极少注意发挥4S店的信息反馈的功能。

目前我国消费者的品牌认知度、忠诚度不高，他们仍然习惯于汽车大市场的多品牌共存的形式，单一品牌销售的做法增加了顾客购车比较与选择的难度，不过，目前很多地区出现不同品牌的汽车4S店建在一起，组成汽车城，成为有中国特色的汽车销售模式，一定程度上，兼顾了多品牌共存与4S品牌专卖的情况。4S店巨额的投资建设实际上增加了消费者的负担：因为投资庞大，4S店售后服务价格居高不下。

4S模式不是唯一的品牌专卖模式，汽车销售应建立多层次的销售模式。尽管4S店这种汽车营销模式是目前比较先进和科学的经营形式，但也不是唯一的汽车营销模式，根据各汽车生产商、经销商以及区域社会经济的具体情况，也可以采取设立3S店、2S店等汽车营销方式，在减少资金投入、降低运营成本、避免恶性竞争、符合不同区域社会经济发展的同时，也能建立起多层次的更加丰富的汽车营销体系。

第二节 汽车4S店的销售实务

一、汽车企业及其4S店的销售理念

随着中国汽车市场逐渐成熟，国内汽车用户的消费理念也不断完善。他们的需求越来越多样化，对产品、服务的要求也越来越高。汽车品牌的竞争已经渗透到营销服务整个体系。这就要求4S店不仅要提供装备精良、整洁干净的维修区，保证充足的零配件供应，而且还必须具备高度职业化的服务意识，实施现代化服务管理。

1. 品牌根据地

近年来，汽车企业不断变革营销手段，除了在传统媒体和门户网站进行广告宣传，还尝试多种营销手段，收效也非常明显。一方面，能够更高效地寻找到目标用户，提升销量；另一方面，对于用户而言，这也是一种售前服务。用户可以轻松便捷、无障碍地获得有关品牌、4S店以及产品的信息。

针对各个4S店的不同特点，汽车企业要求经销商在统一的服务理念下，发挥各自特长，利用店面周边有利环境进行关联营销，还借助时下流行的网络搜索引擎开展关键词营销以及114导航电话营销。这些销售举措让4S店在品牌与用户之间搭建起一个信息沟通的渠道，让汽车品牌的营销与传播有了扎实的"根据地"。

企业需要推广品牌，4S店同样需要营销自己，两者是"皮毛"关系。4S店在推销自己品牌的同时也是在推广汽车企业的品牌。而4S店能够快速被消费者接受并最终实现品牌忠诚，这与汽车企业的良好业绩与品牌形象密不可分。4S店不仅要担负销售和服务的任务，它还是汽车企业品牌营销的重要组成部分。现如今，汽车品牌之间的竞争日渐加剧。作为市场前沿的"桥头堡"，4S店的品牌营销工作就变得更为重要。

2. 以知识管理促创新

21世纪是知识经济时代，当汽车竞争进一步加剧，并延伸到各汽车品牌4S店时，知识

管理显得尤为重要。伴随近年汽车产品的持续热销，汽车客户群在快速增长，接待车主保养、检测、维修的次数自然也在增加。4S店除了要保证服务的质量外，管理知识的储备、开发和再利用，能够带来服务效率的大幅提高，而且还要避免服务成本的大量浪费。

基于这种思考，各汽车品牌和4S店将会更关注客户关系管理。如倾力于客户数据库的建设，并且基于这个数据库举办了一系列与客户的互动活动，比如北京现代2006年世界杯车主观摩活动、2007年初哈尔滨冰雪试驾SONATA御翔的活动等，并尝试进行数据的开发和再利用，以此促进服务质量和效率的全面提升。

此外，汽车企业还鼓励4S店在日常经营、产品营销和售后服务过程中运用更为先进有效的管理理念。有的4S店对产品力、科技力、品牌力、促销力、公信力、执行力"六力定律"有着良好的认知，他们强调这六大影响力的全面提升；有的4S店在人力资源管理方面引入"大雁法则"，强调团队精神；有的4S店在店面管理方面，借鉴了洋快餐的"目视管理"，用户到店选择服务时，可以享受餐饮业菜单式服务，一目了然。

3. 服务创新带来高客户满意度

仅仅由先进的理念和营销手段还不足以在激烈的市场竞争中站稳脚跟。随着汽车的市场保有量越来越多，如何提升客户服务的满意度？重中之重的工作就是将先进的服务理念落实到行动。严格要求4S店把对客户的服务理念真正落实到行动，并进行定期考核。在严格的要求下，4S店都要进行详尽的用户群分析，根据所在地区的消费水平和习惯，制定出针对性的服务举措。这包括：开设由专家现场答疑的汽车门诊、提供让用户驱寒避暑的茶艺服务、为等待服务的用户开设店内棋艺观摩比赛、举办普及现代汽车相关知识的讲座、为新司机提供带车陪练等。当然，有的经销店并不拘泥于这些传统的服务方式，还在不断创新，努力提升自身的营销能力和服务质量。

随着国内车市的快速发展和日益成熟，消费者对售后服务的需求越来越多、越来越严格。这就要求品牌厂商不仅要提供高品质的产品，还要提供高质量的服务，车主对于汽车品牌的满意度很大程度上将决定该品牌的命运。

现阶段，汽车品牌的竞争是战略观的竞争，是心态、思想等全方位的竞争。要吸引消费者，留住客户，必须懂得经营。产品品质必不可缺，但现代化的营销服务同样功不可没。

二、汽车4S店的销售流程

销售流程包括客户开发、接待、咨询、产品介绍、试车、协商、成交、交车、跟踪等内容。

1. 客户开发

在销售流程的潜在客户开发步骤中，最重要的是通过了解潜在客户的购买需求来开始和他建立一种良好的关系。只有当销售人员确认关系建立后，才能对该潜在客户进行邀约。

2. 接待

为客户树立一个正面的第一印象。由于客户通常预先对购车经历抱有负面的想法，因此殷勤有礼的专业人员的接待将会消除客户的负面情绪，为购买经历设定一种愉快和满意的基调。

关键词：消除客户的疑虑。

关键行为：销售人员在客户一到来时即以微笑迎接，即使正忙于帮助其他客户时也应如此，避免客户因无人理睬而心情不畅。销售人员在迎接客户后就应立刻询问能提供什么帮助，了解客户来访的目的，并进一步消除其疑虑不安的情绪。

好处：由于客户消除了疑虑，他就会在展厅停留更长时间，销售人员也就有更多时间可和他交谈。

实际表现差距：客户期望"我想销售人员在我走进展厅时至少会给我一个招呼"；"我不希望在参观展厅时销售人员老是在我身旁走来走去，如果有问题我会问销售人员"。

3. 咨询

重点是建立客户对销售人员及经销商的信心。对销售人员的信赖会使客户感到放松，并畅所欲言地说出他的需求，这是销售人员和经销商在咨询步骤通过建立客户信任所能获得的最重要利益。

关键词：建立客户的信任感。

关键行为：销售人员应仔细倾听客户的需求，让他随意发表意见，而不要试图去说服他买某辆车。如果销售人员采取压迫的方法，将使客户对你失去信任。销售人员应了解客户的需求和愿望，并用自己的话重复一遍，以使客户相信他所说的话已被销售人员所理解。

好处：客户对销售人员的信任会使他畅所欲言地道出购车动机，这使销售人员更容易确定所要推荐的车型，客户也会更愿意听取销售人员的推荐。

实际表现差距：客户期望"我希望销售人员是诚实可信的，并能听取我的需求和提供给我所需要的信息"；"我希望销售人员能帮助我选择适合我的车，因为这是我的第一部新车"。

4. 产品介绍

要点是进行针对客户的产品介绍，以建立客户的信任感。销售人员必须通过传达直接针对客户需求和购买动机的相关产品特性，帮助客户了解一辆车是如何符合其需求的，只有这时客户才会认识其价值。直至销售人员获得客户认可，所选择的车合他心意，这一步骤才算完成。

在汽车4S店里，最常用的是六方位环绕介绍法，每个4S品牌的6步都不太一样，不过大体相同。

（1）六方位的含义　前部（左前方）、发动机室、乘坐侧、后部（行李箱）、驾驶侧、内部。

六方位绕车介绍目的：将产品的优势与用户的需求相结合，在产品层面上建立起用户的信心。

（2）绕车前的准备工作　方向盘调整至最高位置；确认所有座椅都调整回垂直位置；钥匙放在随时可取放的地方；驾驶员的座椅适量后移；前排乘客座椅适量后移；座椅的高度调整至最低的水平；收音机选台，磁带、CD的准备；车辆的清洁；确保电瓶有电。

（3）环绕介绍法　方法如图8-1所示。

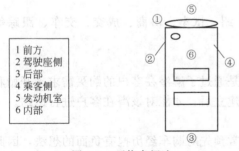

图8-1　环绕介绍法

① 前方。最有利于看清车辆特征的角度，通常可以在这个位置向顾客做产品概述。主要介绍风阻系数、车身尺寸、车辆标志、车辆线条、制造工艺、车身颜色、保险杠、轮毂、后视镜、轴距、大灯等。

② 驾驶座侧。在这个位置可以做简单的巡游总结并询问顾客有什么问题，同时鼓励顾客打开车门进入内部。主要介绍方向盘、电动车窗、中控门锁、安全带、座椅、防盗系统、离合器等。

③ 后部。这个位置可以突出尾灯和保险杠，另外汽车的排放也可以在这里提及。主要介绍尾灯、一体式后保险杠、天线、行李箱等。

④ 乘客侧。在这个位置可以考虑致力于安全性能的介绍，另外轮胎和悬架系统（舒适

性）可以在这里介绍。例如：车门防撞钢梁、四轮独立悬挂、车身结构、车身材质、车门、轮胎、油箱等。

⑤ 发动机室。这个位置是介绍车身和风格的好地方。例如：排量、形式、油耗、结构性能、参数、变速箱、发动机底座、碰撞吸能区、前保险杠、发动机系统、ABS、发动机舱等。

⑥ 内部。这里主要介绍仪表盘、安全气囊、空调、内饰、音响、内后视镜、方向盘、头枕等。

以轩逸为例，进行简单的介绍，也便于更好的介绍出轩逸这一品牌车的特色。六方位无论是哪个方位，都要讲的是三点：配置、优势和对客户的好处。这三点缺一不可，因为每一点都能和特色有关。

① 前方。轩逸车是S-动态曲线设计。优势在于它令人愉悦的精致外部线条给人一种豪华感觉；对客户的好处是保证充足的头部空间。流畅的车身线条，优势是既有力量感又不失美观；好处为高腰线的设计，整车看起来具有高档车的视觉效果。宝石般极具豪华感的前大灯，优势是AFS智能转向辅助照明系统和大型氙气前大灯；好处为既美观又保证夜间驾驶和转向时的良好视线。氙气大灯亮度高寿命长又省电。AFS可以在夜间转向时增加照明区域，保障行车安全。区域式高强度车身结构，优势是车身门框上配置了大型加强筋材料，因此提高了车舱的横向强度。车门加强筋，车门防入侵结构，使得车身具有在发生冲撞时能分散冲撞力并传给车舱的构造。对车门以及车内饰，功能件布置的精益求精，提高了车门吸收能量的性能，减轻了二次冲撞时乘客所受的冲击。好处是通过变形吸收受到的外力保证车内成员的安全。

② 驾驶座侧。智能钥匙系统，优势是完全无须插入钥匙，即可实现需使用一般遥控钥匙的全部功能；好处是只需携带智能钥匙，无需取出钥匙就可以实现车门的上锁解锁，打开行李箱，启动发动机等功能，且还有防盗和座椅记忆存储功能，给驾驶者带来极大的便利。冲击感应式车门，优势是感应到有碰撞时，所有车门将自动解锁；好处是自动开锁方便发生碰撞后车内人员的逃生，也便于车外人员的营救，尊重全车乘客的生命安全，充满先进的全面防范意识。

③ 车后座。同级车中最大的后排腿部空间，后排座位到前排的空间可以达到680mm，为同级车中最大的，好处是适合长途驾驶，拥有豪华宽大的座椅，优势是所有座椅的坐垫，靠背均采用加厚处理，好处是坐上去像家里的沙发一样，给人轻松，舒服的感觉。可打开的后座扶手，优势是后座扶手可以打开，与行李箱相通，好处是拿取小件物品更加方便，同时也便于存放细长的物品。倒车便利设计，新增的侧窗帮助扩大驾驶者的视野，能够看到车侧的情况，增加了安全性。好处是汽车入库时，也能很好的看到两旁的车和墙等。

④ 后部。车身后部外形，优势是收紧的后部车身给人一种典雅的感觉，好处是更加美观时尚；后尾灯，优势为宽大的后尾灯使车身看起来更加宽大，好处为宽大的尾灯配合收紧的车身尾部线条，使整车看起来精神焕发。排放达到了欧4排放标准，好处是目前最高的标准，既保护了环境，同时因大量新技术的采用，还降低了油耗；同级车最大的后行李箱，宽大的后行李箱可以容纳两个最大型号的行李箱和一个中型的行李箱，好处是同级车最大的行李箱可以轻松装载日常用品和远行的行李。

⑤ 发动机室。MR20发动机，优势是全新的2.0L全铝合金发动机，采用了大量新技术，使发动机性能得到大幅度提升；好处是反应迅捷，加速顺畅持久，实现了同级车中最低的油耗，达到了欧4排放标准和V型发动机的震动水平。CVT无级变速器，优势是发动机大幅提高了日常驾驶最常用的中低速扭矩，并匹配变速反应灵敏并可根据驾驶者意图随时切

换到最佳变速比的CVT变速器，因此兼备低油耗，高动力的顶级性能；好处是可以享受到快速而强劲的加速性能。还可以实现更好的燃油经济性。

⑥ 副驾驶室。多功能中央扶手，8种功能，好处是功能齐全，设计合理，日常生活中使用到的物品均能很好的存放，使用十分方便。超大型储物箱，具有多种使用方法的10L超大型储物箱，好处是空间大得可以分类装下大部分日常物品。

5. 试车

这是客户获得有关车的第一手材料的最好机会。在试车过程中，销售人员应让客户集中精神对车进行体验，避免多说话。销售人员应针对客户的需求和购买动机进行解释说明，以建立客户的信任感。

6. 协商

为了避免在协商阶段引起客户的疑虑，对销售人员来说，重要的是要使客户感到他已了解到所有必要的信息并控制着这个重要步骤。如果销售人员已明了客户在价格和其他条件上的要求，然后提出销售议案，那么客户将会感到他是在和一位诚实和值得信赖的销售人员打交道，会全盘考虑到他的财务需求和关心的问题。

7. 成交

重要的是要让客户采取主动，并允许有充分的时间让客户做决定，同时加强客户的信心。销售人员应对客户的购买信号敏感。一个双方均感满意的协议将为交车铺平道路。

8. 交车

交车步骤是客户感到兴奋的时刻，如果客户有愉快的交车体验，那么就为长期关系奠定了积极的基础。在这一步骤中，按约定的日期和时间交付洁净、无缺陷的车是我们的宗旨和目标，这会使客户满意并加强他对经销商的信任感。重要的是此时需注意客户在交车时的时间有限，应抓紧时间回答任何问题。

关键词：建立长期关系。

关键行为：销售人员必须按约定的日期和时间交车，万一有延误必须和客户联系以避免使客户感到不快。销售人员应确保在交车时服务经理、服务顾问应在场，因为这是客户和经销商之间长期关系的起点。

好处：因其和经销商已建立关系，客户将更愿意介绍其他客户；客户也更可能和服务部门就未来服务和购买零件等问题进行联系，因为他已和服务部门建立了关系。

实际表现差距：客户期望"我的新车能按时交货"；"我需要有足够的时间和帮助来了解我必须了解的有关操作与维护的全部问题"。

9. 跟踪

最重要的是认识到，对于一位购买了新车的客户来说，第一次维修服务是他亲身体验经销商服务流程的第一次机会。跟踪步骤的要点是在客户购买新车与第一次维修服务之间继续促进双方的关系，以保证客户会返回经销商处进行第一次维护保养。新车出售后对客户的跟踪是联系客户与服务部门的桥梁，因而这一跟踪动作十分重要，这是服务部门的责任。

关键词：确保关系持续发展。

关键行为：在交车后，服务经理、服务顾问（参与该次交车）应核实客户选择的联系方式，必须和客户进行联系（2天之内），询问他对车是否满意。

好处：如果客户和经销商建立了良好的关系，他就更有可能介绍别的客户，或再次购买；由于客户自己认识服务部门的人员，因此他就更有可能回来进行维护服务或购买零件。

实际表现差距：客户期望"我希望在我离开之后仍能感受到经销商对我的关心"。

三、汽车 4S 店销售中的一些技巧

1. 接近客户的技巧

在开始工作之前，必须要了解市场，必须知道哪里可能有潜在客户？了解潜在客户，他们的工作、爱好，他们经常出入的地方，他们的性格，他们的消费倾向，以及他们与人沟通的方式等。

（1）前三分钟　当一个客户走进汽车展厅的时候，绝大多数的客户首先希望自己（注意，是顾客自己，不需要销售顾问干预）可以先看一下展厅内的汽车。把握时机当客户的目光聚焦的不是汽车的时候，他们是在寻找可以提供帮助的销售顾问。动作：他们拉开车门，要开车前盖，或者他们要开后盖等，这些都是信号，是需要销售顾问出动的信号。

注意问题：以上这些行为提示，在客户刚走进车行的前三分钟还不是接近他们的时候，你可以打招呼、问候，并留下一些时间让他们自己先随便看看，或者留一个口信，您先看着，有问题我随时过来。

初次沟通的要点——初步降低客户的戒备，逐渐缩短双方的距离，逐渐向汽车话题转换，成熟的销售人员非常清楚，这是客户从陌生开始沟通的时候，一般不先说与车有关的事情。可以谈刚结束的车展，还可以谈任何让客户感觉舒服的，不那么直接的，不是以成交为导向的任何话题。比如，可以是与客户一起来的孩子，长的真高，多大了，比我侄子可高多了；也可以是客户开的车，或者客户开的车的车牌，您的车牌号码是特选的吧，等等。

所有这些话题的目的就是为了初步降低客户的戒备，逐渐缩短双方的距离，逐渐向汽车话题转换。这前三分钟也是递交名片的好时候，也是你记住与客户同来的所有人名字的好时候。

（2）分析客户需求　客户需求可能会是多方面的，交通工具的背后许多实际的需求，身份的需要；可能是运输的需要；也可能就是以车代步；更可能是圆梦；客户购买动机分析潜在客户的动机从车行的角度来看，应该有五个重要的方面：弄清来意，购买车型，购买角色，购买重点，顾客类型。弄清来意：首先，他们到底是来干什么的？顺便过路的？如果他开始仔细地看某一种确定的车型，那么看来有一些购买的诚意了。购买角色：到展厅一起来的三四个人，只有一个才是真正有决策权的人，那么其他人是什么角色？是参谋？行家？是司机，是秘书，还是朋友？购买重点：购买重点还是影响这个客户作出最终采购决定的重要因素，如果他的购买重点只是价格，那么车的任何领先的技术对他来说都没有什么作用；如果他的购买重点是地位，那么你谈任何优惠的价格等因素对他也不构成诱惑。

2. 沟通技巧

任何销售都非常重视沟通技能，沟通技能的提高不仅仅对于销售行为有着明显的促进作用，甚至对周围的人际关系的改善都起着明显的作用。在销售的核心技能中，沟通技能被看成是一个非常重要的技能。面对面和电话沟通中感染力的构成因素如图 8-2 和图 8-3 所示。

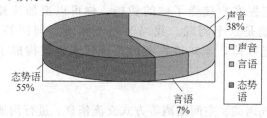

图 8-2　面对面沟通中感染力的构成因素

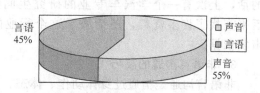

图 8-3　电话沟通中感染力的构成因素

而在沟通中重要技能有察言观色、善辩的口才，还有就是倾听！但是，比倾听更加重要以及更加优先的应该是在沟通中对人的赞扬。

事实证明，在工作中引用了赞扬他人的内容的确带来了实际销售业绩的大幅度提升，以及与客户关系的本质改变。其实赞扬他人的本能一般人都会，但是缺乏有系统地运用在销售过程中，运用在与客户沟通的过程中。汽车行业的销售人员应该如何运用呢？

第一个基本方法，就是首先赞扬客户的提问，赞扬客户的观点，赞扬客户的专业性等。如："您说的真专业，一听就知道您是行家。""您说的真地道，就知道您来之前做了充分的准备。""您的话真像设计师说的话，您怎么这么了解我们的车呀？"通过培训，发挥自主的创造性，在合适的场合说出更多类似的赞扬的话。

在客户问到任何一个问题的时候，不要立刻就该问题的实质内容进行回答，要先加一个沟通中的"垫子"，就是上面提到的赞扬。例如：

客户问："听说，你们最近的车都是去年的库存？"（一个非常有挑衅味道的问话）

销售人员："您看问题真的非常准确，而且信息及时。您在哪里看到的？"（最后的问话是诚恳地，真的想知道客户是怎么知道这个消息的）

因此，首先应该知道，当你给予客户的回答是赞扬性的语句的时候，客户感知到的不是对立，而是一致性，而且，当表示出真诚的关心消息来源的时候，客户其实已经并不真的关心他问的问题的答案了，由此基本消除了客户在提问时的挑衅的性质。

第二基本方法就是承认客户的观点、看法，或者问题的合理性。如："如果我是您，我也会这样问的。""许多人都这么问，这也是大多数消费者都关心的问题。""您这一问，让我想起了张省长，他也是这么问的。"这最后一句话特别好，不仅说明了客户的问题是合理的，也暗示了张省长都是从我这里买的车。

第三个基本方法就是重组客户的问题，重组客户的问题可以增加对客户问题的理解，尤其是客户会认为你在回答他问题的时候比较慎重。如："这个车的内饰颜色选择好像不是很多呀？"销售人员的回答应该是这样的："您说的是内饰颜色没有偏重的深色，还是更看重浅色呢？"这个回答重新组织了客户的问题，在客户看来，销售人员的这个反问似乎是为了更好地回答客户的问题才确认一下是否理解清楚了，而不是匆匆忙忙地回避客户的问题。

以上三个基本方法可以混合起来使用，但是从没有有意识地使用有效的沟通技能到有意识地使用过程中最容易出的问题就是表达不娴熟，而且没有理解这种沟通的表面现象背后的原理性的实质，所以有时候会令客户感觉你是在吹捧他，或者是溜须拍马的技巧，其实客户永远不会反感你的赞扬能力，他们反感的是你在运用时表现出来的形式，如果用的不自然，则会让客户产生反感的。因此，使用赞扬技巧的时候要牢记两点建议。

第一个建议就是真诚。在赞扬客户的时候一定要真诚。而真诚的表现形式就是眼睛，用眼睛看着对方的眼睛说你要说的话，用庄重的态度、稳重的语调及缓慢的语气来说。

第二个建议就是要有事实依据。不能在赞扬客户的时候言之无物，那样当然会让那些有防范心理准备的客户看透你，因此要有事实为后盾，例如当你说：您问的这个问题真专业之后，如果客户有疑惑，或者你没有把握客户接受了你的赞扬，你可以追加这样的话，上次有一个学汽车专业的研究生问的就是这个问题。我当时还不知道如何回答，后来查找了许多资料，还请教了这个行业的老师傅，才知道答案的。这样来说就构成了事实依据。

3. 非语言沟通的技巧

非语言沟通是指通过身体动作、体态、语气语调、空间距离等方式交流信息、进行沟通的过程。在沟通中，信息的内容部分往往通过语言来表达，而非语言则作为提供解释内容的框架，来表达信息的相关部分。因此非语言沟通常被错误地认为是辅助性或支持性角色。其实在沟通效果中，非语言占据55%的重要性。沟通中的肢体语言、面部表情语（眼神、微笑等）等决定了沟通的成败。

心理学家曾做过这样一个实验：找100人作为受试者，让他们根据陌生人的照片进行判断，说出对哪些人的印象最好，哪些人的品德和能力更强。结果90%的受试者指出面带微笑的人的能力、品行最好，给人留下最好的印象。由此可见，微笑对塑造自身的良好形象有着重要的作用。在销售接触过程中，销售人员应把微笑贯穿于销售的全过程，以真诚的微笑向客户传递出友善、关注、尊重、理解等信息，建立在客户心中的良好形象，进而增加成交的概率。

四、汽车销售人员谈判的要点

任何谈判都是有许多议题组成的，买卖双方会对每一个问题进行讨论，这里有没有规律可循呢？首先不要把所有问题一下全部提出来，要逐一的进行探讨。其次就是先提出一些意见分歧不大的问题，而暂缓商议那些难度较高的问题，待会谈进展至一定阶段，双方都对谈判过程感到顺利时，再针对难度较高的部分，寻求解决的途径。

当人们遇到一件完全陌生的事情时，第一个本能反应是防备和抵触，他们绝不会轻易地做出决定，同时对自己要做的事情毫无把握而且十分焦虑，当他们经过很长的一段时间思考后，或者在别人的鼓励和帮助下，终于做出了决定。

在分析完人的心理变化后，有理由得出这个结论：在谈判中，不需要一下子提出所有的要求，先让对方在原则上同意，然后再回过头来追加要求。

阅读材料

一名汽车销售商，在店里有两款车型销售，其中一款配置较低，价格也适中，它几乎不会给你带来多少利润，要不是厂家强烈要求的话，它是绝不会在销售商店里出现的；另外一款可以说是顶级配置，既舒适又安全，真希望所有人都买这款车，因为它会为销售商赚很多钱，尽管它的售价很高。

低价格总会吸引很多消费者的注意，这是一个全世界通行的商业规律。不错，来4S店里买车的客户大部分都是看上低价格的那部，经济实惠的产品谁不喜欢呢？可好像有人就不喜欢——老板，如果天天全卖这款车，不久销售商就会关门歇业了！于是在客户进门后你就主动向他们介绍价格高的那部车，试图说服你的客户应该买贵的一款，尽管你说得口干舌燥，但他们依然不愿意出那么多钱，你总不能强迫他们买另外一部吧。痛定思痛，你终于悟出其中的道理。这以后当客户看完低价车后，你会对他们说："在你做决定前，我建议你去看看另外一部车，它的舒适性和安全性都远远好于这部，你可以想像一下，你驾驶着一辆有天窗、真皮坐椅、大马力的车子，一定又是另外一种感觉了，其实价格并没有高出多少，你一定能够接受。"

通过实践证明这办法很管用。所以在谈判中，不要怕对方拒绝自己，首先要让对方确定愿意和你做生意，至于其他有争议的问题，等到他们决定前再来讨论。

一般而言，当心情好的时候很容易把原来不愿意给予别人的东西给予人家；另外任何谈判都会紧张和艰苦，每一项议题的达成都很不容易，因此不愿意因小失大，不想冒险再从头再来，重新讨论所有的问题，否则就有丢掉整笔生意的危险，这也是为何在最后让步的原因。

为了避免这种事情的发生，应该要有如下的准备：

把所有细节在事先都谈好,并且形成文字由双方签字确认。要坦诚面对对方,把关键问题谈清楚,千万不要存在侥幸心理——只要他不提,我就不说,不要认为回避一个问题会有助于谈判的成功。

事先预判出对方可能提出的额外要求,重新评估这些附加条件,确定一旦让步后自己所付出的代价,会给本企业带来多大的损失。

比如对方可能会让你交纳一笔离谱的费用,虽然涉及金额并不大,但你没有这项预算,你对说服财务经理工作一丝把握都没有。对方临时延长付款的时间,这恐怕对你的打击是最大的,因为这无疑会影响到企业现金链的状况,建议在这个问题上切不可轻易地妥协。对方临时增加扣点条款,比如在结账金额上反扣1%,这同样是一个原则性的问题,会影响到企业的利润率。

这时你最好的回应方式是不要给自己做出让步的权利,并且明确地告诉对方,如果他提出的要求超出事先约定的范围,你可以适时地请示"上级领导",减轻自己的压力。

第三节　4S店的售后服务

汽车售后服务指的是产品售出后,生产企业为保证产品能够正常使用而向用户提供的各方面的服务,汽车是一种结构复杂、技术密集的现代化交通运输工具,也是一种对可靠性、安全性要求较高的行走机械,它是靠运动实现其功能的,各零部件在使用中不可避免地要产生磨损和老化,使用的特殊性也决定了汽车售后服务的特殊性。

一、汽车售后服务的现状与发展

在21世纪,作为支柱产业的汽车工业必将推动我国潜在需求,汽车售后服务业也将高速发展,品牌售后服务渐渐成为汽车维修业的主要力量,国内每个汽车生产厂家都十分重视的问题,谁将拥有更多的消费者,谁就是胜者,这是当今汽车商家和厂家的豪言壮语。

中国的汽车业起步晚,虽然最近汽车制造业有飞速发展,但与之相配套的售后服务市场却显得跟不上发展步伐,汽配市场鱼龙混杂,养护人员的技术素质不够高,汽车修理店经营多为散兵游勇,服务质量难以保证,没有形成完善的管理制度。企业要想长期盈利,走向强盛,就要赢得长期合作的顾客,保持顾客忠诚度,提高顾客满意度,就要有良好的售后服务。

汽车4S店在客观上就可以给消费者提供由厂家和商家直接负责的产品售后的全程服务,其精良的装备和高档整洁的服务环境,以及相对较高的维修保养水平消除了消费者的后顾之忧,也使用户对品牌产生信任感。

汽车4S店要以不断完善的产品及服务体系为突破口,以便利顾客为原则,用产品和完善的售后服务所具有的魅力和一切为顾客着想的体贴服务来感动顾客。汽车售后服务的出现是市场竞争所致,也是汽车营销中的一种手段。中国汽车售后服务如果作为一个综合性的产业,既有制造业的特点,又有服务业的特点;既有自己独立的利润,又有与销售部门共同的链式利润,今后汽车售后服务会呈现出三大发展趋势。

1. 品牌化经营

这主要分为汽车制造商和4S店两类。国外大的汽车生产商往往也是售后市场的主力。这类维修厂规模较大,生产设备精良,维修人员受过统一培训,在技术上具有权威性,服务对象主要是定点维修品牌车。

2. 观念从修理转向维护

国外汽车厂家认为，坏了修还不是真正的服务，真正的服务是要保证用户的正常使用，通过服务要给客户增加价值。厂家在产品制造上提出了零修理概念，售后服务的重点转向了维护保养。

3. 高科技不断渗透

随着技术的民主，汽车的电子化水平越来越高，汽车保修越来越复杂，大批高科技维修设备应用于汽车维修行业。随着汽车维修网络技术的发展，随时可以在网上获得维修资料、诊断数据、电路图、修理流程等，缩小了不同规模的维修企业在获取技术信息方面的差异。

二、汽车 4S 店售后服务的作用

1. 良好的售后服务是汽车生产企业及其产品进入市场的必由之路

汽车产品只有通过销售渠道，进入消费领域，完成所有权的更迭，才能实现其价值。在国外汽车公司大量涌入中国汽车市场的同时，良好的售后服务是汽车生产企业进入市场的后备力量，随着科学技术的飞速发展，汽车 4S 店的售后服务方面都面临强劲的竞争对手。而对于成熟的汽车产品，在功能与品质上也极为接近，汽车品牌竞争质量本身差异性越来越小，价格大战已使许多汽车 4S 店精疲力竭，款式、品牌、质量等各个方面的差异性成为汽车 4S 店确立市场地位和赢得市场竞争优势的尖锐利器。所以汽车售后服务的市场竞争不仅仅靠名牌的汽车品牌，更需要优质的品牌售后服务作为保障。

2. 汽车售后服务是汽车在 4S 店销售过程中保护消费者权益的重要防线

汽车经销商为消费者提供经济实用、优质、安全可靠的汽车产品和售后服务是维护其本身的生存和发展的前提条件。虽然科技的进步与发展使得汽车的相关产品以及保养、维修等售后服务的水准越来越高，但是，要做到万无一失目前尚无良策。越来越多的汽车 4S 店，也不能够保证永远不发生错误和引起顾客的投诉。因而，及时补救失误、改正错误，有效的处理客户的投诉等售后服务措施成了保证汽车消费者权益的最有效途径。因此，可以说，汽车售后服务是保护汽车消费者权益与利益的重要防线，是解决汽车 4S 店问题的有效措施。

3. 售后服务是汽车经销商利润的关键部分

任何品牌汽车的消费市场总会趋于成熟，新车销售增量也会因此而明显减少，汽车市场的销售内容也会发生转变，新车需求会转向二次购车和多辆购车。这种市场变化将导致消费模式的产生及变化，因此必须重新审视其销售模式和服务模式。由于选择再次购买多辆汽车的人越来越多，用户对选择品牌和服务质量的要求也越来越高，作为一个汽车经销行业，必须建立一个以售后服务为中心的销售网络，通过高质量的维修服务和提高客户的满意度来鼓励客户进行再次购车。与对汽车满意度相比，服务满意度对再次购买决定的影响更大。

保持客户和终生客户的价值，提高客户满意度对现实终生客户价值具有关键意义。客户在购买新车后，新车车况随时间推移而变差，而客户要求满意度就会越来越高，如果能够及时提供服务并与客户保持联系，就有可能进一步提高客户满意度，不断实施这些举措，就能够使现有客户成为回头客。

但是，一旦汽车经销商在任何方面没有达到顾客的期望值或摧毁了顾客的信任，那么顾客就将不在这里消费，原定的维修费用转而进了竞争者的腰包。一般而言，争取一名新客户要比让现在的客户再次购买多费 5 倍的人力和成本。在保持现有客户的工作中，售后服务起着至关重要的作用。

广义的售后服务是汽车流通领域的一个重要环节，是一项非常复杂的工程，它涵盖了汽车销售以后有关汽车的质量保障、索赔、维修保养服务、汽车零部件供应、维修技术培训、技术咨询及指导、市场信息反馈等与产品和市场有关的一系列内容。

作为汽车销售经营的重要组成部分，售后服务不仅是一种经营，更是文化、理念，是体现企业对客户的人文关怀与情感，是生产商与客户沟通、联系的一个纽带。它就像一把双刃剑，既可以对产品销售、市场推广、品牌影响及信誉起到有力的支持和促进作用，也可以使产品滞销、品牌信誉下降，甚至可以使品牌的威信扫地。

总之，在市场经济的今天，随着市场经济进一步深入人心和信息化时代的到来，售后服务就显得十分重要了。

三、汽车4S店的售后服务标准流程

汽车售后服务标准流程包括：招揽用户、预约、接待、问诊/诊断、估价、零部件库存、作业管理、修理/保养作业、完工检查、清洗车辆、结算、交车、跟踪服务等内容。

汽车质量维修服务座右铭：对用户信守诺言；及时处理用户投诉；一次维修成功；行动快速不拖延；从错误、失败中吸取教训；任何时候都要有得体仪表、礼仪以及称职的维修服务。

1. 招揽用户

招客之道，在于把握保养时机，由4S店售后服务部门向用户进行招揽。这是确保用户车辆处于良好使用状态，保证行车安全，确保售后服务收益的重要工作之一。

招揽的方法有多种，如以通过广告宣传（电视、电台、报纸、传单、户外广告等）、电话通知、寄送信函的方式，对用户进行宣传，起到招揽的作用。

关键是要在日常工作中定期编制定期保养用户一览表，做好用户档案管理，及时而全面地与用户联系。

2. 预约

所谓预约，就是在接受用户预约时，根据特约店本身的作业容量定出具体作业时间，以保证作业效率，并均化每日的工作量。有效的预约系统能使客户容易在其方便的时候获得服务，也可最大限度减少客户在接受服务时等待的时间。预约安排可以避开峰值时间，以便使服务接待有更多的时间与客户接触。预约可以消除客户的疑虑，让他了解将会受到怎样的接待。

3. 接待

在客户来访的最初时刻，最重要的是使他放心。受理工作从寒暄开始，服务接待在客户到来时应报以微笑，以缓解客户的不安情绪，言谈要和蔼可亲，对于用户的陈述一定要用心听取，以免有误。举止彬彬有礼，行动迅速敏捷，是赢得用户的安心和信赖的条件，这能让服务接待更容易地和客户进行交流并理解其要求。从受理、诊断、估价一直到交车为止，应尽可能指定一名接待人员专责处理。

4. 问诊/诊断

问诊是为了进一步确认用户车辆的故障现象，使之具体化，以便深入探讨故障原因的必要工作。这是整个服务流程中最重要的步骤之一，有机会建立客户对服务人员和服务部门的信心。通过表现乐于助人、诚挚，传达提供其所需服务的意愿以及客户所希望的个人关注，服务人员都会赢得客户的信任。这有助于消除客户的疑虑和不安，并能让他更坦率地描述他及其车辆所遇到的问题。

对于用户提出的问题，原则上必须通过车辆的故障再现手法加以确认。如实记录用户的原话，而不要按照自己所理解的意思进行记录，有时会因为没有正确的记录用户的陈述，而导致工作没有做好或做得不对，因此用户陈述必须真实可靠，这样才能下达正确而有效的作业指示。"维修工单"必须让客户过目，确认所要执行的工作，以消除客户的疑虑。服务接

待应提供维修费用和完工时间方面的信息。

一旦客户的疑虑被消除，他将会更坦率；对客户需求的了解将使服务站一次修复车辆；消除客户的疑虑，也可避免交车时引起客户不安，因为他已了解了维修工作和价格。

熟练使用5W2H方法：

Why——目标，目的；

What——要做什么，有何特性；

Who——谁参与；

Where——发生地点，场所；

When——什么时候，到何时为止；

How——怎么做，何种方法；

How much——预算，必要费用预算。

5. 估价

费用估价是为每位用户提供一个估算范围，估算的对象包括作业费用和完工时间，两者都必须事先征得用户的同意。原则是：越精确越好。

修理单上的作业指令是估算作业费用和完工时间的基础，不正确的、不完整的、或草率的作业指令可能会在工作中引发问题，反之，清晰的、完整的作业指令可使各方人员轻松准确地进行沟通。正确的估价和亲切的说明，在构筑相互信赖关系方面具有无可比拟的重要意义。

6. 零部件库存

零部件管理以出库通知单为准则，因此出库通知单的填写应力求正确。此外，为保证维修作业的顺利完成，必须随时监控已订货零部件的到货情况。

7. 作业管理

所谓作业管理，目的在于根据作业日期，将具体作业内容正确传递给维修人员，以保证作业能依照对用户承诺的时间安排与分配维修工单。

8. 修理/保养作业

及时而有效地帮助用户解决困难，是赢得用户信任的最佳途径。解决了用户所述问题的同时，也要对其他的易损部位进行检查，并向用户提出适当有益的建议。

如果出现追加项目，需要客户认可。在诊断和维修步骤中，有时可能会发现一些出乎意料的追加服务项目。发生这种情况时，服务接待需和客户联系，讨论对所要执行的工作和交车时间的改动。服务接待此时应表现出诚挚、坦率和真诚的态度，以使客户确信这一追加工作是必需的，避免客户产生疑虑。

9. 完工检查

质量控制的最佳方法就是在每个环节都有专人负责，并且将质量控制作为服务工作的一部分。可通过配置必要的人员、工具与设备，建立独立的完工检查区域等方式来实施质量控制系统。

10. 清洗车辆

为提高用户满意度，在修理完车辆后需为用户提供免费清洗车辆的服务，但需要注意的是洗车时要采取有效的保护措施，避免车辆受到任何损伤。清洗车辆不仅包括外观，车厢内部也必须仔细地清理干净。

11. 结算

结算单所记录的项目必须准确无误，并且要实施核查制度。在服务部门中，制作结算单就是确定收费的过程，良好的计费应达到三个目标：

（1）精确　服务部门应在估价范围内计算费用。
（2）迅速　当车辆修好后，收费清单也应立即准备好。
（3）清楚　用户能够很容易了解收费清单的内容。

12. 交车

为了确保和客户的长期关系，服务人员应在交车步骤中紧密合作，确保交车所需的全部信息与文件完全准备好，客户车辆的车况良好，以及客户对交车经历和他在服务流程中所获得的接待感到完全满意。

服务接待必须在约定的日期和时间交车，万一有延误，必须提前和客户联系。服务接待应以客户能理解的词语向其说明所做的服务和维修工作，说明全部的工时费、零件费以及总费用，还应询问客户是否需要详细解释零件和工时费用，并共同确认。一旦客户感到他与经销商已建立长期关系，就会更愿意介绍新客户；如果客户对所做的工作感到满意，就更可能再回来进行维修和购买零部件。

交车是下次来店的起点，应向用户认真说明易耗件的老化情况，以及根据行驶里程预计下次保养日期，为以后的业务开展打下基础。

13. 跟踪服务

目的在于客户关系的持续发展。客户关系发展是否顺利，对于经销商的稳健经营至关重要，这关系到客户是否愿意回来寻求以后的维修服务和购买零部件，以及是否愿意介绍新客户。

跟踪可保证双方关系的发展，同时服务部门也能借此确认一些难以发现的客户服务问题。只要经销商反应快速又可信赖，即使客户有某些抱怨或担忧，双方关系的持续发展仍是有保证的。同时，也为了给用户以后的再度光临打下良好基础，跟踪服务是重要业务流程环节之一。

跟踪服务接待应在交车后两天之内与客户联系，确认客户对维修服务是否满意，应将解决客户关切和投诉的问题作为首要工作。如果客户相信经销商反应迅速和可以信赖，或者客户自己认识服务部门的人员，他就更有可能介绍新客户或再次提供业务机会。

14. 用户档案的管理

用户档案是有关用户车辆和用户个人信息的有价值的信息数据库。每辆车建立一个用户档案。档案内容有客户有关资料、客户车辆有关资料、维修项目、修理保养情况、结算情况、投诉情况，一般以该车"进厂维修单"内容为主。老客户的档案资料表填好后，仍存入原档案袋。

用户第一次来店时，就应尽量详细的填写用户档案，了解用户要求，目标是使这个首次来店的用户成为我们管理内固定用户。对于用户不愿意提供的个人资料，要给予充分的理解。已建立档案的用户，每次来店所作的保养，修理履历都要在用户档案中规范记录，并可根据实际情况的需要制定预约管理制度，在用户档案相应栏目记录统计；或根据用户档案的记录填写定期保养用户一览表，方便用户来店方案的制定。流程：用户档案→制作定期保养一览表→制作并寄送特邀函→邀请电话→预约及电话记录→未来店原因分析→实施改善→用户档案。由于经常会发生诸如用户地址、电话等信息变化，必须时常更新，以便向用户提供高质量的服务。了解定期保养用户，为了确保用户能够在良好状态下使用车辆和确保4S店服务部门有源源不断的收入，经常会给用户档案数据库中的用户邮寄定期保养特邀函，促进用户来店进行定期保养。对于那些不来特约店进行定期保养的用户，设法找出用户不来店的原因，并制定改善方案，促进用户来店，并详细记录用户不来店的原因，例如：特约店收费太高；离特约店太远；未到定期保养公里数等。建立档案要细心，不可遗失档案规定的资料，不可随意乱放，应放置在规定的车辆档案柜内，由专人保管。

15. 客户的咨询解答与投诉处理

客户电话或来业务厅咨询有关维修业务问题，业务接待人员必须先听后答，听要细心，不可随意打断客户；回答要明确、简明、耐心。答询中要善于正确引导客户对维修的认识、引导对公司实力和服务的认识与信任；并留意记下客户的工作地址、单位、联系电话，以利今后联系。

客户投诉无论电话或上门，业务接待员都要热情礼貌接待；认真倾听客户意见，并做好登记、记录。倾听完意见后，接待员应立即给予答复。如不能立即处理的，应先向客户致意；表示歉意并明确表示下次答复时间。处理投诉时，不能凭主观臆断，不能与客户辩驳争吵，要冷静而合乎情理。投诉对话结束时，要致意："某某先生（女士），感谢您的信任，一定给您满意答复"。受理投诉人员要有公司大局观，要有"客户第一"的观念，投诉处理要善终，不可轻慢客户。客户对公司答复是否满意要作记录。

第四节 汽车零部件供应

一、汽车零部件产品的主要来源

汽车售后零部件的产品从生产来源上看主要有以下几类：纯正零部件、配套厂件、副厂件、进口件、通用件5类。纯正零部件是指由为整车厂配套的OEM厂生产且从整车厂售后部门统一供货到各4S店的零部件，一般都印有整车厂的标识；配套厂件是指为整车厂配套的OEM厂生产且直接供货给市场（包括直接销售到市场和通过非正常销售途径而流向市场的零部件）；副厂件是非该整车厂OEM配套厂生产的产品（一般以假冒伪劣产品居多）；通用件是由非该品牌的OEM配套厂或其他独立零部件生产厂生产的可以供多种车型使用的零部件（如机油、轮胎、通用型的紧固件等）。

二、汽车零部件销售的渠道

当前汽车售后零部件的销售渠道主要有以下4种模式：4S店、综合型社会修理厂、汽配城和路边修理店。"4S店"就是"四位一体"的汽车销售专卖店；综合型修理厂大多是具有较高资质、配置了较好的机器和专业人员的大中型维修厂；汽配城内经营主体繁多、层次不一，有批发业务，也有零售、维修业务。路边修理店一般规模较小、资金不多、人员技术水平不高，但是由于其灵活性和便利型，也在售后零部件市场中占据了一席之地。

三、汽车后市场中零部件销售问题分析

目前，我国汽车零部件市场比较混乱。有些经销商为了获得更大的市场，使用非法的手段去赢得顾客。零部件的来源也是五花八门，既有原厂零部件，也有国内合资厂产品，以及无证无照的小作坊产品。这些产品从表面上看起来没什么差别，但价格差距悬殊，质量更是参差不齐，普通消费者很难看出其中奥秘。在整车厂和特约维修站渠道外的非纯正零部件渠道中，售后零部件市场基本上可以看作是一个"柠檬市场"。

假设目前汽配城上某种常用的保险杠有纯正零部件和副厂件2种（纯正零部件价格是600元，副厂件的价格是300元），出售产品的商户知道是哪种件，而消费者并不知道是哪种件；消费者还不具备区分出零部件优劣的能力。因此，为了保险起见，消费者只愿意给出中间价450元来购买纯正零部件。在下一次交易时，商户可能会报出450元的价格，但是消费者会以同样的判断而只愿意支出中间价375元，如此往复多次之后，消费者将只愿意以接

近 300 元的价格来购买产品。如此下去，纯正高价零部件将会卖不掉，商户也趋向于购买副厂件来销售。后果就是纯正零部件退出市场，整个市场则充斥假冒伪劣件或者市场整体萎缩。

四、解决汽车零部件销售问题的措施

（1）由消费者根据商品的开价来推测商品的质量　因为"柠檬"原理告诉我们，在非对称信息环境中，商品质量依赖于价格，也就是说高价格意味着高质量。在零部件市场中，消费者往往会根据价格来大致判断零部件的来源和质量。当然，这一点也经常被不法商户所利用来欺骗消费者。

（2）市场供应商制造与传播信号（发信号）或者在交易中实施担保　它是最为重要和最为常用的手段，主要是供应商通过品牌、广告或者向客户提供质量保证书、保修、退货等办法，来使消费者把他的产品与"柠檬"区别开，以相信它的产品是高质量的。

（3）中介　中介利用他的专业知识为买方提供信息，通过他来"撮合"买卖双方。中介所获收益取决于他提供信息的质量。由于在普通消费者市场，零部件的单次交易额并不大，所以中介这种方式目前尚不具备充分发展的条件。

（4）建立独立的质量监督、认证机构或协会，帮助消费者识别劣质产品　在零部件市场中，汽配城往往会和工商、消协等机构一起，不定期的进行监督和检查。

（5）信誉解决办法　即允许提供优质产品的厂商获得超额利润—"信誉租金"，从而形成一种有效的激励机制。厂商一旦在信誉上出问题，必定损失利益，这就使信誉成为一种真实的信号。

（6）其他方法　消费者通过自身进行信息搜寻来改变其所处逆向选择地位，比如走访、调查、搜寻等，或者消费者仅仅与亲戚朋友交易等。尽管经营假冒伪劣零部件短时期内可能会给部分商家带来一定超额利润，但是从长远来看，"柠檬市场"的发生，将会降低整个市场的效率或者收益。汽配城等渠道的"正品"是同样具有稳定质量的配套厂件，假冒伪劣件是该市场的"柠檬产品"，在 4S 店之外的这些零部件渠道，应该将控制的重点放在驱逐假冒伪劣产品上。对于纯正零部件外的渠道来说，正如"柠檬市场理论"创始人阿克洛夫所认为的，经济主体有强烈的动力去抵消有关市场效率信息问题的逆向效应，只要经济主体共同努力去降低"柠檬市场"产生的大环境，通过找到某些传递商品真实价值既便宜又可靠的方法，"柠檬市场"是可以一定程度避免的。

综上所述，无论是纯正零部件渠道还是非纯正零部件渠道的市场，其核心都是要满足消费者在消费需求、便利性、成本、沟通等方面的诉求，否则，无论是纯正零部件渠道的原厂件还是其他渠道的各种件，都无法满足消费者最终的需求。因此我们在汽车售后服务市场中对零部件的销售应当在加强市场管理、严把质量关和规范市场价格方面做文章，进一步完善汽车售后服务市场中的零部件销售。

复习与思考题

1. 汽车 4S 店品牌服务的营销模式有哪些？
2. 汽车 4S 店如何提升售后服务的质量？
3. 面对不规范的汽车零配件市场，如何更好地促进汽车 4S 店零配件的销售？
4. 汽车六方位介绍法具体如何运用？面对不同的客户需要注意哪些方面？
5. 比较汽车 4S 品牌模式的优缺点，提出一些合理化的建议。
6. 用户档案管理为何对汽车售后服务那么重要？

第九章 二手车营销策略

学习目标
1. 掌握汽车消费与二手车市场营销发展趋势。
2. 了解二手车保险的基本知识。
3. 掌握二手车的评估鉴定原理及方法。
4. 掌握二手车客户的购买心理和销售流程。

第一节 二手车营销概述

近年，国内新车层出不穷，汽车消费日趋流行，越来越多的媒体、经销商及消费者都把目光聚焦在新车市场上，与新车市场息息相关的二手车市场却少有人关注。其实，我国的二手车市场虽然起步较晚，规模较小，在交易过程中存在着许多不规范之处，但我国的二手车市场并不寂寞，它正以每年20%～30%的速度增长，超过了新车的增长率。

2005年《二手车流通管理办法》（商务部、公安部、国家工商行政管理总局、国家税务总局令2005年第2号）实施。2006年开始，二手车市场最大的变化，就是汽车企业开始全面进军二手车市场。二手车新政放开了汽车企业被捆绑多年的手脚，让中国二手车市场告别了以个体经纪公司为主的传统经营模式，开始走上了规模化与规范化经营的道路。

外资成为引领中国品牌二手车市场的先锋，例如奥迪3A二手车服务内容囊括免费二手车检测、评估、收购、认证、销售、以旧换新、以旧换旧、售后服务和备件销售。其最大优势是全面遵循奥迪全球统一的二手车经营标准。国内几乎所有合资品牌都已进入二手车领域，都有现成的操作标准，等待的仅是车型换型周期。

2006年起，大汽车企业的品牌店开始扎堆进驻全国最大的旧车市场北京花乡旧机动车交易市场，形成二手车品牌店集群。由于从事多品牌二手车交易，更具抗风险能力和发展潜力。热身多年的汽车置换在2006年终于有了突破性的增长，多数服务良好的4S店都从中受益。2006年在北京金源商城举办了我国首场大规模的品牌二手车联展，有上海通用、东风雪铁龙、华晨宝马、一汽大众等6大厂家和10多家经销商参加。上海通用"诚信二手车"、奥迪"AAA二手车"、上海大众"特选二手车"等都成为市场认可度较高的品牌二手车。

此外，二手车市场的放开，使汽车拍卖成为朝阳产业。2006开始，仅北京就有十几家老拍卖行开拓了汽车拍卖业务。2006年底，全国最大的二手车拍卖中心在北京旧机动车交易市场建成，标志着汽车拍卖将成为今后二手车交易的重要方式。此拍卖中心采用了同步网络拍卖系统，可实现全国联网拍卖，可以实现一天同步拍卖二手车2000辆以上。

汽车拍卖以其对信息的强大需求，使徘徊多年的汽车电子商务在2006年看到了曙光。第一车网推出的二手车"一口价专区"，其价格抹去水分，比市场一般报价低了5%左右。网络与经销商、经纪公司的紧密合作，正在彻底改变中国二手车交易的原始方式。

欧美和日本等发达国家的汽车市场是成熟的市场，更新与置换成为汽车市场的重要组成部分，新车销售与旧车交易几乎对半。我国进入私车时代10年有余，已到了大量换车时代，这给实行二手车新政提供了极佳机遇。2006年，我国旧车销量的增速已明显超过新车；从2008年全年汽车销售量来看，有代表性的北京市场，销售机动车87.8万辆，增长10.0%，增幅比上年下降1.8个百分点。其中新车销售49.3万辆，增长11.3%；旧车销售38.5万辆，增长8.3%，旧车销售已经占到新车销量的近八成，接近成熟市场的培育程度。

二手车销售车型结构上也比以往有了明显变化，二手车市场打破了长期以低档车当家的局面，北京、上海等城市高档二手车销量明显上升，新车上市三个月后一般就会出现在旧车市场上。新旧车市场之间的顺畅通道也影响着人们的购车观念，保值率越来越成为消费者购车时的重要参考因素。

第二节　二手车的评估与鉴定

一、二手车成新率的确定

1. 二手车成新率的概念

成新率是反映二手车新旧程度的指标。二手车成新率是表示二手车的功能或使用价值占全新机动车的功能或使用价值的比率。也可以理解为二手车的现时状态与机动车全新状态的比率。

机动车的有形损耗率与机动车的成新率的关系为：

$$\text{成新率} = 1 - \text{有形损耗率} \tag{9-1}$$

在二手车鉴定估价的实践中，重置成本法是二手车鉴定估价的首选办法，要想较为准确地评估车辆的价值，成新率的确定是关键。成新率作为重置成本法的一项重要的指标，如何科学、准确地确定该项指标，是二手车评估中的重点和难点。因为成新率的确定不仅需要根据一定的客观资料和检测手段，而且在很大程度上依靠评估人员的学识和评估经验来进行判断。

2. 二手机动车成新率的几种确定方法

（1）使用年限法　使用年限法首先是建立在二手车在整个使用寿命期间，实体性损耗是随时间呈线性递增关系。

机动车价值的降低与其损耗的大小成正比。因此，使用年限法的数学表达式为：

$$C_Y = \left(1 - \frac{Y}{Y_g}\right) \times 100\% \tag{9-2}$$

由式(9-2)可知，运用使用年限法估算二手车的成新率涉及二个基本参数，即汽车已使用年限Y和机动车规定使用年限Y_g。

已使用年限是指二手车开始使用到评估基准日所经历的时间。

运用使用年限法估算二手车成新率应注意两点。第一，使用年限是代表车辆运行或工作量的一种计量，这种计量是以车辆的正常使用为前提的，包括正常的使用时间和正常的使用强度。在实际评估过程中，应充分注意车辆的实际已使用的时间，而不是简单的日历天数，同时也要考虑实际使用强度。第二，已使用年限不是指通常的会计折旧年限，规定使用年限也不是指会计折的二手车年限。

机动车的规定使用年限，即机动车的使用寿命。机动车使用寿命的概念与汽车使用寿命的概念相同，它分为技术使用寿命、经济使用寿命和合理使用寿命，这里所指的机动车规定使用年限是指机动车的合理使用寿命（按《汽车报废标准》的规定执行）。

9座（含9座）以下非营运载客汽车（包括轿车、含越野型）15年；

旅游载客汽车和9座以上非营运载客汽车10年；

中轻型载货汽车（含越野型）10年；

轻、微型载货汽车（含越野型）、带拖挂的载货汽车、矿山作业专用车及各类出租汽车8年；

通常将已使用年限和规定使用年限换算成月数。

使用年限法计算成新率的前提条件是车辆在正常使用条件下，按正常使用强度（年平均行驶里程）使用。所得成新率实际上反映的是车辆的时间损耗及时间折旧率，与车辆的日常使用强度的车况无关。

方法简单，容易操作，一般用于二手机动车的价格粗估或价值不高的二手车价格的评估。

（2）行驶里程法　行驶里程法是通过确定被评估二手车的尚可行驶里程与规定行驶里程的比值来确定二手车成新率的一种方法。反映了二手车使用强度对其成新率的影响。

$$C_S = \left(1 - \frac{\text{二手车累计行驶里程}}{\text{车辆规定行驶里程}}\right) \times 100\% \tag{9-3}$$

由于里程表容易被人为变更，因此在实际使用中，较少直接采用此方法进行评估。

（3）技术鉴定法　技术鉴定法是评估人员用技术鉴定的方法测定二手车成新率的一种方法。这种方法以技术鉴定为基础，首先是评估人员对二手车辆进行技术观察和技术检测来鉴定二手车的技术状况，再以评分的方法或分等级的方法来确定成新率。技术鉴定法分为部件鉴定法和整车观测分析法。

① 部件鉴定法　部件鉴定法是对二手车辆按其组成部分对整车的重要性和价值量的大小来加权评分，最后确定成新率的一种方法。

部件鉴定法是对二手机动车按其组成部分对整车的重要性和价值量的大小来加权评分，最后确定成新率的一种方法。其基本步骤为：

- 先将车辆分成如表9-1所列的总成部件，再根据它们的制造成本、车辆制造成本的比重，按一定百分比确定权重；
- 以全新车辆对应的功能标准为满分100分，其功能完全丧失为0分，再根据这若干总成、部件的技术状况估算各总成部件的成新率；
- 将各总成部件的成新率与权重相乘，即得到各总成部件的权分成新率；
- 最后将各总成部件权分成新率相加，即得被评估车辆的成新率。

注意：对车辆主要总成或部件进行成新率的估算时也应用到使用年限法，即估算总成或部件的成新率一般不可能超出采用使用年限法计算得出的整车成新率的值，除非有总成大修或换件的追加投入。

这种方法费时费力，车辆各组成部分权重难以掌握，但评估值更接近客观实际，可信度高。它既考虑了二手机动车实体性损耗，同时也考虑了二手机动车维修换件会增大车辆的价值。这种方法一般用于价值较高的机动车辆评估。

表 9-1 机动车总成、部件价值权分表

车辆类别总成部件	轿车	客车	货车
发动机及离合器总成	26	27	25
变速器及传动轴总成	11	10	15
前桥及转向器前悬总成	10	10	15
后桥及后悬架总成	8	11	15
制动系统	6	6	5
车架总成	2	6	6
车身总成	26	20	9
电器仪表系统	7	6	5
轮胎	4	4	5

② 整车观测法 整车观测法主要是采用人工观察的方法,辅之以简单的仪器检测,对二手车技术状况进行鉴定、分级,以确定成新率的一种方法。对二手机动车技术状况分级的办法是先确定两头,即先确定刚投入使用不久的车辆和将报废处理的车辆,然后再根据车辆评估的精细程度要求在刚投入使用不久与报废车辆之间分若干等级。其技术状况分级参见表 9-2。

表 9-2 二手车成新率评估参考表

车况等级	新二手情况	有形损耗率/%	技术状况描述	成新率/%
1	使用不久	0~10	刚使用不久,行驶里程一般在 3 万~5 万公里。在用状态良好,能按设计要求正常使用	100~90
2	较新车	11~35	使用 1 年以上,约行驶 15 万公里。一般没有经过大修,在用状态良好,故障率低,可随时出车使用	89~65
3	二手车	36~60	使用 4~5 年,发动机或整车经过大修一次。大修较好地恢复原设计性能,在用状态良好,外观中度受损,恢复情况良好	64~40
4	老二手车	61~85	使用 5~8 年,发动机或整车经过二次大修,动力性能、经济性能、工作可靠性能都有所下降,外观油漆脱落受损,金属件锈蚀程度明显。故障率上升,维修费用、使用费用明显上升。但车辆符合《机动车安全技术条件》,在用状态一般或较差	39~15
5	待报废处理车	86~100	基本到达或到达使用年限,通过《机动车安全技术条件》检查,能使用但不能正常使用,动力性、燃油经济性、可靠性下降,燃料费、维修费、大修费用增长速度快,车辆收益与支出基本持平,排放污染和噪声污染到达极限	15 以下

二手车成新率评估参考表是一般车辆成新率判定的经验数据,仅供评估时参考。整车观测分析法对车辆技术状况的评判,大多数是由人工观察的方法进行的,成新率的估值是否客观、实际,取决于评估人员的专业水准和评估经验。

这种方法简单易行,但评估值没有部件鉴定法准确,一般用于中、低等价值的二手车的初步估算,或作为综合分析法鉴定估价要考虑的主要因素之一。

二手车成新率评估参考表是一般车辆成新率判定的经验数据,仅供评估时参考。整车观测分析法对车辆技术状况的评判，大多数是由人工观察的方法进行的，成新率的估值是否客观、实际，取决于评估人员的专业水准和评估经验。

（4）综合分析法　综合分析法是以使用年限法为基础，再综合考虑对二手车价值影响的多种因素，以调整系数 K 确定成新率 C_F 的一种方法。其计算公式为：

$$C_F = C_Y \times K \times 100\% \tag{9-4}$$

式中　K——调整系数。

鉴定估价时要综合考虑的因素为：车辆的实际运行时间、实际技术状况；车辆使用强度、使用条件、使用和维护保养情况；车辆原始制造质量；车辆大修，重大事故经历；车辆外观质量等。

车辆无须进行项目修理或换件的，可采用表 9-3 所示推荐的综合调整系数，用加权平均的方法进行微调；

车辆需要进行项目修理或换件的，或需进行大修理的，应综合考虑各种影响因素确定一个综合调整系数。

表 9-3　二手机动车成新率综合调整系数

影响因素	因素分级	调整系数	权重/%
技术状况	好	1.0	30
	较好	0.9	
	一般	0.8	
	较差	0.7	
	差	0.6	
车辆维护	好	1.0	25
	较好	0.9	
	一般	0.8	
	差	0.7	
制造质量	进口	1.0	20
	国产名牌	0.9	
	国产非名牌	0.8	
车辆用途	私用	1.0	15
	公务、商务	0.9	
	营运	0.7	
工作条件	较好	1	10
	一般	0.9	
	较差	0.8	

综合调整系数计算公式为：

$$K = K_1 \times 30\% + K_2 \times 25\% + K_3 \times 20\% + K_4 \times 15\% + K_5 \times 10\% \tag{9-5}$$

车辆技术状况系数是基于对车辆技术状况鉴定的基础上对车辆进行的分级，然后取调整系数来修正车辆的成新率，技术状况系数取值范围为 0.6～1.0，技术状况好的取上限；反之取下限。

车辆使用和维护状态系数反映了使用者对车辆使用、维护的水平，不同的使用者，对车辆使用、维护的实际执行情况差别较大，因而直接影响到车辆的使用寿命和成新率，使用和维护状态系数取值范围为 0.7～1.0。

车辆原始制造质量系数的确定，应了解车辆品牌价值，慎重确定。对于罚没走私车辆，其原始制造质量系数可视同国产名牌产品。原始制造质量系数取值范围在 0.8～1.0。

车辆用途系数主要是考虑到车辆使用性质不同，其繁忙程度不同，使用强度亦不同。把车辆工作性质分为私人工作和生活用车，机关企事业单位的公务和商务用车，从事旅客、货运、城市出租的营运车辆。普通轿车一般为私人工作和生活用车，每年最多行驶约 3 万公里；公务、商务用车每年不超过 6 万公里；而营运出租车每年行驶有些高达 15 万公里。显然，用途不同，其使用强度差异很大，车辆工作性质系数取值范围为 0.7～1.0。

车辆工作条件系数车辆代表了工作条件对其成新率的影响。车辆工作条件分为道路条件和特殊使用条件。

道路条件可分为好路、中等路和差路三类。好路是指国家道路等级中的高速公路，一、二、三级道路，好路率在 50% 以上；中等路是指符合国家道路等级四级道路，好路率在 30%～50%；差路是指国家等级以外的路，好路率在 30% 以上。

特殊使用条件主要指特殊自然条件，包括寒冷、沿海、风沙、山区等地区。

车辆长期在道路条件为好路和中等路行驶时，工作条件系数分别取 1 和 0.9；车辆长期在差路或特殊使用条件下工作，其系数取 0.8。

采用综合分析法复杂、费时、费力。但它充分考虑了影响车辆价值的各种因素，评估值准确度较高，适合使用在中等价值的二手车辆。

(5) 综合成新率法　综合成新率法就是采用定性和定量分析的方法，综合多种单一因素对二手车成新率的估算结果，并分别赋予不同的权重，计算加权平均成新率。

计算公式

$$C_Z = C_1 \times \alpha_1 + C_2 \times \alpha_2 \tag{9-6}$$

式中　C_Z——综合成新率；

　　　C_1——二手车理论成新率，$C_1 = C_Y \times 50\% + C_S \times 50\%$；

　　　C_2——二手车现场查勘成新率；

　　　α_1、α_2——权重系数，$\alpha_1 + \alpha_2 = 1$。

被评估二手车理论成新率和现场查勘成新率的权重分配、使用年限成新率和机动车行驶里程成新率的权重分配，要根据被评估二手车类型、使用状况、维修保养状况综合考虑，科学、合理地确定权重分配，与二手车鉴定评估人员的实践工作经验和专业判断能力有很大的关系。

3. 车辆大修对成新率的影响

一辆机动车经过一段时间的使用后（或停用受自然力的影响）会产生磨损，磨损的补偿就是修理，当某零部件完全丧失功能而又无法修理时，必须换件以恢复其功能作用。当车辆主要总成的技术状况下降到一定程度时，需要用修理或更换车辆任何零部件的大修方法，以恢复车辆的动力性、经济性、工作可靠性和外观的完整美观性。大修对车辆的追加投入从理论上讲，无疑是增加了车辆的使用寿命，对成新率的估算值可适当增加。但是，使用者对车辆的技术管理水平低，不能根据车辆的实际技术状况，做到合理送修、适时大修；有些维修企业维修设备落后，维修安装技术水平差；有些配件质量差。因此，经过大修的车辆不一定都能很好地恢复车辆使用性能。对于老二手的国产车辆刚完成大修，即使很好地恢复使用性能，其耐久性也差。更重要的是有些高档进口车辆经过大修以后，不仅难以恢复原始状况，而且有扩大故障的可能性。

鉴于上述分析，对于重置成本在 7 万元以下的二手车或老二手车辆，一般不考虑其大修对成新率的增加问题；对于重置成本在 7 万～25 万元之间的车辆，凭车主提供的车辆大修结算单等资料可适当考虑增加成新率的估算值；对于 25 万元以上的进口车，或国产高档车，凭车主提供的车辆大修或一般维修换件的结算单等资料，分析车辆受托维修厂家的维修设备、维修技术水平、配件来源等情况，或者对车辆进行实体鉴定，考查维修对车辆带来的正面作用或者可能出现的负面影响，从而酌情决定是否增加成新率的估算值。

二、二手车的评估方法

（一）现行市价法

现行市价法又称市场法、市场价格比较法。它是指通过比较被评估车辆与最近售出类似车辆的异同，并根据类似车辆的市场价格进行调整，从而确定被评估车辆价值的一种评估方法。现行市价法是最直接、最简单的一种评估方法。

这种方法的基本思路是，通过市场调查，选择一个或几个与评估车辆相同或类似的车辆作参照。分析参照车辆的构造、功能、性能、新旧程度、地区差别、交易条件及成交价格等，并与被评估车辆进行比较，找出两者的差别及其在价格上所反映的差额，经过适当调整，计算出被评估旧车辆的价格。

1. 现行市价法应用的前提条件

现行市价法需要有一个充分发育、活跃的旧车交易市场，有充分的参照车辆可取。在旧车交易市场上，旧车交易越频繁，与被评估相类似的车辆价格越容易被获得。

参照车辆及其与被评估车辆可比较的指标、技术参数等资料是可收集到的，并且价值影响因素明确，可以量化。

运用现行市价法，需要人们找到与被评估车辆相同或相类似的参照车辆，并且要求参照是近期的，可比较的。所谓近期，是指参照车辆交易时间与车辆评估基准日相差时间相近，最好在一个季度之内。所谓可比，是指车辆在规格、型号、结构、功能、性能、新旧程度及交易条件等方面不相上下。

2. 采用现行市价法评估的步骤

(1) 收集资料　收集评估对象的资料，包括车辆的类别名称，车辆型号和性能，生产厂家及出厂年月，了解车辆目前使用情况，实际技术状况以及尚可使用的年限等。

(2) 选择交易对象　选定旧车交易市场上可进行类比的对象。所选定的类比车辆必须具有可比性，可比性因素包括：

① 车辆型号和制造年份；
② 车辆制造商；
③ 车辆来源，如私用、公务、商务、营运车辆；
④ 车辆使用年限及行驶里程数；
⑤ 车辆技术状况；
⑥ 市场状况，是指市场处于衰退萧条或复苏繁荣，供求关系是买方市场还是卖方市场；
⑦ 交易动机和目的，车辆出售是以清偿为目的或以淘汰转让为目的；买方是获利转手倒卖或是购置自用。一般不同情况交易作价差别较大；
⑧ 车辆所处的地理位置，即不同地区的交易市场，同样车辆的价格差别较大；
⑨ 成交数量，如单台交易与成批交易的价格有一定的差别；
⑩ 成交时间，应尽量采用近期成交的车辆作类比对象，由于市场随时间的变化，往往受通货膨胀及市场供求关系变化的影响，价格有时波动很大。

按以上可比性因素选择参照对象，一般选择与被评估对象相同或相似的三个以上的交易案例。某些情况找不到多台可类比的对象时，应按上述可比性因素，仔细分析选定的类比对象是否具有一定的代表性，要认定其成交价的合理性，才能作为参照对象。

(3) 分析、类比　综合上述可比性因素，对待评估的车辆与选定的类比对象进行认真的分析类比。

(4) 计算评估值　分析调整差异，做出结论。

3．现行市价法的具体计算方法

运用现行市价法确定单台车辆价值通常采用直接法和类比法。

直接法是指在市场上能找到与被评估车辆完全相同的车辆的现行市价，并依其价格直接作为被评估车辆评估价格的一种方法。

所谓完全相同是指车辆型号相同，但是在不同的时期，寻找同型号的车辆有时是比较困难的。我们认为，参照车辆与被评估车辆类别相同、主参数相同、结构性能相同，只是生产序号不同，并作局部改动的车辆，则还是认为完全相同。

类比法是指评估车辆时，在公开市场上找不到与之完全相同的车辆，但在公开市场上能找到与之相类似的车辆，以此为参照物，并依其价格再做相应的差异调整，从而确定被评估车辆价格的一种方法。所选参照物与评估基准日在时间上越近越好，实在无近期的参照物，也可以选择远期的，再作日期修正。其基本计算公式为：

$$P_e = P_o \times (1 \pm K) \tag{9-7}$$

式中　P_o——参照车辆价格；

K——调整系数。

用市价法进行评估，要全面了解市场情况，这是市价法评估的关键。对市场了解的情况越多，评估的准确性越高。用市价法评估包含了被评估车辆的各种贬值因素，如有形损耗的贬值、功能性贬值和经济性贬值。因为市场价格是综合反映车辆的各种因素的体现。由于车辆的有形损耗及功能陈旧而造成的贬值，自然会在市场价格中有所体现。

经济性贬值则是反映了社会上对各类产品综合的经济性贬值的大小，突出表现为供求关系的变化对市场价格的影响。因而用市场法评估不再专门计算功能性贬值和经济性贬值。

4．采用现行市价法的优缺点

用现行市价法得到的评估制止能够客观反映旧车辆目前的市场情况，其评估的参数、指标直接从市场获得，评估值能反映市场现实价格。因此，评估结果易于被各方面理解和接受。

这种方法的不足是需要以公开及活跃的市场作为基础，有时寻找参照对象困难。

可比因素多而复杂，即使是同一个生产厂家生产的同一型号的产品，同一天登记，由于不同的车主使用，因其使用强度、使用条件、维修水平等多种因素作用，其实体损耗、新旧程度都各不相同。

(二) 收益现值法

1．收益现值法及其原理

收益现值法是将被评估的车辆在剩余寿命期内预期收益用适当的折现率折现为评估基准日的现值，并以此确定评估价格的一种方法。

采用收益现值法对旧车辆进行评估所确定的价值，是指为获得该机动车辆以取得预期收益的权利所支付的货币总额。

从原理上讲，收益现值法是基于这样的事实，即人们之所以占有某车辆，主要是考虑这辆车能为自己带来一定的收益。如果某车辆的预期收益小，车辆的价格就不可能高；

反之车辆的价格肯定就高。投资者投资购买车辆时,一般要进行可行性分析,其预计的内部回报率只有在超过评估时的折现率时才肯支付货币额来购买车辆。应该注意的是,运用收益现值法进行评估时,是以车辆投入使用后连续获利为基础的。在机动车的交易中,人们购买的目的往往不是在于车辆本身,而是车辆获利的能力。因此该方法较适用投资营运的车辆。

2. 收益现值法评估值的计算

收益现值法的评估值的计算,实际上就是对被评估车辆未来预期收益进行折现的过程。被评估车辆的评估值等于剩余寿命期内各期的收益现值之和,其基本计算公式为:

$$P_e = \sum_{t=1}^{n} \frac{A_t}{(1+i)^t} = \frac{A_1}{(1+i)} + \frac{A_2}{(1+i)^2} + \cdots + \frac{A_n}{(1+i)^n} \tag{9-8}$$

式中 A_t——未来第 t 个收益期的预期收益额,收益期有限时(机动车的收益期是有限的),A_t 中还包括期末车辆的残值(在估算时,残值一般忽略不计);

n——收益年期(剩余经济寿命的年限);

i——折现率;

t——收益期,一般以年计。

当 $A_1 = A_2 = \cdots\cdots = A_n = A$ 时,即 t 从 $1 \sim n$ 未来收益分别相同为 A 时,则有

$$P_e = \frac{A_1}{(1+i)} + \frac{A_2}{(1+i)^2} + \cdots + \frac{A_n}{(1+i)^n}$$

$$= A \left[\frac{1}{(1+i)} + \frac{1}{(1+i)^2} + \cdots + \frac{1}{(1+i)^n} \right]$$

$$= A \times \frac{(1+i)^n - 1}{i(1+i)^n} \tag{9-9}$$

其中,$\frac{1}{(1+i)^n}$ 称为现值系数;$\frac{(1+i)^n - 1}{i(1+i)^n}$ 称为年金现值系数;t 为收益期,一般以年计。

例如:某企业拟将一辆 10 座旅行客车转让,某客户准备将该车用作载客营运。按国家规定,该车辆剩余年限为 3 年,经预测得出 3 年内各年预期收益的数据见表 9-4。

表 9-4 预期收益表

年 份	收益额/元	折现率/%	折现系数	收益折现值/元
第一年	10000	8	0.9259	9259
第二年	8000	8	0.8573	6854
第三年	7000	8	0.7938	5557

由式(9-9)可以确定评估值为 $P_e = 9259 + 6854 + 5557 = 21670$ 元

3. 收益现值法评估参数的确定

(1) 剩余经济寿命期的确定 剩余经济寿命期,是指从评估基准日到车辆到达报废的年限。如果剩余经济寿命期估计过长,就会高估车辆价格;反之,则会低估价格。因此,必须根据车辆的实际状况对剩余寿命做出正确的评定。对于各类汽车来说,该参数按《汽车报废标准》确定是很方便的。

(2) 预期收益额的确定 在无论对于所有者还是购买者,判断某车辆是否有价值,首先应判断的问题是该车辆是否会带来收益。对其收益的判断,不仅要看收益法实际运用中,收

益额的确定是关键。收益额，是指由被评估对象在使用过程中产生的超出其自身价值的溢余额。对于收益额的确定应把握收益额及其构成两点。

收益额，是指车辆使用带来的未来收益期望值，是通过预测分析获得的。现在的收益能力，而且更重要的是预测未来的收益能力。

收益额的构成，以企业为例，目前有三种观点：第一，企业所得税后利润；第二，企业所得税后利润与提取折旧额之和扣除投资额；第三，利润总额。

针对旧车的评估特点与评估目的，为估算方便，推荐选择第一种观点，目的是准确地反映预期收益额。为了避免计算错误，一般应列出车辆在剩余寿命期内的现金流量表。

（3）折现率的确定　确定折现率，首先应该明确折现的内涵。折现作为一个时间优先的概念，认为将来的收益或利益低于现在的同样收益或利益。且随着收益时间向将来推迟的程度而有系统地降低价值。同时，折现作为一个算术过程，是把一个特定比率应用于一个预期的将来收益率，从而得出当前的价值。从折现率本身来说，它是一种特定条件下的收益率，说明车辆取得该项收益的收益率水平。收益率越高，车辆评估值越低。因为在收益一定的情况下，收益率越高，意味着单位资产增值率高，所有者拥有资产价值就低。折现率的确定是运用收益现值法评估车辆时比较棘手的问题。折现率必须谨慎确定，折现率的微小差异，会带来评估值很大的差异。确定折现率，不仅应有定性分析，还应寻求定量方法。折现率与利率不完全相同，利率是资金的报酬，折现率是管理的报酬。利率只表示资产（资金）本身的获利能力，而与使用条件、占用者和使用用途没有直接联系，折现率则与车辆以及所有者使用效果有关。一般来说，折现率应包含：无风险利率、风险报酬率和通货膨胀率。无风险利率是指资产在一般条件下的获利水平，风险报酬率则是指冒风险取得报酬与车辆投资中为承担风险所付代价的比率。风险收益能够计算，而为承担风险所付出的代价为多少却不好确定，因此风险收益率不容易计算出来，只要求选择的收益率中包含这一因素即可。

每个企业都有具体的资金收益率，因此在利用收益法对机动车评估选择折现率时，应该进行本企业、本行业历年收益率指标的对比分析。但是，最后选择的折现率应该起码不低于国家债券或银行存款的利率。

在使用资金收益率指标时，应充分考虑年收益率的计算口径与资金收益率的口径是否一致。若不一致，将会影响评估值的正确性。

4. 收益现值法评估的程序

调查、了解营运车辆的经营行情和消费结构；充分调查、了解被评估车辆的技术状况；确定评估参数，即预测预期收益，确定折现率；将预期收益折现处理，确定旧车评估值。

5. 收益现值法评估应用举例

某人拟购一辆二手桑塔纳轿车用于出租车经营，经调查得到以下数据：车辆2007年4月登记，累计行驶18.3万公里，目前车况良好，能正常运行。如用于出租，全年可出勤300天，每天平均毛收入450元。评估基准日是2009年2月。

从车辆登记日起至评估基准日止，车辆投入运行2年。根据行驶公里数和车辆外观和发动机等技术状况看来，该车辆原投入出租营运，还算正常使用、维护之列。根据国家有关规定和车辆状况，车辆剩余经济寿命为6年。预期收益额的确定思路是：将一年的毛收入减去车辆使用的各种税和费用，包括驾驶人员的劳务费等，以计算其税后纯利润。根据目前银行储蓄年利率、国家债券、行业收益等情况，确定资金预期收益率为15%，风险报酬率5%，具体计算见表9-5。

表 9-5　收益计算表

预计年收入	0.0450×300＝13.5 万元
预计年支出(每天耗油量 75 元,年工作日 300 天)	0.0075×300＝2.25 万元
日常维修费	1.2 万元
平均大修费用	0.8 万元
牌照、保险、养路费及各种规费、杂费(每天付 85 元)	3.0 万元
人员劳务费	1.5 万元
出租车标付费	0.6 万元
故年毛收入	13.5－2.25－1.2－0.8－3.0－1.5－0.6＝4.15 万元
所得税(年收入 3 万~5 万元),所得税率 30%。	4.15×30%＝1.245 万元
故年纯收入	4.15×(1－30%)＝2.9 万元
折现率(车辆剩余使用寿命为 6 年,预计资金收益率为 15%,再加上风险率 5%)	15%＋5%＝20%

假设每年的纯收入相同，则由收益现值法公式求得收益现值，即评估值为：

$$P_e = A \times \frac{(1+i)^n - 1}{i(1+i)^n} = 2.9 \times \frac{(1+0.2)^6 - 1}{0.2 \times (1+0.2)^6} = 9.6 \text{ 万元}$$

6. 采用收益现值法的优缺点

采用收益现值法的优点，是与投资决策相结合，容易被交易双方接受；能真实和较准确地反映车辆本金化的价格。

采用收益现值法的缺点，是预期收益额预测难度大，受较强的主观判断和未来不可预见因素的影响。

（三）清算价格法

清算价格，是指企业由于破产或其他原因，要求在一定的期限内将车辆变现，在企业清算之日预期出卖车辆可收回的快速变现价格。

清算价格法在原理上基本与现行市价法相同，区别在于企业因迫于停业或破产，急于将车辆拍卖、出售。所以，清算价格常低于现行市场价格。

1. 清算价格法的适用范围和前提条件

清算价格法适用于企业破产、抵押、停业清理时要售出的车辆。

企业破产，是指当企业或个人因经营不善造成的严重亏损，不能清偿到期债务时，企业应依法宣告破产，法院以其全部财产依法清偿其所欠的债务，不足部分不再清偿。

抵押，是指以所有者资产作抵押物进行融资的一种经济行为，是合同当事人一方用自己特定的财产向对方保证履行合同义务的担保形式。提供财产的一方为抵押人，接受抵押财产的一方为抵押权人。抵押人不履行合同时，抵押权人有权利将抵押财产在法律允许的范围内变卖，从变卖抵押物价款中优先受偿。

清理，是指企业由于经营不善导致严重亏损，已临近破产的边缘或因其他原因将无法继续经营下去，为弄清企业财物现状，对全部财产进行清点、整理和查核，为经营决策（破产清算或继续经营）提供依据，以及因资产损毁、报废而进行清理、拆除等的经济行为。

在这三种经济行为中若有机动车辆进行评估，可用清算价格为标准。以清算价格法评估车辆价格的前提条件有以下三点：

① 具有法律效力的破产处理文件或抵押合同及其他有效文件为依据；

② 车辆在市场上可以快速出售变现；

③ 所卖收入足以补偿因出售车辆的附加支出总额。

2. 决定清算价格的主要因素

在旧车评估中，决定清算价格的主要因素包括破产形式、债权人处置车辆的方式、清理费用、公平市价和参照物价格等。

破产形式。如果企业丧失车辆处置权，出售的一方无讨价还价的可能，则以买方出价决定车辆售价；如果企业未丧失处置权，出售车辆一方尚有讨价还价余地，则以双方议价决定售价。

债权人处置车辆的方式。按抵押时的合同契约规定执行，如公开拍卖或收回归已有。

清理费用。在破产等评估车辆价格时应对清理费用及其他费用给予充分考虑。

拍卖时限。一般说时限长售价会高些，时限短售价会低些，这是由快速变现原则的作用所决定的。

公平市价。指车辆交易成交双方都满意的价格。在清算价格中卖方满意的价格一般不易求得。

参照物价格。在市场上出售相同或类似车辆的价格。市场参照车辆价格高，车辆出售的价格一般就会高，反之则低。

3. 评估清算价格的方法

旧车评估清算价格的方法主要有现行市价折扣法和意向询价法以及竞价法。

现行市价折扣法，是指对清理车辆，首先在旧车市场上寻找一个相适应的参照物；然后根据快速变现原则估定一个折扣率，并据以确定其清算价格。

例如，经调查，一辆旧桑塔纳轿车在旧车市场上成交价为 4 万元。根据销售情况调查，折价 20% 可以当即出售。则该车辆清算价格为 4×（1−20%）=3.2 万元。

意向询价法，是指根据向被评估车辆的潜在购买者询价的办法取得市场信息，最后经评估人员分析确定其清算价格的一种方法。用这种方法确定的清算价格受供需关系影响很大。

例如，一台大型拖拉机，拟评估其拍卖清算价格。评估人员经过对三个农场、两家农机公司和三个农机销售商征询，其估价平均值为 6.1 万元。考虑目前年关将至和其他因素，评估人员确定清算价格为 5.8 万元。

竞价法，是指由法院按照法定程序（破产清算）或由卖方根据评估结果提出一个拍卖的底价，在公开市场上由买方竞争出价。

（四）重置成本法

1. 重置成本法及其理论依据

重置成本法，是指在现时条件下重新购置一辆全新状态的被评估车辆所需的全部成本（即完全重置成本，简称重置全价），减去该被评估车辆的各种陈旧贬值后的差额作为被评估车辆现时价格的一种评估方法。其基本计算式为：

$$P_e = P_c - P_d - P_f - P_j \tag{9-10}$$

式中　P_c——重置成本；

　　　P_d——实体性贬值；

　　　P_f——功能性贬值；

　　　P_j——经济性贬值。

或者，成新率为 β，则有

$$P_e = P_c \times \beta \tag{9-11}$$

从式(9-10)可看出，被评估车辆的各种陈旧贬值包括实体性贬值、功能性贬值、经济性贬值。

重置成本法既充分考虑了被评估二手车的重置成本，又考虑了该二手车已使用年限内的磨损以及功能性、经济性贬值，因而是一种适应性强，并在实践中被广泛采用的基本评估方法。

重置成本法的理论依据是，任何一个精明的投资者在购买某项资产时，它所愿意支付的价钱，绝对不会超过具有同等效用的全新资产的最低成本。如果该项资产的价格比重新建造，或购置全新状态的同等效用的资产的最低成本高，投资者肯定不会购买这项资产，而会去新建或购置全新的资产。即待评估资产的重置成本是其价格的最大可能值。

重置成本是购买一项全新的与被评估车辆相同的车辆所支付的最低金额。按重新购置车辆所用的材料、技术的不同，可把重置成本区分为复原重置成本（简称复原成本）和更新重置成本（简称更新成本）。复原成本指用与被评估车辆相同的材料，制造标准、设计结构和技术条件等，以现时价格复原购置相同的全新车辆所需的全部成本。更新成本指利用新型材料、新技术标准、新设计等，以现时价格购置相同或相似功能的全新车辆所支付的全部成本。一般情况下，在进行重置成本计算时，如果同时可以取得复原成本和更新成本，应选用更新成本；如果不存在更新成本，则再考虑用复原成本。

机动车辆价值是一个变量，它随其本身的运动和其他因素变化而相应变化。除了市场价格以外，影响车辆价值量下面的变化因素。

（1）机动车辆的实体性贬值　实体性贬值也叫有形损耗，是指机动车在存放和使用过程中，由于物理和化学原因而导致的车辆实体发生的价值损耗，即由于自然力的作用而发生的损耗。旧车一般都不是全新状态的，因而大都存在实体性贬值，确定实体性贬值，通过依据新旧程度，包括表体及内部构件、部件的损耗程度。假如用损耗率来衡量，一辆全新的车辆，其实体性贬值为百分之零，而一辆报废的车辆，其实体性贬值为百分之百，处于其他状态下的车辆，其实体性贬值率则位于其间。

（2）机动车辆的功能性贬值　功能性贬值，是由于科学技术的发展导致的车辆贬值，即无形损耗。这类贬值又可细分为一次性功能贬值和营运性功能贬值。

一次性功能贬值是由于技术进步引起劳动生产率的提高，现在再生产制造与原功能相同的车辆的社会必要劳动时间减少，成本降低而造成原车辆的价值贬值。具体表现为原车辆价值中有一个超额投资成本将不被社会承认。

营运性功能贬值是由于技术进步，出现了新的、性能更优的车辆，致使原有车辆的功能相对新车型已经落后而引起其价值贬值。具体表现为原有车辆在完成相同工作任务的前提下，在燃润料、人力、配件材料等方面的消耗增加，形成了一部分超额运营成本。

（3）机动车辆的经济性贬值　经济性贬值，是指由于外部经济环境变化所造成的车辆贬值。所谓外部经济环境，包括宏观经济政策、市场需求、通货膨胀、环境保护等。经济性贬值是由于外部环境而不是车辆本身或内部因素所引起的达不到原有设计的获利能力而造成的贬值。外界因素对车辆价值的影响不仅是客观存在的，而且对车辆价值影响还相当大。

重置成本法的计算公式为正确运用重置成本法评估旧车辆提供了思路，评估操作中，重要的是依此思路，确定各项评估技术、经济指标。

重置成本法主要适用于继续使用前提下的二手车评估。

2．重置成本及其估算

如前所述，重置成本分复原重置成本和更新重置成本。一般来说，复原重置成本大于更新重置成本，但由此引致的功能性损耗也大。在选择重置成本时，在获得复原重置成本和更新重置成本的情况下，应选择更新重置成本。之所以要选择更新重置成本，一方面随着科学技术的进步，劳动生产率的提高，新工艺、新设计的采用被社会所普遍接受。另一方面，新型设计、工艺制造的车辆无论从其使用性能，还是成本耗用方面都会优于旧的机动车辆。

更新重置成本和复原重置成本的相同方面在于采用的都是车辆现时价格，不同的在于技术、设计、标准方面的差异，对于某些车辆，其设计、耗费、格式几十年一贯制，更新重置成本与复原重置成本是一样的。应该注意的是，无论更新重置成本还是复原重置成本，车辆本身的功能不变。

重置成本的估算在资产评估中，其估算的方法很多。对于旧车评估定价，一般采用直接法和物价指数法。

(1) 直接法　直接法也称重置核算法，它是按待评车辆的成本构成，以现行市价为标准，计算被评估车辆重置全价的一种方法。也就是将车辆按成本构成分成若干组成部分，先确定各组成部分的现时价格，然后加总得出待评估车辆的重置全价。

重置成本的构成可分为直接成本和间接成本两部分。直接成本是指直接可以构成车辆成本的支出部分。具体来说是按现行市价的买价，加上运输费、购置附加费、消费税、人工费等。

间接成本是指购置车辆发生的管理费、专项贷款产生的利息、注册登记手续费等。

以直接法取得的重置成本，无论国产或进口车辆，尽可能采用国内现行市场价作为车辆评估的重置成本全价。市场价可通过市场信息资料（如报纸、专业杂志和专业价格资料汇编等）和车辆制造商、经销商询价取得。

旧车重置成本全价的构成一般分下述两种情况考虑：

① 属于所有权转让的经济行为，可按被评估车辆的现行市场成交价格作为被评估车辆的重置全价，其他费用略去不计；

② 属于企业产权变动的经济行为（如企业合资、合作和联营、企业分设、合并和兼并等），其重置成本构成除了考虑被评估车辆的现行市场购置价格以外，还应考虑国家和地方政府对车辆加收的其他税费（如车辆购置附加费、教育费附加、社控定编费、车船使用税等）一并计入重置成本全价。

(2) 物价指数法　物价指数法是在旧车辆原始成本基础上，通过现时物价指数确定其重置成本。计算式为：

$$P_c = C_o \times \frac{I_e}{I_b} \tag{9-12}$$

式中　C_o——车辆原始成本；

I_e——车辆评估时物价指数；

I_b——车辆购买时物价指数。

或者为

$$P_c = C_o \times (1 + I_c) \tag{9-13}$$

式中　I_c——物价变动指数。

如果被评估车辆是淘汰产品，或是进口车辆，当询问不到现时市场价格时，这是一种很有用的方法，用物价指数法时注意的问题是：

① 一定要先检查被评估车辆的账面购买原价，如果购买原价不准确，则不能用物价指数法。

② 用物价指数法计算出的值，即为车辆重置成本值；

③ 运用物价指数法时，如果现在选用的指数往往与评估规定的对象的评估基准日之间

有一段时间差,这一时间差内的价格指数可由评估依据近期内的指数变化趋势结合市场情况确定。

④ 物价指数要尽可能选用有法律依据的国家统计部门或物价管理部门以及政府机关发布和提供的数据;有的可取自有权威性的国家政策部门所辖单位提供的数据;不能选用无依据、不明来源的数据。

3. 重置成本的确定

(1) 交易类鉴定估价业务重置成本的确定　对旧机动车交易市场的交易业务,其重置成本无论国产或进口车辆,一律采用国内现行市场价作为被评估车辆的重置成本全价。而车辆运输费、人工费、管理费、车辆购置附加费、消费税等税费略去不计。

对于以车辆所有权转让为目的旧车交易业务,将车辆购置附加费和消费税这样影响车辆购建成本的税费不计入重置成本全价。

从国外车交易情况来考虑,国外车辆投资的回收是以快速折旧法进行的。第一年的折旧率通常是最大的,平均是25%～33%,以后逐渐减少,到第五年以后可能少于10%。

从买卖双方需要来考虑,来旧车交易市场买卖双方的需要不同,其心理动机也不同,他们都有各自的政治和经济背景。作为卖者,有些客户为了投资转向而变卖机动车辆;有些单位为了优化配置资产而处置多余车辆;有些客户受求新心理动机的驱使,不断玩新车、卖旧车;有些客户在政治上或经济上到位以后,又要求换名牌车以象征自己的名誉、地位和能力等。作为买者,受求实心理动机的驱使,他们重视车辆的实际效用、经济实惠、使用方便,即要求投入少、效用高,省钱省事。不管怎样,人们来旧机动车市场交易车辆的目的都是为了获得更多、更高、更值得的使用价值。

(2) 咨询服务类鉴定估价业务重置成本的确定　对企业或属产权变动的评估业务,如企业合资、合作和联营,企业分设、合并和兼并,企业清算、企业租赁的经济行为,则应该把车辆市场价格以外的大额税费应该计入重置成本中去,如购置附加费、消费税等国家和地方政府规定征收的税费。其他发生的小额成本费用是否计入要视情而定,鉴定估价人员可灵活掌握。

重置成本估算应注意的几个问题:

① 重置成本的确定时,要以评估基准日车辆所在地收集的价格资料为准。

② 国家对车辆税收有些是在生产和销售环节征收的,有些是在使用环节征收的。前者征收的税额已包含在车辆市价里了,而后者则没有。因此,确定重置成本时,只考虑使用环节征收的税费。

③ 国家对车辆购置价格以外的税费是动态变化的,鉴定估价人员要根据当时的情况和鉴定估价的需要,按重置成本构成的概念,正确核算和处理不同时期的重置成本全价。

④ 对极少数的进口车辆,一时难以征询到价格的,即可采用物价指数法以系数调整,估算重置成本全价。

采用重置成本法的优点是,比较充分地考虑了车辆的损耗,使评估结果更趋于公平合理;

有利于旧车辆的评估;在不易计算车辆未来收益或难以取得市场(旧车交易市场)参照物条件下可广泛应用。

运用重置成本法的缺点是工作量较大,且经济性贬值也不易准确计算。

4. 实体性贬值及其估算

机动车的实体性贬值是由于使用和自然力损耗形成的贬值。实体性贬值的估算,一般可以采取以下两种方法。

(1) 观察法 观察法也称成新率法，是指对评估车辆时，由具有专业知识和丰富经验的工程技术人员对车辆的实体各主要总成、部件进行技术鉴定，并综合分析车辆的设计、制造、使用、磨损、维护、修理、大修理、改装情况和经济寿命等因素，将评估对象与其全新状态相比较，考察由于使用磨损和自然损耗对车辆的功能、技术状况带来的影响，判断被评估车辆的有形损耗率，从而估算实体性贬值的一种方法，计算式为

$$P_d = P_c \times \gamma \tag{9-14}$$

式中 γ——有形损耗率。

(2) 使用年限法 使用年限法计算公式为

$$P_d = (P_c - P_r) \times \frac{y_u}{y_e} \tag{9-15}$$

式中 P_r——残值，是指旧车辆在报废时净回收的金额，在鉴定估价中一般略去残值不计；

y_u——已使用年限；

y_e——规定使用年限。

5. 功能性贬值及其估算

(1) 一次性功能贬值的测定 对目前在市场上能购买到的且有制造厂家继续生产的全新车辆，一般采用市场价即可认为该车辆的功能性贬值已包含在市场价中。从理论上讲，同样的车辆其复原重置成本与更新重置成本之差即是该车辆的一次性功能性贬值。但在实际评估工作中，具体计算某车辆的复原重置成本是比较困难的，一般就用更新重置成本（即市场价）作为已考虑其一次性功能贬值。

在实际评估时经常遇到的情况是：待评估的车辆其型号是现已停产或是国内自然淘汰的车型，这样就没有实际的市场价，只有采用参照物的价格用类比法来估算。参照物一般采用替代型号的车辆。这些替代型号的车辆其功能通常比原车型有所改进和增加，故其价值通常会比原车型的价格要高（功能性贬值大时，也有价格更降低的）。故在与参照物比较，用类比法对原车型进行价值评估时，一定要了解参照物在功能方面改进或提高的情况，再按其功能变化情况测定原车辆的价值，总的原则是被替代的旧型号车辆其价格应低于新型号的价格。这种价格有时是相差很大的。评估这类车辆的主要方法是设法取得该车型的市场现价或类似车型的市场现价。

(2) 营运性功能贬值的估算 测定营运性功能贬值的步骤为：

① 选定参照物，并与参照物对比，找出营运成本有差别的内容和差别的量值；

② 确定原车辆尚可继续使用的年限；

③ 查明应上缴的所得税率及当前的折现率；

④ 通过计算超额收益或成本降低额，最后计算出营运性陈旧贬值。

例如：A、B两台8t载货汽车，重置全价基本相同，其营运成本见表9-6，求A车的功能性贬值。

表9-6 两车运营成本比较

项 目	A车	B车
耗油量/(L/100km)	25	22
每年维修费用/万元	3.5	2.8

按每日营运150km，每年平均出车日为250天计算，每升油价2元。则A车每年超额耗油费用为：

$$(25-22)\times2\times250\times150/100=2250 \text{ 元}$$

A车每年超额维修费用为：

$$35000-28000=7000 \text{ 元}$$

A车总超额营运成本为：

$$2250+7000=9250 \text{ 元}$$

取所得税率33％，则税后超额营运成本为：

$$9250\times(1-33\%)=6197 \text{ 元}$$

取折现率为11％，并假设A车将继续运行5年，11％折现率5年的折现系数为3.696。A车的营运性贬值为：

$$6197\times3.696\approx23000 \text{ 元}$$

6. 经济性贬值估算的思考方法

经济性贬值是由机动车辆外部因素引起的。外部因素影响车辆价值的主要表现，是造成营运成本上升或导致车辆闲置。由于造成车辆经济性贬值的外部因素很多，并且造成贬值的程度也不尽相同。所以在评估时只能统筹考虑这些因素，而无法单独计算所造成的贬值。其评估的思考方法如下：

① 车辆经济性贬值的估算主要以评估基准日以后是否停用，闲置或半闲置作为估算依据；

② 已封存或较长时间停用，且在近期内仍将闲置，但今后肯定要继续使用的车辆最简单的估算方法是，按其可能闲置时间的长短及其资金成本估算其经济贬值；

③ 根据市场供求关系估算其贬值。

三、旧车估价与折旧

1. 机动车折旧

旧车作为固定资产，按现行财务制度规定应计提固定资产折旧。所谓机动车的折旧，是指机动车随着时间的推移或在使用过程中，由于损耗而转移到产品中去的那部分价值，称为机动车折旧。当这部分价值随着车辆产生收益的回收、积累，则形成机动车的折旧基金。折旧基金是为了补偿机动车的磨损而逐年提取的专用基金，其主要目的是在旧车不能使用或不再使用时，用折旧基金购置新车辆，实现机动车更新。

车辆的折旧根据车辆的价值、使用年限，用所规定的折旧方法计算。

（1）直线折旧法　直线折旧法又称使用年限法或平均折旧法，是指用车辆的原值除以车辆使用年限，以求得每年平均计提折旧额的方法。计算公式为：

$$D_t=\frac{1}{N}(K_0-S_V) \tag{9-16}$$

式中　D_t——机动车年折旧额；

　　　K_0——机动车原值；

　　　S_V——机动车残值；

　　　N——机动车规定的折旧年限。

（2）快速折旧法　直线折旧法是应用最广泛的方法，快速折旧法也是企业常用的折旧方法。年份数求和法和余额递减折旧法均属于快速折旧法。

① 年份数求和法。年份数求和法是指每年的折旧额可用车辆原值减去残值的差额乘一个逐年变化的递减系数来确定的一种方法。此递减系数的分母为车辆使用年限历年数字的累计之和，即对每年递减系数的分母均相等；分子为当年尚余有的使用年数，例如当$N=5$时，则分母为$1+2+3+4+5=15$；分子在第3年时，尚余使用年限2年，则分子为2，

此年的递减系数为 2/15。一般来讲，车辆使用年限为 N 时，递减系数的分母等于 $N(N+1)/2$，分子等于 $N+1-t$。年份数求和的计算式为：

$$D_t = \frac{1}{N}(K_0 - S_V) = \frac{2 \times (N+1-t)}{N(N+1)} \quad (9\text{-}17)$$

式中 $\dfrac{2 \times (N+1-t)}{N(N+1)}$ ——递减系数（或年折旧率）；

t ——机动车在使用期限内某一确定年度。

② 余额递减折旧法。余额递减折旧法是指任何年的折旧额用现有车辆原值乘以在车辆整个寿命期内恒定的折旧率，接着用车辆原值减去该年折旧额作新的原值，下一年重复这一作法，直到折旧总额分摊完毕。在余额递减中所使用的折旧率，通常大于直线折旧率，当使用的折旧率为直线折旧率的二倍时，称为双倍余额递减法，具体计算式为：

$$D_t = K_0 \alpha (1-\alpha)^{t-1} \quad (9\text{-}18)$$

式中 α ——折旧率，直线法的折旧率为 $\alpha = 1/N$。

应用式(9-18)计算时，在使用期终仍有余额的情况下，为了使折旧总额到使用期终分摊完毕，到一定年度后，要改用直线折旧法。

例如，某机动车的原值为 10 万元，规定使用年限为 10 年，残值忽略不计，试用上述两种快速折旧法分别计算其折旧额，计算见表 9-7、表 9-8。

表 9-7 用年份数求和法计算折旧

年 数	基数/元	递减系数/元	年折旧额/元	累计折旧额/元
1	100000	10/55	18181	18181
2		9/55	16363	34544
3		8/55	14545	49089
4		7/55	12727	61816
5		6/55	10909	72725
6		5/55	9090	81815
7		4/55	7272	89087
8		3/55	5454	94541
9		2/55	3636	98177
10		1/55	1818	100000

表 9-8 用双倍余额递减法计算折旧

年 数	基数/元	折旧率/%	年折旧额/元	累计折旧额/元
1	10000	20	20000	20000
2	8000	20	1600	36000
3	64000	20	12800	48800
4	51200	20	10240	59040
5	40960	20	8192	67232
6	32768	20	6553.6	73785.6
7	26214.4	25	6553.6	80339.2
8	26214.4	25	6553.6	86892.8
9	26214.4	25	6553.6	93446.4
10	26214.4	25	6553.6	100000

说明：为使累计折旧额在第 10 年期终分摊完毕，第七年起用直线折旧法。

2. 机动车估价与折旧

（1）实体性贬值与折旧额　实体性贬值不同于折旧额，不能用账面上累计折旧额代替实体性贬值。实体性贬值是由损耗决定的，但折旧并不就是损耗。折旧是高度政策化了的损耗。在车辆使用过程中，价值的运动依次经过价值损耗、价值转移和价值补偿，折旧作为转移价值，是在损耗的基础上确定的。

（2）使用年限与折旧年限　规定使用年限不同于规定折旧年限。折旧年限是对某一类资产作出的会计处理的统一标准，是一种高度集中的理论系数和常数。对于该类资产中的每一项资产虽然具有普遍性、同一性和法定性，但不具有实际磨损意义上的个别性或特殊性。实际上，它表现在以下几个方面的特征：

① 折旧年限是一个平均年限，对于同一类型中的任何一项资产均适用；

② 它是在考虑损耗的同时，又考虑社会技术经济政策和生产力发展水平，有时甚至以之为经济杠杆，体现对某类资产的鼓励或限制生产政策；

③ 它是以同类资产中各项资产运转条件均相同的假定条件为前提的。这种情况下，同类型的资产，无论其所在地如何，维护情况、运行状况如何，均适用同一的折旧年限。因此评估工作中，鉴定估价人员不能直接按照会计学中的折旧年限来取代使用年限。

（3）评估中成新率的确定与折旧年限确定的基础损耗　确定折旧年限的损耗包括有形损耗（实体性损耗）和无形损耗；而评估中确定成新率的损耗，包括实体性损耗、功能性损耗和经济性损耗。其中，功能性损耗只是无形损耗的一种形式，而不是无形损耗的全部。

第三节　二手车的销售与选购

一、二手车市场业务流程

正规的二手车具有品种多、价格低、性价比高的特点。二手车销售公司对所收购的二手车进行评估，支付一定的费用给售卖者，之后遵循"买取管理→库存管理→车辆上线→销售管理"的管理流程，如图9-1所示，设置零售价格后准备出售。

二、消费者对二手车的选购

为了保障消费者的合法权益，一定要在工商行政管理部门认可的、规范的旧机动车市场内进行挑选和购买。为了能够选购一辆好车，消费者应找一位有经验的人同行。在选购过程中，消费者要对自己所需车型的车况、手续、价格等情况有一个大概了解。

消费者首先要在市场内多转转，当选中一辆车后，要仔细询问二手车销售商，看车辆的手续（即原始发票或前次过户发票、《机动车登记证》、行驶证、车辆购置附加税、养路费、保险、车船使用税）是否齐全，再对二手车使用价值进行鉴定。

1. 挑选二手车的流程

（1）外观检查　首先，检查车身漆膜有无脱落，面部漆有无色差，车身各接缝、缝隙大小是否均匀或弯曲，装饰条是否不整或脱落，车型外观是否端正，左右是否对称，否则，则出过事故；可根据经验判断曾出过事故的大小。其次，最好把车开到地沟上检查车辆的底盘是否有创伤；发动机、转向机构、传动机构是否松动变形；汽油管、刹车管是否漏油。

（2）发动机检查　检查发动机外观，检查各油管、水管是否老化，有无漏油漏水痕迹。拔出机油尺检查机油量，并查看油质情况；另外，对于化油器的车，消费者还要检查是否加装了电控补气三元催化装置，有无三元催化器对成交价格很重要；启动发动机，检查发动机

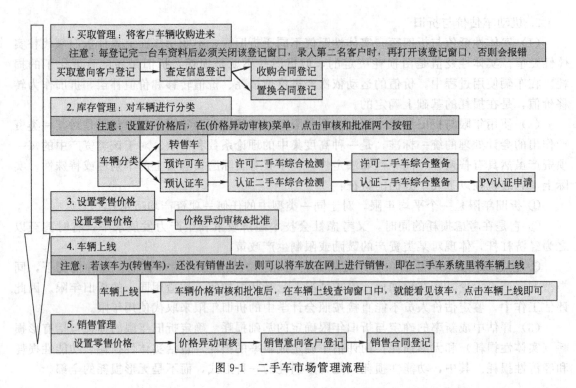

图 9-1 二手车市场管理流程

在急速工况时,运转是否平稳、声音是否均匀、有无杂音;接下来要逐渐加大油门,观察发动机提速是否敏感、动力是否强劲、发动机有无异响。另外要注意,排出气体的颜色:半透明的黑灰色,说明情况良好;黑色,说明发动机油气混合比没有调校好,空气-燃油混合比太浓;蓝色,说明发动机有烧机油的现象;白色,显示汽缸垫将报废或是变速箱有问题。如果气味难闻也是发动机不妙征兆。

(3) 车内及灯光检查 消费者还要检查车辆内部装饰是否齐全、有效,车辆的配置情况;空调、音响、喇叭、雨刷、各种灯光工作是否正常,因为这些都是在最后交易时决定车辆价钱的;最后消费者千万不要忘记检查该车的出厂日期、引擎号、底盘号。

(4) 行驶检查 当消费者认为一切都较满意,就要亲自驾驶该车,检查转向系统是否使用自如、制动系统是否安全可靠、有无跑偏;离合器与档位之间是否配合良好,减震器在行驶中有无异常声音、减震效果是否良好。以上挑选步骤完成后,消费者就可以办理交易手续了。

2. 消费者选购二手车的注意事项

规范的旧机动车交易市场为许多想购买二手车的消费者提供了方便,新兴的以旧机动车经纪公司为主体的经营方式取代了以前"一对一"的原始经销方式,那么新的交易方式出现后,消费者应注意如下几点。

(1) 选择旧机动车经纪公司 一般在市场内经营的旧机动车经纪公司,都是经工商局登记注册的合法公司,而且有驻场工商管理部门的监督管理,如果二手车的来源合法、手续齐全,消费者可放心与其洽谈购买。市场实行规范管理,各经纪公司的经营人员一律佩带由工商管理部门核发的经纪人胸卡,没有胸卡者,消费者可不与其洽谈。

如果消费者想用分期付款的方式购买二手车,可以向具有二手车贷款业务的经纪公司咨询,可以向客户提供 3~5 年的贷款业务。当然,并不是所有的二手车都能做贷款,一些年限较长的二手车或个别车型不能做,对分期付款的各项费用消费者要心中有数。

近年来，二手车以旧换新、品牌专卖正逐渐发展起来，特别是生产厂家的直接参与更是推动了二手车售后服务的开展。目前市场内已有上海通用、上海大众认定的二手车代理商，分别销售上海别克系列、上海大众系列的二手车，并同时具有经过检测的质量认证书，承诺一定期限或公里数的售后服务，为消费者解除了后顾之忧，为购买二手车的客户提供了多种选择。

（2）了解车况、谈妥价格　消费者在购车前，要对车辆的款式、所能接受的价位有个概况，这样可提高购买效率。市场内所有的车都明码标价、并注明年限、配置等，但所标价格并不是最终价格，消费者可根据自己的判断，综合车辆的具体情况，同经纪公司进行价格商议，直至双方满意为止。如果消费者没有最后拿定主意，最好多看看，切忌交"定金"、"押金"，以免引起不必要的纠纷。

（3）签订买卖合同　成交后，买卖双方需签订由工商局监制的《XX市旧机动车买卖合同》，买卖双方应仔细阅读合同条款，合同的填写需真实有效，不得涂改。合同一式三份，买卖双方各持一份，驻场工商部门留存一份，并经过工商部门的验证备案才能办理车辆的过户或转籍手续。这里特别提请消费者注意的是只有签订正规的合同文本，才能保证消费者的合法权益不受侵害，使卖的合法、买的放心。

（4）办理过户及相关费用　按国家有关规定，旧机动车交易后必须办理车辆过户，不能图省事不去办理过户手续，那样会给买卖双方造成很大的隐患，甚至带来法律纠纷。此外，许多消费者不知过户费用是如何计算的，按现行政策，过户手续费一般是按市场评估定价的2.5％计算的，而不是按实际成交价的百分比提取的。了解过户费的计算方法有助于帮助消费者对购车所需的费用有一个大致的估算，做到心中有数。

三、二手车的过户

人们常说的二手车过户有两种情况：二手车转籍和二手车过户。

1. 二手车转籍

主要是指由于某种原因需要从一地车管所转出，并在异地车管所入户的车辆。

（1）在转出地要办理的主要手续

① 嫌疑车辆调查。主要是核对发动机和车架号是否凿改、是否与原档案相符、是否盗抢机动车等。

② 开具二手车交易发票。海关监管的机动车应提交监管海关出具的《中华人民共和国海关监管车辆边（出）境领（销）牌通知书》，转出及转入人（单位）的身份证明、与本车辆有关的证件。

③ 回收旧车牌照，发放临时牌照。

④ 机动车所有人或代理人领取机动车档案，可以通过邮件方式寄达。

（2）在转入地要办理的主要手续　凭外地车辆管理所封装的档案在本市申请号牌和行驶证。要注意的几个问题有：必须有原车封装的档案资料；必须有交易发票。当地车辆入户的政策（新旧车相同）。比如北京市规定：2006年12月1号起，车辆不带OBD的不能入户。所以不带OBD的车辆切勿迁入北京市。出租车或曾经从事出租的车辆，一般情况下在很多地区是不予转入的。

2. 二手车过户登记

主要是指在本所内注册登记的机动车产权发生转移，并且现机动车所有人的住址（或暂住证）在本所辖区内的变更机动车所有者的登记备案。

（1）嫌疑车辆调查。主要是核对发动机和车架号是否凿改、是否与原档案相符、是否盗抢机动车等。

(2) 开具二手车交易发票。海关监管的机动车应提交监管海关出具的《中华人民共和国海关监管车辆边(出)境领(销)牌通知书》，转出及转入人（单位）的身份证明、与本车辆有关的证件。

(3) 按新车的入户手续及流程办理即可。

3. 特别提醒

其他证件的过户手续，这是客户最容易遗忘的问题。主要包括保险、车船使用税、车辆购置费等。一方面减少了可能带来的损失，同时也方便以后继续缴纳费用。如主要的保险手续过户，这是因为被保险的财产一旦被转卖，原投保人就失去了对该财产的保险利益，也就是说投保人不会因为投保的财产发生保险事故而受到损害，或因保险事故不发生，免受损害而继续享有利益。原保险合同自该财产所有权转移之时失去效力。机动车辆保险有关条款也规定：机动车辆在转卖、转让后须到车管部门办理过户手续。再到保险公司办理保险批改手续，否则保险公司不承担赔偿责任。因此，为了维护二手车购买者的合法利益，必须进行保险批改。

第四节 二手车的保险

二手车上保险首先应分清保险价值、保险金额、实际价值之间的关系。车辆的保险价值是根据新车的购置价决定的，包括车辆单价和附加购置费。车辆损失险的保险金额可以按投保时的保险价值决定，也可以由被保人和保险人协商确定，或者按车的实际价值决定，但最高不得超过保险价值，超过部分无效。保险条款中规定保险车辆的实际价值计算公式是：实际价值＝新车购置价/国家规定使用年限×（国家规定使用年限－已使用年限）。旧车在投保时可依据不同情况选择附加险种，投保费按照保险金额的一定比例支付。

赔偿分全车损失和部分损失两种。仅对上了车辆损失险和附加盗抢险的车辆来说，如果旧车投保时保险金额是按新车的价值（保险价值）确定，这时车的保险金额与保险价值相同，但保险金额高于车的实际价值。当车辆遇到全车被盗、抢3个月以上，经公安立案侦查未破获的，保险车辆的损失按规定比例计算赔偿，以不超出保险当时的实际价值计算赔偿，赔偿金额的20%由被保险人自付。如果按实际价值确定的赔偿金低于该车保险价值的20%，可得的最高赔偿金只为投保车辆出险时保险价值的20%。赔偿后，该车的权益归保险人所有，保险责任终止。当车辆只是受到不同程度的部分损坏时，按实际修理费用计算赔偿，除规定中的自付部分外，其余由保险公司承担。

赔偿金额与保险金额相关。如果旧车投保时的保险金额按车的实际价值确定，保险金额低于保险价值，但等于实际价值。遇到车辆被盗、抢造成全车损失时，得到的赔偿与保险金额等同于保险价值时一样，但遇到部分损坏时却不同。保险车辆得到按保险金额与保险价值的比例计算赔偿修理费用。车辆损失以不超过保险金额为限，如果保险车辆按全部损失计算赔偿或部分损失一次赔款达到保险金额时，车辆损失险的保险责任终止。当保险金额低于实际价值时，如果车辆发生全损，保险公司按照保险金额计算赔偿金。所以，在给车辆上保险时应该实事求是，足额投保。

例如，假设一辆小汽车的新车购置价为12万元，使用3年后，车主以8万元购买，则此时它的实际价值是12万元/15年×（15年－3年）＝9.6万元。在投保不同保险金额的情况下，发生全部损失（被盗）和部分损失（修理费800元）时，保险公司的赔款计算如下：

1. 保险价值12万元，保险金额12万元

(1) 全部损失时赔款 96000×80％＝76800（元）
(2) 部分损失时赔款 800×80％＝640（元）

2. 保险价值 12 万元，保险金额 8 万元
(1) 全部损失时赔款 80000×80％＝64000
(2) 部分损失时赔款 80000/120000×800×80％＝426.67（元）

3. 保险价值 12 万元，保险金额 6 万元
(1) 全部损失时赔款 60000×80％＝48000（元）
(2) 部分损失时赔款 60000/12000×800×80％＝320（元）

注意：当赔款达到应交保费 150％时，保险公司还要加收应交保费的 30％，并在赔款中扣除。

由此可知，保额越低，所交保费也越低，得到的赔款就越少。至于旧车投保时的保险金额既可以按车的过户票，也可以按实际价值，完全凭投保人的自愿为原则。

复习与思考题

1. 二手车交易原则是什么？其销售流程有哪些内容？
2. 二手车评估鉴定的方法有哪几种？
3. 二手车的选购需要注意哪些方面？
4. 二手车保险需注意哪些问题？

第十章　汽车电子商务与网络营销

学习目标
1. 掌握汽车电子商务的内涵与发展趋势。
2. 掌握汽车网络营销的基本流程。
3. 了解汽车企业网站建立的重要性。
4. 了解消费者网络购物的相关信息。

第一节　汽车电子商务

电子商务（Electronic Commerce）EC 是在 Internet 开放的网络环境下，基于浏览器、服务器应用方式，实现消费者的网上购物、商户之间的网上交易和在线电子支付的一种新型的商业运营模式。

电子商务已经对传统营销方式产生了巨大冲击，特别是其交易的低成本和进入的低门槛使得大型企业和中小型企业拥有了参与电子商务的均等机会。对于汽车销售行业，电子商务在国际汽车贸易领域的应用广泛，放眼国外，其电子商务在汽车销售中的应用已经十分广泛，新形势下，电子商务应用的发展将会给我国汽车营销模式变革及其流通带来巨大变革。

一、中国汽车行业需要发展电子商务

近年来中国汽车市场得到了飞速发展，年销量保持着每年百万量级的增长，中国已成为世界第三大汽车生产国和第二大新车消费国。同时，汽车零部件业也实现了持续快速增长。

对于高速发展的汽车产业，信息化建设将促进企业实现产品设计创新，制造模式创新，经营管理方式创新。提高产业信息化水平是打造优势产业链、提升产业竞争力的关键。将电子商务运用到产业链中，对优化采购供应环节、完善营销服务体系，提高汽车工业整体效率，促进中国汽车产业加速融入全球经济圈也将起到积极作用。

纵观国际汽车发展趋势，电子商务将在全球范围内覆盖汽车产业链的所有环节，包括采购、设计、生产、销售、售后服务、信息反馈等，涉及整车生产及经销企业、汽车零部件生产及经销企业、汽车用品生产及经销商、汽车维修企业、汽车金融机构和众多的消费者。

电子商务将带给企业新颖的经营活动方式：
(1) 及时向客户提供企业信息，树立良好的企业形象；
(2) 进行网上市场调研，实行有效的客户关系管理；
(3) 实现零部件的网上采购；
(4) 建立分销渠道网络联系模式，实现网络化分销；
(5) 实现供应链网上集成、一体化运作；

(6) 实现网上直接销售，向客户提供定制化的产品和服务。

中国加入世界贸易组织后，企业已直接参与国际竞争，汽车行业信息技术的广泛应用和电子商务的发展将为汽车企业降低采购、营销成本，减少库存、优化库存结构，拓展销售渠道、提高服务效率提供更大空间，并有利于企业提高管理水平、增强国际竞争能力。

二、中国汽车电子商务发展现状

目前，汽车行业已经认识到信息化和电子商务的重要性，不论是制造商还是销售商都在不同程度地开展电子商务的研究和应用。从整体上看，整车制造商的内部信息化水平最高，而零部件供应商信息化平均水平相对较低，汽车经销服务商的信息化水平最弱。大多数整车制造商都拥有比较完整的 IT 系统，在信息化方面有着相对成熟的经验。制造业信息化在经历了萌芽、成长阶段后，正朝着集成化、协同化和服务化的方向发展。

在电子商务应用上，国内大部分整车制造商基本达到初级电子商务应用水平，即商务初级电子化、网络化。主要实现信息流的网络化，进行网上发布产品信息，网上签约洽谈，网上收集客户信息，实现网络营销等非支付型电子商务，即初级经营服务信息化。大部分汽车零部件等配套企业也开始建设网站，逐步实现初级电子商务应用。而要达到完全电子商务应用，即实现商务高级电子化、网络化、智能化，开展协同电子商务，全面实现信息流、资金流、物流的网络化；实现支付型电子商务与现代物流、网上订货与企业内部 ERP 结合，及时进行生产、实现零库存；从产品的设计研发、生产制造、销售交货、物流配送、财务结算、甚至是最后的成效评估等，都通过电子集市使交易各方能够同步作业。

我国汽车电子商务还存在着以下两方面的问题。

(1) 信息化水平比较低　相对于国外同行，中国汽车企业的信息化总体应用水平还相当低，尤其是企业间的数据交换，企业集团内部不同地理位置上的成员企业之间的信息交流等等。除了极少数企业应用了 EDI 系统，更多的还是以传真加电话的方式进行联系和沟通，数据交换、商业合同等多以书面或其他介质为主，辅以 Email 进行传送。企业间设计信息的传送更多地仍以最原始的图纸传送方式为主，没有从实质上改变传统的信息交换形式与经营方式。

(2) 缺乏相应标准模型供企业参考　目前在帮助汽车企业推进企业信息化及电子商务方面，一些大的跨国 IT 公司及咨询公司起了至关重要的作用，但缺乏适用于中国汽车企业信息化和电子商务的参考模型。汽车行业需要这样一个电子商务平台，该平台能够在汽车制造商、零部件与原材料供应商、汽车经销商、售后市场服务商和第三方物流供应商之间实现各方面电子信息的快速交换，并能够在此基础上实现各个企业与其全球供应链贸易伙伴的在线交易。

三、电子商务在汽车销售业中的应用优势

1. 信息流通更加方便透明

电子商务在汽车销售中的应用，能够深入到产品的广告宣传、销售和定购和企业直接对话等中间环节中，方便顾客了解产品及相关信息；通过网络，方便公司对其客户的需求情况的了解，并根据客户需求，及时提供出客户所需汽车，极大地方便了汽车厂家和消费者之间的联系和交流。

2. 成就了汽车销售企业在营销方式上的新突破

当前，汽车同质化的现象愈发明显，同等的配置，相似的外形，相似的企业信息，让消费者感到无所适从。最近，从价格信任危机，到评比信任危机，再到碰撞信任危机，汽车业的信任危机有愈演愈烈的趋势。但是在各个汽车厂家为汽车利润摊薄、营销成本上升、信息

传播同质化导致消费者反感的同时，电子商务的应用为汽车销售行业带来了新的曙光。

3. 有效树立公司的产品和企业形象，降低企业运作成本

利用网络信息传递量大、传输方便的特点，把本公司概况和经营产品的特点及服务承诺等放到公司站点上，及时更新并向外界发布，使即使是潜在的顾客对公司及所经营的产品也有一个直观的第一印象或立体的视觉冲击，便于在消费者心中进行产品和企业形象的建立和宣传。另外，直接在网上进行交易，能降低传统贸易过程中的单据等多种费用。

4. 提高工作效率，增加企业竞争优势

电子商务使得信息能够以最快的速度接收、处理和传输，构建了与顾客沟通的高效率化平台。另外，信息化的程度越深，竞争力越强，企业通过电子商务，可以用最快的速度获得更多的信息资料，从而在竞争中赢得优势。

5. 提供更有成效的售后服务

利用因特网提供售后服务，可以在公司已有的站点上登出售后服务介绍、客户意见反馈栏、产品介绍、技术支持等信息，来时时关注顾客的购买后产品情况及顾客对产品或服务的满意程度，并及时做出回应。这样做不仅可以省钱、节省大量的劳动力支出，还可增加顾客对本公司的信任感和满意度，增加其安全感。除此之外，也便于本企业可以用更多的时间来处理更为复杂的问题，搞好与客户间的关系。

四、中国汽车电子商务发展趋势

用电子商务改造和提升传统的汽车产业势在必行。电子商务代表了先进生产力的发展方向，与传统汽车产业组织和运作模式相比具有无可比拟的优势，凭借传统资源优势，依托电子网络技术，整合、改造自身的业务与管理，是传统汽车工业走向网络经济的必由之路。

从整个行业来看，汽车电子商务的应用将在以下两个方向展开。

1. 汽车营销体系电子商务将迅速发展

电子商务是利用电子手段进行的商务活动，是商务活动的电子化、网络化和自动化。它不仅仅是互联网上的交易，而且指所有利用电子信息技术来解决问题、降低成本、增加价值和创造商机的商务活动。其电子网络系统在满足顾客需求与欲望、降低交易成本、减少交易环节、便利沟通方面有着传统营销渠道无可比拟的优势。

汽车电子商务将通过顾客"拉动"式的供应链，使企业更及时、更全面地掌握顾客的需求，根据顾客的定制进行生产，这样不但可以为顾客提供及时的个性化的服务，从而大大提高顾客的满意度，还可以减少库存甚至实现零库存，降低库存成本。传统汽车营销方式存在的诸多问题都可以通过电子商务予以解决，通过开展电子商务可以降低常规营运费用，大大提高企业内部信息资源共享利用率。因此，汽车营销体系电子商务将得到优先发展。

2. B2B电子商务应用势在必行

B2B电子商务的应用将给汽车产业链上企业（包括制造商、供应商、经销商、物流运营商等）在缩短需求响应时间、减少需求预测偏差、提高送货准确性和改善客户服务、降低存货水平、缩短订货提前期、节约交易成本、降低采购成本、促进供应商管理、减少生产周期、提高顾客满意度等方面带来全新的变化。如零部件供应商可以通过网络及时了解到整车制造商的零部件需求情况，及时准确地供货。

B2B电子商务可以迅速缩短产业供应链，并改善供应关系。世界汽车巨头纷纷拓展B2B电子商务，中国汽车企业也在追赶世界汽车业的步伐，在电子商务领域开始了积极探索，国内一些骨干企业已经宣布挺进电子商务领域。同时，第三方电子商务平台将发挥作用，这种行业B2B电子商务的发展，可使企业产生规模收益递增效应，整合行业上下游资源，将给整车制造商、零部件供应商乃至整个汽车行业带来深远的影响。可以说，B2B电子商务的应

用势在必行。从电子商务的应用方向来看，中国汽车行业电子商务应用将沿着以下趋势发展。

（1）企业资源的集成　　主要体现在企业内部数字化设计、制造与管理的互联互通；企业与供应商、经销商和服务商的信息集成和业务集成。目前，制造业发展正在从重点关注产品设计制造向产品全生命周期管理发展；从进行企业内部业务集成向跨地区、跨企业、跨国界的全球业务的集成发展。

（2）供应链的协同化　　协同是制造业在全球制造背景下发展的必然趋势，协同化使汽车企业在国际化协作和资源配置的环境中，实现产业的协同和企业间的协同，使企业能够优化配置全球制造资源。

（3）电子商务服务的专业化　　专业的第三方电子商务服务，汽车行业电子商务的一个重要发展方向，其应用对象涵盖整个汽车行业企业。以公共的第三方电子商务服务平台为基础，采用一对多的服务方式，提供汽车行业电子商务的应用服务，实现企业间的信息和业务集成，将彻底改变传统的商务应用和实施模式。中小企业及产业集群将广泛利用公共服务平台应用信息化技术，公共服务平台也将朝着由提供信息、资源服务转向提供专业技术服务的方向发展，以支持企业间业务过程协作和企业内核心业务为服务内容，从而提升行业的整体电子商务应用水平。

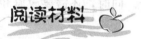

扬子汽车电子商务

扬子汽车是一家中国制造企业，它成功地建立了电子商务平台，并取得了构架后的商务营销成功。具体情况是，首先扬子汽车利用广泛的销售网络，以其搭建的电子商务平台为坚实基础。其次电子商务平台为扬子汽车厂和销售商提供了一个在线交易和交流的平台，大大节约销售成本，这个平台取代了一些原始的电话、传真手段，直接可以在网上进行贸易和交流（这就是B2B的具体应用）。第三，是B2C，也就是网上购物。客户可以通过扬子汽车网站中进行在线订购，现阶段来看运营良好，在开通不到两个月的时间里收到10个订单。这也说明，扬子汽车的B2C也是很有市场潜力的。扬子汽车电子商务平台实现了这些功能。

（1）前台购物顾客登记：顾客可以登记个人信息将其存入网上的数据库中，用于鉴别其身份，对符合条件的顾客给予适当的优惠。登记只需一次，在以后的购买过程中，系统会根据顾客的登记信息自动加以识别，方便顾客的购物。

（2）在线商品查询：商品查询包括模糊查询和分类查询，所有的查询条件可以自定义，由数据库自动生成。并可根据多种组合条件查询，顾客只要输入几个关键字就可以查询到感兴趣的商品信息。

（3）在线商品浏览：让顾客根据商品的价格、规格、产地、厂家、外观等特性进行选购。显示的商品记录由顾客输入或选择的查询条件生成，可以分页显示商品记录。

（4）用户登录：不同的代理商有不同的代理号码，同一个代理商也可以有不同的用户名和用户密码，对网站的浏览者进行很好的控制，没有权限的用户将无法浏览。

（5）信息发布：这是一个在线交流系统。可分为两部分：重要信息及共同信息，所有的代理商都能够看得到；代理商信息，不同的代理商看到的内容不同，具有针对性。

（6）财务查询：不同的代理商可以看到自己的财务账单。可以按时间、金额、月份等查询。

(7) 产品目录：所有的代理商都可以看到扬子汽车的产品概况，包括价格、外观、技术参数等信息。

(8) 提供强大的后台管理编辑功能。

(9) 提供购物车功能：所有以上的功能都是以现流行软件 ASP 加数据库（SQL SEVER）的形式开发。

五、促进中国汽车电子商务发展的建议

从中国目前电子商务发展的现状看，不单是汽车行业，其他行业都存在着各种资源难以充分共享，网络应用落后于网络技术的高速发展，传统企业难以适应信息技术的快速发展的问题。电子商务是推进经济发展和社会信息化的必然，是增强行业竞争力，实现生产力跨越发展的重要手段。因此，要推进汽车行业电子商务进程，需认真总结国内外电子商务运营经验，结合国情选择适合企业的电子商务模式。

1. 要实现电子商务的联合开发

中国汽车企业数量众多，企业自身缺乏全面开展电子商务的实力。通过联合开发，可以增强开发实力，实现资源、信息共享，降低开发成本，实施多赢战略。

2. 要实现电子商务与传统模式的结合

由于我国电子商务的发展与发达国家相比还存在较大差距，不可能迅速实现网上交易。因此，目前较为理想的操作模式应是电子商务与传统模式的有机结合。同时，还需要政府和行业组织在以下几个方面推动汽车产业电子商务建设。

(1) 加大宣传力度。

(2) 加强产业链间的合作，推动物流配送体系建设。

(3) 发挥行业协会作用，帮助企业加快电子商务建设。

(4) 加快电子商务立法工作。

(5) 设立完善的行业标准。

六、国家对电子商务发展的支持

为贯彻落实党的十六大提出的信息化发展战略和十六届三中全会关于加快发展电子商务的要求，国家各级各部门都制定了相关的政策和法律法规，《国务院办公厅关于加快电子商务发展的若干意见》（以下简称《意见》）作为其中的指导性文件，是我国电子商务发展政策的框架。《意见》不仅阐明了发展电子商务对我国国民经济和社会发展的重要作用，提出了加快电子商务发展的指导思想和基本原则，还提出了一系列促进电子商务发展的具体措施。

《意见》提出要推动电子商务法律法规建设。包括认真贯彻实施《中华人民共和国电子签名法》，抓紧研究电子交易、信用管理、安全认证、在线支付、税收、市场准入、隐私权保护、信息资源管理等方面的法律法规问题，尽快提出制定相关法律法规的意见；推动网络仲裁、网络公证等法律服务与保障体系建设；打击电子商务领域的非法经营以及危害国家安全、损害人民群众切身利益的违法犯罪活动，保障电子商务的正常秩序。根据《意见》的政策指导，国家各级相关部门也在研究推动电子商务应用的具体措施，这些政策、法规、支持措施的完善必将推动中国电子商务的发展，汽车行业作为中国信息化应用水平比较高的行业，也将必然走在中国电子商务发展的前列。

第二节　汽车网络营销

网络营销，说通俗点就是通过网络来宣传自己的企业，推广自己的产品或服务。在被称为"e时代"的今天，基于 Internet 的电子商务活动也越来越频繁地出现于生活中。企业在竞争中求生存，求发展，忽略网络这一重要营销渠道，失去的不仅仅是客观的客户群体，更可能还有新一轮经济整合中抢先一步的绝佳机会。

对汽车企业来说，如何抓住网络技术带来的这些机会，怎样通过虚拟的网络来有效传播自身，网络到底能提供哪些比传统媒体更经济的营销手段等已经成了目前企业面临的一些重要问题，也是关乎日后发展的关键。

网络营销的价值，首先就在于可以使从生产者到消费者的价值交换更便利、更充分、更有效率。它的独特之处，就在于利用网络强大的通信能力和电子商务系统，面对特殊的网上市场环境，与传统销售的对比见表10-1。这个特征已经深刻地影响了企业未来的生存方式。其实，网络营销的秘诀与传统营销一样：不过是怎样找到你的顾客，并成功地打动他们而已。这里关键的问题是，你能否找到那个最有效的手段。商场竞争如此激烈，所谓"得民心者得天下"，只有领先一步，才能克敌制胜，抢夺先机。

表10-1　网上销售与传统销售的对比分析

对比面	网　络　销　售	传　统　销　售
与消费者沟通	直接掌握顾客需要，可以跟踪访问客户在网站中的行为，判断他们真正想要的和他们愿意付钱购买的汽车型号等，提高服务质量；网络上的促销是一对一的、理性的、消费者主导的、非强迫性的、循序渐进式的，信息反馈迅速并可作追踪调查	间接的，需通过经销商等多个环节，与消费者的直接沟通只能通过每年的客户研讨会，信息反馈慢且难以追踪调查
客户来源	无地域界限，能把服务延伸至其销售网点尚未能覆盖的地方，扩大商机	受地域限制
营销渠道	借助互联网络将不同的传播营销活动进行统一设计规划和协调实施，以统一的传播资讯向消费者传达信息	在不同传播中的不一致性产生消极影响
异地资源的利用	协调公司在世界各地的分支机构进行设计和制造。分散在世界各地的工程师可以随时调出任何一种零件在计算机屏幕上观察、研究和修改，可进行远程管理和质量控制，及时调节生产	难以同时间与世界各地的分支机构进行商讨和协调；工程师在了解技术和产品的时候可能会花费比较大的资金在路费或传输费用上
时间特点	营运成本低，公司的产品或服务能每天24小时及时提供	服务的提供受时间的限制
销售成本	节省销售商大量储存空间和费用，降低销售成本，加快资金流动	对经销商，为应付消费者的不定期需求，有比较多的存货，增加成本；对汽车公司，与经销货联系，销售成本增多
销售方式	网络营销用户可以在网上根据自己的喜好直接选择订购产品、支付货款	产品发布会、现场展示厅和上门推销等形式，有时虽耗费大量的人力、物力和财力，但不一定能得到满意的效果

对于目前的汽车市场来说，网络应用在汽车销售中的作用可分为两方面：

一是对经销商而言，信息技术的广泛应用和电子商务的发展可以为汽车企业降低采购、营销成本，减少库存、拓展销售渠道、品牌宣传、提高服务效率提供可能，是汽车企业增强实力、融入经济全球化格局的必由之路。因此，利用网络不仅能展示产品，使产品具有"导购功能"，更主要的是达到宣传自己企业，获取相关信息，进行信息沟通和信息反馈的目的，如图10-1所示。

二是对消费者而言，他们中的大多数对汽车知识并不真正了解，因为汽车作为高档商品，消费者不可能仅凭感性认识就做出购车决定，他们必须通过网络这个窗口，了解汽车行情、市场变化情况及时尚车型、款式、配置及价格等，当然一般的消费者最后还会选择亲自

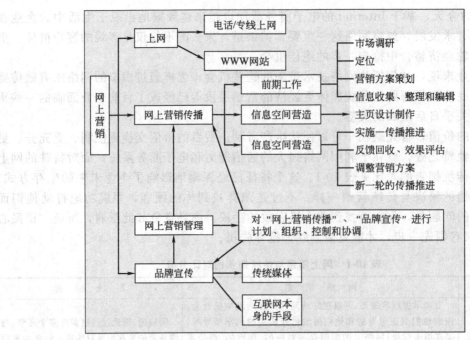

图 10-1 企业网络营销流程

到现场看车、验车、试车、讨价还价、办理相关购车手续。如果选择网上购车，流程如图 10-2 所示。

通常，Internet 上的电子商务配送过程可以分为三个方面：信息服务、交易和支付。主要交易类型有企业与个人的交易（B to C 方式）和企业之间的交易（B to B 方式）两种。参与电子商务的实体有四类：顾客（个人消费者或企业集团）、商户（包括销售商，经销商、储运商）、银行（包括发卡行、收单行）及认证中心。

当收到顾客提出订购时，利用网络找到货物的目的地，通过它就可以为其查询各种作业线路图、运输工具、运输设备、交货地、包装及运送时间等，提供各种方案给顾客选择，包括最省钱，最省时的方案，并对这些方案的费用作出估价（运送费用是除汽车价格外另计的）。顾客确定订购单和商户对订购单的应答和发货，要求在网络上填写一个表格，表格内容包括：

(1) Sender Information 顾客信息（详细的地址、电话和银行账户）；

(2) Reference 允许顾客添加一些反映在顾客发票上的资料；

(3) Recipient 顾客填写准确的送达地、交货期和收货人的详细信息；

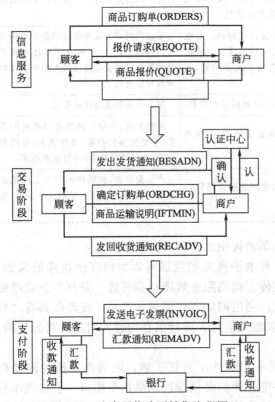

图 10-2 汽车网络购买销售流程图

(4) Require 顾客要求哪个作业线路，哪个运送方法；
(5) Services 商户的作业线路，运送方法；
(6) Delivery/Heading Instructions 要求商户注明运送和管理指令；
(7) Contract 双方对违约和索赔等合同条款加以确认；
(8) Information 要求顾客注明一些运送汽车单信息：规格、型号、总数量、价格等，并在商户发货时也填写一份加以确定；
(9) Transportation Charges 要求顾客填写运转费用；
(10) Sender Signature 要求发送人签名；
(11) Duties and Taxes 要求商户注明一些跨国界运输的汽车可能会被当地海关课以关税。

而在收到货物后的支付方式，商户则在提供个性化服务中，由顾客选择：电子信用卡与电子银行储蓄卡、电子货币、电子支票和电子现金或者传统的汇款方式。

在整个汽车交易过程中，一切就按部就班地进行。由于采用了先进的网络技术和计算机技术，整个公司的业务流程都是透明的；每一件客户订购的汽车流程作业信息都记录在公司的主机上，顾客可以通过发送邮件或在公司的网页上查询其订购的汽车现在到了哪里，有没有送到的实时信息。

尽管国外汽车业电子商务的经验可以借鉴，但在中国要顺利实现汽车业的电子商务还有很长的一段路要走，网站的功能和作用主要还是起企业介绍、产品导购、服务宣传、广告促销、信息传递、网络交易等作用。即使许多车迷上网，也仅仅是为了了解更多的汽车信息，避免购车盲目性。这主要有两方面原因。

首先是消费者的消费观念还比较传统。对于消费者而言，可能会花 300～500 元，甚至 1000 元钱去尝试网上购物。但购买汽车却不同，汽车是高档产品，价格不菲，因此，消费者不会轻易就把这么大笔钱交出去，但随着电子商务的快速发展，越来越多的消费者开始尝试网上购车，消费观念也开始逐步转变。

其次是网络交易的安全问题。在我国目前商业信誉度还较低的情况下，网络交易的安全问题受到很多人的质疑，但目前制约电子商务发展的支付系统在不断完善，银行卡、在线支付等已经在中国银行、招商银行等实现，但是从技术和方便易用性上讲，由于相对操作复杂，技术要求比较高，虽然存在一些弊端和漏洞，但却是无纸化交易的必然趋势。

与传统的销售方式相比，作为一个新生的营销方式，网络销售的安全问题备受关注，解决网络销售的安全问题是实现网络销售营销策略的关键之一。在近年来发表的多个安全电子交易协议或标准中，均采纳了一些常用的安全电子交易的方法和手段。以下是汽车公司采用的典型方法和手段。

1. 密码技术

采用密码技术对信息加密，是最常用的安全交易手段。在电子商务中获得广泛应用的加密技术有以下两种。

(1) 公共密钥和私用密钥（public key and private key） 这一加密方法亦称为 RSA 编码法，在加密应用时，某个用户总是将一个密钥公开，让需要发信的人员将信息用其公共密钥加密后发给该用户，而一旦信息加密后，只有用该用户一个人知道的私用密钥才能解密。具有数字凭证身份的人员的公共密钥可在网上查到，亦可在请对方发信息时主动将公共密钥传给对方，这样保证在 Internet 上传输信息的保密和安全。

(2) 数字摘要（digital digest） 这一加密方法亦称安全 Hash 编码法。该编码法采用单向 Hash 函数将需加密的明文"摘要"成一串 128bit 的密文，这一串密文亦称为数字指纹

(Finger Print)，它有固定的长度，且不同的明文摘要成密文，其结果总是不同的，而同样的明文其摘要必定一致。这样这串摘要便可成为验证明文是否是"真身"的"指纹"了。

上述两种方法可结合起来使用，数字签名就是上述两法结合使用的实例。

2．数字签名（digital signature）

数字签名并非用"手书签名"类型的图形标志，它采用了双重加密的方法来实现防伪、防赖，如图10-3所示。

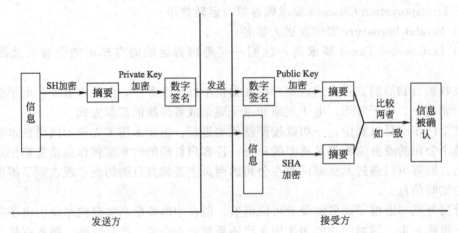

图10-3 数字签名的过程

数字签名与书面文件签名有相同之处，采用数字签名，也能确认以下两点：

（1）信息是由签名者发送的；

（2）信息自签发后到收到为止未曾作过任何修改。

这样数字签名就可用来防止电子信息因易被修改而有人作伪；或冒用别人名义发送信息；或发出（收到）信件后又加以否认等情况发生。

3．数字时间戳（digital time-stamp）

时间戳（time-stamp）是一个经加密后形成的凭证文档。交易文件中，时间是十分重要的信息。在书面合同中，文件签署的日期和签名一样均是十分重要的防止文件被伪造和篡改的关键性内容。在电子交易中，同样需对交易文件的日期和时间信息采取安全措施，而数字时间戳服务就能提供电子文件发表时间的安全保护。数字时间戳服务（DTS）是网上安全服务项目，由专门的机构提供，它是由认证单位DTS来加的，以DTS收到文件的时间为依据。因此，时间戳也可作为科学家的科学发明文献的时间认证。

4．数字凭证（digital certificate，digital ID）

数字凭证又称为数字证书，是用电子手段来证实一个用户的身份和对网络资源的访问的权限数字凭证可用于电子邮件、电子商务、群件、电子基金转移等各种用途。在网上的电子交易中，如双方出示了各自的数字凭证，并用它来进行交易操作，那么双方都可不必为对方身份的真伪担心。

数字凭证的内部格式是由CCITT X.509国际标准所规定的，它包含了以下几点：

① 凭证拥有者的姓名；

② 凭证拥有者的公共密钥；

③ 公共密钥的有效期；

④ 颁发数字凭证的单位；

⑤ 数字凭证的序列号（Serial number）。

在网上交易中应用的数字凭证主要有两种类型。

① 个人凭证（Personal Digital ID）：它仅仅为某一个用户提供凭证，以帮助其个人在网上进行安全交易操作。个人身份的数字凭证通常是安装在客户端的浏览器内的，并通过安全的电子邮件（S/MIME）来进行交易操作。

② 企业（服务器）凭证（Server ID）：它通常为网上的某个 Web 服务器提供凭证，拥有 Web 服务器的企业就可以用具有凭证的万维网站点（Web Site）来进行安全电子交易。有凭证的 Web 服务器会自动地将其与客户端 Web 浏览器通信的信息加密。

5. 认证中心（CA：Certification Authority）

在电子交易中，无论是数字时间戳服务（DTS）还是数字凭证（Digital ID）的发放，都不是靠交易的自己能完成的，而需要有一个具有权威性和公正性的第三方（third party）来完成。认证中心（CA）就是承担网上安全电子交易认证服务、能签发数字证书、并能确认用户身份的服务机构。认证中心通常是企业性的服务机构，主要任务是受理数字凭证的申请、签发及对数字凭证的管理。认证中心依据认证操作规定来实施服务操作。

上述五个方面是安全电子交易的常用手段，各种手段常常是结合在一起使用的，从而构成相对安全的电子交易体系。

尽管国内大部分的消费者购车前还只停留在先上网转一转、了解一些相关信息的地步，但这毕竟是汽车电子商务迈出重要的第一步。为此，要想真正实现汽车电子商务，汽车企业要在自身产品技术逐步成熟的基础上，不断完善网络技术与交易手段，为汽车消费者提供切实安全又方便的服务，展开多种服务方式的有益探索。中国汽车网络营销一定会有一个美好的未来。

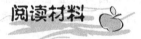

汽车企业网络营销成功案例分析

网络广告——福特

福特汽车公司生产的 F-150 敞篷小型载货卡车 20 多年来一直是全美机动车销售冠军。在 2003 年末，福特公司采取了新的广告策略，整个策略中，巨额的网络广告投入在福特历史上是第一次。此次广告用英语和西班牙语通过电视、广播、平面、户外广告及电子邮件进行广泛宣传。标准单元网络广告（平面、长方形、摩天楼）在与汽车相关的主要网站上出现。网络广告活动侧重在主要门户网站的高到达率及访问率的页面，包括主页和邮件部分。

最终调查显示，6％的车辆销售可以直接归功于网络广告（不包括点选广告），网络广告的投资收益率是其他非网络媒体的两倍以上。汽车有关网页上的网络广告在提升购买欲方面是最有效的。与电视广告相比，网络广告在印象成本上有很大价值，对销售量的提升意义重大。

企业网站直销——通用

通用在网站的设计上，充分利用了网站的分帧分层，即连续又间断的特点，将营销主题以渗透性的表现手法化解在各层各页上，具备十足的商业感召力。在首页设计上充分体现了"关系唯上，客户至尊"的营销主题，阐明了通用始终以顾客为中心的营销思想。

网站按公司和产品两大部分来组织内容，配以经销商的评价，或是公司管理层对企业方针的阐述。网站访问者不但可以查询到遍布世界的汽车经销商、零售商和各种型号汽车制造分厂的目录，还可以向访问者提供多渠道多选择的产品查询与购买方案规则，网上汽车导购成为站点不变的主题。同时，通用汽车公司希望自己新建立的 B2B 网站。另外，通用汽车公司还计划通过和主要的互联网企业结成联盟，使网站的访问流量比去年增加 10~15 倍。

新车网络推广销售——大众

2006 年，大众汽车在网上发布最新两款甲壳虫系列——亮黄和水蓝，2000 辆新车均在网上销售。公司花了数百万美金在电视和印刷媒体大做广告，推广活动的广告语为"只有 2000，只有在线"。这是大众汽车第一次在自己的网站上销售产品，推广活动从 5 月 4 日延续到 6 月 30 日。大众汽车 e-business 经理 Tesa Aragones 介绍，网站采用 Flash 技术来推广两款车型，建立虚拟的网上试用驾车。网上试用驾车使得网站流量迅速上升。Aragones 指出网站的每月平均流量为 100 万人。在推广的第一天，就有超过 8 万的访问量。在活动期间，每天独立用户平均为 47000，每个用户花费时间翻了个倍，达到 19min，每页平均浏览 1.25min。

网上试用驾车同时完成了主要目标——得到更多的注册用户。用户能够在网上建立名为"我的大众"的个人网页。Aragones 指出在推广期间，超过 9500 人建立了自己的网页。他们能够更多的了解自己需要的汽车性能，通过大众的销售系统检查汽车的库存情况，选择一个经销商，建立自己的买车计划，安排产品配送时间。

对于像大众汽车这种跨国企业来说，选择网上途径进行新车销售不仅强化了网站的作用，使得用户更加习惯使用他们的电子商务平台，为以后的电子化销售做铺垫；而且大大节省了产品销售的中间成本。

国内汽车企业网络营销案例——赛拉图网络推广活动

2005 年赛拉图上市时，在网络中出尽了风头。从上半年的"你的车，你命名"活动起，赛拉图系列活动就充分地利用了网络间良好的互动性这一特点，短期内在网络间整合了包括主流门户网站在内的各大媒体，进行互动有奖征名活动，不但引起了网友的关注，同时获取了大量的潜在用户信息。

在 6、7 月份，东风悦达起亚趁热打铁，及时地推出"赛拉图搜寻最风尚的你"及"赛拉图风尚之星慧眼奖"主题活动，整合了网络选秀、广告宣传、关注投票、甚至歌手助阵等精彩要素，利用多视角、多层次的活动参与互动方案。

第三节 汽车企业网站建设

古语有云：酒香不怕巷子深。但是在商品经济高度发达的今天，这句话已不合时宜了，应该说：酒香也怕巷子深。当今的社会，消费者面对的是琳琅满目、举不胜举的产品，以前那种相互转告的宣传方式已跟不上商品时代的发展。20 世纪末之前，传统传媒的广告是产品宣传的主要手段。随着网络时代的到来，互联网成为信息传播最快、最全面的途径。企业在互联网上传播自己的信息也成为必然的趋势，许多企业已成立起了自己的网站。

网站的建设需要考虑如下几点。

(1) 网站的设计方面，充分利用网站的分帧分层，既连续又间断的特点，将营销主题以渗透性的表现手法化解在各层各页上，具备十足的商业感召力。

(2) 在首页设计上注重视觉上的亲和力，突出汽车的优良性能及高速度的追求，阐明企业是始终以顾客为中心的营销思想。

(3) 网站内容按公司和产品两大部分来组织，配以经销商的评价。

(4) 在信息组织脉络上，分为产品介绍，企业介绍和汽车导购，更可以向访问者提供多渠道多选择的产品查询与购买方案规则。

由于互联网广告有互动性的特点，广告受众具有较大的主动权，可以根据自己的需求选择需要的信息，因此，要在互联网上成功的传播企业的信息，就要求企业尽力宣传自己的网址，吸引消费者浏览自己的网站。汽车企业网站需要做到如下几点。

一、自身大力宣传

（1）首先把自己的网址登陆到国内外各大搜索引擎。借助这些搜索引擎，可以把自己的网站告知全球各地的网络用户。这种宣传方式成本低，而影响范围却很大。其二，将网站与消费者手机进行捆绑。在现实或潜在的消费者不上网的时候，销售商也可以通过网络与客户的手机进行捆绑，利用手机时时向他们传达各种信息，包括汽车的保养与维护、选车的注意事项、近期本企业的购车优惠信息、汽车行业的最新动向等，以此来加深客户关系管理。其三，在专业网站的博客群中投放品牌广告，以赢得汽车热门发烧友的好感。专业网站的博客群里的汽车热门发烧友，通常也是企业的消费活跃人群，因为他们的主动性赋予了其企业信息传播的活跃人群的特征，而且他们往往也是汽车方面的民间的舆论领袖，也是最能影响其他消费者的。用此种方法抓住20%的黄金客，实现二八法则所规定的标准轻而易举。

（2）结合传统的媒介进行宣传。企业不仅可以通过互联网宣传自己的网站，同时不能忽视一般传播媒介的强大宣传作用。尤其是在网站成立的初期，企业可以通过新闻发布会、电视和报刊杂志广告进行宣传，还可以通过在车站、繁忙街道等人流量大的地方进行户外广告。

（3）与一些著名的网站建立友情链接。互联网上，除了搜索引擎是网民们经常使用的工具外，还有许多提供各种咨询的网站也拥有很高的访问人数，通过与这些拥有大访问量的网站建立友情链接，一方面可以增加自己网址的曝光率，提高知名度，另一方面，方便网民随时随地可以进入自己的网站。

（4）建立一个方便比较的一站式搜索，包括定向搜索和比价搜索。定向搜索是指一定的价格能买到哪些车以及这些车的性能差异；比价搜索，则可以展示同一品牌不同型号的差别，通过定向搜索和比价搜索便于消费者找到符合其标准的车，满足其分析比较的心理。

（5）增加消费者网上立即购车理由，减少供求双方的网下会谈。推出一个评估频道，内容涉及媒体评估、大众评估和专家评估，消费者可以从海量的信息中据此找到目标需求。另外，可以开辟企业销售新模式——在线实施交谈功能，在线向访客及时介绍产品的性能指标、使用方法和介绍新产品新服务来促进访客的购买激情，进而促成访客的购买行为。

二、提供个性化服务

互联网的出现、发展和普及本身就是对传统秩序型经济社会组织中个人的一种解放，使个性的张扬和创造力的发挥有了一个更加便利的平台。提供个性化的服务往往能调动消费者的兴趣，吸引消费者选择能体现自己个性的产品。

企业的网站应该为消费者提供信息和商品的个性化服务：

（1）信息的个性化服务　是指根据用户提出的明确要求提供信息服务，或通过对用户个性、使用习惯的分析而主动地向用户提供其可能需要的信息服务。其次，个性化信息服务也应该成为用户展现自我，宣传个性的一个窗口。通过提供个性化的信息服务可以帮助个体培养个性、发现个性，引导需求，为企业搜集消费者信息提供了很好的资料来源。

（2）产品的个性化　是指允许消费者将把个人的偏好参与到商品的设计和制造过程中去。现在的消费者已经不满足于被动的接受，他们要求产品能更多的体现自己的个性和品味，DIY（Do it yourself）这一新名词体现了这一种趋势。Dell公司是提供个性化产品并取得成功的案例。Dell 公司由成立初期就采用根据客户要求的规格、型号以及系统配置要求专门组装计算机的策略,这一服务大受消费者欢迎,很快,Dell 就从一个不起眼的小企业,发展成现在世界上最大的计算机生产厂家之一。

三、提供各种新服务

要提高网站的访问人数及把受众牢牢地抓住,网站还应提供更多的服务以提高回头率。这些新服务包括:免费电子邮箱、新闻股票信息、网上呼叫器、聊天室、重要日期事件提醒等。这些各种各样的服务,更多地与网站的访问人的日常生活、工作联系在一起,网站的访问人享受这些服务的同时,不知不觉地把网站当成了自己生活的一部分,其回头率也就自然提高了。未来的市场争夺战是"争夺眼球之战",谁的网站能将受众牢牢抓住,便会在竞争中占有优势,便是传统商业中的"市口好"的商家,将赢得供应商的青睐和消费者的宠爱。为了消除虚拟服务和跨地域服务带给消费者的疑虑,可采取退货保证制度和送货后付款制度。

四、建立企业内部网络

运用 Internet 的第一个层次是在公司建立企业内部网络（Intranet）。Intranet 网作为企业内部通讯网络,它是企业内部各部门通讯联系的工具,所有公司工作人员都能在 Intranet 中进行全球性的信息交流。对于 OEMS 来说,它内部的 Intranet 已扩展到汽车销售商和汽车销售工程师。早先需要邮寄或传真的材料,现在都可在 Intranet 上传递。例如存储在 CD-ROM 中的所有的维修技术说明和技术服务公告（TBS）都可以在网上传送。世界著名的汽车厂商和零部件厂商如 Delphi、GE 和 Siemens 都在运用其内部网络进行经营管理,协调各个部门之间的关系,提高企业的工作效率。福特汽车因特网策略的成功在于通过因特网协定（IP）所建构的企业内部网（Intranet）。福特 CIO 马沙赛尔表示,福特最珍贵的资产在于产品设计的模组、生产管理工具与策略性信息等知识产权,而这些信息均置于该公司的企业内部网上,其重要性更胜过公司的大型电脑设备,福特约八成的员工每日上公司的企业内部网。

五、完善信用体系、安全保证、售后服务,提高口碑

实现企业与银行在资金、安全、技术、信用等方面的广泛合作。汽车企业信用体系的建设,离不开对客户充分尊重的服务思想理念,那么就必须以顾客为中心,提高服务意识、加强售后服务。面对国外的汽车销售电子商务应用日渐成熟,我国汽车销售行业若能成功借鉴国外在这方面的经验,在观念、管理、售后等方面都有所提高,并很好结合企业本身在人才、资金、技术方面的实际优势,完善网络技术与交易手段,为汽车消费者提供切实的服务,开展多种服务方式的有益探索,那么我国的汽车销售电子商务的应用一定会有一个较好的发展前景。

复习与思考题

1. 什么是汽车电子商务?为何其重要性越来越突出?
2. 如何进行网络销售?网络购物需要注意哪些问题?
3. 网络交易的安全性如何得到保证?
4. 如何更好地运用企业自己的网站创造更多的机会?

第十一章 汽车售后服务

学习目标
1. 掌握汽车售后服务的核心流程。
2. 掌握客户投诉处理的基本流程。
3. 了解售后服务的作用与基本内容。
4. 了解汽车售后业务接待工作的基本内容。
5. 了解客户投诉处理的基本内容。

第一节 汽车售后服务概述

汽车营销服务总是伴随着顾客与汽车4S店或汽车经销商合作的过程中而产生的。在整个市场营销服务的过程中分为售前服务、售中服务和售后服务。汽车售前服务是通过营销人员把汽车产品的相关信息发送给目标顾客,包括汽车的技术指标、主要性能、配置和价位等;售中服务则是为顾客提供咨询、导购、订购、结算和汽车交接等服务;汽车售后服务是为顾客对汽车做调试、保养、维修等,排除技术故障,提供技术支持,寄发产品改进或升级信息以及获得顾客对汽车产品和服务的反馈信息。

汽车市场"售后服务"的出现,是市场竞争所致的必然结果。汽车产品在发展到一定程度上,制造技术已相差无几,也是汽车市场从产品转向服务的主要原因,售后服务往往也是汽车4S店或汽车经销商的主打战略王牌,现实中消费者也了解汽车售后服务中存在的诸多问题,这些在消费者购买汽车产品和接受汽车售后服务时产生了许多负面的影响。所以,只有将汽车产品的售后服务做好、做细的汽车4S店或汽车经销商才能感动顾客的心,提升顾客的满意度,进而赢得市场。汽车售后服务作用的重要性,汽车的售后服务在整个汽车营销过程中的特殊"使命",对汽车产品和服务走入市场化起着积极的过渡与推动作用,对繁荣汽车市场有着深远的意义。

一、售后服务的概念

售后服务,是指生产企业、经销商把产品(或服务)销售给消费者之后,为消费者提供的一系列服务,包括产品介绍、送货、安装、调试、维修、技术培训、上门服务等。

在市场激烈竞争的今天,随着消费者维权意识的提高和消费观念的变化,消费者在选购产品时,不仅注意到产品实体本身,在同类产品的质量和性能相似的情况下,更加重视产品的售后服务。因此,企业在提供物美价廉的产品的同时,向消费者提供完善的售后服务,已成为现代企业市场竞争的新焦点。中国海尔集团因售后服务做得好,销售因之业绩稳步上升。

售后服务的内容主要包括：
（1）为消费者安装、调试产品；
（2）根据消费者要求，进行有关使用等方面的技术指导；
（3）保证维修零配件的供应；
（4）负责维修服务；
（5）对产品实行"三包"，即包修、包换、包退（现在许多人认为产品售后服务就是"三包"，这是一种狭义的理解）；
（6）处理消费者来信来访，解答消费者的咨询。同时用各种方式征集消费者对产品质量的意见，并根据情况及时改进。

客观地讲，名牌产品的售后服务往往优于杂牌产品。名牌产品的价格普遍高于杂牌，一方面是基于产品成本和质量，同时也因为名牌产品的销售策略中已经考虑到了售后服务成本。

从服务体系而言，产品的售后服务，既有生产厂商直接提供的，也有经销商提供的，但更多的是以厂家、商家合作的方式展现给消费者的。

无论是消费者还是商家，都应该要遵守诚信的原则。

二、售后服务的作用

1. 汽车售后服务是买方市场条件下汽车 4S 店或汽车经销商参与市场竞争的尖锐武器

随着科学技术的飞速发展，几乎所有行业相继都出现了生产能力过剩的状况，从食品制造到日用消费品的生产，从通讯业到计算机网络行业，当然也包括汽车行业内的汽车 4S 店和汽车经销商。对于成熟的汽车产品，在功能与品质上极为接近，汽车品牌的竞争质量本身差异性越来越小，价格战已使许多汽车 4S 店和汽车经销商精疲力竭，款式、品牌、质量以及售后服务等各个方面的差异性成为汽车 4S 店和汽车经销商确立市场地位和赢得市场竞争优势的锐利武器。汽车售后服务的市场竞争不仅仅靠汽车的品牌、名牌，更需要优质的品牌售后服务作为保障。

2. 汽车售后服务是汽车 4S 店或汽车经销商保护汽车产品消费者权益的最后一道防线

汽车 4S 店或汽车经销商向消费者提供经济实用、优质、安全可靠的汽车产品和售后服务是维护其本身的生存和发展的前提条件。虽然科技的进步与发展使得汽车的相关产品以及保养、维修等售后服务的水准越来越高，但是，要做到万无一失目前尚无良策。由于消费者的使用不当或工作人员的疏忽，汽车电器不稳、刹车失灵等各种状况会经常发生的，越来越多的汽车 4S 店和汽车经销商，包括最优秀的企业也不能够保证永远不发生错误和引起顾客的投诉。因而，及时补救失误、改正错误，有效的处理客户的投诉等售后服务措施成了保证汽车消费者权益的最有效途径。因此，可以说，汽车售后服务是保护汽车消费者权益与利益的最后防线，是解决汽车 4S 店或汽车经销商的错误和处理顾客投诉的重要有效补救措施。

3. 汽车售后服务是保持汽车 4S 店和汽车经销商的顾客满意度与忠诚度的有效举措

汽车产品的消费者对汽车产品和服务的利益追求包括功能性和非功能性两个方面。前者更多体现了消费者在物质和服务质量方面的需要，后者则更多地体现在精神、情感等心理方面的需要，如宽松、优雅的环境，和谐完善的服务过程，及时周到的服务效果等。随着社会经济的发展和消费者自身收入水平的提高，顾客对非功能性的利益越来越重视，在很多情况下甚至超越了对功能性利益的关注。在现代的社会以及市场经济环境的状况下，企业要想长期盈利，走向强盛，就要赢得长期合作的顾客，保持顾客忠诚度，提高顾客满意度。汽车 4S 店或汽车经销商在实施这一举措的过程中，使顾客满意的售后服务是企业长期发展，最终走向成熟的有效措施之一。

4. 汽车售后服务是汽车 4S 店或汽车经销商摆脱价格战的一剂良方

我国汽车 4S 店或汽车经销商高速成长期已经结束，汽车产品市场总需求较为稳定，竞争格局已进入白热化的状态。不少汽车 4S 店或汽车经销商为了求得市场份额的增长，不惜一切代价，连续开展价格大战，不少汽车品牌价格一再大幅度下降，开展各种促销活动，变相下调价格，使得汽车行业平均利润率持续下滑，汽车 4S 店或汽车经销商增长后劲严重不足。如果要彻底摆脱这一不利的局面，导入服务战略尤为重要，汽车 4S 店或汽车经销商可以综合运用各种方法和手段，通过差异化的服务来提高产品和服务的质量。

5. 汽车售后服务是汽车技术进步和科技发展的必然要求

随着汽车技术的进步和科学技术的飞速发展，汽车产品已走入家庭，并且作为一种代步工具，逐渐平民化。面对汽车这样的高科技产品，"坏了怎么办？"，"我如何去使用它？"等一系列问题总是困扰着客户，这在客观上就要求汽车 4S 店或汽车经销商为消费者提供更多的服务支持而不仅仅局限于售后服务。比如，建议改售后服务为售前培训、科普引导等。汽车产品不仅仅是单纯的整车产品，也还包括配件、保养、维修等售后服务，而且还包括附加的服务，如产品的使用说明书，提供维修站的地址与联系方式等，以及收集客户的回访信息，为改进产品和服务提供借鉴，从而也为汽车的技术进步和提供优质的服务奠定了坚实的基础，由此形成了"系统销售"的概念。

三、汽车售后服务工作的内容

1. 建立售后服务网络

由于汽车产品使用的普及性、销售的广泛性以及产品技术的复杂性，单凭汽车厂商自身的力量，是不可能做好售后服务的，必须建立一个覆盖面广，服务功能完善的售后服务网络，才能快捷、高效地满足用户的要求，实现全方位服务。

因此，国外各大汽车公司，都在社会上组织一个十分庞大的服务网，遍布主要汽车市场的城市和乡村，这个网络代表生产厂家完成为用户的全部技术服务工作。

例如，法国雷诺集团在欧洲有一级销售网点约 2500 个，二级网点约 1.5 万个。雷诺轿车公司在法国约有 8000 个售后服务点，4 万多名雇员，在国外约有 1 万多个销售及服务网点，5 万名雇员。

2. 建立客户档案，进行跟踪服务

(1) 建立客户档案　建立客户档案直接关系到售后服务的正确组织和实施。客户的档案管理是对客户的有关材料以及其他技术资料加以收集整理、鉴定、保管和对变动情况进行记载的一项专门工作。

档案管理必须做到以下几点：

① 档案内容必须完整、准确；

② 档案内容的增减变动必须及时；

③ 档案的查阅、改动必须遵循有关规章制度；

④ 要确保某些档案及资料的保密性。

客户档案的主要内容：

客户名称、地址、邮政编码、联系电话、法定代表人姓名、注册资金、生产经营范围、经营状况、信用状况、与我方建立关系年月、往来银行、历年交易记录、联系记录等。

(2) 保持与客户的联络、维持客户关系　建立客户档案的目的在于及时与客户联系，请客户谈谈他们的要求，并对客户的要求做出答复。经常查阅一下最近的客户档案，了解用户的汽车和配件使用情况，存在什么问题。与客户进行联络应遵循以下准则：

① 请客户谈他的要求；

② 专心听取客户的要求并做出答复；
③ 多提问题，确保完全理解；
④ 总结客户要求。

3. 满足用户的备件供应

按备件的使用性质，通常把备件分成以下几类。

(1) 消耗件　汽车运行中，一些零件会自然老化而失效，必须定期更换，如各种皮带、胶管、密封垫、电器件、滤芯、轮胎、蓄电池等。

(2) 易损件　汽车运行中，一些零件会因磨损而失效，需要随时更换，如轴瓦、活塞、缸套、气阀、制动鼓、离合器摩擦片等。

(3) 维修件　汽车在一定的运行周期后，必须更换的零件，如各种轴、齿类零件等。

(4) 基础件　指的是构成汽车的一些总成零件，原则上它们应该是全寿命零件，但可能因为使用环境的特别而先期损坏，需要进行更换或维修，如曲轴、缸体、桥壳、变速器壳等。

(5) 肇事件　汽车因交通事故而损坏的零件，如传动轴、水箱、车门、前梁等。

4. 汽车产品的质量保证

(1) 质量保证的工作内容

① 受理用户的索赔要求，并向企业反馈用户质量信息；
② 汽车召回。所谓召回制度，就是已经将已经投放市场的汽车，发现由于设计或制造方面的原因，存在缺陷或可能导致安全、环保问题，厂家及时向国家有关部门提出申请并召回。一些企业为了树立和维护自己的形象，对于因质量缺陷而导致的质量隐患会积极主动地提出召回。

(2) 质量保证的工作要点

①"准确"，即对用户反映的情况，必须先经过核实，然后再做出处理，也只有在此基础上，才能向企业反馈可靠的质量信息，以利于企业对产品的设计或生产进行迅速改进；
②"快速"，这样可以尽量地缩短用户等待的时间，使用户的损失降低到最小，也使用户不快的心理得以缓和，增强对企业和产品的好感；
③"宽厚"，如果是产品质量缺陷，生产企业有责任帮助用户恢复产品的技术功能，使用户免于承担损失，同时也维护了企业和产品的信誉。

(3) 公司产品质量担保的内容

① 质量担保期限。从领取行车证之日起算，为期××月（或××公里）；
② 排除车辆出现故障。所发生的一切费用，均由特约维修站向××汽车公司结算；
③ 对售出的汽车及配件进行质量担保；
④ 如果出现的故障在非特约维修站修理过，××汽车公司将不承担质量担保。

(4) 客户质量索赔及处理

索赔员工作职责：

① 对待用户热情、礼貌；
② 对每一辆属于质量保修范围的故障车辆进行检查，并做出质量鉴定；
③ 严格按质量保修条例为用户办理质量保修申请；
④ 严格按有关规定填报技术信息，质量保修有关报表、报告，并按要求提供索赔旧件；
⑤ 主动搜集并反馈有关车辆使用的质量、技术信息；
⑥ 积极向用户宣传质量保修政策，为用户提供使用、技术方面的咨询服务。

受理用户的赔偿应遵照质量保修工作管理条例并按质量保修工作程序开展每一步的

工作。

(5) 质量保修工作流程
① 用户至特约维修站报修；
② 业务接待员听取用户的反映及报修内容；
③ 业务接待员对车辆进行初步检查，根据故障情况及用户反映的情况，分为普通报修车及申请索赔车；
④ 申请索赔车辆交由索赔员检查鉴定；
⑤ 确属索赔范围车辆由索赔员登记有关车辆数据；
⑥ 维修工作结束后，及时在索赔件上挂上标签；
⑦ 用户凭修理订单领取车辆，所有属于质量保修范围的修理均可得到免费；
⑧ 每天工作结束后，由索赔员根据当天的修理情况，填写好故障报告，并将带有标签的索赔件放入索赔件仓库；
⑨ 定期向售后服务部门寄发"故障报告单"；
⑩ 定期完成索赔申请单，寄往售后服务总部；
⑪ 所有的索赔件保持原样，按有关规定处理；
⑫ 根据计算机清单，定期向总部结算索赔费用。

(6) 收集产品使用质量信息　故障报告是获得使用质量信息的最重要来源，能准确地反映情况，并且信息反馈速度快。通过维修站获取质量反馈信息是最为简便快捷的方法。这些反馈信息通过分析和总结，将有助于供货厂家对产品设计做出更改或是在售后服务领域内采用新的故障解决办法。所有的质量问题均应要求填写故障报告，并按规定时间与供货厂家联系。

5. 塑造企业形象

售后服务部门是企业的一个窗口，是企业形象的直接体现。在与用户交往上，应该选用有深厚技术功底和良好人际交往能力的人做业务接待。售后服务虽然属于服务性的工作，但它与普通意义上的"服务"不同，因为，它有很高的技术含量。如果一个业务接待员不具备技术知识，就很难赢得用户的信任，也直接影响了客户对企业的信任，而这一点对企业是至关重要的。另外还要加强其他售后服务工作人员的教育管理和业务培训，使他们从心理上真正地把顾客作为上帝，为他们提供及时、快捷、周到、热情的服务，在顾客心中树立一个良好的企业形象。

第二节　汽车售后服务的流程

一、汽车售后服务核心流程

汽车售后服务的核心流程如图 11-1 所示。

1. 预约

有效的预约系统能使客户容易在其方便的时候获得服务，也可最大限度地减少客户在接受服务时等待的时间。预约可以避开峰值时间，以便使服务接待有更多的时间与客户接触。预约可以消除客户的疑虑，让他了解将会受到怎样的接待。

(1) 预约的形式　预约主要通过电话预约完成。分经销商主动预约和用户主动预约两种形式。
① 经销商主动预约：根据提醒服务系统及用户档案，经销商主动预约用户进行维修

图 11-1 汽车售后服务核心流程

保养；

② 用户主动预约：引导用户主动与经销商预约。

(2) 如何引导用户做预约 常见的引导用户预约的方法有以下几种：

① 预约窗口；

② 欢迎板；

③ 预约在维修低峰时间享受工时折扣及其他优惠政策；

④ 宣传（资料）；

⑤ 接车及交车时向用户介绍（与用户接触的任何人、任何时间）；

⑥ 电话回访及销车时介绍预约；

⑦ 优惠预约卡；

⑧ 小礼物。

(3) 预约的注意事项

① 一定注意兑现对预约用户的所有承诺，否则将影响以后预约工作的开展；

② 从保养用户及提醒服务开始开展主动预约工作；

③ 提前一小时与用户电话确定用户是否能如约维修，如果用户不能来，马上取消这次预约（工位、人员等），可重新预约，超过预约时间 30 分钟可以取消预约；

④ 如果因服务站原因不能执行预约，提前通知用户说明原因，表示道歉，重新预约；

⑤ 为提高维修服务的计划性，要对预约服务的比例及预约服务的执行情况进行分析，查找原因，不断改进。

2. 准备工作

做好准备工作可以调整维修人员的工作状态，协调车间能力使用、分配等问题，准备工作主要包括以下内容。

(1) 草拟工作订单，包括目前为止已了解的内容，可以节约接车时间；

(2) 检查是否是重复维修，如果是，在订单上做记录以便特别关注；

(3) 查阅用户车辆资料，检查上次维修时发现但没纠正的问题，记录在本次订单上，以便再次提醒用户；

(4) 估计是否需要进一步工作；

(5) 提前通知有关人员（车间、备件、接待）做准备；

(6) 提前一天检查各方能力的准备情况（技师、备件、专用工具、技术资料）；

(7) 根据维修项目的难易程度合理安排人员；

(8) 如准备工作出现问题，预约不能如期进行，尽快告诉用户；

(9) 重新预约；

(10) 车间使用工作任务分配板，如图 11-2 所示；

(11) 定好技术方案；

(12) 如果是外出服务预约，还要做相应的其他准备。

3. 接车、制单

在客户来访的最初时刻，最重要的是使他放心，服务接待在客户到来时应报以微笑，以缓解客户的不安情绪，这能让服务接待更容易和客户进行交流并理解其要求。

接车、制单工作包括以下内容：

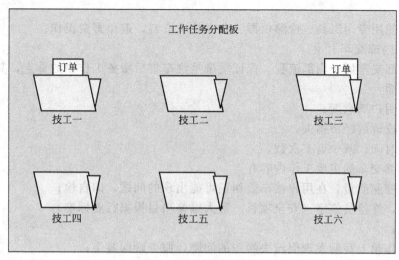

图 11-2　工作任务分配板

（1）识别用户需求（用户细分）；
（2）遵守预约的接车时间（用户无需等待）；
（3）预约好的服务顾问要在场；
（4）告诉用户自己是谁（自我介绍）；
（5）耐心倾听用户陈述；
（6）接车时间要充足（足够的时间关照用户）；
（7）当着用户的面使用保护罩；
（8）全面彻底的维修检查；
（9）如必要与用户共同试车或利用举升架检查；
（10）总结用户需求，与用户共同核实车辆、用户信息，将所有故障、修理项目、用户意见（修或不修）写在任务单上，用户在任务单上签字；
（11）提供详细价格信息；
（12）要保护自己，有些费用只有在零部件或总成拆开后才能确定，可以作出声明："…变速箱修理费用不包括在此报价中，只有在变速箱拆卸之后才能确定"；
（13）签协议（车辆外观、车内物品）或此内容包括在任务单上；
（14）确定交车时间（交车时间避开收银台前的拥挤时间）；
（15）足够的停车位，停车区域标识明显；
（16）向用户承诺工作质量，做质量担保说明和超值服务项目说明；
（17）安排用户休息。

4．进行维修工作

维修工作属于内部流程。进行维修工作时需注意以下几点：
（1）爱护车辆；
（2）遵守接车时的安排；
（3）车间分配维修任务，全面完成订单上的内容；
（4）保证修车时间，如果特殊情况需延期，提前通知用户；
（5）订单外维修需争得用户签字同意；
（6）推荐维修项目应写在任务单上（绝对需要修理的项目如果用户不同意修理必须在任

务单上备注）；

(7) 正确使用专用工具、检测仪器、参考技术资料，避免野蛮操作。

5. 质检、内部交车

质检、内部交车属于内部流程。保证质量是汽车售后服务工作中的重点，其重要性体现在以下几个方面：

(1) 提高用户满意度；

(2) 避免投诉的经济损失；

(3) 节约时间，减少返工次数。

质检、内部交车的主要工作内容有：

(1) 随时控制质量，在用户接车前纠正可能出现的问题，即自检；

(2) 终检，终检员签字（安全项目、重大维修项目根据行业标准）；

(3) 路试；

(4) 在工作单上写明发现但没去纠正的问题，服务顾问签字；

(5) 清洁车辆；

(6) 停车并记录停车位；

(7) 准备服务包（特色服务介绍等宣传品、资料、礼品、用户意见调查卡等）；

(8) 向服务顾问大致说明维修过程及问题。

6. 交车

为了确保和客户的长期关系，服务人员应在交车步骤中紧密合作，确保交车所需的全部信息与文件完全准备好，客户车辆的车况良好，以及客户对交车经历和他在服务流程中所获得的接待感到完全满意。交车环节包括以下内容：

(1) 检查结算单；

(2) 准时交车；

(3) 指示用户看所做的维修工作；

(4) 告知某些备件的剩余使用寿命（制动、轮胎）；

(5) 向用户讲解必要的维修保养常识，宣传经销商的特色服务；

(6) 向用户宣传预约的好处；

(7) 告别用户。

7. 跟踪

跟踪的目的在于客户关系的持续发展。客户关系发展是否顺利，对于经销商的稳健经营至关重要，这关系到客户是否愿意回来寻求以后的维修服务和购买零部件，以及是否愿意介绍新客户。跟踪可保证双方关系的发展，同时服务部门也能借此确认一些难以发现的客户服务问题。只要经销商反应快速又可以信赖，即使客户有某些抱怨或担忧，双方关系的持续发展仍是有保证的。

(1) 电话跟踪服务的好处　电话跟踪服务是目前很多企业采用的一种方法，其好处有：

① 最有效的销售手段之一；

② 征求满意程度、表达感谢、转达关心；

③ 得到忠实用户，提高了自身形象；

④ 对不满意情况沟通及时，消除分歧，避免用户将不满意告诉别人或不再惠顾；

⑤ 对于有些经销商未意识到但对于用户非常重要的不足引起重视。

(2) 电话跟踪服务需注意的问题

① 打电话时为避免用户觉得他的车辆有问题，建议使用标准语言及标准语言顺序，语

音要自然、友善；

② 不要讲话太快，一方面给没有准备的用户时间和机会回忆细节，另一方面避免用户觉得你很忙；

③ 不要打断用户，记下用户的评语（批评、表扬）；

④ 维修一周之内打电话询问用户是否满意；

⑤ 打回访电话的人要懂基本维修常识、懂沟通及语言技巧；

⑥ 打电话时间要回避用户休息时间、会议高峰、活动高峰（上午：9:00-11:00，下午4:00-6:30）；

⑦ 如果用户有抱怨，不要找借口搪塞，告诉用户你已记下他的意见，并让用户相信如果他愿意，有关人员会与他联系并解决问题，有关人员要立即处理，尽快回复用户。

二、汽车售后业务接待工作

汽车售后业务接待工作是汽车售后业务工作的一个重要组成部分，它包括业务接待工作程序，内容解说，工作内容与要求（即工作内容规定）。

1. 业务接待工作程序

业务接待工作从内容上分为两个部分：迎接客户送修程序与恭送客户离厂程序。工作程序具体内容如下：

(1) 业务厅接待前来公司送修的客户。

(2) 受理业务：询问客户来意与要求、技术诊断、报价，决定是否进厂或预约维修或诊断报价、送客户离厂。

(3) 将接修车清洗送入车间，办理交车手续。

(4) 维修期间，维修增项意见征询与处理：征询客户意见、与车间交换工作意见。

(5) 将竣工车从车间接出：检查车辆外观技术状况及有关随车物品。

(6) 通知客户接车，准备客户接车资料。

(7) 业务厅接待前来公司取车的客户，引导客户视检竣工车，汇报情况，办理结算手续、恭送客户离厂。

(8) 对客户跟踪服务。

2. 业务接待工作内容

(1) 业务厅接待前来公司送修或咨询业务的客户

工作内容：

① 见到客户驾车驶进公司大门，立即起身，带上工作用具（笔与接修单），走到客户车辆驾驶室边门一侧向客户致意（微笑点头），当客户走出车门或放下车窗后，应先主动向客户问好，表示欢迎（一般讲"欢迎光临！"），同时作简短自我介绍；

② 如客户车辆未停在本公司规定的接待车位，应礼貌引导客户把车停放到位。

③ 简短问明来意，如属简单咨询，可当场答复，然后礼貌地送客户出门并致意（一般讲"请走好"、"欢迎再来"），如属需诊断、报价或进厂维修的，应征得客户同意后进接待厅从容商洽，或让客户先到接待厅休息，工作人员检测诊断后，再与客户商洽。情况简单的或客户要求当场填写维修单或预约单的，应按客户要求办理手续。

④ 如属新客户、应主动向其简单介绍公司维修服务的内容和程序。

⑤ 如属维修预约、应尽快问明情况与要求，填写"维修单预约单"，并呈交客户，同时礼貌告之客户：请记住预约时间。

工作要求：接待人员要文明礼貌，仪表大方整洁、主动热情，要让客户有"宾至如归"的第一印象。客户在客厅坐下等候时，应主动倒茶，并示意"请用茶"，以表示待客礼貌。

(2) 业务答询与诊断

工作内容：

① 在客户提出维修养护方面诉求时，接待人员应细心专注聆听，然后以专业人员的态度通俗的语言回答客户的问题；

② 在客户车辆需作技术诊断才能作维修决定时，应先征得客户同意，然后开始技术诊断；

③ 接待人员对技术问题有疑难时，应立即通知技术部专职技术员迅速到接待车位予以协助，以尽快完成技术诊断；

④ 技术诊断完成后应立即打印或填写诊断书，应明确车辆故障或问题所在然后把诊断情况和维修建议告诉客户，同时，把检测诊断单呈交客户，让客户进一步了解自己的车况。

工作要求：在这一环节，接待人员要态度认真细致，善于倾听，善于专业引导，在检测诊断时，动作要熟练，诊断要明确，要显示公司技术上的优越性、权威性。

(3) 业务洽谈

工作内容：

① 与客户商定或提出维修项目，确定维修内容，收费定价、交车时间，确定客户有无其他要求，将以上内容一一填入"进厂维修单"、请客户过目并决定是否进厂；

② 客户审阅"进厂维修单"后，同意进厂维修的，应礼貌地请其在客户签字栏签字确认；如不同意或预约进厂维修的，接待人员应主动告诉并引导客户到收银处办理出厂手续——领"出厂通知单"，如有诊断或估价的，还应通知客户交纳诊断费或估价费；办完手续后应礼貌送客户出厂，并致意"请走好，欢迎再来"。

工作要求：与客户洽谈时，要诚恳、自信、为客户着想，不卑不亢、宽容、灵活、要坚持"顾客总是对的"的观念。对不在厂维修的客户，不能表示不满，要保持一贯的友好态度。

(4) 业务洽谈中的维修估价

工作内容：

① 与客户确定维修估价时，一般采用"系统估价"即按排除故障所涉及的系统进行维修收费；

② 对一时难以找准故障所涉及系统的，也可以采用"现象估价"，即按排除故障现象为目标进行维修收费，这种方式风险大，定价时应考虑风险价值；

③ 针对维修内容技术含量不高，或市场有相应行价的或客户指定维修的，可以用"项目定价"，即按实际维修工作量收费，这种方式有时并不能保证质量，应事先向客户作必要的说明；

④ 维修估价洽谈中，应明确维修配件是由我方还是由客方供应，用正厂件还是副厂件；

⑤ 向客户说明：凡客户自购配件，或坚持要求关键部位用副厂件的，应表示在技术质量不作担保，并在"进厂维修单"上说明。

工作要求：这一环节中，业务接待人应以专业人员的姿态与客户洽谈，语气要沉稳平和，灵活选用不同方式的估价，要让客户对公司有信任感。应尽可能说明本公司价格合理性。

(5) 业务洽谈中维修质量的承诺与交车时间

工作内容：

① 业务洽谈中，要向客户明确承诺质量保证，应向客户介绍公司承诺质量保证的具体规定；

② 要在掌握公司现时生产情况下承诺交车时间，并留有一定的余地，特别要考虑汽车配件供应的情况。

工作要求：要有信心，同时要严肃，特别要注意公司的实际生产能力，不可有失信于用户的心态与行为。

(6) 办理交车手续

工作内容：

① 客户在签订维修合同（即维修单）后，接待人员应尽快与客户办理交车手续；接收客户随车证件（特别是二保、年审车）并审验其证件有效性、完整性、完好性，如有差异应当时与客户说明，并作相应处理，请客户签字确认差异；

② 接收送修车时，应对所接车的外观、内饰表层、仪表座椅等作一次视检，以确认有无异常，如有异常，应在"进厂维修单"上注明。对随车的工具和物品应清点登记，并请客户在"随车物品清单"上签字，同时把工具与物品装入为该车用户专门提供的存物箱内；

③ 接车时，对车钥匙（总开关钥匙）要登记、编号并放在统一规定的车钥匙柜内。对当时油表、里程表标示的数字登记入表。如及时送车于车间修理的，车交入车间时，车间接车人要办理接车签字手续。

工作要求：视检、查点、登记要仔细，不可忘记礼貌地请客户在进厂维修单上签名。

(7) 礼貌送客户

工作内容：客户办完一切送修手续后，接待员应礼貌告知客户手续全部办完，礼貌暗示可以离去。如客户离去，接待员应起身致意送客，或送客户至业务厅门口，致意："请走好，恕不远送"。

工作要求：热情主动、亲切友好、注意不可虎头蛇尾。

(8) 为送修车办理进车间手续

工作内容：客户离去后，迅速清理"进厂维修单"（这时通过电脑，一些车辆统计报表也同时登记），如属单组作业的，直接由业务部填列承修作业组；如属多组作业的，应将"进厂维修单"交车间主管处理。由业务接待员通知清洗车辆，然后将送修车送入车间，交车间主管或调度，并同时交随车的"进厂维修单"，并请接车人在"进厂维修单"指定栏签名、并写明接车时间，时间要精确到十分钟。

工作要求：认真对待、不可忽视工作细节，更不可省略应办手续。洗车工作人员洗完车后，应立即将该车交业务员处理。

(9) 追加维修项目处理

工作内容：业务部接到车间关于追加维修项目的信息后，应立即与客户进行电话联系，征求对方对增项维修的意见。同时，应告之客户由增项引起的工期延期。得到客户明确答复后，立即转达到车间。如客户不同意追加维修项目，业务接待员即可口头通知车间并记录通知时间和车间受话人；如同意追加，即开具"进厂维修单"填列追加维修项目内容，立即交车间主管或调度，并记录交单时间。

工作要求：咨询客户时，要礼貌，说明追加项目时，要从技术上作好解释工作，事关安全时要特别强调利害关系；要冷静对待此时客户的抱怨，不可强求客户，应当尊重客户选择。

(10) 查询工作进度

工作内容：业务部根据生产进展定时向车间询问维修任务完成情况，询问时间一般定在维修预计工期进行到70%～80%的时候。询问完工时间、维修有无异常。如有异常应立即采取应急措施，尽可能不拖延工期。

工作要求：要准时询问，以免影响准时交车。

(11) 通知客户接车

工作内容：作好相应交车准备：车间交出竣工验收车辆后，业务人员要对车做最后一次清理；清洗、清理车厢内部，查看外观是否正常，清点随车工作和物品，并放入车上。结算员应将该车全部单据汇总核算，此前要通知、收缴车间与配件部门的有关单据。通知客户接车：一切准备工作之后，即提前一小时（工期在两天之内），或提前四小时（工期在两天以上包括两天）通知客户准时来接车，并致意："谢谢合作！"；如不能按期交车，也要按上述时间或更早些时间通知客户，说明延误原因，争取客户谅解，并表示道歉。

工作要求：通知前，交车准备要认真；向客户致意、道歉要真诚，不得遗漏。

(12) 对取车客户的接待

工作内容：

① 主动起身迎候取车的客户，简要介绍客户车辆维修情况，指示或引领客户办理结算手续；

② 结算：客户来到结算台时，结算员应主动礼貌向客户打招呼，示意台前座位落坐，以示尊重；同时迅速拿出结算单呈交客户；当客户同意办理结算手续时，应迅速办理，当客户要求打折或其他要求时，结算员可引领客户找业务主管处理；

③ 结算完毕，应即刻开具该车的"出厂通知单"，连同该车的维修单，结算单，质量保证书，随车证件和车钥匙一并交给客户手中，然后由业务员引领客户到车场作随车工具与物品的清点和外形视检，如无异议，则请客户在"进厂维修单"上签名；

④ 客户办完接车手续，接待员送客户出厂，并致意思："某某先生（小姐）请走好。""祝一路平安！欢迎下次光临！"。

工作要求：整个结算交车过程、动作、用语要简练，不让客户觉得拖拉繁琐。清点、交车后客户接收签名不可遗漏。送客要至诚。

(13) 客户档案的管理

工作内容：客户进厂后业务接待人员当日要为其建立业务档案，一般情况，一车一档案袋。档案内容有客户有关资料、客户车辆有关资料、维修项目、修理保养情况、结算情况、投诉情况，一般以该车"进厂维修单"内容为主。老客户的档案资料表填好后，仍存入原档案袋。

工作要求：建立档案要细心，不可遗失档案规定的资料，不可随意乱放，应放置在规定的车辆档案柜内，由专人保管。

(14) 客户的咨询解答与投诉处理

工作内容：客户电话或来业务厅咨询有关维修业务问题，业务接待人员必须先听后答，听要细心，不可随意打断客户；回答要明确、简明、耐心。答询中要善于正确引导客户对维修的认识、引导对公司实力和服务的认识与信任；并留意记下客户的工作地址、单位、联系电话，以利今后联系。客户投诉无论电话或上门，业务接待员都要热情礼貌接待；认真倾听客户意见，并做好登记、记录。倾听完意见后，接待员应立即给予答复。如不能立即处理的，应先向客户致意：表示歉意并明确表示下次答复时间。处理投诉时，不能凭主观臆断，不能与客户辩驳争吵，要冷静而合乎情理。投诉对话结束时，要致意："某某先生（女士），感谢您的信任，一定给您满意答复。"。

工作要求：受理投诉人员要有公司大局观，要有"客户第一"的观念，投诉处理要善终，不可轻慢客户。客户对我方答复是否满意要作记录。

(15) 跟踪服务

工作内容：根据档案资料，业务人员定期向客户进行电话跟踪服务。跟踪服务的第一次时间一般选定在客户车辆出厂二天至一周之内。跟踪服务内容有：询问客户车辆使用情况，对公司服务的评价，告之对方有关驾驶与保养的知识，或针对性地提出合理使用的建议，提醒下次保养时间，欢迎保持联系，介绍公司新近服务的新内容、新设备、新技术，告之公司免费优惠客户的服务活动。做好跟踪服务的纪录和统计。通话结束前，要致意："非常感谢合作！"

工作要求：跟踪电话时，要文明礼貌，尊重客户，在客户方便时与之通话，不可强求；跟踪电话要有一定准备，要有针对性，不能漫无主题，用语要简明扼要，语调应亲切自然。要善于在交谈中了解相关市场信息，发现潜在维修服务消费需求。并及时向业务主管汇报。

(16) 预约维修服务

工作内容：受理客户提出预约维修请求，或根据生产情况向客户建议预约维修，经客户同意后，办理预约手续。业务员要根据客户与公司达成意见，填定预约单，并请客户签名确认。预约时间要写明确，需要准备价值较高的配件量，就请示客户预交定金（按规定不少于原价的1/2）。预约决定后，要填写"预约统计表"；要于当日内通知车间主管，以利到时留出工位。预约时间临近时，应提前半天或一天，通知客户预约时间，以免遗忘。

(17) 业务统计报表填制、报送

工作内容：周、月维修车的数量、类型、维修类别、营业收入与欠收的登记、统计及月统计分析报告由业务部完成，并按时提供财务部、分管经理、经理，以便经营管理层的分析决策。

工作要求：按规定时间完成报表填报，日报表当日下班前完成，周报表周六下班前完成，月报表月末一天下班前完成。统计要准确、完整，不得估计、漏项。

第三节　汽车售后的投诉处理

一、客户投诉处理的基本内容

在处理所有投诉过程中，必须树立一个正确的观念，只有自己的错，没有客户的错。即使是客户一时的误会，也是自己解释不够。基于这种观念，并能诚心诚意地去解决问题，感动客户，取得谅解，这样车主很可能成为连锁店的回头客户，而且还会带来新的客户。

处理的技巧是以礼貌的态度听取车主的意见，并单独请到房间，以免干扰其他车主，扩散影响。

1. 投诉处理基本的做法
(1) 接待员去接待有意见的车主（必要时由店长出面）；
(2) 态度要诚挚；
(3) 接触之前要了解本次维修详细过程和车主的情况；
(4) 让车主倾诉他的意见，这样才能使其恢复情绪，平静地说话。

2. 处理原则
(1) 对修理厂的过失，要详尽了解，向车主道歉；
(2) 让车主觉得自己是个重要的客户；
(3) 对车主的误会，应有礼貌地指出，让车主心服口服；

(4) 解释的时候不能委曲求全；
(5) 谢谢客户让你知道他的意见。
3. 注意的问题
(1) 注意心理换位，把自己置身于车主的处境来考虑问题；
(2) 让车主倾诉自己的怨言；
(3) 时间不能拖，要及时处理，否则问题会越变越严重。

二、客户投诉处理的基本流程

客户投诉显示了企业的弱点所在，除了什么是要解决的问题外，更应注意不要让同样的错误再度发生。客户投诉处理的基本流程如下。

1. 倾听对方抱怨

听对方抱怨不可以和顾客争论，以诚心诚意的态度来倾听顾客的抱怨。当然，不止是用耳朵听，为了处理上的方便，在听的时候别忘了一定要记录下来。

依情况而定，变更"人、地、时"来听的方法可使抱怨者恢复平静，也不会使抱怨更加扩大。这种方法称为"三变法"。

首先是变更应对的人。必要时请出主管、经理或其他领导，无论如何要让对方看出你的诚意。

其次就是变更场所。尤其对于感情用事的顾客而言，变更场所容易使顾客恢复冷静。

最后应注意不要马上回答，要以"时间"换取冲突冷却的机会。这种方法是要获得一定的冷却期。尤其顾客所抱怨的是个难题时，应尽量利用这种方法。

2. 分析原因

倾听顾客的抱怨后，必须冷静地分析事情发生的原因与重点。经验不丰富的汽车销售员往往是似懂非懂地贸然断定，甚至说些不必要的话而使事情更加严重。

销售过程中所发生的反驳和拒绝的原因是各种各样的，而抱怨也是一样，必须加以分析。其原因可认定为以下三种：

(1) 汽车销售员的说明不够、没有履行约定、态度不诚实等原因引起的，尤其是不履行约定和态度不诚实所引起的投诉，很容易扭曲公司形象，使公司也受到牵连；
(2) 由于顾客本身的疏忽和误解所引起的；
(3) 由于车辆本身的缺点和设备不良所引起的，这种情形虽然责任不在销售员，但也不能因此避而不见。

3. 找出解决方案

顾客的投诉内容总不外乎"刚买不久就这么差"或"仔细一看发现有伤痕"等等。

这时要先冷静地判断这件事情自己是否可以处理，如果是自己职权之外才能处理的，应马上转移到其他部门处理。此时，汽车销售员仍然必须负起责任，直到有关部门接手处理。

4. 把解决方案传达给顾客

解决方案应马上让顾客知道。当然在他理解前须费番功夫加以说明和说服。

5. 处理

顾客同意解决方案后应尽快处理。如果处理得太慢，不仅没效果，有时甚至会使问题恶化。

6. 检讨结果

为了避免同样的事情再度发生，必须分析原因、检讨处理结果，吸取教训，使未来同性质的顾客投诉减至最少。

三、客户投诉处理的基本用语

在处理客户投诉时，语言运用的是否得当，有时会起到很关键的作用。因此，汽车销售员要针对客户的投诉而编制用语。下面举几个客户投诉处理用语的例子。

投诉一："刚买的时候还不错，现在却连个人影都找不着！"

客户心理：A. 卖出去了；
　　　　　B. 销售人员只有在卖东西的时候最勤快，没信用。

注意点：A. 首先道歉、恭敬地赔不是；
　　　　B. 同时要求提供信息。

应对例："真是太抱歉了！我怕常打扰您会增加您的困扰，借着这个机会会积极地来拜访您的，请您多多指教、照顾！"

投诉二："刚买不久的车就这么糟！"

客户心理：A. 花了这么多钱买的，这到底是什么东西；
　　　　　B. 这么糟的车子开起来真是不安，想换另一部。

注意点：A. 具体听取原因，以便缓和对方的心情；
　　　　B. 判断是否操作错误或故障；
　　　　C. 陪着客户直接把出现的问题传达给技术人员；
　　　　D. 强调换车是不可能的。

应对例："我们满怀信心地把车子介绍给您，当然也会负起责任的。真是太抱歉了！找个方便的时间到我们的保养厂好好检查一下吧！我陪您一起去，什么时候您方便呢？"

"我非常了解您的心情，但换车是不可能的。车子是由很多零件组合起来才能发动的，不理想的应只是某部位，不可能所有零件都不好。我一定负责到令您乘坐起来满意为止，再一次到修护厂检修看看好吗？"

投诉三："让我在您的修护厂等那么久！"

客户心理：A. 在百忙之中浪费时间；
　　　　　B. 不愉快。

注意点：A. 首先道歉、以消除客户的不满；
　　　　B. 说明修护厂的结构。

应对例："平常我们的工作宗旨就是'顾客至上'，如今有不周到地方真是太抱歉了。假如我是您的话，一定会有同样的心情。为了加强今后的改善，可不可拜托您提供我们一些改善意见呢？"

"增添您这么多麻烦真是对不起！最近由于客户们的安全意识提高了，修护厂的车子也大为增加。我们当然会好好努力，但希望客户们还是尽量利用预约制度，假如能够早点联络的话，我想该不会有这种困扰的。"

如果做法正确，正面的补偿绝对是客户服务工具箱里最有用、威力最大的武器。以客户的角度，而不是厂商的角度，送达歉意，提出解决方法。客户关心的是他们的钱、他们的产量、他们丧失的机会、事情恶化的结果、他们的损失。而不是处境、借口等。

遇到客户投诉的案件，应以机警、诚恳的态度加以受理；销售人员对客户的投诉案件，应以谦恭礼貌的态度迅速处理。

复习与思考题

1. 什么是售后服务？

2. 售后服务的作用有哪些？
3. 简述售后服务工作的基本内容。
4. 简述汽车售后服务的核心流程。
5. 客户投诉处理的基本原则是什么？
6. 简述客户投诉处理的基本流程。

第十二章 汽车营销实务

学习目标
1. 掌握汽车整车的销售流程。
2. 掌握汽车销售中的各种技巧。
3. 掌握现场向客户介绍汽车的技巧。
4. 掌握使汽车销售成交的技巧。
5. 了解汽车销售的基本原则。
6. 了解接待客户的基本流程。
7. 了解分析客户需求的技巧。
8. 了解商务谈判的原则和技巧。

第一节 汽车销售的基本原则及技巧

一、汽车销售的"FBI"原则

所谓"FBI",简言之,就是首先说明商品车辆的"卖点、特色、配置"等事实情况(F,Feature-Just fact);其次将这些事实加以解释、说明,并辅以点评,阐述它的好处及可以带给顾客的利益(B,Benefit);最后用F、B给顾客以观念上的冲击(I,Impact),进而使顾客产生购买动机。

1. F—Feature

F(Feature)是特色、卖点,指所销售车辆的独特设计、配置、性能特征,也可以是材料、颜色规格等用眼睛可以观察到的事实状况(Just fact)。

车辆本身拥有的事实状况或特征,不管销售人员如何说明,都很难激起顾客的购买欲望。例如:当销售人员向顾客介绍一款装配了ABS(防抱死制动系统)的轿车时,只是简单地对顾客说:"这是一辆配备了ABS的哈弗CUV,因此是一辆安全的车。"像这样只停留在传统意义上介绍汽车的性能、配置是很难让顾客产生需求的,因此,销售人员应将介绍延伸至下一阶段。

2. B—Benefit

B(Benefit)指利益、好处。为什么配备了ABS的车辆更安全呢?销售人员这时应言简意赅地将ABS的工作原理加以介绍(但注意不要过于专业、冗杂):"ABS是利用装在车轮上的轮速感应装置在制动时对车轮进行点刹,防止车轮抱死的一套制动系统。它有什么好处呢?第一,ABS可以大大地缩短车辆在湿滑路面上的制动距离;第二,ABS防抱死制动系统,顾名思义可以防止轮子抱死,制动时驾驶者仍可以打动方向盘,绕开障碍物;第三,

ABS可以防止紧急制动时轮子抱死产生的"甩尾"现象的发生；第四，ABS还可以防止由于制动时轮子抱死，轮胎拖滑而产生异常磨损，从而延长轮胎使用寿命。"

3. I—Impact

I（Impact）是冲击、影响。"由此，装备了ABS的汽车更加安全……。"销售人员对每个卖点的介绍，都应力求在顾客的脑海里产生一个观念上的冲击，"这是一部安全性能很高的车！……"当每一个卖点都能给顾客一次冲击，点点滴滴的理由汇集起来，就容易转化为顾客购买的理由，继而产生购买行为。

FBI介绍原则的运用有两个重点：一是正确运用三段论的阐述方法；二是要求销售人员对汽车的相关知识要有充分了解。

FBI介绍原则，也可以称为"寓教于售"的销售原则。顾客需要在由潜在顾客转变为真实车主的过程中不断学习，达到与所选择车辆的生产者（汽车厂家）、销售者（汽车销售商）对车辆认识的统一；而销售人员在整个介绍过程中，应让顾客感到其销售的不仅仅是一部车，而且还为顾客提供了一种崭新的观念、一个成熟想法、一套合理的方案。

FBI还有一种更为巨大的潜能，它可以引导顾客的消费方向，也可称为"使用价值导向"。运用FBI原则，汽车厂家可以根据自己的技术能力和顾客的购买能力来设计制造出新的汽车产品，然后由销售商用FBI方法教会顾客使用新车给他们带来的好处，激发顾客的潜在需求，提高顾客的消费水平，以驱动新的市场。

二、汽车销售的技巧

1. 专业销售技巧

销售工作不同于其他任何工作。若要在销售工作中取得成功，并成为一名职业的销售大师，必须具有以下关键素质。

（1）积极的态度；

（2）自信心；

（3）自我能动性，忍耐性；

（4）勤奋，明确任务并设定目标；

（5）相信角色扮演的重要性；

（6）建立良好的第一印象。

具备以上基本素质的销售人员如能熟练运用一些销售技巧，并加上相应的产品和服务，就有可能确保销售取得成功。

2. 寻找客户的技巧

（1）寻找客户的重要性　寻找潜在客户是销售循环的第一步，在确定市场区域后，就得找到潜在客户在哪里并同其取得联系。如果不知道潜在客户在哪里，向谁去销售您的产品呢？事实上销售人员的大部分时间都在找潜在客户，而且会形成一种习惯，比如将产品销售给一个客户之后会问上一句"您的朋友也许需要这件产品，您能帮忙联系或者推荐一下吗？"

潜在客户具备两个要素：用得着、买得起。

首先要用得着，或者需要这样的消费，消费者一定是一个具有一定特性的群体。如消防车的用户对象是集团、社团、企业等组织，个人有谁会去买个消防车作为私家车呢？其次是买得起，对于一个想要又掏不出钱的潜在客户，再多的努力也不能最后成交。

寻求潜在客户是一项艰巨的工作。在延续企业生命上，开发新客户，对于企业在营运、财力、管理、品质上有莫大的影响。客户足以影响企业的营运，为求新客户的持续加入，企业必须努力经营，才能获得客户的信赖。

根据统计，在市场竞争法则下，厂商每年至少丧失若干旧客户，但每年至少还会开发新客户，二者平衡下，其中变化不大；若不采取计划性的拓展，则将来对客户的经营，势必十分吃力。

(2) 寻找客户的原则　在寻找潜在客户的过程中，可以参考以下"MAN"原则。

M：MONEY，代表"金钱"。所选择的对象必须有一定的购买能力。

A：AUTHORITY，代表购买"决定权"。该对象对购买行为有决定、建议或反对的权力。

N：NEED，代表"需求"。该对象有这方面（产品、服务）的需求。

在实际操作中，会碰到以下状况，应根据具体状况采取具体对策：

购买能力	购买决定权	需求
M（有）	A（有）	N（大）
m（无）	a（无）	n（无）

其中：

M＋A＋N：是有望客户，理想的销售对象。

M＋A＋n：可以接触，配上熟练的销售技术，有成功的希望。

M＋a＋N：可以接触，并设法找到具有 A 之人（有决定权的人）。

m＋A＋N：可以接触，需调查其业务状况、信用条件等给予融资。

m＋a＋N：可以接触，应长期观察、培养，使之具备另一条件。

m＋A＋n：可以接触，应长期观察、培养，使之具备另一条件。

M＋a＋n：可以接触，应长期观察、培养，使之具备另一条件。

m＋a＋n：非客户，停止接触。

由此可见，欠缺了某一条件（如购买力、需求或购买决定权）的情况下，仍然可以开发，只要应用适当的策略，便能使其成为企业的新客户。

(3) 寻找客户的策略

① 准确判断客户购买欲望。判断客户购买欲望的大小，有五个检查要点。

对产品的关心程度；对购入的关心程度；是否能符合各项需求；对产品是否信赖；对销售企业是否有良好的印象。

② 准确判断客户购买能力。判断潜在客户的购买能力，有两个检查要点。

信用状况：可从职业、身份地位等收入来源的状况，判断是否有购买能力。

支付计划：可从客户期望一次付现，还是要求分期付款，又分支付首期金额的多寡等，都能判断客户的购买能力。

经由客户购买欲望及购买能力的两个因素判断后，能够决定客户的购买时间，并作出下一步计划。

(4) 寻找潜在客户的方法

寻找潜在客户有以下两种通用的方法，一是资料分析法，二是一般性方法。

资料分析法：是指通过分析各种资料（统计资料、名录类资料、报章类资料等），从而寻找潜在客户的方法。

统计资料：国家相关部门的统计调查报告、行业在报刊或期刊等上面刊登的统计调查资料、行业团体公布的调查统计资料等；

名录类资料：客户名录（现有客户、旧客户、失去的客户）、同学名录、会员名录、协会名录、职员名录、名人录、电话黄页、公司年鉴、企业年鉴等；

报章类资料：报纸（广告、产业或金融方面的消息、零售消息、迁址消息、晋升或委派消息、订婚或结婚消息、建厂消息等）、专业性报纸和杂志（行业动向、同行活动情形等）。

一般性方法：
主动访问；
别人的介绍（顾客、亲戚、朋友、长辈、校友等）；
各种团体（社交团体、俱乐部等）；
其他方面：邮寄宣传品，利用各种展览会和展示会，家庭，经常去风景区、娱乐场所等人口密集的地方走动。

（5）寻找潜在客户的渠道
① 从认识的人中发掘。
② 展开商业联系。
③ 结识像自己一样的销售人员。
④ 利用客户名单。
⑤ 阅读报纸。
⑥ 了解产品服务及技术人员。
⑦ 寻找和接触最有希望成为潜在客户的人群。

利用"有望客户"（PROSPECT）、"寻找有望客户"（PROSPECTING）的英文字母，来说明如何开发潜在的客户：

P：PROVIDE "提供"自己一份客户名单
R：RECORD "记录"每日新增的客户
O：ORGANIZE "组织"客户资料
S：SELECT "选择"真正准客户
P：PLAN "计划"客户来源来访问对策

E：EXERCISE "运用"想像力
C：COLLECT "收集"转手资料
T：TRAIN "训练"自己挑客户的能力

P：PERSONAL "个人"观察所得
R：RECORD "记录"资料
O：OCCUPATION "职业"上来往的资料
S：SPOUSE "配偶"方面的协助
P：PUBLIC "公开"展示或说明
E：ENCHAIN "连锁"式发展关系
C：COLD "冷淡"的拜访
T：THROUGH "透过"别人协助
I：INFLUENCE "影响"人士的介绍
N：NAME "名录"上查得的资料
G：GROUP "团体"的销售

3. 销售前的准备技巧
（1）销售人员自我心理准备
① 相信自己。相信自己会成功，这一点至关重要。并不是每个人都明确地认识到自己的推销能力。但它确实存在，所以要信任自己。人最大的敌人之一就是自己，而超越自我则是成功的必要因素。推销人员尤其要正视自己，鼓起勇气面对自己的顾客。即使有人讥讽你不是干这行的材料也没有关系，关键是自己怎么去看待，如果连自己也这么说，那么一切就都将失去意义了，而这正是关键之所在。因此，在任何时候都要相信自己，不要打退堂鼓，

永远不要。

② 树立目标。树立一个适当的目标，是推销员在准备期中必要的心理准备之一。没有目标，是永远不可能达到胜利的彼岸的。每个人，每一项事业都需要有一套基本目标和信念。一位成功的推销员介绍经验时说：我的秘诀是把目标数表贴在床头，每天起床、就寝时，都把今天的完成量和明天的目标额记录下来，提醒自己朝目标奋斗。

③ 把握原则。现代推销术与传统的推销术已有了很大的差别，推销员已不再只是简单兜售商品。一名优秀的推销员在树立了信心，明确了目标，走出门去面对顾客之前，还应该把握住作为一名推销员应遵循的原则。

满足需要原则。现代的营销观念是汽车营销员要协助顾客，使他们的需要得到满足。推销员在营销过程中应做好准备去发现顾客的需要，极力避免"强迫"推销，假若让顾客感觉到是在强迫他接受什么时，那就失败了。最好的办法是利用推销使顾客发现自己的需要，而产品正好能够满足这种需要。

诱导原则。营销就是使根本不了解或根本不想买这种商品的顾客产生兴趣和欲望，使有了这种兴趣和欲望的顾客采取实际行动，使已经使用了该商品的顾客再次购买，当然能够让顾客成为产品的义务宣传员则是更成功之举。这每一阶段的实现都需要推销员把握诱导原则，使顾客一步步跟上汽车营销的思路。

照顾顾客利益原则。现代营销则是以"诚信"为中心，汽车营销员从顾客利益出发考虑问题。顾客在以市场为中心的今天已成为各企业争夺的对象，只有让顾客感到企业是真正站在汽车消费者的角度来考虑问题，自己的利益在整个购买过程中得到了满足和保护，这样汽车营销企业才可能从顾客那里获利。

保本原则。一般来说，汽车营销员在与顾客面谈时可以根据情况与时机适当调整价格，给顾客适当的折扣或优惠，这里有一个限度问题，各企业对此要求不同，但一般来说不能降到成本线以下。这就要求推销员在出发前不仅要详细了解产品的功能、特征，还应该了解产品的成本核算。

④ 创造魅力。汽车营销员在营销产品中，实际上是在自我推销。一个蓬头垢面的推销员不论他所带的商品多么诱人，顾客也会说："对不起，我现在没有购买这些东西的计划"。汽车营销员的外形不一定要美丽迷人或英俊潇洒，但却一定要让人感觉舒服。预备一套干净得体的服装，把任何破坏形象、惹人厌恶的东西排除，充分休息，以充沛的体力、最佳的精神面貌出现在顾客的面前。

(2) 销售人员形象准备

① 着装原则。切记要以身体为主，服装为辅。如果让服装反客为主，汽车营销人员本身就会变得无足轻重，在顾客的印象里也只有服装而没有销售人员。正如著名的时装设计大师夏奈儿所说："一个女人如果打扮不当，您会注意她的衣着。要是她穿的无懈可击，您就注意这个女人本身。"

要按 T（时间）、P（场合）、O（事件）的不同，来分别穿戴不同的服装。要根据顾客来选择与他们同一档次的服装，不能过高或过低。

无论怎样着装，着装目的要清楚，就是要让顾客喜欢而不是反感。

② 男性汽车营销人员的衣着规范及仪表。

西装：深色，有经济能力最好能选购高档一些的西装。

衬衫：一色。白色、浅色或中色，注重领子、袖口清洁，并熨烫平整。要每天更换。

领带：以中色为主，不要太花或太暗，注意和衬衣或西装的反搭配协调。

长裤：选用与上衣色彩质地相衬的面料，裤长以盖住鞋面为准。

便装：中性色彩，干净整齐，无油污。
皮鞋：黑色或深色，注意和衣服的搭配。如有经济能力最好选购一双名牌皮鞋。且要把鞋面擦亮，皮鞋底边擦干净。
短袜：黑色或深色，穿时不要露出里裤。
身体：要求无异味，可适当选用好一些的男士香水，但切忌香水过于浓烈。
头发：头发要疏理整齐，不要挡住额头，更不要有头皮屑。
眼睛：检查有没有眼屎、眼袋、黑眼圈和红血丝。
嘴：不要有烟气、异味、口臭，出门前可多吃口香糖。
胡子：胡须必须刮干净，最好别留胡子。
手：不留长指甲，指甲无污泥，手心干爽洁净。
③ 女性销售人员的衣着规范及仪表。
头发：干净整洁不留怪发，无头皮屑。
眼睛：不要有渗出的眼线、睫毛液、无眼袋、黑眼圈。
嘴唇：可以涂有口红，并且保持口气清香。
服装：西装套裙或套装，色泽以中性为好。不可穿着过于男性化或过于性感的服装，款式以简洁大方为好。
鞋子：黑色高跟淑女鞋，保持鞋面的光亮和鞋边的干净。
袜子：高筒连裤丝袜，色泽以肉色最好。
首饰：不可太过醒目和珠光宝气，最好不要佩戴三件以上的首饰。
身体：不可有异味，选择淡雅的香水。
化妆：一定要化妆，否则是对客户的不尊敬。但以淡妆为好，不可浓妆艳抹。
(3) 销售工具的准备
① 汽车营销工具准备的好处：容易引起顾客的注意和兴趣；使销售说明更直观、简洁和专业；预防介绍时的遗漏；缩短拜访时间；提高效率。
② 汽车营销员必备的销售工具：公司介绍、汽车目录、地图、名片夹、通讯录、计算器、笔记用具、最新价格表、空白"合同申请表"、"拜访记录表"等专业销售表格。
对销售工具的准备，应遵循的基本方针：推销工具不应该是别人提供的，而应是销售人员自己去创造的，这才会体现自己的独具的魅力。

第二节 客户接待与汽车介绍

一、客户接待

客户接待环节最重要的是主动与礼貌。销售人员在看到有客户来访时，应立刻面带微笑主动上前问好。如果还有其他客户随行时，应用目光与随行客户交流。目光交流的同时，销售人员应作简单的自我介绍，并礼节性的与客户分别握手，之后再询问客户需要提供什么帮助，语气尽量热情诚恳。

1. 客户接待流程
(1) 迎接并欢迎客户
① 客户接待人员接待客户并将其领到销售顾问处。
② 销售顾问递名片，自我介绍。
(2) 提供附加服务 向客户提供适当的附加服务。

① 茶点（咖啡、茶、矿泉水、果汁）；
② 到访期间提供儿童游乐设施。
(3) 探询客户的需求　销售顾问主动探询客户的需求，应包括：
喜爱的产品和购买愿望；
购买的动机；
兴趣和爱好。
(4) 销售顾问介绍客户需要的车型　着重介绍该车型不同于其他车型的特性。
(5) 查明客户数据　销售顾问在适当情况下询问到访者姓名和地址。
(6) 向客户提供信息　如果客户仅仅是为了询问信息而来，则提供相关的资料。
① 产品目录、报价单。
② 解释经销商提供的产品和服务范围。
(7) 安排后续活动
① 预约试驾事宜。
② 预约拜访事宜。
③ 详细的产品信息。
(8) 记录与客户沟通的结果　销售顾问在潜在客户、客户档案中记录与其谈话的结果。
① 客户信息和与客户沟通的结果。
② 以电话或信件方式进行跟踪联系。
③ 安排好的后续活动。
2. 客户接待适应掌握的问题
销售接待中，掌握客户的以下问题：
(1) 客户现在是否在驾驶其他品牌的车辆？
(2) 客户是如何了解我们汽车品牌的？
(3) 客户对本公司的车了解多少？了解什么？什么渠道了解的？
(4) 客户对其他公司的车了解多少？
(5) 客户周围的朋友是否有驾驶本公司车辆的？
(6) 客户是否知道本公司的车辆的长久价值？
(7) 客户是否清楚汽车质量问题可能导致的严重后果？
(8) 客户是否知道售后服务对汽车产品的意义是什么？
(9) 客户中谁在采购决策中具有影响力，是多少？
(10) 采购决策的人数是多少？
(11) 客户的学历状况如何？
(12) 客户平常阅读的报纸，杂志，图书的情况如何？
(13) 客户的个人成就如何？
(14) 客户对自己企业或者个人的评价、感觉？
(15) 客户从事商业活动的时间？
(16) 客户过去的经历哪些是他们最得意和自豪的？
(17) 客户如何评价汽车行业？客户认为汽车行业发展趋势如何？
(18) 客户周围的人对他的评价和认知如何？
(19) 是否认识到客户的稳定的价值观、商业观？
(20) 客户平时是否经常会做重要的决定？

3. 客户接待过程中的技巧

针对不同的购车客户，作出不同的应对技巧。

顾客购车时一般有五种不同反应和态度：

（1）接受，表示顾客对你的车辆表示满意；

（2）怀疑，表示顾客对车辆的某项特性非常感兴趣，但是怀疑你的车辆是否真的具备这个优点；

（3）拖延，表示顾客并不直接表示异议、冷淡、怀疑、拒绝，而使用拖延时间的方法；

（4）冷淡，顾客因为不需要此车辆，因而表示兴趣小；

（5）异议，不接受你对车辆的说法。

应付顾客各种不同态度的方法：当顾客说出他的需要后，应立即介绍车辆或公司服务的特性，但是，有时候顾客对你所说的话并不全然相信。当顾客显示出怀疑的态度时，应该用实例来证明车辆的优点的确属实，通常一般的反应次序如下：

（1）发掘顾客的需要；

（2）介绍车辆特性或服务；

（3）提出实证。当你要提出实情来说服顾客时，需要一些实证资料来源：说明书；公司与其他顾客签的订单；研究调查报告；杂志专栏广告；专业性刊物的文章；荣誉；第三者的证言。

做实例证明时采用以下三个步骤：第一步重复说明车辆或服务的优点；第二步证明这个优点；第三步申述发挥这个优点。注意：三个步骤不可次序颠倒。第一个步骤是重复说明车辆或服务的优点。第二个步骤，就是提出实例来证明车辆或服务的优点，可以是利用资料来证明。

应付顾客反应冷淡时，要用一些封闭性的、调查性的问话来发掘他的需求。顾客表示冷淡的原因，在于他目前不需要你推销的车或服务。面对这种情况，你应该让对方了解你的车辆的特性能够解决他的问题。而封闭式调查问话法就是此时该使用的策略。

应付顾客的异议，首先理解客户的误解和异议，同时重复客户的误解和异议，如果是误解，请直接澄清误解，如果是异议，请尽量了解其根源，并重点介绍自己车辆能满足客户哪些重点需求。客户表示异议的两种类型。

（1）由于不了解而误解车辆。

（2）对方认为车辆有缺点：车辆并不具备对方需要的优点；不喜欢车辆的某一部分。

4. 介绍车辆的优点和利益的技巧

在正式和顾客面谈之前应该尽量汇集有关顾客需要的资料。分析顾客的需要是什么，再综合列出车辆的优点。在做综合性介绍时，可以利用报纸专栏，有关的专门性杂志，社会舆论等资料作为佐证。

在推销一开始时，对车辆的优点做综合性的介绍，方法的运用和引发式调查问话法相同。自此可得知顾客的需要、他对此车辆的反应如何及其观感。当顾客已经接受车辆的某项优点后，应该用调查问话法来转变话题以便得知顾客的其他需要。但是，有时候必须用综合性介绍的方法。综合性车辆优点介绍，加上封闭式调查问话法，可使一个汽车销售员的推销技巧更高明、有效。如果顾客问起对车辆较不利的问题时，可对车辆做一般必需的优点介绍后，引入另一个话题。

总之，对于不同的客户需求，每一个汽车销售接待人员要真诚地应对，即使客户没能购车，也要让客户满意离开。因为在目前中国市场，行业口碑的力量是无穷大的。

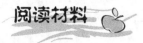

阅读材料

乔·吉拉德接待顾客的技巧

乔·吉拉德是美国汽车推销大王，他认为在推销中重要的是"要给顾客放一点感情债。"

他的办公室通常放着各种牌子的烟，当顾客来到他的办公室忘记带烟又想抽一支时，他不会让顾客跑到车上去拿，而是问："你抽什么牌子的香烟？"听到答案后，就拿出来递给他。这就是主动放债，一笔小债，一笔感情债。一般顾客会感谢他，从而建立友好洽商的气氛。

有时，来的顾客会带来孩子。这时，推销大王就拿出专门为孩子们准备的漂亮的气球和味道不错的棒棒糖。他还为顾客的家里人每人准备好了一个精致的胸章，上面写着："我爱你"。他知道，顾客会喜欢这些精心准备的小礼物，也会记住他的这一片心意。

他说，我交到他手里的任何一样小东西，都会使他觉得对我有所亏欠，他欠下了我的一份情。这就是我给他的感情债，不太多，可是有这么一点点就足够了。

乔·吉拉德的经验证明了这样一个道理：顾客不仅来买车辆，而且还买态度，买感情。只要你给顾客放出一笔感情债，他就欠你一份情，以后有机会他可能会来还这笔债，而最好的还债方法就是购买你推销的产品。

二、需求分析

通过需求分析，来评定应该如何接待客户以满足他的需求，达成销售目标。首先必须肯定其购买的动机、立场、偏好以及对品牌认识的深度，尤其是使用汽车的用途与购买决定的关键点。有时，顾客的期望比需要更为重要。

1. 需求分析的技巧

要了解顾客的需求与真正的期望，就等于要在短短的数分钟内了解一个人的内心，所以经验老到的销售人员容易成交，而一般新手就做不到。

需求有显需求和隐需求之分，显需求可以用一般的科学方法调查得知，但隐需求就只能用经验去感悟。

（1）经济原因。经济状况影响和决定了一个人的需求，但是，一个有10万元的人未必期望拥有10万元的车。经济原因只是一个基本条件，甚至只是一个不十分重要、准确的原因。

（2）社会原因。一个人的社会地位及社会上的一些主流思想也影响了一个人的期望和需求。中国人的攀比心理极强，一个人的选择往往会因为可以对比的事物而发生变化。

（3）心理原因。

（4）其他原因。

2. 询问顾客的原则

（1）在适当的时间，适当的问题上使用"开放式"与"封闭式"问题法；

（2）谈判开始时，使用各种"观人法"、"投石问路法"、"投其所好法"、"直接环境法"等技巧；

（3）以引起对方谈话的兴趣并讲出真正的心里话；

（4）谈话开始时，避免特定性问题，知道如何转换话题。

3. 学会聆听的技巧

只懂询问是不够的，必须懂得聆听，这包括：

(1) 听的完全、仔细；
(2) 听必须用心、用眼、用脑，了解"言外之意"与"身体语言"。
4. 探索需求与期望
要评定对方的态度有何特点，以便应付：
- 肯定与否？
- 开放与否？
- 感性或理性？
- 好奇心重否？
- 怀疑心重否？
- 乐观多或抱怨话多？
- 多话或者寡言深沉……

厂家推出一款新车必定自有用意，作为汽车销售人员需要关注和了解的是顾客有没有对车的需求。通过各种方法探求顾客的内心，引导、帮助顾客满足需求。

简单地说，人们的需求决定于经济原因、社会原因、心理原因及其他原因。其他原因是一个十分重要的原因，只能用心体会、不能读书获得。每一种销售都必须平等，在平等的前提下才有交流、在交流的基础上才能理解、在理解的条件里才能帮助。要学会聆听，学会用顾客探究其内心，这就是顾客分析。

三、汽车介绍

介绍与展示是一个很重要的阶段。因为经过前面的两个阶段，一方面交上朋友，另一方面了解了对方的需求和期望。这时，销售人员必须决定用何种方式、过程、手法来介绍展示汽车，以真正打动对方的心。老练的销售人员对每一位不同的准顾客可能都用一套不同的介绍、展示法，至少，介绍与展示的重点不可能千篇一律。

(1) 资料准备　汽车销售员在为客户现场介绍车辆前，应该做好充分的准备。一方面，要准备客户资料，利用顾客资料卡等，认真了解客户的情况，以便于客户很好的沟通，拉近与客户的关系，在作介绍时有的放矢。另一方面，要准备好有关汽车的知识。销售员要对所介绍的汽车非常了解，甚至是一个行家，这样在对客户介绍汽车时，才能解答客户的各种问题，不然打消不了他们的疑虑，会使汽车的销售成为泡影。

(2) 成功开场　在介绍时选择一个成功的开场方式也是十分重要的。销售员可以从客户最关心的问题说起，逐步引导客户了解汽车，给自己创造一个解说的机会，因为如果连这种机会都没有的话，销售便无从谈起。

(3) 灵活运用车辆说明　成功的车辆介绍要把握以下两个原则：第一，介绍车辆特点带来的利益，遵循"利益→特性→优点"的陈述原则；第二，提供解决问题的方法，遵循"指出问题或指出改善现状→提供解决问题的对策或改善问题的对策→描绘顾客采用后的利益"的陈述原则。

销售员需要记住的是，你销售的并不是你的车辆或服务，而是销售由你的车辆或服务所带来的利益，并且这些利益能够满足客户的需求。

这里要注意以下几点：保持简短扼要；视觉手段的使用；运用第三者的例子。

(4) 请用户试车　销售员在向顾客介绍整车时，还应让顾客试车，当顾客坐上新车，而且亲身进行操作，感觉新车的诱惑时，购买欲望也就不能不产生了。

四、异议处理

异议处理就是将顾客的疑问、不满完全解答的过程。顾客在决定的过程中，一般都会提出异议，如果你不能够将异议处理得让顾客满意，就很难实现销售。

1. 顾客提出异议的原因

（1）顾客不满意产品、品牌、经销商、销售人员服务态度等；

（2）对上述的问题焦点含有误解；

（3）对销售人员的说明，保证或厂商的保证表示不信任；

（4）试探销售人员，以确认是否被欺骗；

（5）讨价还价的借口；

（6）摆出购买者高高在上的姿态；

（7）根本无意购买；

（8）其他原因。

2. 顾客异议的应对措施

应付一般异议的方法：首先辨明异议的真正内容，并分别出所提异议的动机，找出分歧点，并消除疑虑、误解；然后提出解释，说服以达成共识。

（1）辩明异议的内容　不解决顾客提出的异议，而顾左右言他，都不会得到销售的结果。顾客异议的内容一般只会是单方面的，不需要转一个大弯去解决。

因此，对顾客的异议要直截了当地说明，而不是拐弯抹角地说一大堆顾客不想也不愿听的道理。

（2）确定异议的动机　顾客对产品有异议，都是有一定的目的，而未必就是产品或销售者自己有问题。只有区分出了顾客异议的动机，才能做有针对性的工作，处理、解决其异议。异议可能是借口、可能是抱怨、可能是保留的意见、可能是议价的手段，也可能是真正的反对。

如果顾客的异议是不准备购买的借口，那么应该深入了解顾客不购买的原因，而不是停留在异议的处理和说明上。

如果顾客的异议是抱怨，那么就要仔细想一想顾客究竟想要什么。这时候的抱怨往往不是产品本身的问题，而是在于顾客能够感受得到的服务本身。

如果顾客的异议是保留意见，最好能够和顾客进行更多一点的沟通。

如果顾客的抱怨是议价手段，那么就要把握双方的底线了。只有既让顾客觉得在这一轮谈判赢得了胜利，而自己实际上还取得成功，这才是最好的方法。如果顾客的抱怨是真正的反对，那么只有用真诚和产品本质及服务去打动他。销售人员往往会将自己的产品说得天花乱坠，同时，把对手说得不堪一击，而这种人一旦被顾客击到痛处，就会方寸大乱，进而与顾客相争，其结果是把顾客赶跑。

（3）找出双方的分歧　所谓分歧就是顾客不承认你说的是真实或正确的。首先要承认自己并不是都正确，这就可以保证自己不以老师的身份去教训顾客；其次要尊重顾客的意见，即使看来顾客是不正确；第三，合理有节地提出想法，而不是正确答案。

（4）提出解决的方法　如何解决双方的问题是一种销售人员与顾客之间的博弈行为。销售人员依靠的不是企业、不是产品，甚至也不是服务，而是尊重、理解、认可。

3. 异议处理模式

每一笔交易的达成，顾客都会提出一些异议。也许异议看起来没有对结果造成本质的影响，但如果不能合理、满意地解决异议，往往导致销售的失败。

异议处理可遵循的四步模式：

第一步，辩明异议的内容——直截了当回答顾客的异议；

第二步，确定异议的动机——深究心理了解顾客的动机；

第三步,找出双方的分歧——设身处地分析顾客的困境;
第四步,提出解决的方法——尊重顾客提出合理的方法。

第三节　商务谈判与售车

一、商务谈判概述

随着市场经济的发展,商务谈判日益频繁,商务谈判在经济活动中所起的作用越来越重要。商务谈判的成功与否对个人的发展、对企业的生存与发展、对社会经济的发展都起着重要的作用。

当今社会日益强调在竞争中合作,人们介入谈判的概率不断增加,因此商务谈判的能力已成为现代人必须具备的基本能力。

1. 商务谈判的含义及要素

(1) 商务谈判的概念　商务是指一切有形与无形资产的交换或买卖事宜。按照国际习惯的划分,商务行为可分为四种:

① 直接的商品交易活动,如批发、零售商品业;
② 直接为商品交易服务的活动,如运输、仓储、加工整理等;
③ 间接为商品交易服务的活动,如金融、保险、信托、租赁等;
④ 具有服务性质的活动,如饭店、商品信息、咨询、广告等服务。

所以,商务谈判是买卖双方为了促成交易而进行的活动,或是为了解决买卖双方的争端,并取得各自的经济利益的一种方法和手段。

商务谈判是在商品经济条件下产生和发展起来的,它已经成为现代社会经济生活必不可少的组成部分。可以说,没有商务谈判,经济活动便无法进行,小到生活中的购物还价,大到企业法人之间的合作、国家与国家之间的经济技术交流,都离不开商务谈判。

(2) 商务谈判的基本要素　商务谈判的要素是指构成商务谈判活动的必要因素,它是从静态结构揭示经济谈判的内在基础。任何谈判都是谈判主体和谈判客体相互作用的过程。因此,商务谈判的基本要素应该包括谈判的主体、谈判的客体和谈判的目标。

① 商务谈判的主体。商务谈判的主体是指参与谈判的当事人。在商务谈判活动中,谈判主体是主要因素,起着至关重要的作用。商务谈判活动的成效在很大程度上取决于谈判主体的主观能动性和创造性。谈判的主体可以是一个人,也可以是一个合理组成的群体。但不是什么人都可以成为主体,主体是指具有商务谈判科学知识和能力、拥有相应权力,从事谈判活动的人。

② 商务谈判的客体。商务谈判的客体是进入谈判主体活动领域的人和议题。谈判活动的内容就是由谈判客体决定的。

人是商务谈判的第一类客体。商务谈判是基于人们的某种需求而产生的行为,谈判的进展或终止,谈判的要约和承诺都取决于人的动机和行为,只有说服了人,使对方理解和接受谈判主体的提议,才能达到一致的协议。第一类谈判客体的最大特点就是具有可说服性,这是它之所以成为谈判客体的主要标志。如果谈判对手是不可说服的,就不能进入谈判活动领域成为谈判对象。

在商务谈判活动中,谈判主体是主导因素,在整个谈判中起着积极的、能动的作用。谈判客体是独立于谈判主体而存在的,它有着自身的利益和特性。谈判主体和谈判客体是相对而言的。在谈判中,双方都力争成为谈判的主体,去说服和影响对方,但谈判的互利性和协商性决定了谈判双方在不同的问题、不同的时间可能是谈判的主体，也可能成为谈判的客体。

议题是商务谈判的第二类客体。所谓议题就是商务谈判涉及的具体问题，是各种物质要素结合而成的各种内容。谈判的任务就是要通过协商解决问题，没有需要解决的问题，就没有进行谈判的必要和可能。所以，议题是商务谈判必不可少的要素。议题的最大特点在于双方认识的一致性，也就是说，进行谈判的双方需要通过谈判获得的利益具有相关性，谈判的议题包含了双方的利益，双方愿意就此进行协商。如果失去了这一点，就无法形成谈判议题而构成谈判客体。商务谈判的议题可能涉及多方面的内容，它可以属于物质方面，也可以属于资金方面，可以属于技术合作方面，也可以属于行为方式方面。

③ 商务谈判的目标。商务谈判是人们的一种目标很明确的行为。概括地讲，商务谈判的直接目标就是最终达成协议。谈判双方各自的具体目标往往是不同的，甚至是对立的，但它们都统一于商务谈判活动的目标，只有商务谈判的直接目标实现了，最终达成了协议，谈判各方的目标才能够实现。没有目标的谈判，只能叫做双方有所接触，或叫做无目的的闲谈，而不是真正的谈判。没有目标的商务谈判就像没有目的地的航行，是无法完成的。商务谈判的目标与商务谈判相伴而生，它是谈判活动的有机组成部分，是商务谈判的基本要素之一。

2. 商务谈判的原则与过程

(1) 销售谈判的冲突　谈判是一种技巧，也是一种思考方式。谈判是双方利益的分割，是一种摸清对方需求、衡量自己实力、追求最大利益的活动。周密思维是谈判的前提，精心的准备是谈判的基石。你不能只站在自己的立场去思考利益，而是要处在双方的角度全面思考，这样才可能成功。谈判是解决冲突，维持关系或建立合作架构的一种过程。双方谈判的原因就是存在冲突，一方的利益取得往往是另一方的利益舍弃为基础。

销售谈判基本上是典型的资源分配谈判，数字谈判，这也是传统的谈判。现在的谈判涉及内容、范围极广，但无论是基于利益还是合作，出发点都是解决冲突，赢得利益。

(2) 商务谈判的原则

① 将人与问题分开：谈判是对问题和分歧的协商与解决，而在谈判中往往容易将个人情感纠缠进去，只有将问题与个人分开，才能进行顺利的谈判。将注意力集中在利益上，立场与利益的区别在于一个人的立场是其进行决策的基础，而个人利益则是促使其采取某种立场的根源。双方谈判的注意力要在利益上，而不是立场上。

② 创造交易条件：创造双赢的条件是极其困难的，如果想要创造双赢的局面，只能是双方都把合作当作长期的关系与收益。

③ 坚持客观标准：没有谁愿意在谈判席上"失败"。一旦立场左右了谈判的意志，谈判可能就没有好结果。解决的办法只能是以客观的利益为标准。

(3) 商务谈判的过程

开局阶段：开局是商务谈判的前奏，它的首要任务就是确立开局目标。

摸底阶段：仔细倾听对方的意见，认真发问，归纳总结，弄清对方的需求、目的等。

报价阶段：根据具体情况提出交易条件及方式。

磋商阶段：双方对报价和交易条件进行反复协商，或做出必要的让步。

成效阶段：密切注意成交信息，认真进行最后回顾，做出最后报价，明确表达成交意图。

签约阶段：用准确规范的文字表述达成的协议，最终双方签订具有法律效力的合同。

3. 谈判准备之要件

(1) 物的有形或无形条件——有关汽车本身　具体包括：品牌信誉、安全、舒适、价格、驾驶乐趣、外观、性能等。

(2) 人的有形或无形条件——经销商与销售人员　具体包括：展示间的总体形象、销售人员态度外形、销售人员的销售方法、技巧与能力、销售人员的谈判、说明及议价能力、经销商信誉口碑、其他主客观条件等。

(3) 价格是否是购买的唯一条件　错误的价格判断包括：销售人员错误地认为顾客想花最少的钱来购买一件产品或服务；销售人员以为顾客花不起钱或不想花钱购买必须的奢侈品（即奢侈又必须）。愿意多花钱的心理原因：必须说明让他多花钱的理由并将他说服，让他明白目前这交易是他所能得到的最有利的交易。否则无论如何的减价，仍然听到"你的价格太贵了！"

4. 谋划成功的谈判

成功的销售谈判依三大步骤：造势—推进—出击。

(1) 成功谈判之造势

① 摆明立场的开价；

② 明确对方的立场；

③ 做出震惊的表情；

④ 专注谈判的主题。

(2) 成功谈判之推进

① 要取得上级同意。不要让顾客摸清楚你的权限所在；

② 绝不与顾客争执。若顾客提出异议，决不可与他争执；

③ 不先提折中方案。尽量不要先提出一人让一步的方案；

(3) 成功谈判之出击　让价的模式是：大削价－中等削价－小削价－最小削价。

二、售车

1. 实现成交

(1) 把握时机　一个人决策往往是不理性的，这也就导致了决策的可变性。如果对没有把握住顾客的决策表现时，顾客可能轻易就做出改变了。时机易逝，有能力者才能把握。因此，在与顾客谈判的每一分钟都要紧张自己的每一根神经，抓住顾客发出的每一个信号。

(2) 抓住信号　时刻注意顾客表现，注重他发出的每一个信号。当论及颜色、内饰并作肯定答复，论及交车时间，论及售后服务、构件问题，论及订金、合同细节以及一些肯定表情时，就是顾客愿意成交的信号。必须就此打住，与顾客达成初步意向。

(3) 经典推销　成功的销售未必是成功的营销，只有交易让双方都感到满意，双方都获得了需求的满足，这样的销售才是成功的营销。经典推销简单地说就是投其所好。抓住对方的弱点（需求）推销专卖点与独特之处，他想要什么就给他什么。

(4) 多多展示　每个人身上多少都存在近因效用，他更相信摆在他眼前的事实。如果不能让他下定购买的决心，就要多次展示，让顾客看个够，并且力求让他忘记争论的焦点。有个一米八的大个担心某车后备空间不足，销售人员让他坐上驾驶室感受用就是这种方法。

(5) 使用旁证　你的证明和说辞很难起到证明的作用，因为顾客对你的防范是很严的。有位女顾客看上了一款跑车，可销售员怎么说都不能让她决定购买。这时，经理过来对销售员说："小张，某某（一名人）的车该保养了，您给她打个电话通知一下。"这位顾客当即决定购买。

2. 完美交车

几乎所有的汽车交易都需要等，很难做到当即提车，而越是豪华汽车，等待时间越长。虽然顾客已经决定购车，并签订了合同，但还是不能大意，要随时与顾客沟通，并解答顾客的疑问。对即将到来的交车也要全心全意。

（1）证件点交：保险卡、保修手册、使用说明书、合格证、完税证明、其他。

（2）费用说明及单据点交：发票、保险单据、上牌费、车船使用税、车辆购置税、其他。

（3）"使用说明书及保修手册"内容说明：使用说明书、800免费专线电话、服务保证内容、紧急情况处理、定期保养项目表、24小时救援服务、1000、5000公里免费保养内容说明。

（4）介绍服务站：营业地点、营业时间、介绍服务代表、介绍服务部经理。

（5）车子内外检查：车内整洁、故障警示架、千斤顶、工具包、外观整洁、备胎及轮胎气压、配备、其他。

（6）操作说明、后视镜调整、电动窗操作、儿童安全锁、空调、除雾、灯光、仪表、座椅、方向盘调整、音响、油、水添加及汽油种类及号数、特有配备等。

3. 使汽车销售成交的技巧

汽车销售成交最为关键，就像足球比赛的临门一脚，决定着成败，因此提高成交水平，对于汽车销售人员愈为关键，下面介绍十个汽车成交的技巧。

（1）选择成交法　选择成交法是提供给客户三个可选择的成交方案，任其自选一种。这种办法是用来帮助那些没有决定力的客户进行交易。这种方法是将选择权交给客户，没有强加于人的感觉，利于成交。如一个早餐点销售鸡蛋，一个办法是要不要蛋，另一种是要一个还是两个蛋，结果销售鸡蛋的业绩可想而知。

（2）请求成交法　请求成交法是销售员用简单明确的语言直接要求客户购买。成交时机成熟时销售员要及时采取此办法。此办法有利于排除客户不愿主动成交的心理障碍，加速客户决策。但此办法将给客户造成心理压力，引起反感。该办法适应客户有意愿，但不好意思提出或犹豫时。

（3）肯定成交法　肯定成交法为销售员用赞美坚定客户的购买决心，从而促进成交的方法。客户都愿意听好话，如称赞他有眼光，当然有利于成交。此法必须是客户对产品有较大的兴趣，而且赞美必须是发自内心的，语言要实在，态度要诚恳。

（4）从众成交法　消费者购车容易受社会环境的影响，如现在流行什么车，某某名人或熟人购买了什么车，常常将影响到客户的购买决策。但此法不适应于自我意识强的客户。

（5）优惠成交法　提供优惠条件来促进成交即为优惠成交法。此办法利用客户沾光的心理，促成成交。但此法将增加成本，可以作为一种利用客户进行推广并让客户从心理上得到满足的一种办法。

（6）假定成交法　假定成交法为假定客户已经做出了决策，只是对某一些具体问题要求作出答复，从而促使成交的方法。如对意向客户说"此车非常适合您的需要，您看我是不是给你搞搞装饰"。此法对老客户、熟客户或个性随和、依赖性强的客户，不适合自我意识强的客户，此外还要看好时机。

（7）利益汇总成交法　利益汇总成交法是销售员将所销的车型将带给客户的主要利益汇总，提供给客户，有利于激发客户的购买欲望，促成交易。但此办法必须准确把握客户的内在需求。

（8）保证成交法　保证成交法即为向客户提供售后服务的保证来促成交易。采取此办法要求销售员必须"言必信，行必果"！

（9）小点成交法　小点成交法是指销售员通过解决次要的问题，从而促成整体交易的办法。牺牲局部，争取全局。如销车时先解决客户的执照、消费贷款等问题。

（10）最后机会法　是指给客户提供最后的成交机会，促使购买的一种办法。如：这是促销的最后机会。"机不可失，时不再来"，变客户的犹豫为购买。

第四节　汽车销售的售后业务

一般人常以为把汽车卖出去，销售就已经完成了，至于出售以后的事情，就漠不关心了。像这样的销售，实际上已经犯了最严重的错误。那就是忽略了售后服务，没有售后服务的销售，在客户的眼里，是没有信誉的销售；没有售后服务的商品，是一种最没有保障的商品；而不能提供售后服务的汽车营销人员，也是不能使顾客成为朋友的。

售后服务是销售的一部分，有远见的企业家和汽车营销人员都认为，对于具有延续性销售作用的售后服务，更是不可掉以轻心。

一、汽车商品售后业务

1. 商品售后服务

商品的售后服务含义甚广，凡与所销售商品相关联且有益于购买者的服务，均属于商品的售后服务。这包括商品信誉的维护和商品资料的提供两方面。

（1）商品信誉的维护　售后服务最主要的目的是在维护商品信誉，一项优良的商品，在销售时总是强调售后服务，在类似或相同商品推销的竞争条件中，售后服务也常是客户取舍的重要因素。因此，商品的售后服务也就代表了商品的信誉。商品信誉的维护工作主要有以下内容。

① 商品品质的保证。汽车营销人员在出售商品之后，为了使客户充分获得购买的利益，他必须常常做售后服务，这不止是对客户道义上的责任，也是维护本身商誉的重要行动。如4S店出售了一辆汽车后，为了使这辆汽车能发挥正常的功能，就应该定期进行检查维护和保养工作。

② 所承诺服务的履行。任何汽车营销人员在说服顾客购买的时候，必先强调与商品有关，甚至没有直接关联的服务，这些服务的承诺，对交易能否成交是极重要的因素，而如何切实的履行推销员所做的承诺则更为重要。往往有些汽车营销人员在说服成交时，漫不经心地向客户提出售后的某种服务，结果后来确忽略掉了，因此很容易与客户发生误会或不愉快，如此客户岂会再度光临？

（2）商品资料的提供　使客户了解商品的变动情况，是汽车营销人员的一种义务。在说服一位客户以前，汽车营销人员通常需要将有关商品的简介、使用说明及各项文件资料递交客户参考，而在客户购买之后，却常疏于提供最新资料，这样是不妥的。

汽车营销人员要有个基本的认识，那就是开拓一位客户远不如维持一位客户来得重要，开拓客户在功能上是属于"治标"，而真正能维持客户才算"治本"。维持客户的方法，除了使其产生对商品的信心之外，汽车营销人员能继续提供给客户有关商品的最新资料，亦是一种有力的售后服务。

2. 汽车售后业务应考虑的内容

从消费者的角度看，服务应分为3个方面，即服务方式、服务质量与服务期限。

（1）服务方式　服务方式的好坏在于厂家提供的服务是主动服务还是被动服务。

谁都知道主动服务能够赢得顾客的信赖，但很多企业提倡的主动服务仅仅停留在"提倡"上而已，真正的服务人员依然我行我素。不但顾客有了问题不主动服务，顾客找上门了还推三推四拖拖拉拉。服务成为竞争力的提法也已经有很多时日了，但理论在现实中的运用还差距甚远。建立服务、尤其是建立能够满足当今顾客的需求的服务体系需要花费极大的代价，这是服务与需求脱离的主要原因。但如果走不出这一步，就不会有明天。

（2）服务质量 服务从本质上讲是对人的服务。如果没有顾客人的满意，再怎么好的表现都不会起到质的作用。

如北京有一位车主开车出外旅游时车坏了，他记不住经销商的电话，于是只好给中国总部打电话，可是总部却说这不是他们负责，应该找某服务中心，然后给了他一个电话，他只好给服务中心打电话，可把问题说清以后，服务中心却以距离超过规定为由拒绝出车。经过一番推磨，服务中心终于以 300 元的费用出车。维护过程和结果都还行，但这位顾客也对这家企业失望了，只想把车换掉。

出了问题的车主本来心情就不好，如果你爱理不理或稍有不慎，都会点燃他心中的火气。不能安抚一颗不平静心灵的服务是不合格的服务。服务在乎心而不在于技。

（3）服务期限 好像没有一种商品是可以终身保质的，汽车更是不能。目前，国内汽车服务期限一般为两年或 5 万公里，更短的只有 1 年半或 3 万公里。如果企业认真调研一下服务期限对顾客决策的作用，那么他们能够意识到延长服务期限将会成为汽车竞争的基石。延长服务期限就像保险，它的主要作用不在于能多给顾客实质性的服务，而在于让顾客减少后顾之忧。

当把因为保证的不同而导致市场的不同以及服务的不同时，就可以肯定地说，多做保证是值得的。

只有用售后服务促进了汽车销售的售后服务才是合格的售后服务。

二、中国汽车生产企业售后服务工作概况

1. 国内的售后服务工作现状

（1）存在的问题 汽车售后服务的出现是市场竞争所致，也是汽车营销中的一种手段。由于汽车有消耗品的特点，顾客对其保养、维修都十分重视。汽车售后服务作为汽车营销中的重要手段之一，汽车 4S 店或汽车经销商近几年也在大力发展配件、保养、维修等综合化产业。汽车 4S 店或汽车经销商的售后服务如果作为一个综合性的产业，既有制造业的特点，又有服务业的特点；既有自己独立的利润，又有与销售部门共同的链式利润。虽然，汽车售后服务市场发展迅速，但仍然存在许多问题，我国的汽车 4S 店或汽车经销商的售后服务方面存在的问题主要表现为以下几种形式：

① 服务观点淡薄，服务意识不到位；
② 配件管理落后，提供劣质配件；
③ 维修理念落后，维修技术欠缺；
④ 服务网点少，紧急救援工作困难；
⑤ 客户回访不够深入，信息反馈忽略严重；
⑥ 汽车保险和信贷制度不够完善。

（2）造成这种状况的原因 根本原因是生产、销售、维修的脱节。
① 汽车生产厂家与经销商的脱节；
② 汽车销售人员素质参差不齐；
③ 售后服务与经销商及厂家的脱节。

2. 国内知名品牌汽车的售后服务浅析

中国的汽车业现在可谓是百家争鸣。在价格竞争、产品竞争的背后，综合实力较强的几家汽车企业已悄然开始由规模销售转向精益销售，由产品和价格的竞争转向渠道和售后服务的竞争。因此在汽车销售市场的新一轮竞争中，售后服务的竞争将成为核心和焦点之一。并且，汽车售后服务也将成为汽车生产企业获利的一个重要来源。

例：奇瑞力争成为"汽车界的海尔"。

例：一汽红旗轿车创造新的营销、服务理念——多功能网络：让经销商赚钱；全方位服务：让消费者满意。

例：一汽大众汽车在全国探索加强调人性化的客户体验，并以此目标为依据进行渠道管理。

例：通用花巨资与美国国际商用机器公司（IBM）等联手实施客户关系管理（CRM）系统，以整合生产、营销、服务系统。以抢占服务高地为目标的没有硝烟的战争已经开始。

3. 如何提高汽车售后服务质量

汽车4S店或汽车经销商的行业发展前景广阔，具有巨大的商机，而消费者的需求也体现在各个层面上，所以汽车4S店或汽车经销商的服务必须做到专业化、标准化、规范化，只有以优质全面的服务和高精的技术含量才能赢得消费者的信赖和适应市场的发展。汽车4S店或汽车经销商的售后服务的档次必须得到提高，服务分工要做到明确的细分，拓展业务广度，发掘服务深度，提高技术高度，并且在资金实力、政策导向、管理、运筹等各个方面存在的待解决的问题都必须做一个合理的解决方案。因此汽车4S店或汽车经销商在提高汽车售后服务质量方面应做出自己的特色，完善的售后服务体系。结合现在汽车4S店或汽车经销商在售后服务方面所存在的问题，及自身的不足，尽力做到以下几点。

（1）规范服务标准，提高工作人员的整体素质。

随着科学技术的进步，汽车科技的发展也不断进深入，顺理成章的各汽车4S店或汽车经销商也都相应的配置了各种先进的设备和工具，尤其针对品牌车型检验的专用电脑检测设备也都逐渐引进，而大部分汽车4S店或汽车经销商的工作人员，并不是从事本行业的工作，大部分都没有经过专业、系统的培训和专业的技术理论指导。"兵马未动，粮草先行"，技术支持不仅是服务上的品质保证，也是提高顾客在日常作业的有力保障。

提高汽车4S店或汽车经销商售后服务工作人员的整体素质，就要对整个售后部门进行全面、系统的培训。首先，要对与客户接触所有工作人员进行培训，主要是服务工程师和销售人员，对他们的培训可以形成提升售后服务的突破口。同时，也可以在他们与经销商的合作中作出表率作用和提供指导。其次，对汽车4S店或汽车经销商的管理人员进行提升顾客满意度的培训，从提升售后服务理念和提高顾客服务管理能力入手，帮助其明确提升顾客满意度对提升盈利能力和竞争力具有深远的战略意义。最后，是对汽车4S店或汽车经销商技术工程师和维修人员进行专业技能培训和提升顾客满意度的培训，主要是培训处理汽车故障的技术方法以及客户服务的处理原则、程序和技巧。力争做到目标明确，顺利实施。例如，在这方面做的突出的则是沃尔沃公司旗下的各汽车4S店或汽车经销商，他们聘请行业专家，定期对员工进行维修技术和提升顾客满意度的培训和考核，每一位工作人员经过严格的考核后，方能上岗，他们专业化的服务获得了消费者的赞誉。

（2）提供纯正配件，使服务质量和成本双重保证。

许多配件生产厂商为了扩大生产规模和销售数量而不顾产品的生产质量，生产低质量的伪劣产品，以低价向汽车4S店或汽车经销商销售。而汽车4S店或汽车经销商因贪图利益，引进劣质配件，却以纯正配件的价格出售给顾客和向维修车间提供。这样，不仅降低了汽车使用的安全系数，也增加了消费者的使用成本。再好的汽车也需要保养和维修，就像一个人难免会生病一样，车出了问题并不可怕，关键是这些问题的出现会危及人的生命和财产的安全。若向顾客提供非纯正配件，汽车的维修质量就得不到保障，从而失去大量的顾客。非纯正配件不仅会影响到汽车的整体工作状况和使用寿命，而且与人的生命和财产安全息息相关。日本丰田公司就向它的 4S 店或经销商提供纯正的机油产品和原厂的纯正配件，保证了配件的规格、材料、尺寸及容差都与其要更换的配件完全相同，确保新的配件与整车协同工作，消除运行干扰，避免了顾客的重复维修成本，保证了汽车的正常安全运行，提高车辆的使用率，降低了汽车的使用成本，使丰田品牌赢得了顾客的信赖和多次惠顾。

（3）提供先进的服务设施，提升和完善维修服务质量。

汽车 4S 店或汽车经销商的售后服务行业不仅仅是为顾客提供一些表面性的咨询服务和简单的故障处理，这其中也包含着高精的技术服务。汽车的发展也随着科技的进步在不断的提升，高科技也在不断向汽车产品领域渗入。例如，GPS 卫星定位系统，ECU 中央控制单元，ESP 电子稳定程序等高科技的渗入，就不仅仅要求维修人员要有过硬的修理技术，更要求汽车 4S 店或汽车经销商引进高端的硬件维修设施帮助维修人员对这些高科技产品的故障排除。

（4）定期进行客户回访，建立客户档案。

顾客购车对汽车 4S 店或汽车经销商来说并不是一次性的买卖交易，而是以后长期"合作"的开始。顾客购车后的使用情况怎么样，使用性能如何，是否满意，是否有不满意的地方需要我们改进，或者去为他们的新的需求提供一些帮助。这就需要定期给顾客打个电话，或邮寄一封信函做一个简短却让人温心的回访，征求一下顾客的意见或建议，给每一个顾客建立一个客户档案。

例如现在不少汽车 4S 店或汽车经销商在回访过程征求顾客的意见，定期为顾客做一些保养方面的小知识，建立客户的会员制度或 VIP 制度，每月或在一定时间内给顾客邮寄企业期刊或小卡片，组织一些活动，通过这些活动了解顾客的心理，接受顾客的要求。把企业的最新动态告知顾客，增加顾客与企业的感情，让顾客真心感受到企业的服务体贴、周到。

定期给顾客做回访，了解顾客的心理及需求，倾听顾客的意见，认真做好记录，建立客户档案，可以为汽车 4S 店或汽车经销商带来新的商机。同时，为企业的服务理念的提升指明了新的发展方向，也给企业的整体的发展方向及制定长远的战略目标提供了有利的依据。

（5）多设服务网点，并尽力做到精细。

汽车 4S 店或汽车经销商的售后服务方面存在的弊端并不是不可以避免的，只要汽车 4S 店或汽车经销商把售后服务做到精细，站在顾客的角度去考虑问题，无论是在服务态度，或是服务质量方面都要做到细致入微，开通 24 小时服务热线，以备顾客的不时之需。尽量做到"一切为顾客着想，一切从顾客利益出发"。把服务做到精品化，细致化。

（6）加强各行业沟通，提供完善的保险和信贷业务。

随着我国经济体制的发展，各行业的行业制度也在不断的调整，这也加速了汽车 4S 店或汽车经销商与各行业的合作。汽车行业的快速发展，使得保险公司和银行的各项业务也逐渐涉足到这个领域。所谓"行有行规"，各行业有自己的行业规则与制度，这就使保险公司的保险业务和银行的信贷业务与汽车行业的规定产生了某些方面的冲突，所以要尽力的去制定相应的措施去完善这些不足之处。例如提供的咨询服务、代办各种手续等，减少一些不必要的业务流程。像这方面做得比较好的企业则是解放一汽财务总公司直接向用户提供贷款业务，极大方便了客户的要求，减少了一些不必要的手续。

售后服务作为市场营销中一个必不可缺少的中间环节，不但在各产品市场市场领域起着至关重要的作用,在汽车售后服务行业中也对汽车产品和服务走向市场化起着过渡作用。热情、真诚地为顾客着想的服务能给顾客带来满意,获取顾客的信赖,从而在市场竞争中能够占有一席之地,赢得市场。所以汽车 4S 店或汽车经销商要以不断完善服务为突破口,以便利顾客为原则,以优质的产品与独特的服务所具有的魅力和一切为顾客着想的体贴来感动顾客。提升汽车 4S 店或汽车经销商工作人员的素质,拒绝非纯正配件,提高维修质量,做好客户回访,以及提供方便、完善的信贷业务,提高服务质量,提升顾客的满意度与企业的知名度。

复习与思考题

1. 简述汽车整车销售的基本流程。
2. 寻找潜在客户的方法有哪些?
3. 在销售前准备时销售员需把握哪些原则?
4. 客户接待过程中的技巧有哪些?
5. 商务谈判的基本原则是什么?
6. 商务谈判的过程分为几个阶段?
7. 使汽车销售成交的技巧有哪些?
8. 如何提高汽车售后服务质量?

第十三章　汽车营销人员

学习目标
1. 掌握汽车营销人员的基本素质。
2. 掌握汽车营销人员的基本能力。
3. 掌握职场必须具备的礼仪礼节。
4. 了解汽车营销人员的含义及任务。
5. 了解销售人员的职责。
6. 了解汽车营销人员的团队沟通技巧。

第一节　汽车营销人员的职业素质

一、汽车营销人员概述

1. 汽车营销人员的含义

汽车营销人员是指在汽车所属各个企业、组织或汽车市场营销管理活动中从事市场调查、市场预测、汽车市场开发、汽车市场投放政策、市场信息管理、价格管理、销售促进、公共关系等工作的专业管理人员。

2. 汽车营销人员的任务

汽车营销人员的任务就是为了更好满足顾客的需求和为达到营销目标而展开一系列市场营销活动。其基本任务有两个：一是发现顾客需求；二是实施一系列更好满足顾客需求的活动。

3. 汽车营销人员与推销人员的区别

（1）观念不同　汽车营销人员必须以市场营销观念作为指导，而汽车推销人员只是持有推销观念。

（2）中心不同　汽车营销人员以满足顾客需求为中心，而汽车推销人员只是以卖方需求为中心。

（3）目的不同　汽车营销人员是从顾客的需求出发，考虑如何通过市场营销活动，来满足顾客的需求；而汽车推销人员从卖方需求出发，考虑如何把汽车产品变成现金。

（4）任务不同　汽车营销人员的任务是实施一系列满足顾客需求的市场营销活动，而汽车推销人员的任务只是采用推销手段开展推销活动。

汽车市场营销的工作性质决定了汽车营销人员应具备较高的管理素质和多种技能。随着市场经济的发展和汽车技术的进步，传统的汽车推销工作已不能适应汽车企业开展市场营销活动的需要，仅依靠汽车推销人员销售汽车产品也会越来越少。

二、销售员的职责

销售员的职责是指作为销售员必须做的工作和承担的相应责任。销售员是销售过程中的主体,是联系企业与顾客的桥梁和纽带,既要对企业负责,又要对顾客负责。因此,销售员的职责并非仅限于把企业的产品销售出去,而是承担着多方面的任务,每一次销售活动的具体任务是不同的,不同类型的销售工作也有不同的工作内容,但企业的销售人员,都承担着一些相同的基本职责。明确销售员的职责范围,不仅是对销售员的具体要求,也是挑选、培养销售员的条件、目标和方向。具体来说,销售员的职责包括以下几个方面。

1. 收集信息

企业在市场竞争中能否取得有利的地位,在很大程度上取决于信息的获得程度。销售员是企业和市场之间、企业和顾客之间的媒介,对获得信息具有十分有利的条件,易于获得需求动态、竞争状况以及顾客的意见等重要信息。及时地、持续不断地搜集这些信息,并把这些信息反馈给企业,是销售员应当承担的一项职责。这不仅可以为企业制定正确的营销策略提供可靠的依据,而且有助于销售员提高自己的业务能力。因此,企业应加强对销售员的教育,使他们自觉地当好企业耳目,在走访顾客,销售商品,为客户服务的同时,有意识地了解、收集市场信息。同时,要建立必要的规章制度,要求销售员定期反馈信息,并给提供有效信息者给予物质和精神奖励,使信息反馈工作制度化、经常化。

2. 沟通关系

销售员运用各种管理手段和人际交往手段,建立、维持和发展与主要潜在顾客、老顾客之间的业务关系和人际关系,以便获得更多的销售机会,扩大企业产品的市场份额。这也是销售人员重要职责。

销售员将商品销售出去,不是工作的结束,还必须继续保持与顾客的联系。销售员应改变"卖完即分手"的做法。应与顾客建立长期、友好的联系。销售成交后,能否保持和是否重视与顾客的联系,是关系销售活动能否持续发展的关键。销售员不仅要巩固与顾客的关系,尽善尽美地提供售后服务,定期访问,节日问候,保持稳固的产销渠道,使老顾客在更新产品时继续采用本公司产品,而且还要千方百计地发展新的关系,吸收、说服潜在顾客购买本企业的产品,不断开拓新市场、扩大企业的市场范围。国外一些企业总结出一套沟通关系的有效步骤:确定主要客户的名单;确定每一位销售员的联系对象;规定沟通关系的具体目标及任务;销售管理定期检查评估;每个销售员根据计划目标沟通工作。

3. 销售商品

销售企业将企业生产出来的商品,从生产者手中转移到消费者手中,满足消费者的需要,为企业再生产创造条件。这是销售人员最基本的职责,也是销售工作的核心环节。

销售商品是通过销售过程中的一系列活动所完成的。这些活动包括寻找潜在顾客、准备进行访问、介绍和示范产品、处理异议、确定价格及交货时间等成交条件、签订合同等。此外、还包括销售商品所必需的辅助性工作,如商务旅行、调查、案头工作、必要的交际等。据美国的一份调查表明:销售员花在旅途及等待会见的时间占全部工作时间的26%,花在调研及案头工作上的时间占全部工作时间的23%,而真正与顾客接触,说服顾客购买的时间占全部工作时间的41%,销售员的其他职责的完成与否,都有赖于是否成功地销售商品。因此,成功的销售商品,为销售员履行其职责打下了良好的基础。

4. 提供服务

"一切以服务为宗旨"是现代销售活动的出发点和立足点。销售员不仅要为顾客提供满意的商品,更重要的是要为顾客提供各种周到和完善的服务。服务是产品功能的延长,有服务的销售才能充分满足顾客的需要,而缺乏服务的产品只不过是半成品。未来企业的竞争日趋集中在非价格竞争上,非价格竞争的主要内容就是服务。在市场竞争日益激烈的情况下,服务往往成为能否完成销售的关键因素。

销售员所提供的服务包括售前、销售过程中、售后服务。售前的服务通常包括:帮助顾客确认需求和要解决的问题;为顾客提供尽可能多的选择;为顾客的购买决策提供必要的咨询等。售前的服务是进行销售的前提,也为成交奠定了基础。销售过程中的服务主要包括:为顾客提供买车咨询、融资贷款、保险、上牌、办理各种手续方面的帮助。销售过程中的服务是销售成功的关键,因为这些能为顾客带来额外利益的服务项目常常成为决定成交的主要因素。尤其是在商品本身的特征和价格差别不大的情况下,顾客总是选择那些能提供额外服务的厂家。销售完成后的服务即售后服务,它主要包括产品的安装、调试、维修、保养、人员培训、技术咨询、零配件的供应以及各种保证或许诺的兑现等。这些服务不仅能够消除顾客的抱怨,增强顾客的满足感,巩固与顾客的关系,为企业争取更多的客户,而且有利于树立良好的企业形象,增强企业的竞争能力。

5. 树立形象

销售员在销售过程中的个人行为,能使顾客对企业产生信赖或好感,并促使这种信赖和好感向市场扩散,从而为企业赢得广泛的声誉,树立良好的形象。

销售员是连接企业与顾客的纽带,他要把企业的商品、服务及有关信息、传递给顾客,销售员在进行销售时,完全代表着企业的行为。在顾客面前,销售员就是企业,顾客是通过销售员来了解、认识企业的。因此,能否为企业树立一个良好的形象,也就成为衡量销售员的重要标准之一。树立良好的企业形象,销售员需要作一系列扎实的努力。首先,要推销自己,以真诚的态度与顾客接触,使顾客对销售员个人产生信赖和好感;其次,使顾客对整个买车交易过程满意;最后,使顾客对企业所提供的各种售后服务满意。此外,销售员还应尽量帮助顾客解决有关企业生产经营方面的问题,向顾客宣传企业,让顾客了解企业。

树立了良好的企业形象,也就树立了良好的商品形象,而良好的商品形象是销售活动顺利进行的物质基础。因此,企业形象直接影响顾客的购买行为,它不仅是促成本次购买的条件,也是影响今后购买乃至长期购买的前提。

三、销售员的基本素质

销售员的素质包括业务素质和个人素质两项内容。

1. 业务素质

(1) 具有现代营销观念 营销观念是指销售员对销售活动的基本看法和在销售实践中遵循的指导思想。营销观念决定着销售员的销售目的、销售态度,影响销售过程中各种销售方法和技巧的运用,也最终影响着企业和顾客的利益。在销售活动中,销售人员要摒弃"以企业为中心"的传统销售观念,树立和坚持"以顾客为中心"的现代营销观念。

现代营销观念认为:销售是用适当的方法和技巧,阐明商品能给顾客的某种需要带来满足,在满足顾客需要中获得企业利益。现代营销观念强调商品的销售必须以消费者的需要为基础,销售方法和技巧应该适应顾客的心理需求。

(2) 具有丰富的专业知识 销售员应掌握的专业知识是非常广泛的,专业知识的积累关系着素质、能力的提高。销售员所应具备的专业知识包括企业知识、产品知识、市场知识和用户知识等。

① 企业知识。掌握企业知识,一方面是为了满足顾客这方面的要求,另一方面是为了使销售活动体现企业的方针、政策、达到企业的整体目标。企业知识主要包括企业的历史沿革、企业在同行业中的地位、企业的经营方针、企业的规章制度、企业的生产规模和生产能力、企业的销售政策和定价政策、企业的服务项目、企业的交货方式与结算方式、企业的供

货条件等。

② 产品知识。销售员不是技术专家，也不是产品开发设计人员，不可能透彻了解有关产品的全部知识，但销售员掌握产品知识的最低标准是顾客想了解的和想知道的。顾客在采取购买行动之前，总是要设法了解产品的特征和性能价格比，以减少购买的风险。通常，越是技术上比较复杂，价值或价格高的产品，顾客要了解的产品知识就越多。顾客喜欢能为其提供大量信息的销售员，顾客相信对产品表现出权威性的销售员。销售员不仅是销售产品，更重要的是销售知识。一般来说，销售员应对自己所销售产品的以下方面应有深入的了解：产品的生产厂家、产品的性能、产品的使用、产品的维修与保养、产品的品质保证期。同时，销售员还要了解竞争产品的性能、价格等有关知识。

③ 市场知识。市场是企业和销售员活动的大舞台，了解市场运行的基本原理和市场营销活动的方法，是企业和销售员获得成功的重要条件。由于销售活动涉及各种各样的主体和客体、有着十分复杂的方式和内容，所以，要求销售员掌握的市场知识应当是十分广泛的。销售员应努力掌握市场运行的基本原理、市场营销及商品销售的策略与方法、市场调研与市场预测的方法和供求关系变化的一般规律。销售人员还应掌握现实客户的情况、寻找潜在客户的途径、潜在客户的管理等知识。

④ 用户知识。主要包括产品的去向分布，用户的心理、性格、消费习惯和爱好，任何人掌握购买决定权，用户的购买动机、购买习惯、采购的条件、购买方式、购买时间、购买力等内容。此外，与专业知识相关的知识还有法律方面的知识、财会方面的知识、人际关系知识、经济地理方面的知识、市场情报学知识等。销售员为了出色地完成销售工作，必须具备丰富的专业知识并了解相关知识。销售员必须具有旺盛的求知欲，乐于学习和积累完成销售工作所必备的知识。

(3) 具有较扎实的销售基本功　销售基本功是销售员胜任销售工作的基本前提，一般有以下几个方面。

① 用职业的方式去开拓客户。这是销售员的首要基本功。销售员应具有开放式的心态，随时随地有意识地寻求各种与销售相关的信息，把一些人们认为毫不相关的问题联系起来，从而构成自己的市场。销售员应有吃苦耐劳的精神，习惯于独辟蹊径，有充分的耐心去等待客户，有足够的勇气去开拓客户，用巧妙的方式去诱导客户，用机智的慧眼去洞察客户；销售员应善于以逸待劳去获得客户，善于用客户去发展客户。

② 用公关的方式去接触客户。销售员必须具备公关的能力，接受公关的训练，使客户愿意同其见面，在客户心目中留下好印象。这就要求销售员：第一，对客户诚心诚意谈论客户所关切的问题，做一个良好的听众，使客户感到自己的重要和有价值；第二，尊重客户的意见，尽量避免与客户发生争议，坚持友好的态度；第三，不侵犯或刺激客户的情绪。

③ 能准确地判断客户。销售员应学会察言观色，明了客户所思所想。销售员应能准确地判断出谁是真正的购买者，谁是购买的决策者；判断客户的性格、爱好及客户可能的购买能力。

④ 有效地处理来自客户的障碍。销售员要有较强的承受力，有化解客户制造的障碍的能力。为此，需要销售人员从心理上明了客户制造障碍的原因，并能用恰当的方法去有效处理。

(4) 具有熟练的销售技巧　销售员必须站在顾客立场上，为顾客的利益（也为企业的利益）说服顾客购买自己所销售的产品，让顾客充分感受到购买的愉快心理，并确实因此获益或感到满足。

销售技巧应贯穿于整个销售活动的始终。销售员应熟练地掌握发掘顾客的各种方法，创造吸引顾客应具备的条件，取得顾客的信任，并有效地排除顾客购买时的心理障碍；善于交谈，能正确处理顾客在面谈中提出的各种异议；善于把握成交的合适时机；热心为顾客服务，为顾客排忧解难，并能及时恰当地处理顾客提出的各类申诉和抱怨，使顾客由不满意转为满意，最终抓住时机，把握成交。

2. 个人素质

个人素质是指销售员自身应具有的条件和特点。销售员在销售商品的同时，也是在销售自己，因此，他必须具备良好的个人素质。一般来说，销售员所应具备的个人素质主要包括以下几个方面。

（1）良好的语言表达能力　这是胜任销售工作的基本条件。语言表达能力是指销售员运用有声语言及行为语言准确传达信息的能力。语言艺术是销售员用来说服顾客的主要手段，每一次销售过程都要使用陈述、提问、倾听及行为语言等多种语言技巧。可以说，没有语言艺术，就不可能有成功销售。

（2）勤奋好学的精神　销售工作的业务内容是多方面的，销售活动的组织形式是不断变化的。一位优秀的销售员必须具有勤奋好学的精神，才能使自己适应工作的要求，进而在事业上有长足的发展。首先，销售员应努力掌握必需的知识和技巧；其次，要善于思考，对于自己在销售实践中所遇到的问题，不仅要设法解决，还要加以分析和解决，不断积累经验，总结出销售工作的一般规律；此外，还应善于学习同行的经验，从中获得有益的启示。

（3）广泛的兴趣　兴趣是人对客观事物的一种特殊的认识倾向。对于感兴趣的事物，人们会主动去接近、研究、以求得更深刻的认识。销售员一定要培养自己广泛的兴趣。这是因为，销售员要接触各种顾客并与他们建立联系，接近他们，说服他们，而共同的兴趣、爱好是缩短人际交往距离的重要因素。在生活中，人的某种兴趣的产生，往往具有自发的性质。但对一个职业销售员来说，必须有意识地培养自己广泛的兴趣，这是销售事业对销售员提出的必然要求。

（4）端庄的仪表　销售员良好的外部形象和得体的表情姿态，不仅会给顾客留下良好的印象，有助于销售成功，而且也会有助于销售员自身的完善。所以，销售员必须衣冠整洁，举止大方，一言一行都要表现出积极认真和奋发向上的精神面貌，努力塑造好自己的形象。但要注意的是，销售员一定要平易近人，不要矫揉造作。

（5）健康的身体　销售员应精力充沛，行动灵活，头脑清醒，能轻松地进行日常工作。销售工作是比较辛苦的，销售员为拜访客户，要东奔西走，商务谈判紧张艰巨，商务应酬往往占用很多休息时间，旅途中得不到很好的休息。销售工作兼具了体力劳动和脑力劳动之苦，没有健康的身体，销售员是不能完成销售工作任务的。

（6）良好的心理素质　这主要表现为自信、自强和情绪的稳定。只有具备这种良好的心理素质的销售员，才能抱着坚定的信念，不怕困难挫折，一如既往地去从事销售工作。销售员的基本任务就是说服顾客购买自己所销售的产品。在销售过程中，买卖双方存在着矛盾和冲突，同时，同一种产品有众多的竞争者，这使得销售工作并非轻而易举，销售员也常常被顾客拒之门外。实际上，真正的销售工作大多是在受到第一次拒绝后才开始的。如果没有良好的心理素质，销售员往往难以忍受挫折，无法胜任艰巨的销售工作。

销售员的个人素质是多方面的。除以上几个方面外，还包括良好的气质、完美的个性、真诚和丰富的情感、良好的沟通能力等。在具体的销售工作实践中，销售员应努力加强自身修养，培养和提高个人素质，力争做一个合格的销售员。

四、汽车营销人员的职业素质

素质是个人身心条件的综合表现，是个人生理结构、心理结构及其机能特点的总和，是个人参与种种活动的基本条件。素质包括身体条件、气质、性格、能力、智慧、经验、品德等要素。这些素质要素是在先天遗传基础上发展起来的，是经过社会实践训练，不断地得到改善和提高的。不同的职业对从业人员的素质要求有所不同。汽车营销人员的职业素质主要包括强烈的公关意识、高尚的职业道德、良好的心理素质、合理的知识结构、全面的工作能力。

1. 强烈的公关意识

公共关系意识是一种综合性的职业意识，是汽车营销从业人员应具备的素质的核心。因为良好的公共关系意识能促使汽车营销人员的行为处在主动和自觉化的状态，使他对环境变化、人员变化有一种能动、开放、创造性的适应机制，能创造性地完成汽车营销任务。汽车营销人员必须具备强烈的公关意识。

(1) 对汽车市场新事物、新情况的敏感性　汽车营销和管理人员必须对汽车市场的新事物、新情况具有敏感性，对汽车市场微妙的变化能及时觉察，能从历年销售资料和有关数据中看出趋势，从平静的市场表象中看出潜伏的危机和有待挖掘的商机，要善于把握一些信号传递的信息。汽车市场营销人员必须具备灵敏的头脑，及时捕捉身边的信息，预测竞争方向，使自己的企业及时采取对策。

(2) 善于捕获灵感，抓住时机　一个成功的汽车营销人员往往会把营销工作组织得新颖生动、别具一格，使顾客（公众）产生深刻的印象。这是汽车营销人员所追求的理想境界。许多创新的销售手段、宣传手法在你的脑里稍纵即逝，善于捕捉灵感，及时抓住时机，会使工作更富有创造性。

善于捕捉灵感，及时抓住时机，要求汽车营销人员在工作实践和日常生活中做到以下两点：进行长期的知识积累；珍惜最佳的时机和环境。

许多事例证明，灵感大都是在思维长期紧张后的暂时松弛时得到的，或睡前，或起床后；或散步，或乘车时。要善于观察，在其他的事物中得到启示，从而获得灵感。总之，汽车市场营销人员要具备强烈的公关意识，做有心人，抓住灵感，把握时机，推陈出新。

2. 良好的心理素质

随市场竞争日益激烈，摆在汽车营销人员面前的是希望与机遇并存、成功与失败并存的局面。这就对汽车营销人员心理素质提出了更高的要求。主要包括以下几个方面。

(1) 自信的心理　自信是汽车营销人员职业心理的最基本要求，自信心是发展自己、成就事业的原动力之一。汽车营销人员具备了自信心，才能正视自己，从而激发出极大的勇气和毅力，最终创造良好的销售业绩。当然，汽车营销人员的自信是建立在周密调查研究、全面了解情况的基础之上，不是盲目的自信。

(2) 热情的心理　汽车营销人员与人、与车打交道，其工作对象主要是顾客，其次是车。这就要求汽车营销人员必须对工作充满极大的热情，凭借热情的心理来与各种各样的人打交道，结交众多的朋友，拓展工作渠道。热情的心理是想像力和创造力的基础，一个对什么都没有兴趣，对一切都很冷漠的人是无法胜任汽车营销工作的。

(3) 开放的心理　在信息交流、人际互动日益加强的现代社会，汽车营销人员要想做好销售工作，没有开放的心理是不行的。要善于接受新事物；善于学习别人的长处，善于学习新知识；不断解放思想、更新观念；勇于进取，不因循守旧；开拓创新，不墨守成规，这正是汽车营销人员不可缺少的心理特征。具有开放心理的人，能宽容地接受各种各样与自己性格、志向和脾气不同的人，并能"异中求同"，与各种类型的顾客、同事建立良好的人际关系，能冷静地对待和处理工作中所遇到的困难和挫折。

3. 高尚的职业道德

汽车作为高档的（大件）商品，对汽车营销人员提出了较高的职业道德要求。汽车营销人员要通过自己优质的服务，塑造良好的形象，扩大汽车生产商和销售商的知名度、认可度，来达到社会效益与经济的统一。因而，从事汽车营销的从业人员要有高尚的道德思想。汽车营销人员的主要职业道德可以概括为：实事求是、真诚可信；公正无私、光明磊落；勤奋努力、精益求精。

4. 合理的知识结构

汽车营销人员和管理人员经常要同形形色色的顾客打交道，因此必须有良好的教育和丰富的知识。

（1）文明经商知识　汽车营销人员必须遵守商业道德，合法竞争，必须维护消费者的合法权益；必须虚心听取消费者的意见，严肃认真地对待消费者的投诉。有了文明经商，才能取信于民。在营销活动中，荣誉是一种财富，俗称"金字招牌"，有的知名企业为维护这块"金字招牌"奋斗不已，所以汽车营销人员应该重视这无形的"财富"。

（2）经营业务知识

① 熟悉汽车结构原理、主要性能、保养检测知识，了解各种汽车的型号、用途、特点和价格，只有这样才能当好顾客的"参谋"，及时回答顾客提出的各种问题，消除顾客的各种疑虑，促成交易。

② 熟悉市场行情、价格、费用（利息、仓储、运输费……）、了解税收、保险、购置税费、付款（贷款）方式等一系列业务、政策规定，以及市场营销的基本知识。

③ 熟悉汽车销售工作中每个环节及细节，如进货、验收、运输、存车、定价、广告促销、销售、售后服务、信息反馈等，以及在洽谈基础上签订合同、开票出库等手续，并熟悉销售服务（加油、办移动证、工商验证等）的各个环节。

④ 熟悉各种票据、财务手续，结算准确、迅速；对涉及汽车货物的进、销、存，涉及货款的贷、收、付中的费用支出要心中有数；懂得承包部门的经济核算方法，随时了解本部门经济效益，及时采取措施，确保营销任务的完成。

（3）熟悉商业技能并能善于应用

① 熟悉顾客心理。顾客的职业不同、社会地位不同、年龄不同、习惯不同、爱好不同，对汽车有不同的需求。营销人员要有一定的心理知识，能从客户外表神态、言谈举止、挑选商品来分析判断顾客的特殊心理活动，根据不同情况接待顾客，促使交易顺利进行。

② 讲究谈判和语言艺术。要热情、和气、诚恳、耐心、礼貌、准确。俗话说：和气生财，要经得住"委屈"。

③ 掌握外语。掌握一门外语是必要的，最好能看懂汽车说明书，能简单会话。

5. 全面工作能力

汽车营销人员和企业其他工作人员的工作性质是不同的，往往要独立应付各种各样的事务，需要把自己的知识、经验灵活地运用到具体工作中去。因此，汽车营销人员的素质还应包括各种能力。

（1）宣传表达能力　汽车营销人员是汽车产品的宣传者，而且是以面对面的方式进行宣传，因此，汽车营销人员应具备较强的文字表达能力、口头表达能力以及感情、形体表达能力。

① 文字表达能力要求汽车营销人员掌握应用文体的格式和特点，熟练运用语法、修辞、逻辑等知识进行写作（汇报总结、计划方案等），文字准确、简洁、生动。

② 口头表达能力要求汽车营销人员要讲普通话，吐字清楚、简明扼要、有节奏感，不

啰嗦、重复，不滔滔不绝，也不可一声不吭，沉默寡言。要讲究语言艺术，注重感情色彩。宣传汽车性能，要求有敏捷的思维、灵活的反应，遇到突然提问时能用准确的语言表达自己的看法，不模棱两可、似是而非，在回答突然提问时有意识地把企业的思想、宗旨、产品、服务以及形象传达给顾客或提问者，以得到他们的认可、理解和赞赏。

③ 神态、感情、动作是沟通思想感情的非语言交往手段，形体表达有时比语言表达更为重要。如与人交谈，略微倾向对方，表示热情和兴趣；向顾客微微欠身，显得恭谦有礼；自然轻松的微笑是友好、坦诚的表示。所以，汽车营销人员注重神态表情来传达感情、来交流信息，往往有事半功倍的效果。

(2) 社会交往能力　汽车营销人员因工作需要，必须和各种各样的人打交道，这就要求汽车营销人员要了解顾客不同的心理特征和行为特征，要清楚如何与不同职业、不同地位的人打交道。现代营销要求汽车营销人员"主动出击"，不断拓展自己的交往范围。在与顾客交往中要"入乡随俗"，以从众的姿态，善于寻找契机。遵循人际交往的礼仪，以随和、热情、诚实的形象，博得汽车购买者和其他人员的信赖和好感。

(3) 自控应变能力　汽车营销人员在工作中难免会遇到一些态度粗暴、吹毛求疵的客户，作为汽车营销人员要有风度、气质、很强的自控能力，以自己的冷静，使对方平静，用自己的和颜悦色，消除对方的"火气"。自控并非目的，是为了在各种突发情况下保持清醒的头脑。所以，自控以后还需应变，应变需要理智和机智。作为汽车营销人员，多想几个假设，多制定几个计划，多准备几套预备方案和补救措施，这样才能随机应变，应付自如。

(4) 创新开拓能力　现代汽车市场是一个充满竞争的市场，现代汽车营销活动是在瞬息万变的情况下进行的，作为汽车营销人员必须具有较强的创新开拓能力。创新首先要不安于现状，不满足现有经验，要善于独立思考；要视野广阔、兴趣广泛，善于学习、善于思维、融会贯通、扬长避短；不能有"思维定势"，要以敏锐的思维从事物中发现不足，寻找对策；要持之以恒，创新是一个艰苦的过程，"十年磨一剑"，汽车营销人员要坚持不懈，永远以全新的姿态，迎接挑战。

五、销售员的基本能力

销售员的能力是指销售员完成销售任务所必备的实际工作能力。销售员要想取得成功，除了必须具备多方面的素质以外，还必须具备完成销售工作的基本能力。

1. 观察能力

销售员必须具备敏锐的观察能力，这是销售员深入了解顾客心理活动和准确判断顾客特征的必要前提。没有敏锐的观察能力，就不可能判断和使用有效的推销技巧。顾客为了从交易过程中获得尽可能多的利益，往往掩盖自己的某些真实意图。顾客的每一个行动背后，总有其特定的动机和目的；顾客在交易过程中也会或多或少地使用各种购买技巧。只有具备敏锐的观察能力。才能透过表象，看到问题的实质。对于销售员来讲，只有具备敏锐的观察能力，才能更好地了解销售环境，更多更好地寻找顾客，掌握购买者的行为特征，进而开展有效的销售活动。

2. 记忆能力

记忆能力是指对经历过的事物能记住，并在需要时回忆起来的能力。销售员的工作繁杂，需要记住的东西很多，如顾客的姓名、职务、单位、电话、兴趣爱好；商品的性能、特点、价格、使用方法；对顾客的许诺、交易条件、洽谈时间、地点；交通工具、车船时刻等。如果销售员在客户面前表现出记忆不佳，客户会对他产生不信任感。这无疑会为销售工作设置障碍，影响工作效率。记忆力的好坏固然与天赋有很大关系，但更重要的是后天的训练。能取得充分的记忆效果，很大程度上取决于记忆技巧和不断地自我训练。只要持之以恒、坚持不懈地训练，是能够提高记忆力的。

3. 思维能力

思维是人的理性认识活动，就是在表象、概念的基础上进行综合分析、判断、推理等认识活动过程。销售员应具有的思维品质包括：思维的全面性，能从不同角度看问题，即立体思维、多路思维；思维的深刻性，站得高，看得远，能把问题的本质看透；思维的批判性，不盲从，敢于坚持真理；思维的独立性，能独立思考，不受干扰，不依赖现成的答案；思维的敏捷性，反应快，遇事当机立断；思维的逻辑性，考虑问题条理清楚，层次分明。

4. 交往能力

交往能力是指人们为了某种目的而运用语言或者非语言方式相互交换信息，实行人际交往的能力。销售员在工作中要与各种各样的人打交道，有效的交往，会密切自己与顾客的关系，增加获得信息的渠道，提高销售效率。交往能力不是天生的、是在销售实践中逐步培养的。要培养高超的交往能力，销售员必须努力拓宽自己的知识面，做到天文地理、文韬武略都懂得一点；同时，要掌握必要的社交礼仪、礼节常识，如日常交往时、聚会时的礼貌、礼节等，销售员还应敢于交往，主动与人交往，不要封闭自己，应利用各种机会提高自己的社交能力。

5. 劝说能力

劝说是销售工作的核心。销售员应有良好的劝说能力，劝说能力的强弱是衡量销售员水平高低的一个重要标准。销售员要说服别人、说服顾客，不仅需要有较好的说话艺术，更重要的是要掌握正确的原则。其中最重要的原则就是"抓住顾客的切身利益，展开劝说工作"。也就是说，在销售商品的过程中，要重视对顾客切身利益的考虑，而不要把说服的重点放在夸耀自己的产品上。只有这样，顾客才会对所销售的产品产生兴趣，销售才会有成效。

6. 演示能力

在销售过程中，销售员要使顾客对所销售的产品感兴趣，就必须使他们清楚地认识到购买这种产品以后会得到什么好处。因此，销售员不仅要在洽谈中向顾客介绍产品的具体优点，同时还必须向顾客证明产品确实具有这些优点。产品演示是向顾客证明产品优点的极好方法。

熟练地演示所销售的产品，能够吸引顾客的注意力，使他们对产品产生直接兴趣，这是一种"活广告"，如果可能，应尽一切努力做好演示工作。汽车产品是不能随身携带的，销售员可以借助宣传材料、目录或其他器具，向顾客宣传介绍所销售的汽车产品特点。越来越多的产品信息无法用语言准确地传递，而必须借助于产品演示。如果用语言准确地表述，专业性太强，销售员不一定能说清楚，顾客也难以理解，产品演示就会使这个介绍过程既准确又明了。产品演示是一项专业推销技术，要求销售员必须掌握要点，形成自己独特的技巧。

7. 核算能力

利用科学的方法和手段对销售工作绩效及销售计划执行情况进行必要的核算评估，是销售技术的重要组成部分。销售员必须有良好的核算能力，这是销售员提高工作效率的重要手段。通过核算，分析销售工作及业务的效果，并从中探索规律，总结经验教训，为进一步改进和制定新的销售计划，作出科学决策奠定了坚实的基础。销售核算的内容很多，主要包括销售核算、费用核算、利润核算及劳效核算等。此外，销售工作通过其他多种数量标准进行评估，如每日拜访次数、订车量、成交量、销售与拜访次数比、毛利、巡回时间等，这些数量标准都可以定量表示，很容易进行比较。

8. 应变能力

应变能力是指在遇到意想不到的情况时，能使自己在不利的形势下扭转局势，或在遇到突发事件时能处乱不惊，以自己的果断和果敢挽救可能出现或已出现的失误。这要求销售员应有灵活的头脑，能冷静、果断地处理问题。在销售活动中，销售方法必须随顾客的改变而改变，没有一种方法对任何顾客都是绝对有效的。销售的商品也不是一成不变的，企业的发展必然使经营范围不断扩大，需求的变化也导致产品的更新换代，推销应该不断适应这些变化。每次销售活动总是受到各种因素的影响，如顾客态度和要求的变化，竞争者的加入，企业销售政策的更改，对方谈判人员及方式的更换等。这些变化往往会使推销进程中出现意想不到的曲折，推销员对此必须采取灵活的应变措施，才能确保达到预定的目标。

第二节　职场必须具备的礼仪礼节

销售活动既是一种商品销售活动，又是一种社会交际活动。销售员每天要和不同的客户和各种类型的人打交道、要应酬各种场面，必须善于交际，懂得社交礼仪。销售员销售产品的过程，也是一个销售自己的过程，在销售过程中，销售员要接近顾客，激发顾客的购买欲望，首先要让顾客对自己产生好感，才能取得顾客信任，取得销售的成功。一位销售员，有得体的仪表，高雅的风度，彬彬有礼、落落大方的举止，是成功销售自己的首要条件。

一、仪表、举止、谈吐礼仪

销售员在与顾客交往时，第一印象十分重要。第一印象在心理学上称为"最初印象"，是指人们初次见面时几分钟内，对方在你身上所发现的一切印象，包括仪表、礼节、言谈举止，对他人的态度、表情，说话的声调、语调、姿态等诸多方面，人们以此来形成对你的基本评价和看法。第一印象一旦形成，便很难改变。对销售员来说，第一印象犹如生命一样重要，你给顾客的第一印象往往决定交易的成败，顾客一旦对你产生好感，自然也会对你和你销售的产品产生好感。如何把握与顾客初次见面的短暂时机，创造一个良好的第一印象呢？销售员的仪表、举止、谈吐等方面的表现就显得格外重要。

1. 仪表礼仪

销售员在与顾客见面之初，对方首先看到的是你的仪表，如容貌和衣着。销售员能否得到顾客的尊重、好感、承认和赞许，仪表起着重要的作用。要给人一个良好的第一印象，就必须从最基本的做起，首先要注意仪表给人的第一印象。仪表不仅仅是销售人员的外表形象问题，也是内在涵养的表现和反映，良好的形象是外表得体与内涵丰富的统一。当然，对销售员来说，注意仪表并不是非要穿戴什么名贵衣物不可，也不是要刻意讲究，一般要做到朴素、整洁、自然、大方即可。销售员的衣着打扮，首先要注意时代的特点，体现时代精神。其次要注意个人性格特点。第三，应符合自己的体形。具体要注意的方面很多，比如，无论是中山装、西装或各种便服，在颜色、式样上要协调、得体，衣服要干净、烫平，尽量不要把杂物、打火机等放入口袋，以免衣服变形。头部也会给人很深的印象，头发要给人清爽感，油头粉面容易使人讨厌，蓬头垢面也易使人避之惟恐不及，要定期理发、洗头，经常梳理头发。女性销售员尽量不要戴太多的饰品等。总之，外貌整洁、干净、利落，会给人以仪表堂堂、精神焕发的印象。

2. 举止礼仪

销售员要塑造良好的交际形象，必须讲究礼貌礼节，为此，就必须注意你的行为举止。举止礼仪是自我心态的表现，一个人的外在举止行为可直接表明他的态度。销售员的行为举止，要求做到彬彬有礼、落落大方，遵守一般的进退礼节，尽量避免各种不礼貌或不文明的习惯。

销售员到顾客办公室或家中访问，进门之前应先按门铃或轻轻敲门，然后站在门口等候，无人或未经主人允许，不要擅自进入室内。进入顾客的办公室或家中，要主动向在场的人都表示问候或点头示意。在顾客尚未坐定之前，销售人员不应先坐下。坐姿要端正，身体微往前倾，要用积极的态度和温和的语气与顾客谈话。当顾客起身或离席时，应该同时起立示意，当与顾客初次见面或告辞时，销售人员应先向对方表示打扰的歉意，感谢对方的交谈和指教。无论登门访问还是在其他交际场合，销售员都要做到不卑不亢、不慌不忙、举止得体、有礼有节。另外，要养成良好的卫生习惯，克服各种不雅举止。

3. 谈吐礼仪

作为一名销售员，说话清楚流利是最起码的要求，而要成为一名合格而优秀的销售员，必须要掌握一些基本的交谈原则和技巧，遵守谈吐的基本礼仪。

在拜见顾客或其他一些交际场合中，销售员与顾客交谈时态度要诚恳热情，措辞要准确得体，语言要文雅谦恭，不含糊其辞、吞吞吐吐，不信口开河、出言不逊，要注意倾听，要给顾客说话的机会，"说三分，听七分"，这些都是交谈的基本原则。

（1）说话声音要适当　交谈时，音调要明朗，吐字要清楚，语言要有力，频率不要太快，尽量使用普通话与顾客交谈。

（2）要注意交谈时的眼神及动作　与顾客交谈时，应双目注视对方，不要东张西望、左顾右盼。谈话时可适当用些手势，但幅度不要太大，不要手舞足蹈，不要用手指人，更不能拉拉扯扯、拍拍打打。与顾客保持适当距离，讲话时不要唾沫四溅。

（3）交谈中要给对方说话机会　在对方说话时，不要轻易打断或插话，应让对方把话说完。如果要打断对方讲话，应先用商量口气问一下，"请等一等，我可以提个问题吗？""请允许我插一句话。"这样可避免对方产生你轻视他，或对他不耐烦等不必要的误解。如对方谈到一些不便谈论的问题，可以转移话题，不要轻易表态。

（4）要注意对方的禁忌　与顾客交谈时，一般不要涉及疾病、死亡等不愉快的事情。在喜庆场合，还要避免使用不吉祥的词语。交谈要避开粗俗之词，如上厕时，可以说"方便一下"，谈到怀孕，说"有喜了"、"要当妈妈了"。顾客若犯过错误或有某种生理缺陷，言谈中要特别注意，以免伤害其自尊心。对方不愿谈的问题，不要究根问底，谈及引起对方反感的问题应表示歉意，或立即转移话题。另外，谈话对象超过三人时，不要只把注意力集中到一两个人身上，使其他人感到冷落。交谈中要注意避免习惯性口头禅，以免使顾客产生反感。交谈要口语化，使顾客感到亲切自然。

二、介绍、握手礼仪

与顾客初次相见。打完招呼后，介绍、称呼、握手就是最基本的交际礼节了。

1. 介绍礼仪

介绍是销售交际中常见的重要一环，介绍的礼节是通过交际大门的钥匙，是社交场合中相互了解基本方式，包括为他人作介绍或相互之间的自我介绍。

为他人作介绍时，有一个基本原则，即应该受到特别尊重的一方有了解权。因此，为他人介绍的先后顺序应当是：先向身份高者介绍身份低者，先向年长者介绍年幼者，先向女士介绍男士等。在口头表达时，先称呼身份高者、年长者和女士等，再将被介绍者介绍出来，先提其名字，是一种敬意。介绍时，可以姓名并提，也可以姓与职务并提，要特别注意职务、职称的介绍。当双方年龄相当、地位相当、性别相同时，可以先向先在场者介绍后到者。

介绍时，除女士和年长者外，一般应起立。在宴会桌、会谈桌旁则不必起立，被介绍者可以微笑点头致意、互递名片。为他人介绍时，还可以说明被介绍者与自己的关系，以便新结识的人相互了解与信任。

销售员使用自我介绍的情况较多。自我介绍一般包括姓名、职业、单位、籍贯、经历、年龄，若销售员与顾客初次见面，为使谈话很快进入正题，介绍前三项就足够了。

2. 握手礼仪

握手是社会场合中运用最多的一种礼节。销售员与顾客初次见面，经过介绍后或介绍的同时，握手会拉近销售员与顾客间的距离，但握手是有讲究的，不加注意就会给顾客留下不懂礼貌的印象。

销售员在与顾客握手时，要主动热情、自然大方、面带微笑，双目要注视顾客，切不可斜视或低着头，可根据场合，一边握手，一边寒暄致意，如"您好""谢谢""再见"等。对年长者和有身份的顾客，应双手握住对方的手，稍稍欠身，以表敬意。

握手有它的礼仪规范，从握手中可以窥测一个人的情绪意向，还可以推断一个人的性格和感情。一般情况下，握手要用右手，应由主人、年长者、身份地位高者、女性先伸手，握手时不要用力过度，意思到即可，尤其对女性，当然，过分松垮也是对对方的不尊重。另外，不要长时间握住对方的手。几个人同时握手时，注意不要交叉，应等别人握完后再伸手。戴有手套与人握手，这样是不礼貌的，握手前应脱下手套。当手不洁或有污渍时，应事先向对方声明并致歉意。握手时必须是上下摆动，而不能左右摆动。

另外，在正规场合遇见身份高的领导人，应有礼貌的点头致意或表示欢迎，不要主动上前握手问候。如遇到身份高的熟人，也不要径直去握手问候，而要在对方应酬告一段落后，前去握手问候。

三、通信、电话、赴宴礼仪

1. 通信礼仪

在推销工作中，经常要使用信函。如利用信函约见顾客、用信件推销产品；生意成功，要向顾客写信致谢；对于顾客的责备，要写信进行解释；喜庆日子，向关系户发函祝贺等等。写好这些信函，对于推销产品、维系感情、扩大生意起着很重要的作用。信函不同于面对面交谈，只能通过文字来表达，顾客只能从信函的格式、内容以及文笔来了解销售员及其产品，并作出判断。所以，销售人员一定要注意销售信函礼仪，讲究信函的写法。其基本要求是：

（1）书写要规范、整洁 信函规格一般包括称呼、问候语、正文、结束语、署名及发函日期。信函书写必须符合规格，信纸要讲究一些，信面要整齐、干净。有条件的话，要打印出来，增强说服力，给人一种正规、体面的感觉，避免不良推测。

（2）态度要诚恳、热情 销售员用认真、热情、负责的态度写信，才能通过字里行间，给顾客留下好印象，一篇好的推销信函，除了要传达一定的信息外，还要融进和蔼的微笑，增加感染力，给顾客精神上的宽慰。总之，推销信函要有人情味，切忌公文式的枯燥无味。

（3）文字要简练、得体 推销信函不同于一般公文，它要做到文情并茂，但也不能像私信那样信笔挥洒，过于冗长。不能滥用华丽辞藻，否则会使顾客感到不耐烦，并有办事不实在的印象。向顾客解释时要含蓄、委婉，要尽量使用常见的字眼，避免辞不达意或晦涩难懂。

（4）内容要真实确切 用信函推销产品，所介绍产品的名称、规格、用途、用法、维修等，要与实际情况一致。不然顾客购买以后，就会产生一种受骗的感觉，以后再也不敢买你的产品了。另外，对产品的价格、供货时间、地点和付款方式的表达，也要准确、清楚，否则就可能产生不必要的误解和争执。

2. 电话礼仪

销售员在访问顾客之前用电话预约是有礼貌的表现，而且，通过电话事先预约，可以使访问更加有效率。打电话预约看似简单，关键是要掌握如何说、怎么说、说些什么，这里面是有学问的，打电话要牢记"5W1H"，即 When 什么时候；Who 对象是谁；Where 什么地点；What 说什么；Why 为什么；How 如何说。电话拨通后，要简洁地把话说完，尽可能省时省事，否则易让顾客产生厌恶感，影响预约的质量以及销售的成功。

电话预约的要领是：

（1）力求谈话简洁，抓住要点；

（2）考虑交谈对方的立场；

（3）使对方感到有被尊重的感觉；

（4）没有强迫对方的意思。

成功的电话预约，不仅可以使对方对你产生好感，也促使推销工作的进一步进行。

3. 赴宴礼仪

销售员在销售工作中，难免与顾客有相互宴请等必要应酬，无论是应邀赴宴，还是宴请顾客，都要注意礼仪，体现出你的修养和风度。

（1）出席宴请的礼仪　销售人员如接到必须赴约的宴会邀请，应尽早答复对方，以便主人安排，对注有"请答复"字样的请柬，无论出席与否均应迅速答复。对注有"不能出席请复"字样的，则在不能出席时才复。经口头约妥再发来的请柬，上面一般注有"备忘"字样，只起提醒作用，可不必答复。需答复时，可打电话或复以便函。

销售人员接到请柬后，应立即核实宴请的主人、时间、地点、是否邀请了配偶等。接受邀请后不要随意改动，不能出席应尽早向主人解释、道歉。

销售人员如应邀赴宴，按时出席是礼貌的表示，一般客人可按规定时间提前两分钟或延后五分钟到达，不要提前太多或延后太多。迟到、早退或逗留时间过短，都会被视为失礼或有意冷落。

销售人员到达宴请地点后，应主动前往主人迎宾处，向主人问好，按西方习惯，可向主人赠送花束。入座之前，先了解自己的桌位、座位。如邻座是年长者或妇女，应主动为其拉开椅子，协助他们先坐下。邻座如不相识，可先作自我介绍。应热情有礼地与同桌的人交谈。不应只同熟人或一两个人说话。

祝酒时，一般是主人和主宾先碰杯，然后主人按顺时针方向与其他客人碰杯，以及客人之间相互碰杯。人多时也可以同时举杯示意，不一定碰杯。身份低或年轻者与身份高或年长者碰杯时，应稍欠身点头，杯沿比对方杯沿略低则表示尊敬。在主人和主宾致祝酒词时，应暂停进餐，停止交谈，不应借此机会抽烟。

一般参加正式宴会后两至三天内，客人可致送印有"致谢"字样的名片表示感谢，用铅笔在名片底部书写，名片可寄出或亲自送达。如亲自送达不见主人时，可将名片的上角向下折、然后再弄平，表示由本人亲送，也可附感谢信表示感谢。

（2）招待顾客的宴请礼仪　销售员准备设宴招待顾客时，首先要从工作需要出发，不要搞得太铺张。由于各国、各地区、各民族风土人情不同，有着不同的风俗习惯，所以要尊重顾客的习惯、爱好，使宴请活动有轻松愉快的气氛。

招待顾客的时间地点最好在宴请前与顾客商定。地点一般不宜选在顾客投宿的旅社或饭店举办，因为顾客往往会把投宿的旅社当自己家一样看待，所以在他们所住的地方招待他们，就等于在他们家里招待一样，感觉别扭，一般不妥。

较正式的宴请要提前一周左右发请柬。已经口头约妥的活动，仍应补送请柬。中文请柬行文中不提被邀请者的姓名。其姓名写在请柬信封上，主人姓名放在落款处。请柬可以印刷，亦可手写，但手写字迹要美观、清晰。请柬信封上被邀请人的姓名、职务要写准确。

销售人员作为主人，在顾客到达之前要安排好席位，以便客人来了入席。按国际惯例，席位安排原则为：同一桌上，席位高低以离主人的座位远近而定，右高左低；外国习惯男女穿插安排，以女主人为准，主宾在女主人右上方、主宾夫人在男主人右上方；我国习惯按个人本身职务排列，以便谈话，如夫人出席，通常把女方排在一起，即主宾坐在男主人右上方，其夫人坐在女主人右上方。陪同人员坐在末端；避免让客人坐末端。

销售人员招待顾客进餐，要注意仪表，最好穿正式的服装，整洁大方。要适当化妆，显得隆重、重视、有气氛。头发要梳理整齐，夏天穿凉鞋时要穿袜子。宴会开始之前，主人应在门口迎接来宾，有时还可有少数其他主要人员陪同主人列队欢迎客人。客人抵达后，宾主相互握手问候，随即由工作人员将客人引至休息厅内小憩。在休息厅内应由相应身份者照应客人，并以饮料待客。若无休息厅，可请客人直接进入宴会厅，但不可马上落座。主宾到达后，主人应陪同他进入休息厅与其他客人会面。当主人陪同主宾进入宴会厅后，全体人员方可入座，此时宴会即可开始。

西方宾客抵达宴会厅时，有专人负责唱名，而在宴会上以女主人为第一主人，人们入座、用餐、离席时，均应以女主人行动为准，不得抢先。菜一上来，主人应注意招呼客人进餐，要与同桌的人普遍交谈。敬酒时主人要先举杯向客人敬酒，表示欢迎、友好，正规的宴会不可劝酒。饮酒不要过量，劝酒不要强求，饮酒过量会失言、失态，会令招待起反作用。

有些宴请如安排正式讲话，应在热菜之后，甜食之前进行，主人先讲，主宾后讲。亦可入席即讲。吃完水果后，主人与主宾离座，宴会即告结束。客人离去时，主人应送至门口，热情话别。在比较正式的场合，在门口列队欢迎客人的人们，此时还应当列队于门口，与客人们一一握手话别，表示欢送之意。

上述赴宴礼仪要求，较为严格规范。销售人员在一般的推销宴请时，可适当灵活一些，但基本的重要的礼节要遵守，更重要的是要培养自身的礼仪习惯。

4. 名片使用礼仪

名片是销售员必备的一种常用交际工具。销售员在和顾客面谈时，递给顾客一张名片，不仅是很好的自我介绍，而且与顾客建立了联系。这种方式既方便又体面，但不能滥用，要讲究一定的礼仪。否则，会给人留下草率、马虎的印象。

一般来说，销售员初次见到顾客，首先要以亲切的态度打招呼，并报上自己的公司名称，然后将名片递给对方。名片夹应放在西装上衣里面的口袋中，而不应从裤子口袋里掏出。递、接名片时最好用双手，或右手递，左手接。递名片时，名片的正面应对着对方，名字向着顾客，最好拿名片的下端，让顾客易于接。如果是事先约好才去的，顾客已对销售员有了一定了解，或有介绍人在场，就可以在打招呼后直接面谈，在面谈过程中或临别时，再拿出名片递给对方，以加深印象，并表示保持联络的诚意。异地销售，不要忘记在名片上留下所往旅馆的名称、房间号和电话号码。

名片除在面谈时使用外，还有其他一些妙用。销售员去拜访顾客时，如对方不在，可将名片留下，顾客回来后看到名片，就知道来过了，还可以在名片上留言，向顾客致意或预约拜访的时间；把注有时间、地点的名片装入信封发出，可以代替正规请柬，又比口头或电话邀请显得正式；向顾客赠送小礼物，如让人转交，则随带名片一张，附几句恭贺之词，无形中关系又深了一层；熟悉的顾客家中发生了大事，不便当面致意，可寄出名片一张，省时省事，又不失礼。总之，销售员要根据时间、地点以及工作实际情况来确定什么情况下可以使用名片。

第三节　汽车销售人员团队沟通技巧

一、销售团队概述

有市场必然存在竞争，有竞争才能促进发展。而在激烈竞争的市场环境中，从过去单一产品的竞争，价格的竞争……演变到现在的人才竞争。而人才的竞争，关键是要将企业人才拧成一股合力，打造一支优秀的团队。

1. 团队的定义

团队是一个由少数成员组成的小组，小组成员具备相辅相成的技术或技能，有共同的目标，有共同的评估和做事的方法，他们共同承担最终的结果和责任。

2. 团队与一群人的区别

在简单组成的一群人中每个人本身是独立的，他们的目标各不相同，有着不同的活动。而一个团队的人是有共同目标的，他们互相依赖、互相支持，共同承担最后结果。

（1）团队成员之间为了完成任务，相互支持，相互依赖。而一群人是独立的完成任务。

（2）团队成员有共同的目标，有相同的衡量成功的标准。而一群人内部没有统一的衡量标准。

（3）团队成员之间相互负责，共同承担最终的对产品或服务的责任。而一群人中没有最终的责任人。

3. 团队发展的四个阶段

（1）团队的形成阶段。刚开始时，大家都很客气，互相介绍、认识，在工作中逐步建立彼此间的信任和依赖关系，取得了一致的目标。

（2）团队的磨合阶段。大家对事情意见不同，互不服气。不服从领导、不愿受团队的纪律约束的现象时有发生。

（3）团队的正常运作阶段。大家对自己在团队中担任的角色和共同解决问题的方法达成共识，整个团队达到自然平衡，差异缩小，队员之间互相体谅各自的困难。

（4）团队的高效运作阶段。队员之间互相关心，互相支持，能够有效圆满地解决问题、完成任务。团队内部达到高度统一，最终共同达到目标。

二、销售团队的沟通技巧

1. 沟通的定义

沟通是人与人之间通过语言、文字、符号或其他表现形式进行信息传递和交换过程。沟通是思想的传递与理解。完美的沟通是经过交流后，被接受者感知到的信息与发送者发出的信息完全一致。有效的沟通在营销工作中至关重要。

有效的沟通能够消除各种人际冲突，实现成员间的交流行为，使成员在情感上相互依靠，在价值观念上高度统一，在事实问题上清晰明朗，达到信息畅通无阻，改变成员之间的信息阻隔现象，激励士气，减轻恐惧和忧虑，增强团队之间的向心力和凝聚力，防患于未然，为团队建设打下良好的人际基础，同时提高营销工作效率，降低经营成本。

2. 营销团队有效沟通的要素

（1）通过培训、学习，转变思想观念，让团队中的每个成员都对团队之间的沟通进行重新的认识，这是营销团队良好沟通的预热和基础。

在整个团队沟通过程中，有一个非常关键的要素，那就是团队负责人的带头示范作用。我们知道，营销工作每个发展阶段都依赖于组织成员良好的沟通，而成员良好的沟通又依赖于领导者的能力。领导能力是实现有效沟通的基础，同时也是保障工作高效性的关键条件。团队负责人在团队沟通中起到举足轻重的作用。

一旦团队领导者的思维观念转变过来，将团队成员之间的沟通放在一个非常重要的位置，那么"上行下效"，下面的员工自然而然地会随之转变自己的思想观念，努力实现领导的"意图"，从而最终有利于后续团队之间的沟通工作。这是一个基本的前提。

（2）"制度重于一切"，团队负责人应该积极组织团队成员建立各种规章制度，按照计划步骤来办事情，切忌无的放矢。

在这个过程中，有三个需要注意的问题：

首先是必须形成制度。由团队负责人或指定的人（原则上是团队负责人）牵头，组织下面的员工，通过集思广益，形成规范化、条文式的团队沟通规章制度，这些规章制度必须具有可行性及灵活性，同时应该非常明确，比如沟通的时间、地点、参与人等等，这些都是必须形成制度化的东西，要在整个团队内形成沟通的良好氛围。

其次，沟通的主题要明确。团队成员之间的沟通内容大致包含国家宏观政策、行业发展趋势、公司总部动态、当地市场的实际现况，面临的挑战和机遇，团队成员的士气，以及其他一些值得沟通和探讨的东西。团队负责人应该确保每次沟通都有一个能引起团队成员兴趣的主题。这样才能做到"有的放矢"。

再次，关于团队沟通形成的制度要包含考核细则，尤其是对沟通的内容、效果必须细化、量化，要有总结报告，实行直接领导责任制。"员工不会做领导想做的事情，而是做领导要考核的事情"，这就是制度的好处，也是团队进行有效沟通的必要保障。

（3）从细节入手。许多营销团队抱怨良好的沟通实在太难实现了，为什么呢？就因为他们没有注意到细节，在沟通的过程中，粗心大意，马马虎虎，最终空有完善的规章制度，却形同虚设。

从细节入手，这就要求营销团队在进行沟通过程中，尽量不要将自己的个人情绪带入沟通中，要克制感情，保持冷静。因为情绪的波动容易造成对信息的接受与理解产生偏见。同时还需要注意非语言提示。比如，眼色，脸部表情，身体动作示意，等等。这些细微处是团队负责人和组织者必须加以关注的重点。

其次，教育团队成员学会积极倾听。积极的倾听是对信息进行积极主动的搜寻，而单纯地听则是被动的。积极倾听表现为接受，即客观地倾听内容而不作判断。因为当听到不同意的观点时，会在内心阐述自己的想法并反驳他人所言，这样会漏掉一些信息。积极的倾听者就是接受他人所言，而把自己的判断推迟到说话的人说完以后。团队成员如果能做到积极倾听，往往可以从沟通中获得说话者所要表达的完整信息；反之只能得到只言片语，错失至关重要的部分。这是需要团队负责人和组织者刻意去培养的。

再次，尝试换位思考。积极倾听，不但要求专注，还要求移情，即通常所说的"换位思考"。把自己置身于说话者的位置上，努力去理解说话者想要表达的含义，需要暂停自己的想法和感觉，不要轻易打断说话者的讲话，从说话者的角度调整自己的所观所感，这样可以进一步保证对所听到的信息的理解符合说话者的本意。同时，如果有什么问题，可以先记在笔记本上，然后再提问，这才是关键的。

最后，选择合适的时机要求说话者"复述"。在沟通过程中，有时是听不清楚说话者的讲话的，所以请求说话者多说几遍有很大好处。据统计，很多沟通问题是由于误解或不准确造成的，解决这一问题的最好办法就是注重反馈，即让接受者用自己的话复述信息，如果传递者听到的复述恰如本意，则可增强理解与准确性。而说话者也可感觉对方确实在认真听自己的讲话（自尊心得到满足），这样一举多得。

总之，注重细节可以为营销团队的有效沟通起到保驾护航的作用。

（4）在沟通的过程中，注意引导他人。在营销团队进行沟通之前，要求事先设计好沟通脚本，然后沿着原定方案进行沟通。只有对这些步骤了然在心，组织者才能更好引导成员。

同时，组织者应该尽量做到：

首先，赞美对方。在沟通过程中，鼓励成员积极发言，畅所欲言，对成员的讲话表示赞同，甚至直接表扬，配合其他非语言提示，比如，使用目光接触，展现赞许性的点头和恰当的面部表情，让成员感觉自己得到尊重，从而真正做到"知无不言，言无不尽"。

其次，控制好个人发言时间，尽量做到言简意赅，重点突出。鼓励成员选择措辞并组织信息，把各种专业术语转化成通俗化的语言，使参与沟通的成员都易于接受，这样可以提高理解的效果。同时，组织者应该尽量避免中间打断说话者的讲话。

再次，善于提问，并让其他成员参与到提问的行列中来。通过询问能够引导对方的谈话，同时取得更加明确的信息，支持自己的目的。因为大多数人都喜欢说而不是听，但真正有用的东西都是从倾听中得来的。在真正弄清对方意思的同时，还表明你在认真听，让说话者感到受重视。

最后，如果在沟通过程中，有人提出令组织者难堪的问题，或者是争议性颇大的问题，组织者就要以诚相待，让大家将各自不同的观点摆出来，并让每个人都提出自己的解决方案，通过整个团队共同协商确定最终解决办法。确有当场解决不了的问题，那么，组织者可以坦告大家，等沟通完后底下再确定，保证给大家一个圆满的答案。这时，几乎每个成员都会接受这种答复的。

总体而言，组织者在整个沟通过程中，必须保持一种理性的、中立的观念，否则，营销团队有效沟通将成一句空话。

（5）让员工自我总结，最终得到一个赞美或表态式的结论。每个人都愿意按照自己的想法做事，找到做事情的成就感，而不是听从别人的建议，在别人的指引下做事。所以，组织者一定要在沟通过程中引导对方，让对方自己做出结论，而这个结论事实上就是组织者希望通过沟通得到的结论。由于这是对方自己想做的事情，而不是团队领导强令他们做的事情，团队中的成员一定会非常投入。

而赞美或表态式的结论，使得团队中的成员对自己的"成就"非常满足，自尊心和自豪感都得到极大的加强，这不仅有利于后期的团队沟通工作，更为凝聚整个团队士气、取胜市场奠定坚实的基础。从这个意义上来讲，沟通的结论非常非常重要，如果不把握好沟通结尾的时间，我们很可能使沟通的效果大打折扣。这是团队组织者必须慎重考虑的问题。

（6）将沟通得到的结论落实下来，并严格监督执行。许多营销团队的沟通之所以无果而终，根源在于"有令不行"、执行不力、监督缺乏。在营销领域，"行胜于言"，执行是基础，持续是关键。所以，营销团队必须制定非常明细的制度，并长期严格执行下去，直至最后所有成员都对沟通习以为常并满怀热情。

复习与思考题

1. 汽车营销人员的含义是什么？
2. 汽车营销人员与推销人员的区别有哪些？

3. 销售员的职责有哪些？
4. 销售员应具备哪些基本素质？
5. 汽车营销人员应具备哪些职业素质？
6. 汽车营销人员应具备哪些能力？
7. 什么是团队？
8. 汽车营销团队进行有效沟通的要素有哪些？

附 录

附录 部分汽车营销法律法规细则

第一节 汽车品牌销售管理实施办法

《汽车品牌销售管理实施办法》（2005年2月21日由商务部公布，自2005年4月1日起施行）

第一章 总 则

第一条 为规范汽车品牌销售行为，促进汽车市场健康发展，保护消费者合法权益，根据国家有关法律、行政法规，制定本办法。

第二条 在中华人民共和国境内从事汽车品牌销售活动，适用本办法。

第三条 本办法所称汽车品牌销售，是指汽车供应商或经其授权的汽车品牌经销商，使用统一的店铺名称、标识、商标等从事汽车经营活动的行为。

汽车供应商是指为汽车品牌经销商提供汽车资源的企业，包括汽车生产企业、汽车总经销商。

汽车品牌经销商是指经汽车供应商授权、按汽车品牌销售方式从事汽车销售和服务活动的企业。

汽车总经销商是指经境内外汽车生产企业授权、在境内建立汽车品牌销售和服务网络，从事汽车分销活动的企业。

第四条 境内外汽车生产企业在境内销售自产汽车的，应当建立完善的汽车品牌销售和服务体系，提高营销和服务水平。

第五条 汽车供应商应当制定汽车品牌销售和服务网络规划（以下简称网络规划）。网络规划包括：经营预测、网点布局方案、网络建设进度及建店、软件和硬件、售后服务标准等。

第六条 同一汽车品牌的网络规划一般由一家境内企业制定和实施。境内汽车生产企业可直接制定和实施网络规划，也可授权境内汽车总经销商制定和实施网络规划；境外汽车生产企业在境内销售汽车，须授权境内企业或按国家有关规定在境内设立企业作为其汽车总经销商，制定和实施网络规划。

第七条 国务院商务主管部门负责全国汽车品牌销售管理工作，国务院工商行政管理部门在其职责范围内负责汽车品牌销售监督管理工作。

省、自治区、直辖市、计划单列市商务主管部门（以下简称省级商务主管部门）、地方工商行政管理部门分别在各自的职责范围内，负责辖区内汽车品牌销售有关监督管理工作。

第二章 汽车总经销商、品牌经销商的设立

第八条 汽车总经销商应当符合下列条件：

一、具备企业法人资格；

二、获得汽车生产企业的书面授权，独自拥有对特定品牌汽车进行分销的权利；

三、具备专业化汽车营销能力。主要包括市场调研、营销策划、广告促销、网络建设及其指导，产品服务和技术培训与咨询、配件供应及物流管理。

外商投资设立汽车总经销商除符合上述条件外，还应当符合外商投资管理的有关规定。

第九条 汽车品牌经销商应当符合下列条件：

一、具备企业法人资格；

二、获得汽车供应商品牌汽车销售授权；

三、使用的店铺名称、标识及商标与汽车供应商授权的相一致；

四、具有与经营范围和规模相适应的场地、设施和专业技术人员；

五、新开设店铺符合所在地城市发展及城市商业发展的有关规定。

外商投资设立汽车品牌经销商除符合上述条件外，还应当符合外商投资管理的有关规定。

第十条 申请设立汽车总经销商、品牌经销商应当按下列程序办理：

一、汽车总经销商申请人将符合第八条规定的相关材料报送国务院工商行政管理部门备案。

二、汽车供应商将符合第九条规定的汽车品牌经销商申请人的相关材料报送国务院工商行政管理部门备案。

三、外商投资设立汽车总经销商、品牌经销商的申请人分别将符合第八条、第九条规定和外商投资管理有关规定的相关材料，报送拟设立汽车总经销商、品牌经销商所在地省级商务主管部门。省级商务主管部门对报送材料进行初审后，自收到全部申请材料1个月以内上报国务院商务主管部门。合资中方有国家计划单列企业集团的，可直接将申请材料报送国务院商务主管部门。国务院商务主管部门自收到全部申请材料3个月内会同国务院工商行政管理部门，作出是否予以批准的决定，对予以批准的，向申请人颁发或换发《外商投资企业批准证书》；不予批准的，应当说明理由。

外商并购汽车总经销商、品牌经销商及已设立的外商投资企业增加汽车品牌销售经营范围的，按前款程序办理。

第十一条 国务院商务主管部门、工商行政管理部门可以委托汽车行业协会，组织专家委员会对申请设立汽车总经销商、品牌经销商的资质条件进行评估，评估意见作为审批、备案的参考。

第十二条 国务院工商行政管理部门受理申请后，查验有关证明材料，符合条件的，予以备案。

第十三条 汽车总经销商、品牌经销商申请人应当持予以备案文件或《外商投资企业批准证书》到所在地工商行政管理部门办理登记手续。

工商行政管理部门将汽车总经销商、品牌经销商的经营范围核定为"品牌汽车销售"。

第十四条 汽车总经销商、品牌经销商涉及经营品牌变更的，应当按第十条、第十三条规定的程序办理变更登记。

第十五条 汽车品牌经销商开展连锁经营应当取得汽车供应商授权，并按第十条、第十三条规定的程序办理。

汽车总经销商、品牌经销商设立从事汽车品牌销售活动的非法人分支机构，应当持汽车供应商对其授权和同意设立的书面材料，到当地工商行政管理部门办理登记。

外商投资汽车总经销商、品牌经销商设立非法人分支机构，应当按第十条规定的程序办理。

第十六条 2006年12月11日以前，同一境外投资者在境内从事汽车品牌销售活动且累计开设店铺超过30家以上的，出资比例不得超过49%。

第三章 汽车供应商的行为规范

第十七条 汽车供应商应当为授权的汽车品牌经销商提供汽车资源及汽车生产企业自有的服务商标，实施网络规划。

第十八条 汽车供应商应当加强品牌销售和服务网络的管理，规范销售和售后服务，并及时向社会公布其授权和取消授权的汽车品牌销售和服务企业名单。对未经汽车品牌销售授权或不具备经营条件的企业，不得提供汽车资源。

第十九条 汽车供应商应当向消费者提供汽车质量保证和服务承诺，及时向社会公布停产车型，并采取积极措施在合理期限内保证配件供应。

汽车供应商不得供应和销售不符合机动车国家安全技术标准、未列入《道路机动车辆生产企业及产品公告》的汽车。

第二十条 汽车供应商应当合理布局汽车品牌销售和服务网点。汽车品牌销售和与其配套的配件供应、售后服务网点相距不得超过150公里。

第二十一条 汽车供应商应当与汽车品牌经销商签订授权经营合同。授权经营合同应当公平、公正，不得有对汽车品牌经销商的歧视性条款。

第二十二条 除授权合同另有约定，汽车供应商在对汽车品牌经销商授权销售区域内不得向用户直接销售汽车。

第二十三条 汽车供应商应当根据汽车品牌经销商的服务功能向其提供相应的营销、宣传、售后服务、技术服务等业务培训及必要的技术支持。

第二十四条 汽车供应商不得干预汽车品牌经销商在授权经营合同之外的施工、设备购置及经营活动，不得强行规定经销数量及进行品牌搭售。

第四章 汽车品牌经销商的行为规范

第二十五条 汽车品牌经销商应当在汽车供应商授权范围内从事汽车品牌销售、售后服务、配件供应等活动。

第二十六条 汽车品牌经销商应当严格遵守与汽车供应商的授权经营合同，使用汽车供应商提供的汽车生产企业自有的服务商标，维护汽车供应商的企业形象和品牌形象，提高所经营品牌汽车的销售和服务水平。

第二十七条 汽车品牌经销商必须在经营场所的突出位置设置汽车供应商授权使用的店铺名称、标识、商标等，并不得以任何形式从事非授权品牌汽车的经营。

第二十八条 除非经授权汽车供应商许可，汽车品牌经销商只能将授权品牌汽车直接销售给最终用户。

第二十九条 汽车品牌经销商应当在经营场所向消费者明示汽车质量保证及售后服务内容，按汽车供应商授权经营合同的约定和服务规范要求，提供相应的售后服务，并接受消费者监督。

第三十条 汽车品牌经销商应当在经营场所明示所经营品牌汽车的价格和各项收费标

准，遵守价格法律法规，实行明码标价。

第三十一条 汽车品牌经销商不得销售不符合机动车国家安全技术标准、未列入《道路机动车辆生产企业及产品公告》的汽车。

第三十二条 汽车品牌经销商应当建立销售业务、用户档案等信息管理系统，准确、及时地反映本区域销售动态、用户要求和其他相关信息。

第五章 监督管理

第三十三条 境内汽车生产企业转让销售环节的权益给其它法人机构的，除按规定报商务部批准外，需报请原项目审批单位核准。

第三十四条 建立汽车总经销商、品牌经销商备案制度。凡符合设立条件并取得营业执照的汽车总经销商，应当自取得营业执照之日起2个月内向国务院商务主管部门备案；凡符合设立条件并取得营业执照的汽车品牌经销商，应当自取得营业执照之日起2个月内向所在地省级商务主管部门备案。省级商务主管部门应当将汽车品牌经销商有关备案情况定期报送国务院商务主管部门。

第三十五条 汽车供应商应当将授权汽车品牌经销商使用的店铺名称、标识、商标等有关材料报国务院商务主管部门、工商行政管理部门备案。进口汽车品牌使用的中文签注名称应当与国家质量技术监督等部门备案的相一致。

第三十六条 2005年10月1日之前，汽车供应商应当对在本办法实施之前设立的汽车销售企业进行确认，并将确认的汽车总经销商、品牌经销商名单及品牌授权、企业登记情况报国务院商务主管部门和工商行政管理部门备案。经确认的汽车总经销商、品牌经销商到所在地工商行政管理部门办理变更登记手续。工商行政管理部门将其经营范围核定为"品牌汽车销售"。

未经确认的汽车销售企业申请从事汽车品牌销售活动的，应当按本办法第十条、第十三条规定的程序办理。

第三十七条 对违反本办法第十八条、第二十八条规定的，由工商行政管理部门责令改正，并暂停汽车供应商新设品牌销售网点的审核。

对违反本办法其他规定的，工商行政管理部门依据有关法律、法规予以查处。

第三十八条 国务院工商行政管理部门应当将按第十条、第十三条、第三十六条规定，办理完手续的汽车总经销商、品牌经销商名单及时向社会公布。

第三十九条 商务主管部门、工商行政管理部门要在各自的职责范围内采取有效措施，加强对汽车交易行为、汽车交易市场的监督管理，依法查处违法经营行为，维护市场秩序，保护消费者和汽车供应商、品牌经销商的合法权益。

第四十条 国务院工商行政管理部门会同商务主管部门建立汽车供应商、品牌经销商信用档案，及时公布违规企业名单。

第四十一条 汽车行业协会要制定行业规范，加强引导和监督，做好行业自律工作。

第四十二条 国务院商务主管部门要加强对汽车行业协会组织的专家委员会有关评估工作的监督管理，对专家委员会评估工作中的违规行为要严厉查处。

第六章 附　则

第四十三条 本办法自施行之日起适用于乘用车；自2006年12月1日起，适用于除专用作业车以外的所有汽车。

第四十四条 本办法所称"汽车"、"乘用车"、"专用作业车"是指中华人民共和国国家标准《汽车和挂车类型的术语和定义》(GB/T 3730.1—2001) 定义的车辆。

第四十五条 汽车行业协会组织的专家委员会组成及汽车总经销商、品牌经销商资质条件评估实施细则由汽车行业协会制定，报国务院商务主管部门批准后实施。

第四十六条 本办法自 2005 年 4 月 1 日起施行。

第二节 汽车贸易政策（商务部 2005 年 16 号令）

（2005 年 8 月 10 日由商务部发布，自发布之日起施行）

第一章 总 则

第一条 为建立统一、开放、竞争、有序的汽车市场，维护汽车消费者合法权益，推进我国汽车产业健康发展，促进消费，扩大内需，特制定本政策。

第二条 国家鼓励发展汽车贸易，引导汽车贸易业统筹规划，合理布局，调整结构，积极运用现代信息技术、物流技术和先进的经营模式，推进电子商务，提高汽车贸易水平，实现集约化、规模化、品牌化及多样化经营。

第三条 为创造公平竞争的汽车市场环境，发挥市场在资源配置中的基础性作用，坚持按社会主义市场经济规律，进一步引入竞争机制，扩大对内对外开放，打破地区封锁，促进汽车商品在全国范围内自由流通。

第四条 引导汽车贸易企业依法、诚信经营，保证商品质量和服务质量，为消费者提供满意的服务。

第五条 为提高我国汽车贸易整体水平，国家鼓励具有较强的经济实力、先进的商业经营管理经验和营销技术以及完善的国际销售网络的境外投资者投资汽车贸易领域。

第六条 充分发挥行业组织、认证机构、检测机构的桥梁纽带作用，建立和完善独立公正、规范运作的汽车贸易评估、咨询、认证、检测等中介服务体系，积极推进汽车贸易市场化进程。

第七条 积极建立、完善相关法规和制度，加快汽车贸易法制化建设。设立汽车贸易企业应当具备法律、行政法规规定的有关条件，国务院商务主管部门会同有关部门研究制定和完善汽车品牌销售、二手车流通、汽车配件流通、报废汽车回收等管理办法、规范及标准，依法管理、规范汽车贸易的经营行为，维护公平竞争的市场秩序。

第二章 政策目标

第八条 通过本政策的实施，基本实现汽车品牌销售和服务，形成多种经营主体与经营模式并存的二手车流通发展格局，汽车及二手车销售和售后服务功能完善、体系健全；汽车配件商品来源、质量和价格公开、透明，假冒伪劣配件商品得到有效遏制，报废汽车回收拆解率显著提高，形成良好的汽车贸易市场秩序。

第九条 到 2010 年，建立起与国际接轨并具有竞争优势的现代汽车贸易体系，拥有一批具有竞争实力的汽车贸易企业，贸易额有较大幅度增长，贸易水平显著提高，对外贸易能力明显增强，实现汽车贸易与汽车工业的协调发展。

第三章 汽车销售

第十条 境内外汽车生产企业凡在境内销售自产汽车的，应当尽快建立完善的汽车品牌销售和服务体系，确保消费者在购买和使用过程中得到良好的服务，维护其合法权益。汽车生产企业可以按国家有关规定自行投资或授权汽车总经销商建立品牌销售和服务体系。

第十一条 实施汽车品牌销售和服务。自 2005 年 4 月 1 日起，乘用车实行品牌销售和服务；自 2006 年 12 月 1 日起，除专用作业车外，所有汽车实行品牌销售和服务。

从事汽车品牌销售活动应当先取得汽车生产企业或经其授权的汽车总经销商授权。汽车（包括二手车）经销商应当在工商行政管理部门核准的经营范围内开展汽车经营活动。

第十二条 汽车供应商应当制订汽车品牌销售和服务网络规划。为维护消费者的利益，汽车品牌销售和与其配套的配件供应、售后服务网点相距不得超过 150 公里。

第十三条 汽车供应商应当加强品牌销售和服务网络的管理，规范销售和服务，在国务院工商行政管理部门备案并向社会公布后，要定期向社会公布其授权和取消授权的汽车品牌销售和服务企业名单，对未经品牌授权或不具备经营条件的经销商不得提供汽车资源。汽车供应商有责任及时向社会公布停产车型，并采取积极措施在合理期限内保证配件供应。

第十四条 汽车供应商和经销商应当通过签订书面合同明确双方的权利和义务。汽车供应商要对经销商提供指导和技术支持，不得要求经销商接受不平等的合作条件，以及强行规定经销数量和进行搭售，不应随意解除与经销商的合作关系。

第十五条 汽车供应商应当按国家有关法律法规以及向消费者的承诺，承担汽车质量保证义务，提供售后服务。

汽车经销商应当在经营场所向消费者明示汽车供应商承诺的汽车质量保证和售后服务，并按其授权经营合同的约定和服务规范要求，提供相应的售后服务。

汽车供应商和经销商不得供应和销售不符合机动车国家安全技术标准、未获国家强制性产品认证、未列入《道路机动车辆生产企业及产品公告》的汽车。进口汽车未按照《中华人民共和国进出口商品检验法》及其实施条例规定检验合格的，不准销售使用。

第四章 二手车流通

第十六条 国家鼓励二手车流通。建立竞争机制，拓展流通渠道，支持有条件的汽车品牌经销商等经营主体经营二手车，以及在异地设立分支机构开展连锁经营。

第十七条 积极创造条件，简化二手车交易、转移登记手续，提高车辆合法性与安全性的查询效率，降低交易成本，统一规范交易发票；强化二手车质量管理，推动二手车经销商提供优质售后服务。

第十八条 加快二手车市场的培育和建设，引导二手车交易市场转变观念，强化市场管理，拓展市场服务功能。

第十九条 实施二手车自愿评估制度。除涉及国有资产的车辆外，二手车的交易价格由买卖双方商定，当事人可以自愿委托具有资格的二手车鉴定评估机构进行评估，供交易时参考。除法律、行政法规规定外，任何单位和部门不得强制或变相强制对交易车辆进行评估。

第二十条 积极规范二手车鉴定评估行为。二手车鉴定评估机构应当本着"客观、真实、公正、公开"的原则，依据国家有关法律法规，开展二手车鉴定评估经营活动，出具车辆鉴定评估报告，明确车辆技术状况（包括是否属事故车辆等内容）。

第二十一条 二手车经营、拍卖企业在销售、拍卖二手车时，应当向买方提供真实情况，不得有隐瞒和欺诈行为。所销售和拍卖的车辆必须具有机动车号牌、《机动车登记证书》、《机动车行驶证》、有效的机动车安全技术检验合格标志、车辆保险单和交纳税费凭证等。

第二十二条 二手车经营企业销售二手车时，应当向买方提供质量保证及售后服务承诺。在产品质量责任担保期内的，汽车供应商应当按国家有关法律法规以及向消费者的承诺，承担汽车质量保证和售后服务。

第二十三条 从事二手车拍卖和鉴定评估经营活动应当经省级商务主管部门核准。

第五章 汽车配件流通

第二十四条 国家鼓励汽车配件流通采取特许、连锁经营的方式向规模化、品牌化、网络化方向发展，支持配件流通企业进行整合，实现结构升级，提高规模效应及服务水平。

第二十五条 汽车及配件供应商和经销商应当加强质量管理，提高产品质量及服务质量。

汽车及配件供应商和经销商不得供应和销售不符合国家法律、行政法规、强制性标准及强制性产品认证要求的汽车配件。

第二十六条 汽车及配件供应商应当定期向社会公布认可和取消认可的特许汽车配件经销商名单。

汽车配件经销商应当明示所销售的汽车配件及其他汽车用品的名称、生产厂家、价格等信息，并分别对原厂配件、经汽车生产企业认可的配件、报废汽车回用件及翻新件予以注明。汽车配件产品标识应当符合《产品质量法》的要求。

第二十七条 加快规范报废汽车回用件流通，报废汽车回收拆解企业对按有关规定拆解的可出售配件，必须在配件的醒目位置标明"报废汽车回用件"。

第六章 汽车报废与报废汽车回收

第二十八条 国家实施汽车强制报废制度。根据汽车安全技术状况和不同用途，修订现行汽车报废标准，规定不同的强制报废标准。

第二十九条 报废汽车所有人应当将报废汽车及时交售给具有合法资格的报废汽车回收拆解企业。

第三十条 地方商务主管部门要按《报废汽车回收管理办法》（国务院令第307号）的有关要求，对报废汽车回收拆解行业统筹规划，合理布局。

从事报废汽车回收拆解业务，应当具备法律法规规定的有关条件。国务院商务主管部门应当将符合条件的报废汽车回收拆解企业向社会公告。

第三十一条 报废汽车回收拆解企业必须严格按国家有关法律、法规开展业务，及时拆解回收的报废汽车。拆解的发动机、前后桥、变速器、方向机、车架"五大总成"应当作为废钢铁，交售给钢铁企业作为冶炼原料。

第三十二条 各级商务主管部门要会同公安机关建立报废汽车回收管理信息交换制度，实现报废汽车回收过程实时控制，防止报废汽车及其"五大总成"流入社会。

第三十三条 为合理和有效利用资源，国家适时制定报废汽车回收利用的管理办法。

第三十四条 完善老旧汽车报废更新补贴资金管理办法，鼓励老旧汽车报废更新。

第三十五条 报废汽车回收拆解企业拆解的报废汽车零部件及其它废弃物、有害物（如油、液、电池、有害金属等）的存放、转运、处理等必须符合《环境保护法》、《大气污染防治法》等法律、法规的要求，确保安全、无污染（或使污染降至最低）。

第七章 汽车对外贸易

第三十六条 自2005年1月1日起，国家实施汽车自动进口许可管理，所有汽车进口口岸保税区不得存放以进入国内市场为目的的汽车。

第三十七条 国家禁止以任何贸易方式进口旧汽车及其总成、配件和右置方向盘汽车（用于开发出口产品的右置方向盘样车除外）。

第三十八条 进口汽车必须获得国家强制性产品认证证书，贴有认证标志，并须经检验检疫机构抽查检验合格，同时附有中文说明书。

第三十九条 禁止汽车及相关商品进口中的不公平贸易行为。国务院商务主管部门依法对汽车产业实施反倾销、反补贴和保障措施，组织有关行业协会建立和完善汽车产业损害预警系统，并开展汽车产业竞争力调查研究工作。汽车供应商和经销商有义务及时准确地向国务院有关部门提供相关信息。

第四十条 鼓励发展汽车及相关商品的对外贸易。支持培育和发展国家汽车及零部件出口基地，引导有条件的汽车供应商和经销商采取多种方式在国外建立合资、合作、独资销售及服务网络，优化出口商品结构，加大开拓国际市场的力度。

第四十一条 利用中央外贸发展基金支持汽车及相关商品对外贸易发展。

第四十二条 汽车及相关商品的出口供应商和经销商应当根据出口地区相关法规建立必要的销售和服务体系。

第四十三条 加强政府间磋商，支持汽车及相关商品出口供应商参与反倾销、反补贴和保障措施的应诉，维护我国汽车及相关商品出口供应商的合法权益。

第四十四条 汽车行业组织要加强行业自律，建立竞争有序的汽车及相关商品对外贸易秩序。

第八章 其 他

第四十五条 设立外商投资汽车贸易企业，除符合相应的资质条件外，还应当符合外商投资有关法律法规，并经省级商务主管部门初审后报国务院商务主管部门审批。

第四十六条 加快发展和扩大汽车消费信贷，支持有条件的汽车供应商建立面向全行业的汽车金融公司，引导汽车金融机构与其他金融机构建立合作机制，使汽车消费信贷市场规模化、专业化程度显著提高，风险管理体系更加完善。

第四十七条 完善汽车保险市场，鼓励汽车保险品种向个性化与多样化方向发展，提高汽车保险服务水平，初步实现汽车保险业专业化、集约化经营。

第四十八条 各地政府制定的与汽车贸易相关的各种政策、制度和规定要符合本政策要求并做到公开、透明，不得对非本地生产和交易的汽车在流通、服务、使用等方面实施歧视政策，坚决制止强制或变相强制本地消费者购买本地生产汽车，以及以任何方式干预经营者选择国家许可生产、销售的汽车的行为。

第四十九条 本政策自发布之日起实施，由国务院商务主管部门负责解释。

附件：汽车贸易政策使用术语说明

一、"汽车贸易"包括新车销售、二手车流通、汽车配件流通、汽车报废与报废汽车回收、汽车对外贸易等方面。

二、除涉及汽车品牌销售外，本政策所称"汽车"包括低速载货汽车、三轮汽车（原农用运输车）、挂车和摩托车。

三、"二手车"是指从办理完注册登记手续到达到国家强制报废标准之前进行交易并转移所有权的汽车。

四、"供应商"是指汽车或汽车配件生产企业及其总经销商。

五、"经销商"是指汽车或配件零售商。

第三节 二手车流通管理办法

（商务部、公安部、工商总局、税务总局 2005 年第 2 号令）

（2005 年 9 月 16 日由商务部、公安部、工商总局、税务总局发布）

第一章 总　则

第一条　为加强二手车流通管理，规范二手车经营行为，保障二手车交易双方的合法权益，促进二手车流通健康发展，依据国家有关法律、行政法规，制定本办法。

第二条　在中华人民共和国境内从事二手车经营活动或者与二手车相关的活动，适用本办法。

本办法所称二手车，是指从办理完注册登记手续到达到国家强制报废标准之前进行交易并转移所有权的汽车（包括三轮汽车、低速载货汽车，即原农用运输车，下同）、挂车和摩托车。

第三条　二手车交易市场是指依法设立、为买卖双方提供二手车集中交易和相关服务的场所。

第四条　二手车经营主体是指经工商行政管理部门依法登记，从事二手车经销、拍卖、经纪、鉴定评估的企业。

第五条　二手车经营行为是指二手车经销、拍卖、经纪、鉴定评估等。

（一）二手车经销是指二手车经销企业收购、销售二手车的经营活动；（二）二手车拍卖是指二手车拍卖企业以公开竞价的形式将二手车转让给最高应价者的经营活动；（三）二手车经纪是指二手车经纪机构以收取佣金为目的，为促成他人交易二手车而从事居间、行纪或者代理等经营活动；（四）二手车鉴定评估是指二手车鉴定评估机构对二手车技术状况及其价值进行鉴定评估的经营活动。

第六条　二手车直接交易是指二手车所有人不通过经销企业、拍卖企业和经纪机构将车辆直接出售给买方的交易行为。二手车直接交易应当在二手车交易市场进行。

第七条　国务院商务主管部门、工商行政管理部门、税务部门在各自的职责范围内负责二手车流通有关监督管理工作。

省、自治区、直辖市和计划单列市商务主管部门（以下简称省级商务主管部门）、工商行政管理部门、税务部门在各自的职责范围内负责辖区内二手车流通有关监督管理工作。

第二章 设立条件和程序

第八条　二手车交易市场经营者、二手车经销企业和经纪机构应当具备企业法人条件，并依法到工商行政管理部门办理登记。

第九条　二手车鉴定评估机构应当具备下列条件：（一）是独立的中介机构；（二）有固定的经营场所和从事经营活动的必要设施；（三）有 3 名以上从事二手车鉴定评估业务的专业人员（包括本办法实施之前取得国家职业资格证书的旧机动车鉴定估价师）；（四）有规范的规章制度。

第十条　设立二手车鉴定评估机构，应当按下列程序办理：（一）申请人向拟设立二手车鉴定评估机构所在地省级商务主管部门提出书面申请，并提交符合本办法第九条规定的相关材料；（二）省级商务主管部门自收到全部申请材料之日起 20 个工作日内作出是否予以核准的决定，对予以核准的，颁发《二手车鉴定评估机构核准证书》；不予核准的，应当说明理由；（三）申请人持《二手车鉴定评估机构核准证书》到工商行政管理部门办理登记手续。

第十一条　外商投资设立二手车交易市场、经销企业、经纪机构、鉴定评估机构的申请人，应当分别持符合第八条、第九条规定和《外商投资商业领域管理办法》、有关外商投资法律规定的相关材料报省级商务主管部门。省级商务主管部门进行初审后，自收到全部申请材料之日起1个月内上报国务院商务主管部门。合资中方有国家计划单列企业集团的，可直接将申请材料报送国务院商务主管部门。国务院商务主管部门自收到全部申请材料3个月内会同国务院工商行政管理部门，作出是否予以批准的决定，对予以批准的，颁发或者换发《外商投资企业批准证书》；不予批准的，应当说明理由。

申请人持《外商投资企业批准证书》到工商行政管理部门办理登记手续。

第十二条　设立二手车拍卖企业（含外商投资二手车拍卖企业）应当符合《中华人民共和国拍卖法》和《拍卖管理办法》有关规定，并按《拍卖管理办法》规定的程序办理。

第十三条　外资并购二手车交易市场和经营主体及已设立的外商投资企业增加二手车经营范围的，应当按第十一条、第十二条规定的程序办理。

第三章　行为规范

第十四条　二手车交易市场经营者和二手车经营主体应当依法经营和纳税，遵守商业道德，接受依法实施的监督检查。

第十五条　二手车卖方应当拥有车辆的所有权或者处置权。二手车交易市场经营者和二手车经营主体应当确认卖方的身份证明，车辆的号牌、《机动车登记证书》、《机动车行驶证》，有效的机动车安全技术检验合格标志、车辆保险单、交纳税费凭证等。

国家机关、国有企事业单位在出售、委托拍卖车辆时，应持有本单位或者上级单位出具的资产处理证明。

第十六条　出售、拍卖无所有权或者处置权车辆的，应承担相应的法律责任。

第十七条　二手车卖方应当向买方提供车辆的使用、修理、事故、检验以及是否办理抵押登记、交纳税费、报废期等真实情况和信息。买方购买的车辆如因卖方隐瞒和欺诈不能办理转移登记，卖方应当无条件接受退车，并退还购车款等费用。

第十八条　二手车经销企业销售二手车时应当向买方提供质量保证及售后服务承诺，并在经营场所予以明示。

第十九条　进行二手车交易应当签订合同。合同示范文本由国务院工商行政管理部门制定。

第二十条　二手车所有人委托他人办理车辆出售的，应当与受托人签订委托书。

第二十一条　委托二手车经纪机构购买二手车时，双方应当按以下要求进行：（一）委托人向二手车经纪机构提供合法身份证明；（二）二手车经纪机构依据委托人要求选择车辆，并及时向其通报市场信息；（三）二手车经纪机构接受委托购买时，双方签订合同；（四）二手车经纪机构根据委托人要求代为办理车辆鉴定评估，鉴定评估所发生的费用由委托人承担。

第二十二条　二手车交易完成后，卖方应当及时向买方交付车辆、号牌及车辆法定证明、凭证。车辆法定证明、凭证主要包括：（一）《机动车登记证书》；（二）《机动车行驶证》；（三）有效的机动车安全技术检验合格标志；（四）车辆购置税完税证明；（五）养路费缴付凭证；（六）车船使用税缴付凭证；（七）车辆保险单。

第二十三条　下列车辆禁止经销、买卖、拍卖和经纪：（一）已报废或者达到国家强制报废标准的车辆；（二）在抵押期间或者未经海关批准交易的海关监管车辆；（三）在人民法院、人民检察院、行政执法部门依法查封、扣押期间的车辆；（四）通过盗窃、抢劫、诈骗等违法犯罪手段获得的车辆；（五）发动机号码、车辆识别代号或者车架号码与登记号码不相符，或者有凿改迹象的车辆；（六）走私、非法拼（组）装的车辆；（七）不具有第二十二条所列证明、凭证的车辆；（八）在本行政辖区以外的公安机关交通管理部门注册登记的车辆；（九）国家法律、行政法规禁止经营的车辆。

二手车交易市场经营者和二手车经营主体发现车辆具有（四）、（五）、（六）情形之一的，应当及时报告公安机关、工商行政管理部门等执法机关。

对交易违法车辆的，二手车交易市场经营者和二手车经营主体应当承担连带赔偿责任和其他相应的法律责任。

第二十四条 二手车经销企业销售、拍卖企业拍卖二手车时，应当按规定向买方开具税务机关监制的统一发票。

进行二手车直接交易和通过二手车经纪机构进行二手车交易的，应当由二手车交易市场经营者按规定向买方开具税务机关监制的统一发票。

第二十五条 二手车交易完成后，现车辆所有人应当凭税务机关监制的统一发票，按法律、法规有关规定办理转移登记手续。

第二十六条 二手车交易市场经营者应当为二手车经营主体提供固定场所和设施，并为客户提供办理二手车鉴定评估、转移登记、保险、纳税等手续的条件。二手车经销企业、经纪机构应当根据客户要求，代办二手车鉴定评估、转移登记、保险、纳税等手续。

第二十七条 二手车鉴定评估应当本着买卖双方自愿的原则，不得强制进行；属国有资产的二手车应当按国家有关规定进行鉴定评估。

第二十八条 二手车鉴定评估机构应当遵循客观、真实、公正和公开原则，依据国家法律法规开展二手车鉴定评估业务，出具车辆鉴定评估报告；并对鉴定评估报告中车辆技术状况，包括是否属事故车辆等评估内容负法律责任。

第二十九条 二手车鉴定评估机构和人员可以按国家有关规定从事涉案、事故车辆鉴定等评估业务。

第三十条 二手车交易市场经营者和二手车经营主体应当建立完整的二手车交易购销、买卖、拍卖、经纪以及鉴定评估档案。

第三十一条 设立二手车交易市场、二手车经销企业开设店铺，应当符合所在地城市发展及城市商业发展有关规定。

第四章 监督与管理

第三十二条 二手车流通监督管理遵循破除垄断，鼓励竞争，促进发展和公平、公正、公开的原则。

第三十三条 建立二手车交易市场经营者和二手车经营主体备案制度。凡经工商行政管理部门依法登记，取得营业执照的二手车交易市场经营者和二手车经营主体，应当自取得营业执照之日起2个月内向省级商务主管部门备案。省级商务主管部门应当将二手车交易市场经营者和二手车经营主体有关备案情况定期报送国务院商务主管部门。

第三十四条 建立和完善二手车流通信息报送、公布制度。二手车交易市场经营者和二手车经营主体应当定期将二手车交易量、交易额等信息通过所在地商务主管部门报送省级商务主管部门。省级商务主管部门将上述信息汇总后报送国务院商务主管部门。国务院商务主管部门定期向社会公布全国二手车流通信息。

第三十五条 商务主管部门、工商行政管理部门应当在各自的职责范围内采取有效措施，加强对二手车交易市场经营者和经营主体的监督管理，依法查处违法违规行为，维护市场秩序，保护消费者的合法权益。

第三十六条 国务院工商行政管理部门会同商务主管部门建立二手车交易市场经营者和二手车经营主体信用档案，定期公布违规企业名单。

第五章 附 则

第三十七条 本办法自 2005 年 10 月 1 日起施行，原《商务部办公厅关于规范旧机动车鉴定评估管理工作的通知》（商建字［2004］第 70 号）、《关于加强旧机动车市场管理工作的通知》（国经贸贸易［2001］1281 号）、《旧机动车交易管理办法》（内贸机字［1998］第 33 号）及据此发布的各类文件同时废止。

第四节 其他营销适用的法律法规简介

一、汽车产品质量法规

1. ISO 9000 系列标准

国际标准化组织（ISO）下属的质量管理和质量保证技术委员会，1986 年发布了 ISO8420《质量—术语》标准，1987 年发布了 ISO 9000《质量管理和质量保证标准—选择和使用指南》、ISO 9001《质量体系—设计开发、生产、安装和服务的质量保证模式》、ISO 9002《质量体系—生产和安装的质量保证模式》、ISO 9003《质量体系—最终检验和试验的质量保证模式》、ISO 9004《质量管理和质量体系要素—指南》等 6 项标准，通称为 ISO 9000 系列标准。

为了使 1987 年版的 ISO 9000 系列标准更加协调和完善，ISO/TC 167 质量管理和质量保证技术委员会于 1990 年决定对标准进行修改，提出了《90 年代国际质量标准的实施策略》（国际上通称为《2000 年展望》）。

2000 年 12 月 15 日，ISO/TC 167 正式发布了 2000 年版本的 ISO 9000 系列标准。该标准的修订充分考虑了 1987 年和 1994 年版标准，以及现有其他管理体系标准的使用经验，因此，它将使质量管理更加适合组织的需要，可以更适应组织开展其商业活动的需要。

2. 强制性产品认证制度

强制性产品认证制度，是各国政府为保护广大消费者人身和动植物生命安全，保护环境、保护国家安全，依照法律法规实施的一种产品合格评定制度，它要求产品必须符合国家标准和技术法规。强制性产品认证，是通过制定强制性产品认证的产品目录和实施强制性产品认证程序，对列入《目录》或《公告》中的产品实施强制性的检测和审核。凡列入强制性产品认证目录内的产品，没有获得指定认证机构的认证证书，没有按规定加贴认证标志，一律不得进口、不得出厂销售和在经营服务场所使用。如欧盟的 CE 认证、美国的 UL 认证、芬兰、瑞典安全认证、法国 NF 认证、挪威、丹麦安全认证等。

2001 年，原国家机械局的部分职能转移到国家经贸委后，国家经贸委在对汽车行业管理方面将要推出的重要举措之一，就是废止从 1985 年开始实施的汽车产品《目录》管理制度，改用国际通行的形式认证制度管理，产品能否上市将由检测机构的检测结果决定。

国家认监委 2001 年第 3 号公告发布了《强制性产品认证实施规则》（共 47 份）。其中《机动车辆类（汽车产品）强制性认证实施规则》（编号：CNCA—02C—023：2001）经过修改和完善，现已重新发布，新规则编号为 CNCA—02C—023：2002，自发布之日起实施，原规则同时废止。

二、汽车产品与商标法

汽车标识（商标）一经注册即成为注册商标，注册商标作为一种知识产权，其产生、使用、转让、和消灭都要受法律调整。在我国，则受《中华人民共和国商标法》和《商标法实施细则》的调整。

商标法，指规定商标的组成、注册、使用、管理和商标专用权的保护的法律规范的总称。我国目前施行 1982 年 8 月 23 日五届人大常委会二十四次会议通过并经全国人大常委会二次作了修改的《中华人民共和国商标法》，以及 1983 年 3 月 10 日由国务院颁布并作了三次修改的《商标法实施细则》。

三、《缺陷汽车产品召回管理规定》和《家用汽车产品修理更换退货责任规定》

我国根据《产品质量法》和当前社会实际需要，国家质检总局组织国内有关专家成立课题组，借鉴国际上相对成熟的管理经验，分析我国现实情况，在充分调研的基础上，起草了《缺陷汽车产品召回管理规定》和《家用汽车产品修理更换退赁责任规定》的，这两项规定近期即将出台。

四、汽车信贷服务

汽车信贷服务成为市场竞争的一个重要方面

2003 年 10 月 3 日，银监会颁布实施《汽车金融公司管理办法》。

2003 年 12 月，银监会颁布《汽车金融公司管理办法实施细则》。自此，备受关注的汽车金融公司进入实际操作阶段。

汽车金融公司是一种从事汽车消费信贷业务并提供相关汽车金融服务的专业机构。我国加入世贸组织时承诺，允许设立非银行金融机构从事汽车消费信贷业务。对于促进汽车消费市场业务主体多元化和汽车金融服务专业化、完善我国金融体系、加速我国金融市场与国际市场接轨具有积极意义。

五、汽车营销与合同法

合同是平等主体的自然人、法人、其他组织之间设立、变更、终止民事权利义务关系的协议。合同的订立是设立合同法律关系的第一步，只有订立了合同，而后才存在合同的履行问题，才能产生合同预期的经济目的和法律后果。合同一经合法成立即产生法律效力，在双方（或多方）当事人之间产生权利义务关系。

日前汽车销售、置换、租赁、维修以及相关的借贷、保险等市场所发生的法律关系中，当事人的权利义务均以合同（或协议）的方式体现，因而，《合同法》在规范汽车消费市场行为，保护经营者和消费者合法权益，促进汽车产业健康有序发展方面发挥了重要作用。

六、汽车营销与价格票据法律

1. 价格法

价格是价值的货币表现，是国民经济运行的综合反映，体现生产经营者和消费者之间的经济关系。价格法是指国家为调整与价格的制定、执行、监督有关的各种经济关系而制定的法律规范的总称。狭义的价格是指商品的价格和经营性服务的收费标准；广义的价格，除上述之外，还包括各种生产要素的价格，如劳动力价格——工资，资金价格——利率、汇率等。根据《中华人民共和国价格法》（以下简称《价格法》）的规定，我国《价格法》调整的是狭义的价格，即商品价格和服务价格，商品价格包括各类有形产品和无形资产的价格，服务价格是指各类有偿服务的收费。利率、汇率、保险费率、证券及期货价格等不适用《价格法》的规定。

2. 发票的管理

发票作为经济交往中基本的商事凭证，是财务会计核算的原始凭证和税务稽查的重要凭据。为了加强发票管理，强化税收征管，维护正常的经济秩序，经国务院批准，财政部于 1993 年 12 月 23 日颁布了《中华人民共和国发票管理办法》（以下简称《办法》）。认真学习和贯彻《办法》，对于加强发票管理和财务监督，保障国家税收收入，促进社会主义市场经济体制的建立和发展，都具有重要的意义。

《办法》作为《征管法》的配套行政法规，在适用范围上与《征管法》是一致的，无论是内资企业单位和个人，还是外商投资企业，外国企业以及来华投资或者经管的其他单位和个人均适用。从而，使内、外适用不同发票管理制度的做法成为历史。这将有利于发票的集中统一管理，有利于新税制特别是增值税凭发票抵扣税款制度的正确贯彻执行，有利于促进公平竞争，扩大对外开放。

针对当前发票管理存在的问题和税务机关发票管理职能弱化的现状，《办法》在发票的印、领用、存、查、罚等各环节都强化了税务机关的管理职能，如发票印制权限集中到税务机关，增加了税务机关对外省、自治区、直辖市来本辖区临时从事经营活动的单位和个人实行领购发票提供保证人或者保证金制度，赋予税务机关采取发票防伪措施和进行检查的权利，并使之具体化，等等。这些规定必将有效增强税务机关强化发票管理的能力。

《办法》作为一部兼具实体法和程序法性质的行政法规，对税务机关和印制、使用发票的单位和个人在发票印、领、用、存、查、罚等各个环节的管理和被管理行为都进行了严格的规范，明确了各自的义务、权利（权力）以及应当承担的法律责任。

附录　　汽车品牌、公司及其中文译名对照

A		切诺基·吉普车	Cherokee Jeep
爱希	AC	上汽奇瑞	Chery
雅阁（艾科德）	Accord	雪佛兰	Chevrolet
阿库拉	Acura	克莱斯勒	Chrysler
阿尔法罗米欧	Alfa Romeo	雪铁龙	Citroen
奥拓	Alto	花冠	Corolla
阿斯顿马丁	Aston Martin	克尔维特	CORVETTE
奥迪	Audi	皇冠	Crown
奥斯丁	Austin	D	
B		大宇	Daewoo
宾利	Bentley	大发	Daihatsu
蓝鸟	Bluebird	道奇	Dodge
北京吉普	BJC	东风悦达起亚	Dongfeng Yueda Kia
宝马	BMW	E	
华晨	BRILLIANCE	鹰·吉普	Eagle Jeep
布加迪	Bugatti	依诺斯	Eunos
别克	Buick	F	
C		一汽轿车	Faw Car
凯迪拉克（卡迪拉克）	Cadillac	一汽大众	Faw vw
长安铃木	Changan Suzuki	法拉利	Ferrari
昌河	Changhe	菲亚特	Fiat
		火鸟	Firebird
		福特	Ford

续表

	G		三菱	Mitsubishi
吉利		Geery Automobile	迷你	Mini
高尔夫		Golf	莫利斯·伽吉	Morris Gardge
	H		野马	Mustang
哈飞		Hafei		N
禾顿		Holden	日产	Nissan
本田		Honda		O
红旗		Hongqi	欧宝	Opel
悍马		Hummer		P
现代		Hyundai	帕萨特	Passat
	I		标致	Peugeot
无限		Infiniti	保时捷	Porsche
五十铃		Isuzu	马球	Polo
依维柯		IVECO		Q
	J		庆铃	Qing Ling
捷豹(美洲虎)		Jaguar		R
吉普		Jeep	雷诺	Renault
捷达		Jetta	劳斯莱斯	Rollsroyce
江铃		Jiang Ling	罗孚(陆虎)	Rover
金杯通用		Jinbei Gm		S
	K		萨博(绅宝)	Saab
起亚		Kia	土星	Saturn
	L		西雅特	Seat
蓝伯基尼		Lamborghini	斯柯达	Skoda
蓝旗亚		Lancia	精灵	Smart
陆地巡航舰		Land Cruiser	东南	Soueast
路虎(陆虎)		Land Rover	双龙	Ssangyong
雷克萨斯(凌志)		Lexus	斯巴鲁(富士)	Subaru
林肯		Lincoln	铃木	Suzuki
莲花(洛特斯)		Lotus		T
	M		丰田	Toyota
玛莎拉蒂		Maserati	雷鸟	Thunderbird
迈巴赫		Maybach		V
马自达		Mazda	大众	Volkswagen
梅赛德斯·奔驰		Mercedes Benz	沃尔沃	Volvo
水星		Mercury	沃克斯豪尔	Vauxhall
				X
			夏利	Xiali

附录　汽车常用术语英文缩写

1. 车型

2D	二门	W(Wag-On)	旅行车
3D	三门	C(Coupe)	双门跑车
4D	四门	S(Sedan)	四门跑车
5D	五门	C(Convertible Coupe)	活顶四门跑车
HB	掀背式	Limousine	超豪华轿车

2. 传动系统

M(Manual)	手动变速器	FR	发动机前置,后轮驱动
A(Automatic)	自动变速器	RR	发动机后置,后轮驱动
A4	四速自动变速器	MR	发动机中置,后轮驱动
FF	发动机前置,前轮驱动		

3. 发动机系统

CC	发动机排量单位:毫升
L(Lengtn)	汽缸排列法,代表直列
V(6、8、12)	汽缸排列在两侧,成"V"字型,"6、8、12"表示汽缸数量,V6表示"6缸V型发动机",其优点是发动机的布置紧凑,占用空间小
DOHC	双顶置凸轮轴
OHC	顶置凸轮轴
EFI	燃油喷射
VTEC	一种进气方式
DIESEL	"柴油",表示该车使用柴油

4. 底盘系统

ABS	制动防抱死装置	OD位	超速挡
RB	循环球式转向器	SENS-ONIC	变速器标记
RP	齿轮齿条式转向器	SIPS	车侧碰撞防护系统
P位	停车挡	EDC	电子避振器控制系统
R位	倒车挡	AIRBAG	安全袋
N位	空挡	4WS	四轮转向系统
D位	前进位	4WD	四轮驱动装置
2挡	中速挡	Cd	空气阻力系数,简称"风阻"
L位	低速挡	ELR	紧急锁紧式伸缩装置,用于安全带

5. 电气系统

ECC	电子恒温控制系统
AAR	车内标记为 A，意为"自动控制室内空气循环系统"
PDC	汽车入车位警示系统

6. 轮胎

185	代表轮胎宽度，单位是毫米（mm）
70	扁平率
14	表示车轮直径
HR	速度的代表方法，表示轮胎可承受的最高车速标准。一般 HR 即为 210km/h
VR	为 230km/h
SR	为 80km/h

7. 汽车系统装置英文缩写

ABS	制动防抱死系统	RSP	电子稳定程序
GOA	全方位车体吸撞结构	ITEC	无离合器电子手排系统
SAHR	主动式安全头枕	TCS	防滑控制系统
DSE	全面安全防护	ABS+T	自动防滑稳定系统＋循迹系统
EES	座椅自动调节系统	GAS	可变几何进气系统
ASC	加速防滑控制器		

8. 进口汽车上常用的缩写字母

SW	开关	VAC	真空度警告灯
ST	起动	EXH*TEMP	排气温度警告灯
ON	接通	BELT	安全带警告灯
OFF	断开	FVEL	燃油表
IC	点火	AMP	电流表
ACC	附件	VOLT	电压表
CHE	充电指示灯	TEMP	水温表
OIL	油压警告灯	TURN	转向指示灯
DOOR	车门警告灯	BEAM	远光指示灯
BAT	蓄电池液量警告灯	PEAK	驻车制动指示灯
STOP	制动信号灯	AC	空调
WASH	洗涤器液量警告灯开关		

附录 与汽车行业相关的部分网址

1. 国内相关汽车网址

汽车厂家	网址
Volvo 轿车公司	http://www.volvocars.com.cn/
百援汽车连锁服务有限公司	http://www.supwave.com.cn/
包头北方奔驰重型汽车有限责任公司	http://www.north-benz.com.cn/
北方重型汽车股份有限公司	http://www.chinanhl.com/
北京北方车辆集团有限公司	http://www.bj-north.com.cn/
北京汽车制造厂	http://www.bam.eazier.com/
长征汽车制造厂	http://www.china-window.com/
东风汽车	http://www.dfac.com/
东风汽车公司轻型车厂	http://www.dfltp.com/
东风汽车网	http://www.dfmc.com.cn/
东风-中绿环卫专用汽车公司	http://www.dfzlhw.com/
丰田汽车公司	http://www.toyota.com.cn/
广东云山汽车制造厂	http://www.gdbaiyun.com.cn/
广州羊城汽车	http://www.ycaco.com/
桂林大宇客车有限公司	http://www.gldaewoo.com/
哈尔滨轻型车厂	http://www.yqhq.com.cn/
合众-五十铃汽车贸易(上海)有限公司	http://www.isuzu.com.cn/
湖北四联汽车工业集团公司	http://www.hbsilian.com/
湖南汽车车桥厂	http://www.hncq.com.cn/
华北汽车制造厂	http://www.huabei.com.cn/
江苏汇华集团车辆销售公司	http://www.jshhcl.com.cn/
锦恒汽车安全系统公司	http://www.jinheng-srs.com/
柳州汽车厂	http://www.lzptt.gx.cn/html/qcc.htm
南京汽车仪表厂	http://www.njqcyb.com/
宁波金林汽车部件公司	http://www.chinajinlin.com/
宁波军士火花塞公司	http://www.ncosp.com/
宁波明辉活塞环公司	http://www.chinaminghui.com/
宁波万航汽配制造公司	http://www.chinawanhang.com/
宁波跃进汽车前桥公司	http://www.nbnafa.com/
乔宇汽车	http://home.autonet.com.tw/
庆铃汽车	http://www.hnjd.com.cn/
上海合众汽车配件厂	http://www.sapf.net/
上海通用汽车公司	http://www.shanghaigm.com/

续表

汽车厂家	网址
四川汽车制造厂	http://hongyantruck.yeah.net/
苏州金龙客车	http://www.kinglong-sz.com.cn/
田野汽车集团	http://www.tianye.com.cn/
无锡一汽锡柴汽车厂	http://www.automobilewdew.com/
锡山中联车辆配件公司	http://www.zlchelun.com/
亚星-奔驰有限公司	http://www.yaxingbenz.com/
烟台汽车制造厂	http://www.ytq.net/
一汽红塔云南汽车制造有限公司	http://www.faw-hongta.com.cn/
一汽吉轻专用车	http://www.fawzyc.com.cn/
浙江省慈溪市鸣石汽车配件厂	http://www.ms-clutch.com/
浙江省天台县交通汽车配件厂	http://www.china-tc.com/
中国第一汽车制造厂	http://www.faw.com.cn/
中国汽车流通协会网站	http://www.autocity.net.cn/
中国重型汽车进出口责任公司	http://www.sinotruck.com/
中山市赛福特汽车配件	http://www.safety-brake.com/
珠海市广通汽车有限公司	http://www.gtbus.com/

2. 国外相关汽车网址

汽车厂家	网址	汽车厂家	网址
Acura	http://www.acura.com/	Lotus	http://www.lotuscars.com/
AlfaRomeo	http://www.alfaromeo.com/	Lexus	http://www.lexus.com/
Audi	http://www.audi.com/	Maserati	http://www.maserati.it/
Bmw	http://www.bmw.com/	Mazda	http://www.mazda.co.jp/
Buick	http://www.buick.com/	M-benz	http://www.mercedes-benz.com/
Cadillac	http://www.cadillac.com/	Mitsubishi	http://www.mitsubishi-motors.co.jp/
Citroen	http://www.citroen.it/	Opel	http://www.opel.com/
Chrysler	http://www4.daimlerchrysler.com/	Peugeot	http://www.peugeot.com/
Dm	http://www.dm.co.kr/	Porsche	http://www.porsche.com/
Ferrari	http://www.Ferrari.it/	Renault	http://www.renault.com/
Fiat	http://www.Fiat.com/	Rover	http://www.mg-rover.com/
Ford	http://www2.ford.com/	Saab	http://www.saab.com/
Gm	http://www.gm.com/	Subaru	http://www.subaru.com/
Honda	http://www.honda.com/	Suzuki	http://www.suzukiauto.com/
Hyundai	http://www.hyundai-motor.com/	Toyota	http://www.toyota.com/
Jaguar	http://www.jaguarcars.com/	Volvo	http://www.car.volvo.se/
Kia	http://www.kia.co.kr/	VW	http://www.vw.com/
Lancia	http://www.lancia.nl/		

附录 部分汽车营销相关法律法规索引

1. 中华人民共和国合同法
2. 中华人民共和国消费者权益保护法
3. 中华人民共和国质量法
4. 中华人民共和国广告法
5. 中华人民共和国价格法
6. 中华人民共和国票据法
7. 中华人民共和国商标法
8. 中华人民共和国反不正当竞争法
9. 中华人民共和国劳动法
10. 中华人民共和国进出口商品检验法
11. 中华人民共和国政府采购法
12. 中华人民共和国公司法
13. 中华人民共和国道路交通安全法
14. 中华人民共和国公路法
15. 中华人民共和国招标投标法
16. 中华人民共和国会计法
17. 中华人民共和国统计法
18. 中华人民共和国保险法
19. 中华人民共和国仲裁法
20. 中华人民共和国拍卖法
21. 中华人民共和国对外贸易法
22. 中华人民共和国担保法
23. 中华人民共和国税收征收管理法
24. 汽车产业发展政策
25. 全球汽车技术法规协定书
26. 中华人民共和国发票管理办法
27. 中华人民共和国现金管理暂行条例
28. 中华人民共和国机动车登记办法
29. 无照经营查处取缔办法
30. 强制性产品认证管理规定
31. 强制性产品认证标志管理办法
32. 汽车品牌销售管理实施办法
33. 汽车贷款管理办法
34. 二手车流通管理办法
35. 汽车贸易政策
36. 机动车维修管理规定
37. 机动车辆保险条款
38. 进口车落地完税政策

39　缺陷汽车产品召回管理规定
40　汽车金融公司管理办法
41　车辆识别代码（VIN）管理规则
42　进口汽车检验管理办法
43　进口汽车安全检验规程（SN/TO 791—1999）
44　机动车运行安全技术条件（GB 7258—2004）
45　机动车辆（汽车产品）强制认证实施规则（CNCA—02C—023：2005）
46　家用汽车产品修理更换退货责任规定（草案）

参 考 文 献

[1] 徐盛华,陈子慧. 现代企业管理学. 北京:清华大学出版社,2004.
[2] 范小青. 汽车营销实务. 杭州:浙江大学出版社,2007.
[3] 陈永革. 汽车市场营销. 北京:高等教育出版社,2008.